図解・表解

相続税申告書の記載チェックポイント

第4版

税理士 渡邉定義 [監修]

税理士 天池健治
弁護士 衞藤正道
税理士 中山眞美
司法書士 藤井孝昌
税理士 村上晴彦 [著]

中央経済社

は　じ　め　に

　本書は、2012年（平成24年）に刊行以来、相続に関連する難解な民法の規定をわかりやすく整理、図表化するとともに、相続手続きに関係する書式の記載例と解説を行い、読者の方々の相続税の申告書作成の参考に資する目的で版を重ねてきましたが、前回の2019年の第3版以降も相続税法等に大きな改正があり、大幅に改訂することとしました。

　直近の主な改正事項としては、

　・令和3年度には、納税義務者と課税財産の範囲の見直し、住宅取得等資金に係る贈与性の非課税措置の拡充、教育資金、結婚・子育て資金の一括贈与に係る贈与税の非課税措置の見直し

　・令和4年度には、成年年齢引き下げに伴う税制措置の年齢要件の変更、住宅取得等資金に係る贈与税の非課税制度等の見直し

　・令和5年度には、相続時精算課税制度の見直し（基礎控除創設等）、暦年課税における相続前贈与加算期間等の見直し、教育資金の一括贈与の場合の贈与税の非課税措置の見直し、結婚・子育て資金の一括贈与の場合の贈与税の非課税措置の見直し、一部の相続人から更正の請求があった場合の他の相続人に係る除斥期間の見直し

等があります。

　今回は、税務の専門家のほかに新たに民法の専門家や登記の専門家に参加いただき、上記の改正事項等を加筆するとともに、従来同様相続税法の取扱いや申告書作成の記載手順、申告書間の繋がりを図表化し、作成にあたり誤りやすい事項や注意すべき事項についてチェックポイント形式で解説しています。

　本書は、相続税についてわかりやすく解説することに重点を置いていますので、税法の細かい説明や厳格な定義を省略している箇所もあります。相続税の詳細な解説等については他の専門書との併読をお勧めします。

　本書が、相続税の申告をされる方や相続税の手続きを担当される専門家など広く皆様のお役に立てれば幸いです。

　最後に、本書の刊行あたっては、中央経済社の皆様方に大変お世話になりました。この場をお借りして感謝申し上げます。

　令和5年11月

監修者

税理士　渡　邉　定　義

C O N T E N T S

凡　　例

相続税法 …………………………………… 相法	災害被害者に対する租税の減免、徴収猶予等に関する法律 ………… 災害減免法
相続税法施行令 ………………………… 相令	
相続税法基本通達 ………………… 相基通	災害被害者に対する租税の減免、徴収猶予等に関する法律の施行に関する政令 ………………………… 災害減免法施行令
所得税法 …………………………………… 所法	
所得税法施行令 ………………………… 所令	
所得税基本通達 ………………… 所基通	中小企業における経営の承継の円滑化に関する法律 …………………… 円滑化法
消費税法 …………………………………… 消法	
消費税法基本通達 ………………… 消基通	中小企業における経営の承継の円滑化に関する法律施行規則 ……… 円滑化法省令
国税通則法 ………………………………… 通則法	
国税通則法施行令 ……………………… 通令	
租税特別措置法 ………………………… 措法	
租税特別措置法施行令 ……………… 措令	
租税特別措置法施行規則 …………… 措規	
租税特別措置法関係通達 …………… 措通	

本　書　の　特　徴

- 巻頭にある「相続税申告書作成の手順」を利用して、申告書作成に必要となる本書の該当項目を探して、その頁を読めば申告書が作成できるようにしました。

- 申告書の作成に際してどのような申告書式を使用して、どのような手順で申告書を作成すればよいのかがわかるように、各章に実際の「申告書」や「明細書」等の書式を掲載し、その作成手順を図解し、相続税申告書の作成の概要を理解できるようにしました。

- 「相続税申告書の留意すべき事項」や「誤りやすい事項」について、各章ごとに「チェックポイント」を掲載し、申告書作成後の確認用としてお使いいただけるようにしました。

　本書に掲載したほうがいいと思われるチェック項目等がありましたら、メール（info@chuokeizai.co.jp）でご意見を募り、改訂版の参考とさせていただきます。

　申告書等の書式は、令和5年9月20日現在に公表されているもので解説しています。

　申告にあたっては、新書式等の公表・配布により本書の解説と異なる場合がありますのでご注意ください。

【おことわり】

　令和5年度改正において暦年課税贈与の3年加算規定が7年に改正されましたが、これについては、令和6年1月1日以後の贈与から適用されるものの、令和6年1月1日以後に発生した相続から7年さかのぼって加算されるわけではありません。

　したがって実務においても3年を超えて加算されるのは、令和9年以降発生する相続から徐々に加算期間が伸びるため、本書においては加算される贈与の期間表示を「相続開始前3年」として表記しています。

申告書の記載例で取り上げる人物相関図

1　中央太朗相続関係図

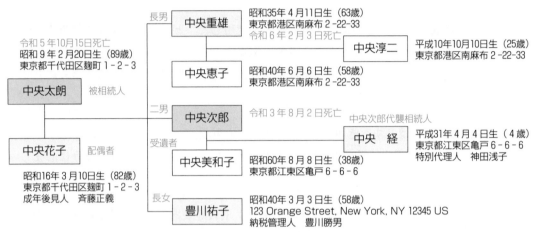

（注）相続開始時において枠のブルー網掛けは相続人、グレー網掛けは死亡している者を表示しています。

2　相続に関する事実関係

※丸数字の番号は、「3　相続税の申告書作成に関する事項」の番号と連動しています。

氏　名	続　柄	相続に関連する者の事実関係
中央　太朗	被相続人	①　令和5年10月15日に死亡、遺言書があり令和3年8月2日に死亡した二男中央次郎の妻である中央美和子に現金を遺贈している。→遺言書 ②　遺言により東京都に現金200万円、宗教法人善光寺に現金100万円を遺贈している。→国、地方公共団体、出資持分の定めのない法人への遺贈 ③　平成26年12月6日に父である中央慶次郎より262,387,914円を相続して相続税77,400,900円を麴町税務署で納付→相次相続控除
中央　花子	妻	④　20年程前から認知症を患っており、障害者認定（一般障害者）を受けている。なお、15年前の父の相続で障害者控除を80万円適用している。→障害者控除 ⑤　弁護士斉藤正義が（制限行為能力者の）成年後見人となっている。→成年後見人 ⑥　令和5年1月1日に自宅の一部（2,200万円）を被相続人から受贈している。→特定贈与財産 ⑦　令和5年12月20日に日本生命から死亡保険金5,000万円を受領→生命保険金 ⑧　令和5年12月25日に小規模企業共済の共済金2,150万円を受領→退職手当金
中央　重雄	長男	⑨　相続開始後令和6年2月3日に死亡→数次相続、納税義務等の承継 ⑩　令和3年12月28日に被相続人から500万円の現金贈与（特例贈与財産）を受け麻布税務署に申告し485千円を納付→贈与加算、贈与税額控除
中央　淳二	長男の子	⑨　相続人（中央重雄）の相続人（数次相続人）→納税義務等の承継 ⑪　令和2年6月6日に被相続人（中央太朗）からの贈与（2,700万円）について、相続時精算課税を適用。また、令和3年8月8日に被相続人から現金500万円を受贈→相続時精算課税適用財産の加算

		⑫ 教育資金の贈与特例を被相続人から令和 2 年10月に400万円、令和 4 年10月に600万円を受け、相続時の管理残額が800万円→教育資金贈与の加算
		⑬ 結婚・子育て資金の贈与特例を被相続人から令和 2 年10月に300万円、令和 4 年12月に500万円を受け、管理残額が800万円→結婚・子育て資金贈与の加算
中央　恵子	長男の妻	⑨ 相続人（中央重雄）の相続人（数次相続人）→納税義務等の承継
中央　次郎	二男	⑭ 令和 3 年 8 月 2 日に既に死亡し中央経が代襲相続→代襲相続人
中央美和子	二男の妻	⑮ 被相続人から遺言により現金2,800万円を受贈している→相続税の 2 割加算 ⑯ 令和 5 年12月20日に明治生命から死亡保険金3,000万円を受領→生命保険金
中央　経	二男の子	⑭ 中央次郎の代襲相続人→代襲相続 ⑰ 未成年者控除を父の相続で40万円使用済み→未成年者控除 ⑱ 神田浅子を特別代理人に選任→特別代理人 ⑲ 令和 3 年12月29日に被相続人から1,000万円の現金贈与（一般贈与財産）を受け江東東税務署に申告し231万円を納付→贈与加算、贈与税額控除 ⑳ 被相続人から教育資金の贈与を令和 2 年10月に400万円、令和 4 年10月に600万円を受け、相続時の管理残額が800万円→教育資金贈与の加算（令和 5 年以後の拠出でないため加算なし）
豊川　祐子	長女	㉑ 非居住者であり豊川勝男を納税管理人に選任→非居住者、納税管理人 ㉒ 英国の預金50万ポンドに英国の相続税57,500ポンドが課税→外国税額控除 ㉓ 令和 4 年10月26日に被相続人から1,000万円の現金贈与（特例贈与財産）を受け麹町税務署に申告し177万円を納付→贈与加算、贈与税額控除 ㉔ 令和 6 年 2 月 2 日に相続した現金100万円を東京都の日本赤十字に寄附した。→相続財産の寄附

3　相続税の申告書作成に関する事項

(1) 被相続人　中央太朗に関する事項

① 遺言書が自筆遺言（42頁参照）の場合は、必ず開封前に家庭裁判所で「検認」手続きを受ける必要があります。相続人以外（中央美和子）が遺言により遺産を取得した場合は受遺者となり、申告書第 1 表の取得原因欄の「遺贈」を○で囲みます（記載例153頁）。なお、相続人が遺言により取得した場合は取得原因欄の「相続」を○で囲みます。

② 宗教法人（出資持分の定めのない法人）への遺贈があるので、申告書第14表（記載例72頁）を作成する必要があります。なお、国や地方公共団体に対する遺贈は申告書に記載する必要はありません。

③ 被相続人が過去10年以内に父親の中央慶次郎の相続で財産（262,387,914円）を取得し、相続税（77,400,900円）を納めているので、相次相続控除（202頁参照）の適用があり申告書第 7 表（記載例204頁）を作成する必要があります。なお、適用対象者は、被相続人の相続人（相続を放棄した人、相続権を失った人を除きます。）に限られますので、受遺者である中央美和子及び中央淳二は対象になりませんので注意が必要です。

(2) 相続人　中央花子に関する事項

④ 中央花子は障害者であることから、障害者控除（198頁参照）の適用があり申告書第 6 表（記載例200頁）を作成する必要があります。また、15年前に父の相続で障害者控除を80万円使用しているので申告書第 6 表（記載例200頁）で限度額の計算をする必要があります。なお、障害者控除

の適用対象者（198頁参照）は、法定相続人（相続の放棄があった場合には、その放棄がなかったものとした場合における相続人）で、居住無制限納税義務者（48頁参照）である必要があります。

⑤　成年被後見人（制限行為能力者）（27頁参照）であることから単独では遺産分割協議（27頁参照）ができませんので、成年後見人である弁護士斉藤正義が遺産分割協議に参加することになりますが、被相続人は遺言書を残していましたので、遺言書の内容に従い申告することになります。

　　なお、申告書第1表の氏名、住所欄（記載例165頁）及び納付書（記載例224頁）に本人（中央花子）と成年後見人の氏名、住所を併記します（本事例の場合は、相続税額が零のため、作成する必要はありません。）。

⑥　相続開始年に被相続人から特定贈与財産（婚姻期間が20年以上である被相続人の配偶者が被相続人から贈与により取得した居住用不動産）を取得しているので、申告書第14表（記載例152頁）を作成する必要があります。なお、特定贈与財産については、令和5年分の贈与税の申告書（記載例152頁）を麹町税務署に提出する必要がありますので注意が必要です。

⑦　死亡保険金を受領していますので、申告書第9表（記載例64頁）を作成する必要があります。

⑧　小規模企業共済の解約金（退職手当金）を受領していますので、申告書第10表（記載例68頁）を作成する必要があります。

(3)　相続人　中央重雄に関する事項

⑨　被相続人の熟慮期間（被相続人の死亡を知ったときから3か月以内）後、遺産分割未了で亡くなっているので数次相続（9頁参照）に該当し、中央重雄の相続人である中央恵子（妻）と中央淳二（長男）が納税義務等を承継（214頁参照）することになり、申告書第1表の付表1（記載例214頁）を作成する必要があります。なお、この場合の相続税の申告期限及び納期限は、中央重雄が亡くなった日（相続開始日）から10か月になります（相法27②）。なお、亡くなった相続人以外の中央太朗の相続人の納期限は延長されませんので注意が必要です。

⑩　被相続人から相続開始3年以内に贈与を受けているので相続財産に加算することになり、申告書第14表（記載例152頁）を作成する必要があります。また、贈与税の納付税額485千円について贈与税額控除を受けるため申告書第4表の2（記載例184頁）を作成する必要があります。

(4)　相続人中央重雄の相続人　中央淳二に関する事項

⑪　被相続人からの贈与について相続時精算課税（140頁参照）を受けており、相続時精算課税適用財産について申告書第11の2表（記載例146頁）で加算する必要があります。

⑫　被相続人より教育資金の贈与の非課税（177頁参照）の適用を受けていることから、管理残額の一定額（103頁参照）を遺贈により取得したとみなして申告書第11表に記載します。また、中央淳二は、被相続人の一親等の血族（代襲相続人となった孫を含みます。）でないことから、贈与を受けた時期に応じた加算額を申告書第4表の付表（記載例178頁）で計算して申告書第4表（記載例178頁）で相続税額の加算額（178頁参照）を計算する必要があります。

⑬　被相続人より結婚・子育て資金の贈与の非課税（177頁参照）の適用を受けていることから、管理残額（104頁参照）を遺贈により取得したとみなして申告書第11表に記載します。また、⑫と同

様、中央淳二は、被相続人の一親等の血族（代襲相続人となった孫を含みます。）でないことから、贈与を受けた時期に応じた加算額を申告書第4表の付表（記載例178頁）で計算して申告書第4表（記載例178頁）で相続税額の加算額を計算する必要があります。

(5) 相続人　中央次郎に関する事項

⑭　相続開始前に死亡しており、中央次郎の子である中央経が代襲相続人（7頁参照）となります。なお、代襲相続人は、被代襲者の子であることが要件（民法887②）であり、配偶者は代襲相続できません（中央次郎が死亡した場合の相続人は配偶者と子なので、もし中央次郎が中央太朗よりも後に死亡した場合は、中央次郎が中央太朗から相続した遺産を配偶者も相続することになり、代襲相続の場合と比べ子の相続分は減少します。）ので注意が必要です。

(6) 受遺者　中央美和子に関する事項

⑮　被相続人の一親等の血族でないことから、申告書第4表（記載例178頁）で相続税額の加算額（175頁参照）を計算する必要があります。

⑯　死亡保険金を受領していますので、申告書第9表（記載例64頁）を作成する必要があります。なお、中央美和子は相続人でないため生命保険金の非課税の適用がありません。

(7) 相続人　中央経に関する事項

⑰　相続開始時に未成年者（4歳）であることから、未成年者控除（194頁参照）の適用があり申告書第6表（記載例196頁）を作成する必要があります。また、中央経は2年前に父（中央次郎）の相続で未成年者控除を40万円使用しているので申告書第6表（記載例196頁）で限度額の計算をする必要があります。なお、未成年者控除の適用対象者（194頁参照）は、法定相続人（相続の放棄があった場合には、その放棄がなかったものとした場合における相続人）で、居住無制限納税義務者（48頁参照）である必要があります。

⑱　親権者（中央美和子）がいますが、利益相反事由がある(注)ことから家庭裁判所に特別代理人（27頁参照）の選任を申請し神田浅子が特別代理人に就任していますので、申告書第1表の氏名、住所欄（記載例153頁）及び納付書（記載例225頁）に本人と特別代理人の氏名、住所を併記します。

(注)　本事例においては、利益相反事由があるとの設定で、特別代理人の選任を家庭裁判所に申請していますが、利益相反事由がない場合は親権者である中央美和子が未成年者の代理人になります。

⑲　被相続人から相続開始前3年以内に贈与を受けているので相続財産に加算することになり、申告書第14表（記載例152頁）を作成する必要があります。また、贈与税の納付税額231万円について贈与税額控除を受けるため申告書第4表の2（記載例184頁）を作成する必要があります。なお、中央経は、贈与時に未成年者のため、一般贈与財産（182頁参照）の税率で課税されています。

⑳　被相続人より教育資金の贈与の非課税（177頁参照）の適用を受けていますが相続開始時に23歳未満のため、管理残額を相続財産に加算する必要がありません。

　　なお、令和5年4月1日以降の教育資金の贈与については、相続税の課税価格が5億円以上ある場合、管理残額の一定額（103頁参照）を遺贈により取得したとみなして申告書第11表に記載す

る必要があります。また、中央経は、被相続人の一親等の血族（代襲相続人となった孫を含みます。）であることから、相続税額の加算額はありません。

(8) 相続人　豊川祐子に関する事項

㉑　非居住者であることから、納税管理人（豊川勝男）の届出書（記載例212頁）を税務署に提出し、申告書第1表の氏名、住所欄（記載例209頁）及び納付書（記載例226頁）に本人と納税管理人の氏名、住所を併記します。

㉒　相続した国外財産（英国の預金）50万ポンドに英国の相続税57,500ポンドが課税されているので、外国税額控除（206頁参照）の適用があり申告書第8表（記載例208頁）を作成する必要があります。

㉓　豊川祐子は、被相続人から相続開始前3年以内に贈与を受けているので相続財産に加算することになり、申告書第14表（記載例152頁）を作成する必要があります。また、贈与税の納付税額177万円について贈与税額控除を受けるため申告書第4表の2（記載例184頁）を作成する必要があります。なお、豊川祐子は、直系卑属で成人のため、特例贈与財産（182頁参照）の税率で課税されています。

㉔　受贈した預貯金から現金100万円を相続税の申告期限までに日本赤十字社に寄附しているので、申告書第14表（記載例72頁）を作成する必要があります。

4　その他の税務手続き

A　被相続人のその他の税務手続き

①　被相続人は消費税の課税事業者であるので、速やかに「個人事業者の死亡届出書」（記載例324頁）を麹町税務署に提出する必要があります。また、被相続人が適格請求書発行事業者である場合は、「適格請求書発行事業者の死亡届出書」（記載例324頁）も併せて提出する必要があります。

②　被相続人の相続開始日から1か月以内に「個人事業の廃業等届出書」を麹町税務署に提出する必要があります。また、従業員を雇い給与を支払っていた場合は「給与支払事務所等の廃止の届出書」を併せて提出する必要があります。

③　相続の開始があったことを知った日の翌日から4か月以内に「所得税の準確定申告書」（記載例316・317頁）及び「消費税の準確定申告書」（記載例322・323頁）を麹町税務署に提出する必要があります。

B　相続人のその他の税務手続き

(1) 被相続人の事業を承継した相続人中央経の手続き

①　遺言により賃貸事業を承継した中央経は、速やかに「課税事業者届出書」（記載例332頁）及び「相続・合併・分割等があったことにより課税事業者となる場合の付表」（記載例332頁）を江東東税務署に提出する必要があります。なお、相続人が簡易課税制度を選択する場合は、「消費税簡易課税制度選択届出書」（記載例333頁）を事業を開始した日の属する課税期間中に提出する必要があります。また、その課税期間の末日前おおむね1か月以内に相続等があったことにより、その

相続に係る相続人が新たに届出書を提出できる個人事業者となった場合は、やむを得ない事情がやんだ日から2か月以内に「消費税簡易課税制度選択（不適用）届出に係る特例承認申請書」（記載例333頁）を納税地の所轄税務署長に提出して承認を受ける必要があります。

② 相続人が適格請求書発行事業者の登録申請をする場合は、「適格請求書発行事業者の登録申請書及び次葉」（記載例334頁）を納税地の所轄税務署長に提出し承認を受ける必要があります。

③ 中央経は、相続開始日から1か月以内に「個人事業の開業届出書」（記載例318頁）を江東東税務署に提出する必要があります。また、給与の支払いをする場合は「給与支払事務所等の開設の届出書」を併せて提出する必要があります（源泉所得税の納期の特例を適用する場合は、特例適用の前月までに「源泉所得税の納期の特例の承認に関する申請書」を提出する必要があります。）。

④ 被相続人の相続開始日は10月15日ですので、中央経は令和5年12月31日までに「所得税の青色承認申請書」（318頁参照）を江東東税務署に提出する必要があります。

(2) 非居住者である相続人豊川祐子の税務手続き

⑤ 非居住者につき「相続税の納税管理人の届出書」（記載例212頁）を麹町税務署に提出する必要があります。

1-1　相続の意義

「相続」とは、死亡した人（被相続人）が有していた財産上の権利義務を一定の者（相続人や受遺者）に承継させることをいいます。

この相続による財産上の権利義務の承継には、下記のとおり、被相続人の自らの最終意思（遺言）による相続（遺言相続）と、遺言がない場合に法律（民法）の規定に基づく法定相続の2つの形態があります。

1　遺言相続

「遺言」は、被相続人の最終の意思表示であり、これを尊重すべきですが、他方で、相続は相続人の生活保障といった面等もあることから、民法は一定の相続人に遺言によっても奪われない最低限の取り分（遺留分☞43頁）を保障しています（民法1042）。

また、遺言が効力を生じるときには被相続人は既に死亡しており、その真意を明確にしておく必要があることから、民法は「遺言の方式（☞35頁）」について厳格な方式を定め、「遺言をなしうる事項」（遺言事項☞36頁）についても規定しています。

2　法定相続

被相続人の遺言がない場合には、民法の規定に従って被相続人の権利義務が承継されることになります（法定相続）。民法では、この相続に係る権利義務の承継について、次のとおり一定のルールを設けています。

- ①　誰が相続するのか（相続人）☞4頁
- ②　相続人が相続するかしないか（承認と放棄）☞23頁
- ③　何を相続するのか（相続財産）☞23頁
- ④　どれだけ相続するのか（相続分）☞14頁
- ⑤　相続の手続き（遺産分割）☞27頁

図表1-1-1　相続の形態

区　分	相続の形態
遺言相続	被相続人の意思表示（遺言）に基づいて被相続人の財産上の権利義務を承継させる形態
法定相続	被相続人の「遺言」がない場合に法律（民法）が定めたルールに従って、被相続人の財産上の権利義務を承継させる形態

1　相続の概要
2　相続税の納税義務者
3　相続税の概要
4　相続税がかからない財産
5　相続税が課税される財産
6　相続税の課税財産の特例
7　相続財産に加算される贈与財産

1-2　相続の開始

　相続は、死亡によって開始します（民法882）。自然死亡のほか、特殊なケースとして、生死不明の者に対して家庭裁判所が失踪宣告をした場合（擬制死亡）や災害等により遺体が見つからない者に対して官公署が死亡を認定した場合（認定死亡）にも相続は開始します。

　「相続の開始時期」については、相続税の申告期限（☞210頁）や納付期限（☞223頁）等を判断する場合に問題となります。

1　自然死亡

　自然死亡とは、老衰、病気、事故等により現実に死亡という事実が生じた場合をいい、その具体的な時期は、医師が死亡診断書（☞3頁）又は死体検案書に記載した死亡の年月日時分で、その年月日時分が戸籍に記載されます（民法882）。相続人等の利害関係人において死亡の事実を了知した日、死亡の届出をした日などではありません。

2　擬制死亡

　擬制死亡とは、不在者につき、その生死が7年間明らかでないとき（普通失踪）、又は戦争、船舶の沈没、震災などの死亡の原因となるべき危難に遭遇しその危難が去った後その生死が1年間明らかでないとき（危難失踪）、家庭裁判所への申立てにより、生死不明の者に対して、法律上死亡したものとみなす効果を生じさせる制度です（民法30、31）。

3　認定死亡

　認定死亡とは、水難、火災その他の事変によって、死亡した蓋然性が極めて高いが遺体が見つからない等の場合に、その取調べにあたった官公署が死亡の報告をして、戸籍上死亡として扱うものです（戸籍法89、91）。

図表1-2-1　相続の開始時期

死亡区分		相続の開始時期	死亡制度の意義
自然死亡		医師が死亡と診断した時	老衰、病気、事故等により医師が医学的に死亡と診断した場合で、死亡診断書（死亡検案書）と戸籍にその死亡年月日時分が記載される。
擬制死亡	普通失踪	7年間の失踪期間が満了した時	不在者につき、その生死が7年間明らかでないとき、利害関係人による家庭裁判所への請求により、法律上死亡したものと擬制する制度。生存が確認された場合には、家庭裁判所に失踪宣告を取り消してもらわないと死亡の効果は消滅しない。
	危難失踪	危難の去った時	戦争、船舶の沈没、震災などの死亡の原因となる危難に遭遇しその危難が去った後その生死が1年間明らかでないとき、利害関係人による家庭裁判所への請求により、法律上死亡したものとみなす制度。生存が確認された場合には、家庭裁判所に失踪宣告を取り消してもらわないと死亡の効果は消滅しない。
認定死亡		戸籍記載の死亡日	水難、火災その他の事変によって、死亡の高度の蓋然性があり、遺体が見つからない等の場合に、その取調べにあたった官公署が死亡の報告認定をして、死亡したものと推定する制度。 生存が確認された場合は、その証拠により、死亡の推定は覆り、死亡の効果は消滅する。

弁護士のアドバイス　「失踪宣告」と「認定死亡」の違い

　「失踪宣告」も「認定死亡」も、本当にその人が死亡したのかどうかは不明な点や、死亡したものとして取り扱うという点では共通していますが、決定する機関が「家庭裁判所」と「行政機関」との違いがあります。しかし、もっとも根本的な違いは、失踪宣告は死亡したものと「みなす」のに対し、認定死亡は死亡したことを「推定する」ということです。

　具体的には、認定死亡は「推定」ですので、生存の証拠があれば死亡の効果は失われるのに対して、失踪宣告は、生存の証拠だけでは死亡の効果は失われないということです。

　例えば、Aについて、認定死亡又は失踪宣告に基づいて相続が開始された後、Aの生存が確認されたとします。この場合、認定死亡であれば、相続人は相続した財産をAに返さなければいけません。ところが、失踪宣告の場合には生存が確認されただけでは、相続人はAに財産を返す必要はありません。Aが財産を取り戻すためには、死亡の効果を失わせるために、失踪宣告を取り消す審判を家庭裁判所で受けなければなりません（民法32）※。

区　分	失踪宣告	認定死亡
死亡の認定機関	家庭裁判所	警察署等の官公署
死亡の認定方法	死亡したものと「みなす」	死亡したことを「推定する」
死亡の取消し手続	失踪宣告の取消しの審判が必要	手続きは不要
相続財産の返還請求	失踪宣告の取消しの審判があるまで相続財産の返還を請求できません。	相続した者に相続財産の返還を請求できます。

※　「認定死亡」又は「失踪宣告」の取消しがあった場合は、相続（死亡）はなかったことになりますので、相続税の申告をしている者は、その取消しがされた日から2か月以内に更正の請求をすることができます（通則法23②）。

≪記載例1-2-1≫　死亡届出書の記載例

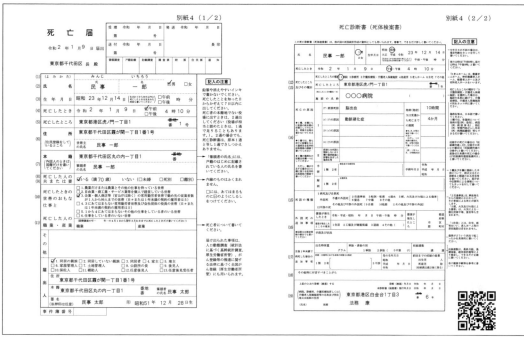

（出所）　法務省ホームページ：https://www.moj.go.jp/content/000011718.pdf

1 相続の概要
2 相続税の納税義務者
3 相続税の概要
4 相続税がかからない財産
5 相続税が課税される財産
6 課税財産の特例
7 相続財産に加算される贈与財産

1-3 相 続 人

1 相続人とは

相続人とは、被相続人の財産上の権利義務を包括的に承継する者をいい、誰が相続人となるかは民法で定められています（民法887、889、890）。

相続人には、被相続人との血族関係により相続人となる血族相続人と婚姻関係により相続人となる配偶者相続人があります。また、血族相続人は、自然血族と法定血族（養子縁組）に区分されます。

図表1-3-1　相続人の区分

将来、相続が開始した時に、相続人になるべき資格を有する人、すなわち相続人となるであろう人を「推定相続人」といいます。推定相続人であっても、実際に相続が開始する以前に、死亡していたり、相続欠格（民法891）や廃除（民法892）により相続権を失った者や相続を放棄した者（民法939）は相続人とはなりません。

なお、相続税法では、相続税の計算において、被相続人の相続を放棄がなかったとした場合の相続人（養子が相続人の場合、その数に一定の制限があります。）がその法定相続分に応じて取得したものとして相続税の総額を計算する制度を採用していますから、相続放棄があった場合は遺産を相続することができる相続人と相続税額等の計算上の相続人が異なることとなります（図表1-3-2参照）。

図表1-3-2　相続人の概要

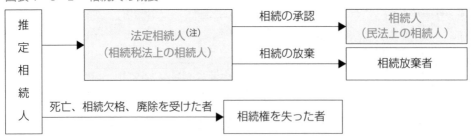

　（注）　養子はすべて含みます。ただし、法定相続人の数については養子の数に一定の制限があります（図1-3-3参照）。

2　相続税額計算上の相続人（法定相続人）

　相続税法において「法定相続人」という場合は、一般的に相続税法第15条第2項に規定する相続人（民法上の相続人のうち、相続の放棄があった場合には、その放棄がなかったものとした場合における相続人をいい、以下単に「法定相続人」といいます。）をいい、これに対して、相続税法第3条第1項に規定する相続人は、相続権を失った者や相続放棄をした者を含まない民法上の相続人（以下単に「相続人」といいます。）をいいます。なお、相続税額の計算における相続人は、おおむね法定相続人で、承継に当たり身分上の地位が必要なものは相続人ですが、未成年者控除や障害者控除のように放棄した相続人であっても配慮する規定もあり、養子が相続人の場合、その数に一定の制限がありますので、ご注意ください（図表1-3-3参照）。

図表1-3-3　「相続人」と「法定相続人」に関する相続税法の規定

相続人	法定相続人
① 生命保険金等の非課税の適用（相法12①五）	① 生命保険金等の非課税限度額の計算（相法12①五）
② 退職手当金等の非課税の適用（相法12①六）	② 退職手当金等の非課税限度額の計算（相法12①六）
③ 債務控除の適用（相法13）	③ 遺産に係る基礎控除の計算（相法15）
④ 相次相続控除の適用（相法20）	④ 相続税の総額の計算（相法16）
⑤ 相続時精算課税に係る相続税の納税義務の承継（相法21の17）	⑤ 配偶者に対する相続税額の軽減（相法19の2）
⑥ 立木の評価の特例（相法26）	⑥ 未成年者控除の適用（相法19の3）
⑦ 相続税の申告義務の承継（相法27②）	⑦ 障害者控除の適用（相法19の4）
⑧ 贈与税の申告義務の承継（相法28②）	⑧ 相続税の計算上の養子数の制限（相法15②、63）
⑨ 相続財産法人に係る財産を与えられた者等に係る申告義務の承継（相法29②）	
⑩ 未分割財産に対する課税の計算（相法55）	

3　相続人の範囲と相続順位

　血族相続人は、子[※1]、直系尊属、兄弟姉妹ですが、すべての者が相続人となるわけではなく、相続する順位が民法で定められています。

　第1順位の相続人は子又はその代襲相続人（直系卑属）（民法887）、第2順位の相続人は父母[※2]、祖父母等の直系尊属[※3]（民法889①一）、第3順位の相続人は兄弟姉妹又はその代襲相続人（民法889①二、②）となります。これに対して配偶者相続人は常に相続人となります（民法890）。

　なお、配偶者とは法律上の婚姻をしている者（婚姻届を提出している者）であり、内縁関係にある者（内縁の妻や夫）は含まれません。

※1　認知をした非嫡出子、養子、父母以外の者と養子縁組（特別養子を除きます。）をした子を含みます。
※2　実父母と養父母をいい、義父母は養子縁組をしない限り含みません。
※3　直系尊属間における相続の順序については、親等の異なる者の間では、親等が近いものが先となります。

図表1-3-4　相続人と相続順位

相続順位	血族相続人	配偶者相続人
第1順位	子又はその代襲相続人（直系卑属）	配偶者
第2順位	父母、祖父母等（直系尊属）	
第3順位	兄弟姉妹又はその代襲相続人	

1 相続の概要
2 納税義務者
3 相続税の概要
4 相続税がかからない財産
5 相続税が課税される財産
6 課税財産の特例
7 相続財産に加算される贈与財産

図表 1 - 3 - 5　親族関係図と相続順位

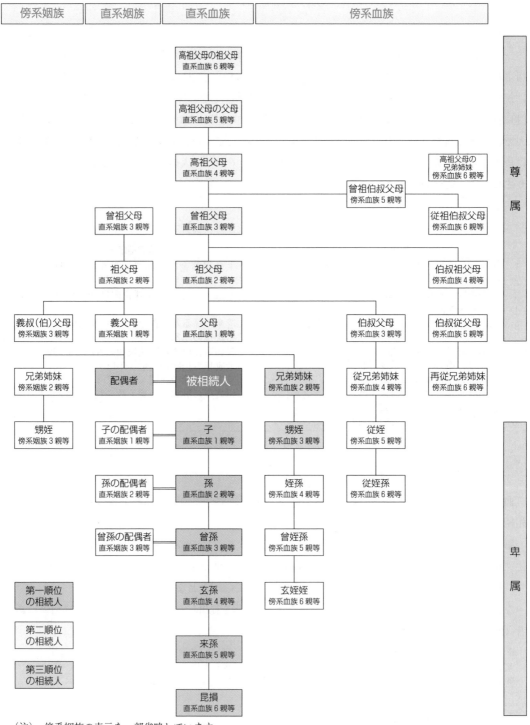

（注）　傍系姻族の表示を一部省略しています。

4　相続人の判定に関する留意事項

相続人の判定については、次のような事項について留意する必要があります。

(1)　代襲相続人

被相続人の死亡以前（死亡時も含みます。）に相続人となるべき子や兄弟姉妹が死亡している場合、又は欠格事由があり、若しくは廃除により相続権を失った場合、その者（被代襲者）の子が、被代襲者に代わって相続人（代襲相続人）となります。これを代襲相続といいます。

なお、代襲相続人が子の場合は再代襲（子が死亡している場合孫が代襲します。孫も死亡している場合には曾孫が代襲し、これを再代襲相続といいます。）が認められますが、兄弟姉妹の場合はその子（甥・姪）までしか代襲相続が認められません（民法887②③、889②）。

(2)　養子縁組前の養子の子

養子は、養子縁組の日から養親と法定血族関係が生じますので（民法727）、養子縁組前に生まれている養子の子は、被相続人である養親と法定血族関係がなく、代襲相続人にはなれません。

図表1-3-6　養子の子の代襲相続

養子の子の出生時期	養子の子の代襲相続の可否
養子縁組前に出生	代襲相続人とはならない
養子縁組後に出生	代襲相続人となる

(3)　非嫡出子

非嫡出子とは、法律上の婚姻関係にない男女間に生まれた子をいい、法律上の親子関係（相続権）は生じません。非嫡出子が相続権を得るためには、「認知」という法手続きをとる必要があります（民法779）。ただし、母と非摘出子との間の親子関係は、原則として、母の認知を俟たず、分娩出産の事実により当然に発生し、母の認知は不要とされています。

(4)　胎　児

民法上、胎児は相続については既に生まれたものとみなされ、相続人となります（民法886）。

これに対して、相続税法では、相続人となるべき胎児が相続税の申告書を提出する日までに出生していない場合には、その胎児を相続人から除外して申告します。

ただし、胎児が生きて生まれた場合には、相続税法第32条の規定により、相続人に異動が生じたことを知った日の翌日から4か月以内に、更正の請求をすることができます。

また、相続税法基本通達27-6《胎児がある場合の申告期限の延長》の規定要件に該当するときは、相続税の申告期限の延長ができます。

1 相続の概要
2 相続税の納税義務者
3 相続税の概要
4 相続税がかからない財産
5 相続税が課税される財産
6 相続税の課税財産の特例
7 相続財産に加算される贈与財産

> 27-6 相続開始の時に相続人となるべき胎児があり、かつ、相続税の申告書の提出期限までに生まれない場合においては、当該胎児がないものとして相続税の申告書を提出することになるのであるが、当該胎児が生まれたものとして課税価格及び相続税額を計算した場合において、相続又は遺贈により財産を取得したすべての者が相続税の申告書を提出する義務がなくなるときは、これらの事実は、通則法基本通達（徴収部関係）の「第11条関係」の「1（災害その他やむを得ない理由）の(3)」に該当するものとして、当該胎児以外の相続人その他の者に係る相続税の申告書の提出期限は、これらの者の申請に基づき、当該胎児の生まれた日後2月の範囲内で延長することができるものとして取り扱うものとする。

(5) 配偶者の連れ子

配偶者の連れ子は、配偶者が婚姻をしたことによって生じた親族（姻族）であり、被相続人と血族関係はないので、相続人ではありません。被相続人と養子縁組をすれば相続人になります。

(6) 半血兄弟姉妹

半血兄弟姉妹とは、被相続人と父母の一方のみを同じくする兄弟姉妹（異父兄弟・異母兄弟）であり、父母の双方を同じくする全血兄弟姉妹と同順位の相続権がありますが、法定相続分は全血兄弟姉妹の2分の1となります（民法900）。

(7) 養子縁組後の兄弟姉妹

養子と養親の血族との間では、養子縁組の日から法定血族関係を生じることになることから、養子が亡くなり、相続人が兄弟姉妹である場合には、実の兄弟姉妹の他に養子先の兄弟姉妹も相続人となります。

(8) 同時死亡の相続人

推定相続人は被相続人が死亡した時に生存していなければなりません（胎児の場合を除きます）。

被相続人と推定相続人がともに死亡し、その死亡の前後が明らかでない場合には、同時に死亡したと推定され（民法32の2）、どちらの相続人の判定においても死亡時に他方は生存していなかったことになり、両者の間では相続は開始しません。

たとえば、父と子が同一の飛行機事故で亡くなり、死亡の前後が明らかでない場合、父の相続について子は父の死亡時に死亡したものとして相続人を判定し、子の相続についても同様に父は子の死亡時に死亡したものとして相続人を判定することになります。同時死亡は「推定」ですので、死亡の前後を立証できれば、この判定は変わることがあります。

(9) 再転相続

再転相続とは、当初の相続（一次相続）における相続人が熟慮期間（相続の開始があったことを知った時から3か月以内）中に相続の放棄や承認をしないで死亡した場合（二次相続）をいいます。

　たとえば、祖父が亡くなり、父親が相続を承認又は放棄するかを決める前（熟慮期間中）に死亡して、子が相続する場合などです。

　この場合、子は二次相続と一次相続の承認・放棄を選択できますが、二次相続を放棄して、一次相続を承認又は放棄することはできません（先に一次相続を放棄した後、二次相続は放棄することはできます。）。

⑽　数次相続

　数次相続とは、当初の相続（一次相続）における相続人が相続を承認した後、遺産分割協議や相続登記などの相続手続きが未了のうちに亡くなった場合（二次相続）をいいます。

　なお、相続税法上は、一次相続から10年以内に二次相続が発生した場合に、相続税の負担が過重になるのを軽減する相次相続控除の特例があります。

図表1-3-7　二次相続開始時期による区分の整理

区　分	相続開始と同時	相続開始10年以内			相続開始10年超	
		熟慮期間内	相続手続		相続手続	
			完了前	完了後	完了前	完了後
名　称	同時死亡	再転相続	数次相続	（相続）	数次相続	（相続）
相次相続控除	適用なし	適用あり			適用なし	

⑾　相続欠格、廃除

　本来、相続人となるべき者であっても、相続に関して不正な行為を行った場合（相続欠格）や被相続人の意思により特定の者を相続人から除外（廃除）することが認められています。

　相続人となるべき者が相続欠格や廃除に該当した場合、その者は相続人とはならず、その者に子がいれば、その子が代襲相続人として相続人となります。

図表1-3-8　相続欠格、廃除の意義

区　分	各制度の意義
相続欠格	相続欠格とは、故意に被相続人や先順位もしくは同順位にある相続人を死亡させ、又は死亡させようとしたために刑に処せられた場合や、被相続人の遺言の妨害行為（偽造・変造・破棄・隠匿等）をした場合などに、何らの手続きを踏むことなく当然に相続権を失わせるものです（民法891）。
廃　除	廃除とは、遺留分を有する推定相続人が、被相続人に対して虐待や重大な侮辱をした場合や、その他の著しい非行があった場合に、被相続人が生前あるいは遺言により家庭裁判所に請求して、当該推定相続人の相続権を失わせるものです（民法892）。

⑿　相続人の不存在

　相続人が存在することが明らかでない場合※1には、相続財産は当然に法人となり、利害関係人等の請求により家庭裁判所が相続財産の清算人を選任して、下記の①から⑥の手続きに従い、相続人の捜索と相続財産の分与、清算を行います（民法951〜959）。

❶ 相続の概要

❷ 納税義務者の相続税の

❸ 相続税の概要

❹ 相続税がかからない財産

❺ 相続税が課税される財産

❻ 課税財産の特例の相続税の

❼ 相続財産に加算される贈与財産

① 　家庭裁判所は、相続財産清算人選任と相続人があるならば権利の主張をすべき旨の公告を 6 か月を下らない期間※2を定めて行い、相続人の出現を待ちます。

② 　①の公告後、相続財産清算人は、2 か月間以上の期間（①の期間内に満了）を定めて、相続債権者及び受遺者に対し、請求の申出をすべき公告を行います。

③ 　①の公告期間満了までに相続人が現れなければ、相続人がいないことが確定します。

④ 　特別縁故者※3 は、①の公告期間満了後 3 か月以内に相続財産分与の申立てを行います。

⑤ 　相続財産清算人は、債権者や受遺者に支払いをしたり、家庭裁判所の分与の審判にしたがい相続財産の全部又は一部を特別縁故者に分与します。

⑥ 　⑤の支払等の後の残余財産は、国庫に帰属します。ただし、共有財産の持分は他の共有者に帰属します。

※1 　初めから相続人がいない場合だけでなく、相続人全員が相続放棄をした場合も含まれます。
※2 　この期間内に相続人が現れないときは、相続人の不存在が確定し、相続人の権利は消滅します。
※3 　特別縁故者とは、被相続人と生計を同じくしていた者、被相続人の療養看護に努めた者その他被相続人と特別の縁故があった者をいいます。

図表 1-3-9　相続人不存在の場合の手続きの流れ

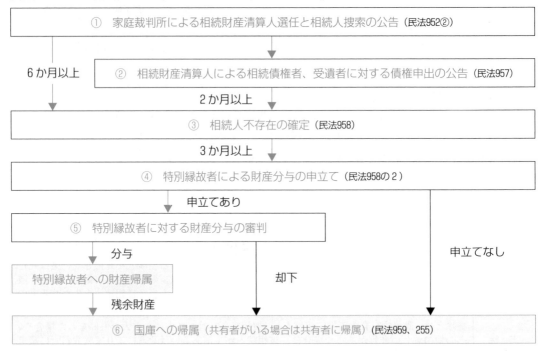

相続人のチェックポイント

☐ 相続人を正確に確認しているか。

☞ 被相続人の出生から死亡（相続開始）までの戸籍（除籍）謄本を取得して、子（実子、養子、嫡出子、非嫡出子を問わず、前婚時の子も含みます）の存在などを確認し、更にその子が相続開始時に生存していることを子の戸籍謄本を取得することで確認します。なお、「相続欠格」や「相続廃除」に該当する相続人や放棄がある場合は、その事実を別途確認します。

☐ 相続を放棄した者の子を代襲相続人としていないか。

☞ 「相続欠格」や「相続廃除」に該当する相続人については、その子が代襲相続しますが、相続を放棄した者の子について代襲相続権はありません（25頁）。

☐ 相続人となるべき子が相続欠格、廃除により相続権を失っている場合、次順位の親や兄弟姉妹を相続人としていないか。

☞ 相続人となるべき子が相続欠格、廃除により相続権を失っている場合、その者に代襲相続人がいるときは、代襲相続人が相続人となります。

☐ 内縁の妻を配偶者相続人としていないか。

☞ 配偶者相続人は法律上の婚姻をしている者（婚姻届を提出している者）であり、内縁関係にある者は含まれません（5頁）。

☐ 養子縁組前に生まれた子を代襲相続人としていないか。

☞ 養子と養親との血族関係は、養子縁組の日から生ずる（民法727）ことから、養子縁組前に生まれた養子の子は養親との間に血族関係はなく、代襲相続人とはなりません（7頁）。

☐ 既に死亡した長男の配偶者を相続人としていないか。

☞ 既に死亡した長男の代襲相続人は長男の子（直系卑属）であり、長男の配偶者は相続人とはなりません（7頁）。

☐ 再婚した配偶者の連れ子を相続人としていないか。

☞ 再婚した配偶者の連れ子は養子縁組をしなければ相続人とはなりません（8頁）。

☐ 夫が妻の氏を称している場合、妻の親の相続人としていないか。

☞ 夫が妻の親の相続人となるのは、夫が妻の親と養子縁組をする必要があります。夫が妻の氏を称していることだけでは妻の親の相続人とはなりません。

☐ 母親（配偶者相続人）に遺産を全部相続させたいので、子全員が相続放棄をすれば、相続人は母親（配偶者）だけになり、全遺産を相続できると思っていないか。

☞ 相続人となるべき子（複数人いたら全員）が相続放棄をした場合は、第2順位である被相続人の父母等の直系尊属が、直系尊属が既に死亡しているときには、第3順位である兄弟姉妹（又はその代襲相続人）が相続人になり、配偶者だけが相続人になるわけではありません。

☐ 養子にいった子は相続人にならないと考えていないか。

☞ 養子にいった子も実父母の相続権があります。なお、特別養子となった子は実父母の相続権はありません。

1 相続の概要
2 相続税の納税義務者
3 相続税の概要
4 相続税がかからない財産
5 相続税が課税される財産
6 課税財産の特例
7 相続財産に加算される贈与財産

司法書士のアドバイス　　法定相続情報証明制度があります

　法定相続情報証明制度は，登記所（法務局）に被相続人の除籍謄本や、その相続人の戸籍謄本等の戸籍書類１式と法定相続情報一覧図（下記の記載例）を添付して申出をすると、登記官がその一覧図に認証文を付した写し（法定相続情報一覧図の写し）を無料で交付します。発行枚数は必要な分だけ複数枚請求できます。

　この「法定相続情報一覧図の写し」を金融機関、証券会社、保険会社や年金事務所等の各種官公庁等に対する相続手続きに利用することで戸籍書類１式の束を提出する必要がなくなります。

　また、これまで相続税の申告書には「戸籍謄本」で被相続人の全ての相続人を明らかにするものを添付しなければならないこととされていましたが、平成30年４月１日以後は、「法定相続情報一覧図の写し」を添付することができるようになりました。

　なお、申出をすることができるのは、被相続人の相続人（相続人の地位を相続により承継した者を含みます。）です。代理人になることができる者は、①法定代理人（成年後見人や遺言執行者も含みます。）、②民法上の親族（６親等内の血族、配偶者、３親等内の姻族）、③資格者代理人（弁護士、司法書士、土地家屋調査士、税理士、社会保険労務士、弁理士、海事代理士及び行政書士に限ります。）で、申出をすることができる登記所は、①被相続人の本籍地、②被相続人の最後の住所地、③申出人の住所地、④被相続人名義の不動産の所在地を管轄する登記所です。

（注）　被相続人や相続人が日本国籍を有しない場合は、本制度は利用できません。
　　　　また、相続放棄者、相続欠格者は法定相続情報一覧図にそのまま記載する必要があり、他方、相続廃除者は、法定相続情報一覧図に記載できない等、様々な決まりがあります。

✓　相続人又は代理人が以下のような法定相続情報一覧図を作成

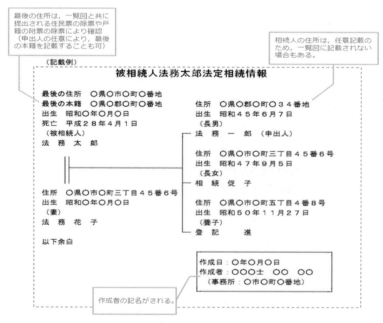

✓　上記のような図形式のほか、被相続人及び相続人を単に列挙する記載の場合もある。
✓　作成はＡ４の丈夫な白紙に。手書きも"明瞭に判読"できるものであれば可とする。

（法務局「法定相続情報制度について」から抜粋）

12

5　被相続人が外国籍である場合などの相続人の確認

(1)　被相続人が外国籍である場合

　被相続人が外国籍である場合の相続（被相続人の財産の承継）は、被相続人の本国法によることとされています（法の適用に関する通則法36）。

　そのため、被相続人の母国で被相続人と相続人との親族関係を証明する書類（出生証明書、婚姻証明書、死亡証明書、公証書あるいは宣誓供述書など）が必要になります。

　相続人は、これらの書類及びその翻訳文を金融機関等に示して相続の手続きを進めるほか、相続税の申告などの公的な手続きを行うことになります。

　なお、相続税の総額の計算については、日本の民法の定めにより計算することとなりますが、未分割遺産に対する課税については、被相続人の本国法の規定による相続人及び相続分を基として計算することとなります。

(2)　被相続人が日本国に帰化している場合

　被相続人が日本国に帰化している場合は、相続人が外国籍であったとしても、被相続人が日本国籍であれば日本の法律が適用されます。

　帰化した被相続人は、帰化以後は日本の戸籍がありますが、帰化前の戸籍はありませんので、帰化する前の母国で被相続人と相続人との親族関係を証明する書類（その国の戸籍、出生証明書、婚姻証明書、死亡証明書、公証書あるいは宣誓供述書など）などで補足して戸籍に代えることとなります。

1 相続の概要
2 納税義務者
3 相続税の概要
4 相続税がかからない財産
5 相続税が課税される財産
6 相続税の課税財産の特例
7 相続財産に加算される贈与財産

1-4　法定相続分

1　法定相続分とは

　相続分とは、相続人が有する相続財産に対する割合をいい、法定相続分は、民法が定める相続分（民法900、901）をいいます。被相続人はこの割合を指定できますが（民法902）、相続人全員が合意すれば、異なる割合により相続財産を分割（遺産分割☞27頁）しても問題ありません。

　この法定相続分は順位者の種類に応じて、次のとおりに定められています。

図表1-4-1　法定相続分

相続順位	法定相続人	法定相続分	
		配偶者あり	配偶者なし
第1順位	配偶者※1	1/2	
	子及び代襲者※2	1/2	1/1
第2順位	配偶者※1	2/3	
	直系尊属※2	1/3	1/1
第3順位	配偶者※1	3/4	
	兄弟姉妹及び代襲者※2	1/4	1/1

※1　子、直系尊属、兄弟姉妹及び代襲者がいない場合は、配偶者がすべて相続します。
※2　同一順位の相続人が複数いる場合は、半血兄弟姉妹を除き均等按分します。

【参照法令】法定相続分に関する民法条文

> 第899条　各共同相続人は、その相続分に応じて被相続人の権利義務を承継する。
> （法定相続分）
> 第900条　同順位の相続人が数人あるときは、その相続分は、次の各号の定めるところによる。
> 　一　子及び配偶者が相続人であるときは、子の相続分及び配偶者の相続分は、各2分の1とする。
> 　二　配偶者及び直系尊属が相続人であるときは、配偶者の相続分は、3分の2とし、直系尊属の相続分は、3分の1とする。
> 　三　配偶者及び兄弟姉妹が相続人であるときは、配偶者の相続分は、4分の3とし、兄弟姉妹の相続分は、4分の1とする。
> 　四　子、直系尊属又は兄弟姉妹が数人あるときは、各自の相続分は、相等しいものとする。ただし、父母の一方のみを同じくする兄弟姉妹の相続分は、父母の双方を同じくする兄弟姉妹の相続分の2分の1とする。
> （代襲相続人の相続分）
> 第901条　第887条第2項又は第3項の規定により相続人となる直系卑属の相続分は、その直系尊属が受けるべきであったものと同じとする。ただし、直系卑属が数人あるときは、その各自の直系尊属が受けるべきであった部分について、前条の規定に従ってその相続分を定める。
> 2　前項の規定は、第889条第2項の規定により兄弟姉妹の子が相続人となる場合について準用する。
> （遺言による相続分の指定）
> 第902条　被相続人は、前2条の規定にかかわらず、遺言で、共同相続人の相続分を定め、又はこれを定めることを第三者に委託することができる。
> 2　被相続人が、共同相続人中の1人若しくは数人の相続分のみを定め、又はこれを第三者に定めさせたときは、他の共同相続人の相続分は、前2条の規定により定める。
> （相続分の指定がある場合の債権者の権利の行使）
> 第902条の2　被相続人が相続開始の時において有した債務の債権者は、前条の規定による相続分の指定がされた場合であっても、各共同相続人に対し、第900条及び第901条の規定により算定した相続

分に応じてその権利を行使することができる。ただし、その債権者が共同相続人の１人に対してその指定された相続分に応じた債務の承継を承認したときは、この限りでない。

2 法定相続分に関する留意事項

(1) 代襲相続

代襲相続人は、被代襲者が受けるべきであった相続分をそのまま受け継ぎます。従って、同じ被代襲者について複数の代襲相続人がいる場合、各代襲相続人の相続分は被代襲者の相続分を均等按分します。

≪事例１-４-１≫ 代襲相続人がいる場合の法定相続分

被相続人の死亡以前に子Ａが亡くなっている場合、そのＡの子（孫）Ｃ、Ｄが子Ａの相続分（４分の１）を均等に相続しますので、各相続分は８分の１（1/4×1/2）となります。

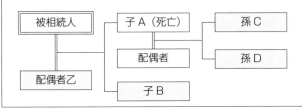

相続人	相続分
配偶者乙	1/2
子Ｂ	1/4
孫Ｃ	1/8
孫Ｄ	1/8

(2) 養 子

養子は法律上実子と区別されないので、実子と同じ法定相続分となります。養子には普通養子と特別養子があり、普通養子は、実親と養親双方の相続権がありますが、特別養子は実親との親子関係を終了させるため、実親に対する相続権はありません。

なお、民法上は養子の数に制限はありませんが、相続税の計算上は養子の数に制限が設けられています（詳細は☞57頁）。

図表１-４-２ 普通養子と特別養子の違い

区 分		普通養子縁組	特別養子縁組
養子縁組	成 立	当事者の合意と届出※１	実父母の同意と家庭裁判所の審判
	離 縁	当事者の協議で可能	原則不可。家庭裁判所の審判が必要
養 子	年 齢	養親より年少	原則として15歳未満※２
	相続権	実子と同じ	実子と同じ
	相続税法	相続税の計算上の制限あり	実子と同じ扱い
養父母	年 齢	20歳以上	原則として夫婦とも25歳以上
	配偶者	配偶者がいる必要なし※３	配偶者がいる必要あり
	戸籍記載	「養子」「養女」と記載	「長男」「長女」と記載
実父母	相続権	相続権あり	相続権なし
	親子関係	実父母との親子関係継続	実父母との親族関係終了

※１ 未成年者を養子にする場合は、原則、家庭裁判所の許可が必要（15歳未満の場合は親権者の承諾も必要です。）（民法797、798）。

※２ 令和２年４月１日から、養子の年齢制限を６歳未満から15歳未満に緩和されました（民法817の４）。

※３ 独身、夫婦どちらか一方のみとの縁組可能です。ただし、配偶者のある者が未成年者を養子にする場合は、原則、夫婦共に養親となる必要があります（民法795）。養子が成年者の場合には、夫婦共に養親となる必要はありませんが配偶者の同意が必要です（民法796）。

1 相続の概要
2 納税義務者の相続税の
3 相続税の概要
4 かからない財産が相続税が
5 課税される財産が相続税が
6 課税財産の特例の相続税の
7 される贈与財産に加算相続財産

≪事例1-4-2≫　養子縁組前の養子の子がいる場合の法定相続分

Cは、被相続人と養子Aとの養子縁組前に生まれており、被相続人との間に血族関係は生じないことから代襲相続人とならない。よって、配偶者と養子縁組後に生まれた孫Dと子Bが相続人となり、法定相続分は、配偶者乙が2分の1、BとDが各人4分の1になります。

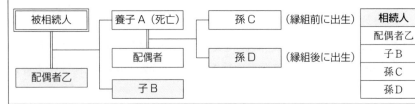

相続人	法定相続分
配偶者乙	1/2
子B	1/4
孫C	相続人とならない
孫D	1/4

(3) 二重資格者

代襲相続人が被相続人の養子でもある場合（二重資格者）の法定相続分は、養子としての相続分と代襲相続人としての相続分を合算した割合になります。なお、被相続人の配偶者が配偶者相続人の地位と兄弟姉妹の相続人地位がある場合（被相続人の両親の養子になっている場合）、兄弟姉妹の相続分は認められていません。

≪事例1-4-3≫　二重資格者がいる場合の法定相続分

孫Cは、子Aの代襲相続人であり、かつ被相続人の養子であるため二重資格者となります。この場合の孫Cの法定相続分は、代襲相続人としての相続分8分の1と養子としての相続分4分の1を合算した8分の3になります。

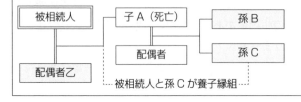

相続人	法定相続分
配偶者乙	1/2
孫B	1/8
孫C	3/8 (1/4+1/8)

(4) 非嫡出子

非嫡出子の法定相続分は、平成25年12月5日の民法改正により、嫡出子と同等の相続分になりました（平成25年9月5日以降に開始した相続に適用されます。）。なお、改正前の法定相続分は嫡出子の2分の1とされていました。

≪事例1-4-4≫　非嫡出子がいる場合の法定相続分

被相続人には、実子Aと認知した非嫡出子Bがいますが、民法の改正により平成25年9月5日以降の相続からは、嫡出子と非嫡出子の相続分は同等とされていますので、AとBの法定相続分は同じ4分の1となります。

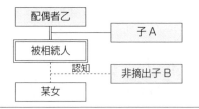

相続人	法定相続分
配偶者乙	1/2
子A	1/4 (1/2×1/2)
非嫡出子B	1/4 (1/2×1/2)

(5) 直系尊属

第2順位の直系尊属が相続人の場合、その親等の近い者が優先し相続人となります。

≪事例1-4-5≫　父母の一方が亡くなっている場合の直系尊属の法定相続分

被相続人には、子はいませんが、直系尊属がいるので、配偶者と直系尊属が相続人となります。
また、この事例では母親は健在で、父親はすでに他界していますが祖父母は健在です。
この場合、祖父母は母親よりも親等が遠いので相続人になれません。したがって、母親と配偶者が相続人となり、法定相続分は配偶者が3分の2、母親が3分の1となります。

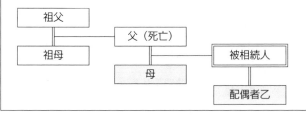

相続人	相続分
配偶者	2/3
祖父母	なし
母	1/3

(6) 半血兄弟

第3順位の兄弟姉妹が相続人となる場合、同順位で相続しますが、その兄弟姉妹のうち、父母の双方を同じくする兄弟姉妹（全血兄弟姉妹）と、父母の一方だけを同じくする兄弟姉妹（半血兄弟姉妹）のケースがあります。いずれも相続人となりますが、半血兄弟姉妹の法定相続分は、全血兄弟姉妹の2分の1となります。

≪事例1-4-6≫　半血兄弟がいる場合の法定相続分

被相続人は、生涯独身で両親はすでに他界しており、相続人は全血兄弟Aと半血兄弟Bの2名がいます。この場合、半血兄弟Bの法定相続分は全血兄弟Aの2分の1となることから、Bの法定相続分は3分の1となります。

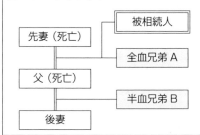

相続人	相続分
全血兄弟A	2/3
半血兄弟B	1/3

3　法定相続分の修正（特別受益、寄与分）

(1) 特別受益がある場合の具体的相続分

特別受益とは、相続人が被相続人から生前贈与[1,2,3]や遺贈よって受けた利益をいい、この利益を受けた特別受益者の具体的相続分は、被相続人が相続開始の時において有した財産の価額に特別受益の額を加えて持ち戻したものを相続財産とみなし（みなし相続財産）、それに特別受益者の法定相続分を乗じた金額から特別受益の額を控除した額になります（民法903）。

[1]　特別受益の対象となる生前贈与は、「遺贈又は婚姻、養子縁組のため若しくは生計の資本として受けた贈与」であり、具体的には、結婚や養子縁組の際の持参金や嫁入道具等、住宅購入資金や居住用不動産等の贈与、

1 相続の概要　2 相続税の納税義務者　3 相続税の概要　4 相続税がかからない財産　5 相続税が課税される財産　6 相続税の課税財産の特例　7 相続財産に加算される贈与財産

また、他の相続人が受けなかった高等教育の学費なども含まれるとされています。遺留分額の計算と異なり、持戻し期間の制限がありません。

ただし、民法第877条に規定する相互間の扶養義務の履行により、生活費の援助を受けていただけというような場合には、その援助は「生計の資本」の贈与には該当しないため、特別受益には該当しません。

※2 特別受益として持ち戻す価格は、その相続開始時の価額（時価）とされています。

※3 婚姻期間が20年以上の夫婦の一方の被相続人が、他方に対し、その居住の用に供する建物又はその敷地について遺贈又は贈与をしたときは、当該被相続人は、特別受益の持戻し免除の意思を表示したものと推定します（19頁「弁護士のアドバイス参照」）。

【特別受益者の具体的相続分の計算式】（民法903、904、900）

| 相続開始の時において有した財産の価額 | ＋ | 遺贈又は婚姻若しくは養子縁組のため若しくは生計の資本としての贈与の価額（特別受益の額） | ＝ | みなし相続財産 |

| みなし相続財産 | × | 受益者の法定相続分 | － | 特別受益の額 | ＝ | 特別受益者の具体的相続分 |

【参照法令】特別受益に関する民法条文

（特別受益者の相続分）

第903条 共同相続人中に、被相続人から、遺贈を受け、又は婚姻若しくは養子縁組のため若しくは生計の資本として贈与を受けた者があるときは、被相続人が相続開始の時において有した財産の価額にその贈与の価額を加えたものを相続財産とみなし、第900条から第902条までの規定により算定した相続分の中からその遺贈又は贈与の価額を控除した残額をもってその者の相続分とする。

2 遺贈又は贈与の価額が、相続分の価額に等しく、又はこれを超えるときは、受遺者又は受贈者は、その相続分を受けることができない。

3 被相続人が前2項の規定と異なった意思を表示したときは、その意思に従う。

4 婚姻期間が20年以上の夫婦の一方である被相続人が、他の一方に対し、その居住の用に供する建物又はその敷地について遺贈又は贈与をしたときは、当該被相続人は、その遺贈又は贈与について第1項の規定を適用しない旨の意思を表示したものと推定する。

第904条 前条に規定する贈与の価額は、受贈者の行為によって、その目的である財産が滅失又はその価格の増減があったときであっても、相続開始の時においてなお原状のままであるものとみなしてこれを定める。

≪事例1-4-7≫ 特別受益者がいる場合の具体的相続分の計算例

相続人が配偶者Aと子B、Cの3名で、相続開始時の相続財産は1億円でしたが、Bに2,000万円の特別受益がある場合の具体的相続分は下記のとおりです。

相続人区分	具体的相続分の計算	具体的相続分
配偶者A	（1億円＋2,000万円）×1/2	6,000万円
子B	（1億円＋2,000万円）×1/4－2,000万円	1,000万円
子C	（1億円＋2,000万円）×1/4	3,000万円

1 相続の概要
2 相続税の納税義務者
3 相続税の概要
4 相続税がかからない財産
5 相続税が課税される財産
6 相続税の課税財産の特例
7 相続財産に加算される贈与財産

弁護士のアドバイス 婚姻期間が20年以上の夫婦間における居住用不動産の贈与等に関する遺産分割における優遇措置ができました

　民法改正により、令和元年7月1日から婚姻期間が20年以上である夫婦間で居住用不動産（居住用建物又はその敷地）の遺贈又は贈与がされた場合については、原則として、配偶者の具体的相続分の計算上、その遺贈又は贈与について特別受益を受けたものとして取り扱わなくてよいこととなりました（民法903④）。

　なお、遺産分割では、相続財産には加算されませんが、遺留分の計算では免除されず、加算され、遺留分侵害額請求の対象になります（贈与が相続開始の時から10年より前であれば、原則として加算されません。）。

（法務省パンフレットからの抜粋）

【要　件】
① 婚姻期間が20年以上の夫婦間であること
② 居住用の建物又は敷地を遺贈又は贈与されていること
③ 令和元年7月1日以降の遺贈又は贈与であること

【民法第903条　抜粋】
4　婚姻期間が20年以上の夫婦の一方である被相続人が、他の一方に対し、その居住の用に供する建物又はその敷地について遺贈又は贈与をしたときは、当該被相続人は、その遺贈又は贈与について第1項の規定を適用しない旨の意思を表示したものと推定する。

---

(2) 寄与分がある者の具体的相続分

　寄与者※の具体的相続分は、被相続人が相続開始の時において有した財産の価額から共同相続人の協議で定めたその者の寄与分を控除したものを相続財産とみなし（みなし相続財産）、それに寄与者の法定相続分を乗じた金額に寄与分を加えた額になります（民法904の2）。

　寄与分は相続人が対象であるため、相続人以外の者（長男の嫁など）は寄与分を主張することができませんが、相続人以外の被相続人の親族が、無償で被相続人の療養看護等を行ったことにより被相続人の財産の維持又は増加に特別の寄与をした場合には、民法改正によって令和元年7月1日から導入された特別寄与料を相続人に対して請求できるようになりました（民法1050）。

※　被相続人の事業に関する労務の提供又は財産上の給付、被相続人の療養看護その他の方法により被相続人の財産の維持又は増加について特別の寄与をした相続人

【寄与分がある者の具体的相続分の計算式】（民法904の２、900）

相続開始の時において有した財産の価額	−	被相続人の事業に関する労務の提供又は財産上の給付、被相続人の療養看護その他の方法により被相続人の財産の維持又は増加について特別の寄与（寄与分の額）	=	みなし相続財産
みなし相続財産	×	寄与分がある者の法定相続分 ＋ 寄与分の額	=	寄与分がある者の具体的相続分

≪事例１−４−８≫　寄与分がある場合の具体的相続分の計算例

相続人が配偶者Ａと子Ｂ、Ｃの３名で、相続財産は１億円でしたが、Ｂに2,000万円の寄与分がある場合の具体的相続分は下記のとおりです。

相続人区分	具体的相続分の計算	具体的相続分
配偶者Ａ	（１億円−2,000万円）×1/2	4,000万円
子Ｂ	（１億円−2,000万円）×1/4＋2,000万円	4,000万円
子Ｃ	（１億円−2,000万円）×1/4	2,000万円

弁護士のアドバイス　特別の寄与の制度が創設されました

民法改正により、令和元年７月１日から相続人以外の被相続人の親族が無償で被相続人の療養看護等を行った場合には、相続人に対して金銭（特別寄与料）の請求をすることができる制度ができました（民法1050）。

【特別寄与者の要件】
① 被相続人の親族であること（相続人、相続放棄した者、相続欠格者、廃除により相続権を失った者は対象外です。）
② 療養看護その他の労務を提供したこと（被相続人に対する財産給付は対象外とされています。）
③ 無償であること（被相続人から対価や報酬を受け取って労務を提供していた場合は対象外です。）

【特別の寄与制度の概要】

（法務省パンフレットからの抜粋）

④ 労務の提供によって被相続人の財産が維持又は増加していること（財産上の効果のない精神的な援助や協力程度では特別寄与料は原則として認められません。）
⑤ 特別の寄与であること（その者の貢献に報いるのが適当だといえる程度に顕著な貢献があること）

【具体的な手続き】
相続開始後、相続人に対し、寄与に応じた額の特別寄与料の支払いを請求することになります。
特別寄与料の請求が認められるか、認められるとした場合その額はいくらかなどは、特別寄与者と相続人との協議によって決まり、協議が調わないときは、家庭裁判所に調停や審判を申し立てることになります。

【請求の申立て期限】
申立ては、特別寄与者が相続の開始及び相続人を知った時から６か月を経過したとき、又は相続開始の時から１年を経過したときはすることができません。

【質疑応答】特別寄与料

☐　特別寄与料の支払があった場合の修正申告

　　被相続人Xの長男甲及び二男（Xより前に死亡）の妻乙は、Xの遺贈により財産を取得した。

　　甲及び乙は、遺贈により取得した財産について、相続税の期限内申告を行ったところ、その後において、乙は、甲に対して民法第1050条《特別の寄与》に規定する特別寄与料の請求をし、特別寄与料を取得することとなった。乙は、上記特別寄与料を取得したことにより、既に確定した相続税額に不足が生じたが、この場合、相続税に係る金額を甲乙間で精算することとし、修正申告を行わないとする選択はできるか。

⇒できない（乙は修正申告を行う必要がある。）。

　　特別寄与者乙は１親等の血族及び配偶者以外の人になり２割加算の対象になるため、相続税の総額は変わらなくても、納付べき税額は増加することになります。

【参照法令】寄与分に関する民法条文

（寄与分）

第904条の２　共同相続人中に、被相続人の事業に関する労務の提供又は財産上の給付、被相続人の療養看護その他の方法により被相続人の財産の維持又は増加について特別の寄与をした者があるときは、被相続人が相続開始の時において有した財産の価額から共同相続人の協議で定めたその者の寄与分を控除したものを相続財産とみなし、第900条から第902条までの規定により算定した相続分に寄与分を加えた額をもってその者の相続分とする。

2　前項の協議が調わないとき、又は協議をすることができないときは、家庭裁判所は、同項に規定する寄与をした者の請求により、寄与の時期、方法及び程度、相続財産の額その他一切の事情を考慮して、寄与分を定める。

3　寄与分は、被相続人が相続開始の時において有した財産の価額から遺贈の価額を控除した残額を超えることができない。

4　第２項の請求は、第907条第２項の規定による請求があった場合又は第910条に規定する場合にすることができる。

（特別の寄与）

第1050条　被相続人に対して無償で療養看護その他の労務の提供をしたことにより被相続人の財産の維持又は増加について特別の寄与をした被相続人の親族（相続人、相続の放棄をした者及び第891条の規定に該当し又は廃除によってその相続権を失った者を除く。以下この条において「特別寄与者」という。）は、相続の開始後、相続人に対し、特別寄与者の寄与に応じた額の金銭（以下この条において「特別寄与料」という。）の支払を請求することができる。

2　前項の規定による特別寄与料の支払について、当事者間に協議が調わないとき、又は協議をすることができないときは、特別寄与者は、家庭裁判所に対して協議に代わる処分を請求することができる。ただし、特別寄与者が相続の開始及び相続人を知った時から６箇月を経過したとき、又は相続開始の時から１年を経過したときは、この限りでない。

3　前項本文の場合には、家庭裁判所は、寄与の時期、方法及び程度、相続財産の額その他一切の事情を考慮して、特別寄与料の額を定める。

4　特別寄与料の額は、被相続人が相続開始の時において有した財産の価額から遺贈の価額を控除した残額を超えることができない。

5　相続人が数人ある場合には、各相続人は、特別寄与料の額に第900条から第902条までの規定により算定した当該相続人の相続分を乗じた額を負担する。

4　相続分の譲渡

　相続分の譲渡とは、相続人が遺産の分割前に自己の相続分（積極財産と消極財産を含めた相続財産全体に対する持分あるいは地位）を譲渡することです。

1　相続の概要

2　相続税の納税義務者

3　相続税の概要

4　相続税がかからない財産

5　相続税が課税される財産

6　課税財産の特例

7　相続財産に加算される贈与財産

譲渡の相手方は共同相続人でもそれ以外の第三者でも構いませんし、有償でも無償でも構いません。

また、相続人がその相続分を共同相続人以外の第三者に譲渡したときは、当該第三者は譲渡相続人が有していた相続分を取得し、相続人と同じ地位に立つと解されています。そのため、当該第三者は、相続財産の管理はもちろん遺産分割の手続きにも参加できることになります※。

相続分の譲渡は、相続人が遺産争いに巻き込まれたくない場合や被相続人の介護や事業に貢献してくれた人に自分の相続分を譲りたい場合等に利用されます。

※　譲受者が第三者の場合、遺産の管理や分割でトラブルが生じかねないので、他の共同相続人は譲渡から1か月以内であれば価額及び費用を償還して取戻し請求ができます（民法905）。

図表1-4-3　相続分の譲渡・譲受に関する課税関係（譲受人が個人である場合）

譲受者区分		相続分の譲受者・譲渡者の課税関係	
		相続分の譲受者	相続分の譲渡者
共同相続人	無償	相続分の譲受額と自己の相続分の合計額に対して相続税が課税	相続分の無償譲渡は、非課税
	有償	相続分の譲受額（対価支払額を除きます。）と自己の相続分の合計額に対して相続税が課税	対価受領額に対して相続税が課税
第三者	無償	相続分の譲受額に対して贈与税が課税	相続分の譲渡に関係なく相続税が課税
	有償	相続分を時価で譲り受けた場合、贈与税は非課税※1	相続分の譲渡に関係なく相続税が課税※2

※1　時価より低い価額で譲り受けた場合は、その差額に贈与税が課税
※2　時価より高い価額で譲渡した場合は、その差額に贈与税も課税

図表1-4-4　相続分の譲渡と相続放棄の比較

区　分	メリット	デメリット
相続分譲渡	・当事者の合意のみで譲渡でき、裁判所への手続きは不要。 ・相続分の譲受人を自由に選べる。 ・有償で譲渡することができる。	・相続債務の支払義務はなくならない。 ・不動産を含む相続分を第三者に譲渡した場合、登記費用が多額で複雑※
相続放棄	・相続債務の支払義務がなくなる。	・相続の開始があったことを知った時から3か月以内に、家庭裁判所に申述する必要がある。

※　相続分を共同相続人以外の第三者に譲渡した場合、最初に法定相続分による相続人への所有権移転登記の手続きを行い、法定相続人全員の共有名義（共同相続の登記）にし、次に相続分を譲渡した相続人から譲受人への持分移転登記をしなければなりません。

法定相続分のチェックポイント

☐　**実子と養子の法定相続分が違うと考えていないか。**

　☞　養子は法律上実子と区別されていないので、実子と同じ法定相続分になります（15頁）。

☐　**離婚した前妻の子と後妻（死亡時被相続人の配偶者）の子の法定相続分が違うと考えていないか。**

　☞　被相続人の子が相続人になる場合、前妻（離婚）の子と後妻（被相続人死亡時の配偶者）の子は、同じ法定相続分になります。

☐　**非嫡出子の法定相続分は実子の2分の1と考えていないか。**

　☞　民法改正により、平成25年9月5日以降の相続から実子と同じ割合になりました（16頁）。

1-5　相続の承認と放棄

1 相続の概要
2 相続税の納税義務者
3 相続税の概要
4 相続税がかからない財産
5 相続税が課税される財産
6 相続税の課税財産の特例
7 相続財産に加算される贈与財産

1　相続の承認と放棄の概要

　被相続人の財産にはプラスの財産だけでなく、マイナスの財産（債務）もあります。そのため、相続人は<u>自己のために相続の開始があったことを知った時</u>※1から３か月以内（熟慮期間）※2に、単純承認、限定承認、相続放棄のうちいずれかを選択しなければなりません（民法915）。

　なお、この熟慮期間内に相続人が相続財産の状況を調査しても、単純承認、限定承認又は相続放棄のいずれをするかを決定できない場合には、家庭裁判所への申立てにより、この３か月の熟慮期間を伸長することができます。

　ただし、いったん相続の承認及び放棄をすると、熟慮期間内であっても、原則として、その相続の承認及び放棄を撤回することができません（民法919①）。

※1　「自己のために相続の開始があったことを知った時」とは、原則として、相続人が相続開始の原因たる事実の発生を知り、かつ、そのために自己が相続人となったことを知った時をさします。
※2　相続人が数人いる場合には、３か月の期間は、相続人がそれぞれ自己のために相続の開始があったことを知った時から各別に進行します。

図表1-5-1　相続人の選択

自己のために相続の開始があったことを知った時	３か月以内に選択（熟慮期間）	単純承認	被相続人の権利義務を全て引き継ぐ
		限定承認	相続によって得た財産を限度として、被相続人の債務や遺贈の義務を引き継ぐ
		相続放棄	被相続人の権利義務を一切引き継がない

2　単純承認

　単純承認とは、相続人が被相続人の権利義務（財産と債務）を全て承継することをいいます（民法920）。したがって、被相続人の遺したプラスの財産よりマイナスの財産のほうが多くて弁済しきれないときには、相続人は自分の固有財産で弁済しなければなりません。単純承認は特に必要な手続きはなく、次のような場合には単純承認したものとみなされます（民法921）。

図表1-5-2　単純承認とみなされる場合（法定単純承認）

① 熟慮期間内に限定承認又は相続放棄をしなかった場合
② いずれかを選択する前に相続財産の全部又は一部を処分した場合
③ 限定承認又は相続放棄をした後で、相続財産の全部又は一部を隠匿、消費等した場合

3　限定承認

(1)　限定承認とは

　限定承認とは、相続によって得たプラスの財産を限度として、被相続人の債務及び遺贈を弁済するという条件付き承認です（民法922）。つまり、相続財産の範囲内で被相続人の債務や遺贈の義務

を履行し（残った債務は相続人の固有財産で返済しなくてよい。）、相続財産が残ればその残余財産を相続により取得することができます。なお、限定承認した場合は、被相続人が時価で相続財産を譲渡したものとみなして譲渡所得が課税（所法59）されますので、相続人は被相続人の譲渡所得について準確定申告（☞304頁）をしなければなりません。

(2) 限定承認手続き

　相続人が相続の限定承認をする場合は、相続の開始があったことを知った時から3か月以内に被相続人の住所地の家庭裁判所に共同相続人全員が共同で申述をしなければなりません（民法923、924）。

≪記載例1-5-1≫　限定承認の申立書の記載例

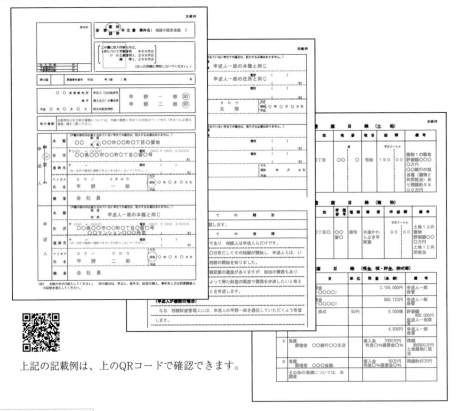

上記の記載例は、上のQRコードで確認できます。

税理士のアドバイス	相続財産に取引相場のない株式や土地等がある場合の限定承認

　限定承認は共同相続人全員で裁判所に申述しますが、上述のとおり、相続財産の中に例えば、取引相場のない株式や土地等がある場合は、時価で被相続人が相続人に譲渡したものとして課税（所法59）され、この場合の時価は、通常の取引金額で相続税評価額ではありません。

　このため、準確定申告に当たって譲渡所得を計算する場合、土地については路線価額ではなく時価、取引相場のない株式の評価については、所得税基本通達59-6により計算した価額となりますのでご注意ください。

　なお、限定承認に係る共同相続人の相続税の申告に当たっては、土地、取引相場のない株式の価額は、財産評価基本通達の定めにより評価することとなります。

　また、上記準確定申告に係る所得税等は、被相続人の債務として控除されることとなります。

4　相続放棄

(1)　相続放棄とは

　相続放棄とは、被相続人に権利義務を一切引き継がないという意思表示であり、相続放棄をする場合には各相続人が家庭裁判所にその旨を申述します（民法938）。相続放棄は、相続財産について包括的になされなければならず、例えば、居住している住宅は相続するが、借金等そのほかは放棄するなど、一部についてのみ放棄することはできません。

　相続放棄をした場合、放棄をした者は、民法上は初めから相続人とならなかったとみなされますので（民法939）、相続欠格（☞9頁）や廃除（☞9頁）とは異なり代襲相続はありませんが、相続人や相続分に変動が生じます。

　なお、相続税法では、相続税の計算に当たり相続人や法定相続分について、相続放棄がなかったものとして相続税の計算をします（相法15、16、19の2、19の3、19の4）が、その一方で、生命保険金や退職金の非課税枠の適用は、相続を放棄した者を除いた相続人に適用があるとし、債務控除や相次相続控除についても同様としています（相法12、13、20）。

≪事例1-5-1≫　放棄をした者がいる場合の法定相続分

　子Cが相続放棄をした場合の相続人と相続分は、次のとおりになります（子Cが相続放棄をしなかった場合は、配偶者の相続分は2分の1、子A、B、Cの相続分は各人6分の1ずつとなります。）。

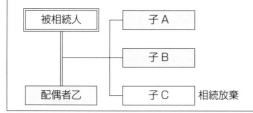

相続人	法定相続分
配偶者乙	1/2
子A	1/4
子B	1/4
子C	放　棄

≪事例1-5-2≫　直系卑属が放棄をした場合の法定相続分

　子が全員相続を放棄した場合、第1順位の血族相続人がいなくなるので、第2順位の直系尊属である父母が相続人となり、それぞれの法定相続分は次のとおりになります。なお、相続税の計算は、相続放棄があった場合でも、その放棄がなかったものとみなした相続人及び法定相続分に基づいて計算します。

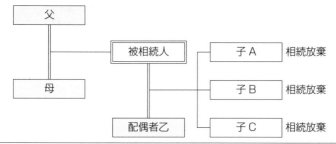

相続人	法定相続分
配偶者乙	2/3
父	1/6
母	1/6
子A	放　棄
子B	放　棄
子C	放　棄

(2) 相続放棄の手続き

　相続を放棄する場合には、相続の開始があったことを知った時から3か月以内（この熟慮期間内に相続人が相続財産の状況を調査しても、なお、単純承認、限定承認又は相続放棄のいずれをするかを決定できない場合には、家庭裁判所は、申立てにより、この3か月の熟慮期間を伸長することができます。）に被相続人の住所地の家庭裁判所に相続放棄の申述をしなければなりません（民915）。

≪記載例1-5-2≫　相続放棄申述書の記載例

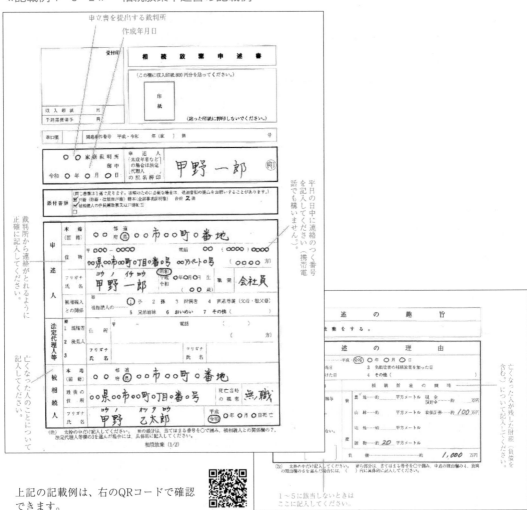

上記の記載例は、右のQRコードで確認
できます。

（出所）　裁判所ホームページ：https://www.courts.go.jp/koufu/vc-files/koufu/2021/2021-8-3.pdf

1-6 遺産分割

1 遺産分割の意義

遺言書があり、分割方法の指定がある場合には原則としてそれに従って遺産分割しますが、遺言書がない場合や遺言の内容が包括遺贈（相続財産の全部又は一定の割合分を遺贈すること。）である場合等には、共同相続人や包括受遺者（民法990）、相続分の譲受人（以下併せて「相続人等」といいます。）が協議して遺産分割します。

遺産分割の方法には、財産の形状等を変えずに各相続人等に分割する現物分割、特定の相続人等が現物を取得し、他の相続人等に対し、その現物と自己の相続分との差額を支払う代償分割、遺産を売却・換価し、相続人等にその代金を分ける換価分割があります。

図表1-6-1 遺産分割方法

区 分	遺産分割方法の概要
現物分割	財産の形状等を変えずに各相続人等に分割する方法。
代償分割	特定の相続人等が現物を取得し、他の相続人等に対して債務を負担する方法。
換価分割	遺産を処分※した上で、各相続人等がその代金を分ける方法。

※ 譲渡所得の対象となる資産の場合には、譲渡所得等が課税されます。

2 遺産分割協議参加者

遺産分割協議は原則として相続人等全員で行いますが、相続人等に未成年者や行方不明者などがいる場合は、その代理人等が遺産分割協議に参加します。

たとえば、相続人等の中に未成年者がいる場合は、親権者が未成年者に代わって遺産分割協議に参加します。しかし、その親権者も相続人等である場合には、親権者と未成年者は利益が相反する関係にあるため、その親権者は未成年者を代理することができないので、特別代理人を家庭裁判所に選任してもらい（民法826）、その者が遺産分割に参加します。

また、相続人等の中に認知症などによって判断能力が欠けているのが通常の状態の者がいる場合には、家庭裁判所に成年後見開始の審判の申立てをして成年後見人を選任してもらい、その成年後見人が被成年後見人に代わって遺産分割協議に参加します。

図表1-6-2 遺産分割協議において相続人等を代理する者

区 分	遺産分割を代理する者
成年被後見人 （制限行為能力者）	被後見人に代わって成年後見人が遺産分割協議に参加します。なお、後見人がいない場合には、家庭裁判所に対して、成年後見人の選任申立てが必要。
未成年者	未成年者に代わって親権者が遺産分割協議に参加。なお、親権者も共同相続人である場合には、家庭裁判所に対して、特別代理人の選任申立てが必要。
行方不明者	家庭裁判所に、不在者財産管理人の選任を申立て、許可を得て（民法25、28）、不在者財産管理人が行方不明者に代わって遺産分割協議に参加します。

3 遺産分割協議が調わない場合

　相続人等の間での遺産分割協議が成立しないときは、家庭裁判所に遺産分割の調停申立を申し立て、調停でも話し合いがまとまらず調停が不成立となったときは審判手続きが開始されます。なお、相続税の申告期限までに遺産分割が成立しない場合は、「未分割」として申告し、各相続人が法定相続分どおりに取得したものとして計算した相続税額を申告期限までに納付します（☞133頁）。

図表1-6-3　遺産分割協議が調わない場合の手続きフローチャート

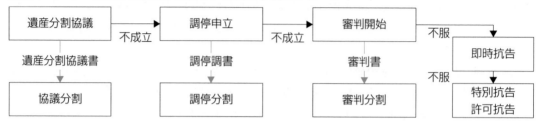

　相続税の申告期限までに遺産分割が調わない場合、次のような相続税の税額軽減の特例や課税価額の計算の特例（☞108頁）のほか納税猶予（☞237頁）、物納（☞232頁）といった納税に関する特例が適用できません。

---

① 　配偶者に対する相続税額の軽減（相法19の2）
② 　小規模宅地等についての相続税の課税価格の計算の特例（措法69の4）
③ 　特定計画山林についての相続税の課税価格の計算の特例（措法69の5）
④ 　特定事業用資産についての相続税の課税価格の計算の特例（旧措法69の5）

---

4 遺産分割協議書の作成方法

　遺産分割協議書は、相続人等が全員で遺産をどう分けるのか話し合った結果が明記された書面です。
　そのため、相続財産を正確に特定して、誰が、どの財産を、どのように引き継ぐのかを明確に記載し、相続人等の全員が同意していることを証明する自筆の署名と実印の押印が必要です。
　他方、金銭債務については遺産分割の対象とならず、法律上当然に分割され、相続分に応じて各相続人が承継・負担することになりますが（最判昭和34年6月19日民集13巻6号757頁）、遺産分割協議書により、特定の相続人等が支払うよう合意（免責的債務引受）して、それに基づいて相続税の申告をすることは可能です（相基通13-3）。ただ、債権者との関係では、債権者の承諾が必要で、債権者と相続人等全員で免責的債務引受契約を結ぶなどすれば、債務引受けをした相続人等以外の相続人等は被相続人の債務負担を免れることができます。
　なお、民法改正により令和2年4月1日から、遺産分割協議により配偶者居住権を設定することが可能となりました（民法1028①一）。
　相続財産の全部についての遺産分割が成立しない場合でも、遺産分割の成立が前提の相続税の特例（配偶者の税額軽減や小規模宅地の特例など）を受けるために、特例の適用を受ける一部の遺産についてだけ遺産分割協議書を作成することもできます。
　遺産分割協議書の作成上、留意すべき事項は、次のとおりです。

図表 1-6-4　遺産分割協議書作成において留意すべき記載事項

区　分		記載例
遺産分割協議書作成後に新たな遺産が発見された場合	再度、分割協議をする場合	29頁(1)①参照
	再度、分割協議をしない場合	29頁(1)②参照
相続人に判断能力に問題のある者がいる場合	未成年者がいる場合	29頁(2)①参照
	成年被後見人がいる場合	29頁(2)②参照
代償分割をした場合		29頁(3)参照
換価分割をした場合		30頁(4)参照
寄与分が認められる場合	療養看護に尽くした寄与の場合	30頁(5)①参照
	遺産形成の貢献による寄与の場合	30頁(5)②参照
配偶者居住権を設定した場合		30頁(6)参照
特別寄与料を支払う場合		30頁(7)参照

(1)　遺産分割協議書作成後に新たな遺産が発見された場合の記載例

①　新たに発見された遺産についての分割協議をする場合

次のような文言を遺産分割協議書の末尾（又は条項）に記載します。

> 本遺産分割協議書記載の遺産以外に新たに被相続人の遺産が発見された場合は、相続人らは、別途、協議する。

②　新たに発見された遺産についての分割協議をしない場合

次のような文言を遺産分割協議書の末尾（又は条項）に記載します。

> 本遺産分割協議書に記載なき資産及び後日判明した遺産については、相続人○○○がこれを取得する。

(2)　相続人に判断能力に問題のある者がいる場合の記載例

①　未成年者がいる場合

未成年者は行為能力がないため、遺産分割協議書に未成年者を代理して親権者又は特別代理人が次のように署名押印します。

> 相続人　○○○　の　特別代理人　○○○○　㊞

②　成年被後見人がいる場合

成年被後見人は行為能力がないため、遺産分割協議書に成年被後見人を代理して成年後見人が次のように署名押印します。

> 相続人　○○○　の　成年後見人　○○○○　㊞

(3)　代償分割をする場合の記載例

相続財産の分割に換えて、相続人が代償金を支払う場合（代償分割☞27、166頁）には、遺産分割協議書に次のように記載します。

> 相続人○○○○は第一項に記載の遺産を取得する代償として相続人○○○○に対し金○○万円を令和○年○月○日までに支払うものとする。

1 相続の概要
2 相続税の納税義務者
3 相続税の概要
4 相続税がかからない財産
5 相続税が課税される財産
6 課税財産の特例
7 相続財産に加算される贈与財産

⑷ 換価分割をする場合の記載例

遺産の一部又は全部を売却して、換価金を支払う場合「換価分割」（☞27、166頁）の場合には、遺産分割協議書に次のように記載します。

> 相続人全員は、次の遺産を売却換価し、その売却代金から売却費用を控除した金額を、相続人〇〇〇〇、相続人〇〇〇〇が各2分の1の割合で分配するものとする。
> なお、売却は相続人〇〇〇〇が担当し、〇年〇月末日までに、金〇〇〇〇円以上で売却するものとするものとし、この条件で売却できないときは、再協議のうえ、売却代金を減額して再度売却手続きを行うものとする。
> ＜土地の表示＞
> 　　所　　　在　　東京都千代田区麹町
> 　　地　　　番　　〇番〇
> 　　地　　　目　　宅　地
> 　　地　　　積　　〇〇.〇平方メートル

⑸ 寄与分が認められる相続人がいる場合の記載例

被相続人の事業を無報酬で手伝ってきた相続人や、被相続人の療養看護してきた相続人など、被相続人の財産の維持や増加に貢献した相続人がいる場合の寄与分（☞19頁）については、遺産分割協議書に次のように記載します。

① 療養看護に尽くしたことによる寄与分の場合

> 相続人〇〇〇〇が被相続人の療養看護に尽くしたことによる寄与分を遺産の〇分の〇と定める。

② 被相続人の遺産形成に貢献したことによる寄与分の場合

> 相続人〇〇〇〇が被相続人の遺産形成に対し労務を提供したことによる寄与分を遺産の〇分の〇と定める。

⑹ 配偶者居住権を設定した場合の記載例

> 1　配偶者相続人〇〇〇〇は、相続開始時に居住していた次の建物（以下「本件建物」という。）の配偶者居住権を取得する。配偶者居住権の存続期間は、被相続人〇〇〇〇の死亡日（または遺産分割協議成立の日）から配偶者相続人〇〇〇〇の死亡日までとする。
> 　　　　所在　　　　東京都千代田区〇〇2丁目35番地
> 　　　　家屋番号　　35番
> 　　　　種類　　　　居宅
> 　　　　構造　　　　木造瓦葺2階建
> 　　　　床面積　　　1階50.00平方メートル
> 　　　　　　　　　　2階50.00平方メートル
> 2　相続人〇〇〇〇は、本件建物の所有権を取得する。
> 3　相続人〇〇〇〇は、配偶者相続人〇〇〇〇に対し、本件建物につき、1項記載の配偶者居住権の設定の登記手続をする。登記手続費用は配偶者相続人〇〇〇〇の負担とする。

⑺ 特別寄与のある相続人以外の親族に特別寄与料を支払う場合の記載例

相続人ではない被相続人の親族で、被相続人の財産の維持又は増加について特別の寄与をした者（特別寄与者）は、相続人に対し、特別寄与料の支払を請求することができます。この特別寄与料の支払について、合意書を作成する場合の記載例については、記載例1-6-2を参照してください。

≪記載例1-6-1≫ 遺産分割協議書の記載例

（注）　本記載例は、申告書の記載例とは連動していません。

四字削除、四字加入　㊞　㊞　㊞　㊞

遺　産　分　割　協　議　書

被相続人　　中央太朗（令和五年十月十五日死亡）
最後の住所　東京都千代田区麹町一丁目二番地三
最後の本籍　東京都渋谷区富ヶ谷二丁目十番地

> 被相続人の最終の本籍地と住所が戸籍や住民票と一致しているか。

上記被相続人の遺産については、同人の相続人の全員において分割協議を行った結果、各相続人がそれぞれ次のとおり遺産を分割し、取得することに決定した。

　　一　相続人中央花子が取得する財産

　　　1．東京都千代田区麹町一丁目二番地三
　　　　　宅地　　参百弐拾八平方メートル
　　　2．上記同所同番地家屋番号八番
　　　　　木造瓦葺平屋建居宅　床面積九拾平方メートル
　　　3．上記居宅内にある家財一式
　　　4．株式会社〇〇製作所の株式壱千五百株

> 協議内容に相続人全員が合意したという文言があるか。

> 相続財産が特定できる表示となっているか。不動産の場合は登記事項証明書の記載、預貯金や有価証券の場合は残高証明書の内容と一致するか（不動産表示は簡略化しています）。

　　二　相続人中央重雄が取得する財産　五万四千

　　　1．株式会社〇〇製作所の株式四万五千株
　　　2．〇〇銀行〇〇支店の被相続人中央太朗名義の定期預金壱口八百万円

> 訂正が適正になされているか。

　　三　相続人中央経が取得する財産

　　　1．株式会社〇〇製作所の株式
　　　2．洋画〇〇作「風景」ほか四

> 代償分割の内容について申告書に反映されているか。

> 遺産分割協議書作成後に発見された遺産についての記載があるか。

　　四　相続人中央花子は、被相続人中央太朗の次の債務を継承する
　　　　〇〇銀行〇〇支店からの借入金

相続人中央重雄は第二項2．に記載の遺産を取得する代償として相続人中央経に対し金壱千万円を令和六年十二月一日までに支払うものとする。

本協議書に記載なき資産及び後日判明した遺産については相続人中央花子がこれを取得する。

右のとおり相続人全員による遺産分割の協議が成立したので、これを証するための本書を作成し、左に各自署名押印する。

令和六年八月二日

> 氏名や住所が住民票、印鑑証明書の記載と一致するか。相続人全員の署名押印があるか。

東京都千代田区麹町一丁目二番地三
　　　　　　　　　相続人　　中央花子　　㊞
東京都港区南麻布二丁目二十二番地三十三
　　　　　　　　　相続人　　中央重雄　　㊞
東京都江東区亀戸六丁目六番六号
　　　　　　　　　相続人　　中央　経　　㊞
123 Orange Street, New York, NY 12345 US
　　　　　　　　　相続人　　豊川祐子　　㊞

> 作成日付があるか。

> 印影が印鑑証明書と一致するか。

> サインがサイン証明書等と一致するか。

東京都三鷹市上下弐丁目五番地
　　　　　中央花子の成年後見人　斉藤正義　㊞

> 後見に関する登記事項証明書はあるか。印影が成年後見人の印鑑証明書（成年後見人が弁護士の場合は、家庭裁判所書記官発行の印鑑証明書）と一致するか。

1 相続の概要

2 相続税の納税義務者

3 相続税の概要

4 相続税がかからない財産

5 相続税が課税される財産

6 相続税の課税財産の特例

7 相続財産に加算される贈与財産

（注１） 遺産分割協議書が複数頁になる場合は、全ての頁の見開き部分に左右の頁にかかるように押印（契印）又は製本（袋とじ）して表紙あるいは裏表紙に製本テープにかかるように契印します。

（注２） 遺産分割協議書の訂正箇所へ二重線を引き、余白に訂正文字数を記載します（○字削除、○字訂正、○字加入など）。なお、相続人の住所や氏名など個人に関する情報を訂正したい場合は、訂正箇所の相続人の実印だけで訂正できますが、被相続人の情報や財産を訂正したい場合は、遺産協議書に押印した相続人全員からの訂正印（実印）が必要になります。

≪記載例１-６-２≫ 特別寄与料に関する合意書の記載例

合　意　書

　甲と乙及び丙は、甲が亡○○○○を療養看護したことに対する特別寄与料について、本日、下記の同意が成立したので、本合意成立の証として本書３通を作成し、甲乙丙署名押印の上、各自１通ずつ保有する。

第１条　甲と乙及び丙は、甲の特別寄与料を200万円とし、乙と丙の負担額を100万円ずつとすることに合意する。

第２条　乙は、甲に対し、100万円を令和○年○月○日限り、○○銀行○○支店の甲名義の普通預金口座（口座番号＊＊＊＊＊＊＊）に振り込む方法により支払う。ただし、振込手数料は乙の負担とする。

第３条　丙は、甲に対し、100万円を令和○年○月○日に限り、前条記載の口座に振り込む方法により支払う。ただし、振込手数料は丙の負担とする。

第４条　甲と乙及び丙は、甲と乙及び丙との間には、甲の特別寄与料について、本合意書に定めるもののほかに何らの債権債務がないことを相互に確認する。

令和○年○月○日

（甲）　東京都江東区○○町○丁○番○号
　　　　○　○　　　○　○　　㊞

（乙）　東京都目黒区○○町○丁○番○号
　　　　○　○　　　○　○　　㊞

（丙）　東京都大田区○○町○丁○番○号
　　　　○　○　　　○　○　　㊞

【質疑応答】遺産分割

> □　共同相続人に該当しない親権者が子（未成年者）に代理して遺産分割協議書を作成する場合
> 　被相続人甲は、妻乙との間に子２人（成年者）がありましたが、妻以外の女性丙との間にも子が２人（うち未成年者１人）あり、生前に認知していました。甲の死亡に係る相続に関し、相続人である妻乙と子供４人で遺産を協議分割し、その分割に基づいて相続税の申告をすることになりましたが、相続税の申告書に添付する遺産分割協議書には、未成年者である子に代理して親権者である丙が署名押印すれば、家庭裁判所で特別代理人の選出を受けなくてもよいと考えますがどうでしょうか。なお、丙は包括受遺者ではありません。
> ⇒ 丙の親権に服する子が１人の場合には、差し支えありません。

□　遺産の換価分割のための相続登記と贈与税

　　遺産分割の調停により換価分割をすることになりました。ところで、換価の都合上、共同相続人のうち1人の名義に相続登記をしたうえで換価し、その後において、換価代金を分配することとしました。この場合、贈与税の課税が問題になりますか。

⇒　贈与税の課税が問題になることはありません。

□　遺言書の内容と異なる遺産の分割と贈与税

　　被相続人甲は、全遺産を丙（三男）に与える旨（包括遺贈）の公正証書による遺言書を残していましたが、相続人全員で遺言書の内容と異なる遺産の分割協議を行い、その遺産は、乙（甲の妻）が1/2、丙が1/2それぞれ取得しました。この場合、贈与税の課税関係は生じないものと解してよろしいですか。

⇒　原則として贈与税の課税は生じないことになります。

税理士のアドバイス　遺産分割のやり直し

　　民法上は、「共同相続人の全員が、既に成立している遺産分割協議の全部又は一部を合意により解除した上、改めて分割協議をすることは、法律上、当然には妨げられるものではない。」（最判平成2年9月27日民集44巻6号995頁）として遺産分割のやり直しができることになっていますが、税法上では、「当初の分割により共同相続人又は包括受遺者に分属した財産を分割のやり直しとして再配分した場合には、その再配分により取得した財産は、同項に規定する分割により取得したものとはならないのであるから留意する。」（相基通19の2-8）として、無効原因の伴わない単純な遺産分割協議のやり直しをした場合については、相続人が取得した遺産の贈与であるとなっていますので、注意が必要です。

司法書士のアドバイス　意思無能力者がいる場合の遺産分割

　　意思能力を有しない者がした法律行為は無効となります（民法3の2）。

　　例えば、認知症を患って行為の結果を判断することができないほど認知症の程度がひどくなってしまった者は、意思能力を有しないと言えます。遺産分割も法律行為ですので、その者の行った遺産分割は無効となります。

　　この場合、家庭裁判所に後見開始の申立てを行い、成年後見人を選任してもらい、成年後見人が本人に代わり遺産分割に参加して意思表示することで遺産分割を成立させることができます。

　　なお、事実を隠して遺産分割協議書を作成した場合には、遺産分割の無効だけでなく、私文書偽造及び同行使（刑法159、161）に問われる可能性があります。

1 相続の概要　2 納税義務者の相続税　3 相続税の概要　4 相続税がかからない財産　5 相続税が課税される財産　6 相続税の課税財産の特例　7 相続財産に加算される贈与財産

　口座名義人が亡くなり、遺産に属する口座名義人の預貯金（相続預貯金）が遺産分割の対象となる場合には、遺産分割が終了するまでのあいだ、相続人単独では相続預貯金の払戻しを受けられないことがあります。

　このため、民法等の改正により、令和元年7月1日以降、遺産分割が終了する前であっても、各相続人が単独で当面の生活費や葬儀費用の支払い、相続債務の弁済等のためにお金が必要になった場合に、一定の範囲で相続預貯金の払戻しが受けられるよう、2つの制度が創設されました。

① 家庭裁判所の判断を経ずに払戻しができる制度

　各相続人は、相続預貯金のうち口座ごとに一定の計算式で求められる額については、家庭裁判所の判断を経ずに金融機関から単独で払戻しを受けることができます（民法909の2）。ただし、同一の金融機関（複数の支店に相続預貯金がある場合はその全支店）からの払戻しは150万円が上限になります。

② 家庭裁判所の判断により払戻しができる制度

　家庭裁判所に遺産分割調停や審判が申し立てられている場合に、各相続人は家庭裁判所へ申立てを行い、その審判を得ることにより、相続預貯金の全部又は一部を仮に取得し、金融機関から単独で払戻しを受けることができます（家事事件手続法200③）。

　ただし、生活費の支弁等の事情により相続預貯金の仮払いの必要性が認められ、かつ、他の共同相続人の利益を害しない場合に限られます。

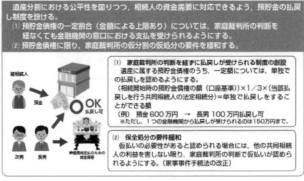

（法務省パンフレットからの抜粋）

1-7 遺 言

1 遺言の概要

　民法においては、被相続人の財産を相続する人（相続人）と相続分が定められていますが、被相続人の財産ですから被相続人の意思に基づく処分が認められています。

　遺言とは、被相続人自身が死後の自らの財産についてする意思表示です。その意思を記したのが遺言書であり、遺言により財産の全部又は一部を処分することを遺贈といいます（民法964）。

2 包括遺贈と特定遺贈

　遺贈には、①財産を特定せずに遺産の全部又は一部を一定の割合を示して遺贈する「包括遺贈」と②特定の財産を示して遺贈する「特定遺贈」の２つがあります。

　相続人以外の者に対して包括遺贈があった場合、包括遺贈を受けた者（包括受遺者）は相続人と同様の地位を取得し（民法990）、遺産分割協議に参加します。

図表1-7-1　包括遺贈と特定遺贈

遺贈の分類		内　容
遺　贈	包括遺贈	遺産の全部又は一部を一定の割合を示して遺贈する方法で、包括受遺者は相続人と同一の権利義務を有するため、遺贈の放棄は相続の開始を知った時から３か月以内に限られています（民法990、915）。
	特定遺贈	特定の財産を示して遺贈する方法で、特定受遺者は、遺言者の死亡後、いつでも遺贈の放棄をすることができます（民法986）。

3 遺言の方式

　被相続人が相続人以外の者に財産を渡したい場合は、死因贈与（☞46頁）や信託を除き、遺言でなければできません。また、特定の相続人に多くの財産を渡したい場合や特定の財産を渡したい場合も遺言が有効です。遺言は民法の定める方式に従わなければならず、方式に反した遺言は無効です。遺言方式には、次のように、「普通方式」と特殊な状況下での「特別方式」があります。

図表1-7-2　遺言の方式

遺言の方式		各方式の遺言方法
普通方式	自筆証書遺言	遺言者が遺言書の全文、日付及び氏名を自書し、押印して作成する遺言方法（民法968）
	公正証書遺言	公証人が作成する遺言（民法969）。安全で確実な遺言方法
	秘密証書遺言	遺言書の内容を秘密にするため、遺言書を封印し、公証人と証人に遺言書の存在を証明してもらう遺言方法（民法970）
特別方式	危急時遺言	死亡の危難が差し迫っている危急の場合や船舶遭難者の遺言方法（民法976、979）
	隔絶地遺言	伝染病で隔離された者、船舶中の隔離者の遺言方法（民法977、978）

① 相続の概要
② 相続税の納税義務者
③ 相続税の概要
④ 相続税がかからない財産
⑤ 相続税が課税される財産
⑥ 課税財産の特例
⑦ 相続財産に加算される贈与財産

また、よく利用される公正証書遺言と自筆証書遺言について整理すると、次のようになります。

図表1-7-3　公正証書遺言と自筆証書遺言の比較

区　分	公正証書遺言※1	自筆証書遺言	
		保管制度※3の利用あり	保管制度の利用なし
遺言書面の作成者	公証人	本　人	本　人
遺言方式の確認	公証人	法務局の職員	な　し
遺言の保管場所	公証役場	法務局 （遺言書保管所）	本　人
遺言書作成（保管）費用	公証人手数料※2	3,900円	な　し
家裁の検認の要否	不　要	不　要	必　要
死亡時通知の有無	な　し	あ　り	な　し

※1　平成元年以降に作成された公正証書遺言については、全国の公証役場で公正証書の有無及び保管公証役場を検索することができます。遺言検索の申出費用は無料ですが、遺言書の閲覧（1回につき200円）、謄本請求（1枚当たり250円）には費用がかかります。遺言検索の申出は、相続人等の利害関係人のみが遺言者の死亡後にすることができ（遺言者の死亡が確認できる書類及び相続人であることが確認できる書類が必要。）、遺言者が亡くなる前は、遺言検索の申出は遺言者本人に限られています。
※2　手数料は法定されており、遺産額が1億円程度で6万円から10万円ほどの費用がかかります。
　　　なお、遺言書の原案は、公証人に直接依頼するほか、弁護士、司法書士などに相談して作成することもあり、後者の場合には、別途そのための費用がかかります。
※3　自筆証書遺言書保管制度（法務局における遺言書の保管等に関する法律）

4　遺言でなしうる事項

遺言の効力が生じるときは、遺言者は死亡していることから、その真意を明確にするため、民法は遺言（遺言書の作成）に厳格な方式を定め、遺言でなしうる事項（遺言事項）についても定めています（信託法における信託の設定など、民法以外の法律も遺言事項を定めています。）。

民法上の遺言事項を分類すると、次のようになります。

図表1-7-4　遺言事項の分類

区　分	遺　言　事　項
相続に関する事項	・推定相続人の廃除（民法893）又は廃除の取消し（民法894②） ・相続分の指定又は指定の委託（民法902） ・遺産分割方法の指定又は指定の委託、遺産分割の禁止（民法908） ・特別受益の持戻しの免除（民法903③） ・遺産分割における担保責任に関する別段の意思表示（民法914） ・遺留分侵害額負担割合の指定（民法1047）
相続以外の財産処分に関する事項	・遺贈（民法964） ・配偶者居住権の設定（民法1028①二）※
身分関係に関する事項	・認知（民法781） ・未成年後見人（民法839）、未成年後見監督人の指定（民法848）
遺言の執行に関する事項	・遺言執行者の指定又は指定の委託（民法1006）
祭祀承継に関する事項	・祭祀を主宰すべき者の指定（民法897①但書）

※　記述に当たっては、要件の検討のほか、必ず「遺贈する」としなければなりません。

5　遺言が必要な場合

　下記のようなケースでは、円滑な遺産分割には遺言が必要になります。

図表1-7-5　遺言書の作成が必要な場合

区　分		遺言書が必要な理由
共　通	推定相続人に判断能力がない者がいる場合	認知症等で判断能力がない者（意思無能力者）の遺産分割協議（法律行為）は無効（民法3の2）となるため、家庭裁判所が成年後見人を選任しますが、申立て準備等の手間と時間を要します。
	推定相続人に配偶者と未成年者がいる場合	未成年相続人がいる場合、配偶者が子の代理人になることは利益相反になりできません。そのため、遺言書がないと家庭裁判所に未成年者の特別代理人を選任してもらう手続きが必要になります。
	推定相続人に行方不明者がいる場合	家庭裁判所が不在者財産管理人を選任しますが、これについても申立て準備等の手間と時間を要します。
	内縁の妻がいる場合	内縁の妻（婚姻届を提出していない）には相続権がありませんので、内縁の妻に財産を残す場合には、遺言書を作成する必要があります。
	未認知の子がいる場合	未認知の子を自分の死後、遺言によって認知したい場合には、遺言書を作成しておく必要があります。遺言執行者を指定しておけば、スムーズに認知の届出がなされます（戸籍法64）。
	介護等で世話になった嫁に財産を与えたい場合	遺言書がないと相続人以外には財産がいきません。また、特別の寄与料の請求制度（民法1050）がありますが、期間制限があるほか協議や家庭裁判所への調停申立てなど手間と時間を要します。
相続人がいる場合	夫婦間に子供がなく、直系尊属もいない場合	配偶者は、被相続人の兄弟姉妹と遺産分割協議をする必要があります。遺言書があれば、兄弟姉妹には、遺留分がありませんから、すべての遺産を配偶者に相続させることができます。
	特定の相続人に財産を多く与えたい場合	入院中の世話や永い間介護をしてくれた相続人や、事業や家業に貢献してくれた特定の相続人に財産を多く残したい場合には、遺言書を作成しておく必要がります。
	遺留分を有する推定相続人に相続させたくない場合（廃除）	虐待や重大な侮辱をし、あるいは著しい非行があり相続させたくない相続人がいる場合には、遺言書で推定相続人の廃除（9頁）をすることができます。遺言執行者を指定しておけば、スムーズに申立てがなされます（民法893）。
	先妻の子と後妻がいる場合	先妻の子と後妻との間では、相続争いが起こることが多いので、争いを未然に防ぐために、遺言書の作成が必要です。
	事業や農業を一緒にしていた相続人がいる場合	事業や農業、漁業などの家業を一緒に営んでいた推定相続人に農地や事業用資産を残したい場合、事業を承継してもらいたい場合などには、遺言書を作成しておく必要があります。
	条件（負担）付で相続又は遺贈を行いたい場合	条件付で相続又は遺贈を行いたい場合、例えば、残された配偶者や子の看護をすることを条件に財産の全部又は一部を特定の者に与えたい場合は、遺言書でその旨を指定しておく必要があります。
相続人がいない場合		利害関係人等の請求により、家庭裁判所が相続財産清算人を選任し最終的に相続財産は国庫に入りますので、財産を与えたい人や団体等がある場合には、遺言書を作成しておく必要があります。

1　相続の概要

2　相続税の納税義務者

3　相続税の概要

4　相続税がかからない財産

5　相続税が課税される財産

6　課税財産の特例

7　相続財産に加算される贈与財産

図表1-7-6　遺言の作成目的判定フローチャート

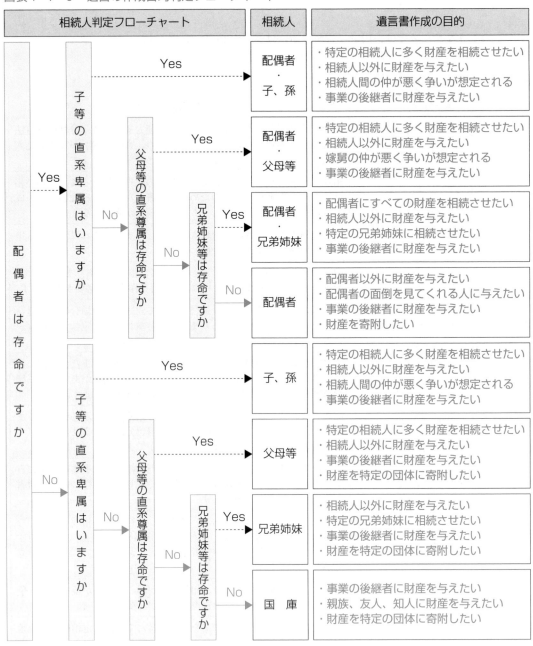

相続人判定フローチャート	相続人	遺言書作成の目的

配偶者は存命ですか

Yes → 子等の直系卑属はいますか
- Yes → 配偶者・子、孫
  - ・特定の相続人に多く財産を相続させたい
  - ・相続人以外に財産を与えたい
  - ・相続人間の仲が悪く争いが想定される
  - ・事業の後継者に財産を与えたい
- No → 父母等の直系尊属は存命ですか
  - Yes → 配偶者・父母等
    - ・特定の相続人に多く財産を相続させたい
    - ・相続人以外に財産を与えたい
    - ・嫁舅の仲が悪く争いが想定される
    - ・事業の後継者に財産を与えたい
  - No → 兄弟姉妹等は存命ですか
    - Yes → 配偶者・兄弟姉妹
      - ・配偶者にすべての財産を相続させたい
      - ・相続人以外に財産を与えたい
      - ・特定の兄弟姉妹に相続させたい
      - ・事業の後継者に財産を与えたい
    - No → 配偶者
      - ・配偶者以外に財産を与えたい
      - ・配偶者の面倒を見てくれる人に与えたい
      - ・事業の後継者に財産を与えたい
      - ・財産を寄附したい

No → 子等の直系卑属はいますか
- Yes → 子、孫
  - ・特定の相続人に多く財産を相続させたい
  - ・相続人以外に財産を与えたい
  - ・相続人間の仲が悪く争いが想定される
  - ・事業の後継者に財産を与えたい
- No → 父母等の直系尊属は存命ですか
  - Yes → 父母等
    - ・特定の相続人に多く財産を相続させたい
    - ・相続人以外に財産を与えたい
    - ・事業の後継者に財産を与えたい
    - ・財産を特定の団体に寄附したい
  - No → 兄弟姉妹等は存命ですか
    - Yes → 兄弟姉妹
      - ・相続人以外に財産を与えたい
      - ・特定の兄弟姉妹に相続させたい
      - ・事業の後継者に財産を与えたい
      - ・財産を特定の団体に寄附したい
    - No → 国庫
      - ・事業の後継者に財産を与えたい
      - ・親族、友人、知人に財産を与えたい
      - ・財産を特定の団体に寄附したい

司法書士のアドバイス　自筆証書遺言の方式が緩和されました

　自筆証書遺言をする場合には、遺言者が遺言の全文、日付及び氏名を自書してこれに印を押さなければならないものと定められていましたが、民法改正により平成31年1月13日から自筆証書遺言によって遺言をする場合でも、例外的に相続財産の全部又は一部の目録（財産目録）を添付するときは、その目録については自書しなくてもよいことになりました。

　財産目録の形式については特別な決まりはありません。したがって書式は自由ですのでパソコン等で作成してもよいですし、不動産について全部事項証明書を目録として添付したり、預貯金については通帳の写しを添付することもできます。ただし、財産目録の各

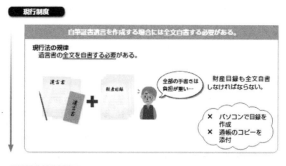

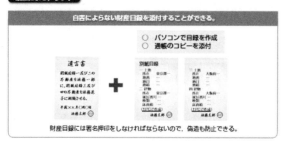

（法務省パンフレットからの抜粋）

ページに署名押印する必要があります。また、本文は従前どおり自筆で作成しなくてはなりません。

司法書士のアドバイス　「遺贈する」遺言と「相続させる」遺言

　以前は、遺言書の記載が不動産を「遺贈する」となっていて遺言執行者が選任されていない場合、受遺者は他の相続人全員と共同で所有権移転の登記申請をしなければならず、相続人間で相続争いが起きた場合は、他の相続人から協力が得られず登記手続きが進まないおそれがありました。しかし、令和5年4月1日から遺贈により不動産を取得した受遺者が相続人であるときは、その所有権移転登記を単独で申請することができるようになりました。

　また、遺言執行者の権限が拡大され、相続人以外の受遺者に不動産を遺贈する登記は遺言執行者が選任されているときは、遺言執行者のみが行うことができると改正されました（民法1012②）。これらの法改正により、遺贈に関する登記手続きの円滑化が図られました。

　一方、「相続させる」となっている場合（特定財産承継遺言）は、相続人が単独で所有権移転登記申請をすることができます（令和元年7月1日以降は、遺言執行者も単独で申請することができるようになりました（民法1014②））。

　また、「遺贈する」遺言では登記をしなければ第三者（被相続人の債権者）に対して自分の権利を主張（対抗）することができませんが、「相続させる」遺言では、従来は登記がなくても第三者に自分の権利を主張することができるとされていました（最判平成14年6月10日判決）。しかし、民法改正により、令和元年7月1日以降に開始した相続から、「相続させる」遺言であっても、自分の法定相続分を超える部分については、登記をしないと第三者に対して自分の権利

1 相続の概要

2 相続税の納税義務者

3 相続税の概要

4 相続税がかからない財産

5 相続税が課税される財産

6 相続税の課税財産の特例

7 相続財産に加算される贈与財産

を主張できなくなりました（民法899の2①）。

　なお、以前は不動産の登記申請のときにかかる登録免許税が、相続人に対しても「遺贈する」遺言の場合は「相続させる」遺言の場合の５倍とされていましたが、現在は同率とされており、この点での有利不利は無くなりました。

司法書士のアドバイス　自筆証書遺言保管制度ができました

　令和２年７月10日から、遺言者は、遺言書保管所（法務局）へ遺言書の保管の申請を行うことにより、自身で作成した自筆証書遺言を預けることができるようになりました。

　この制度を利用することにより、自筆証書遺言の改ざん、紛失、盗難の危険性や様式の不備で遺言書が無効になるリスクを回避できます。また、家庭裁判所における検認が不要となります。

　遺言者は、預けている遺言書の内容を確認したいときは、閲覧の請求ができ、遺言書保管の撤回（預けた遺言書を返還してもらうこと）をすることもできます。

　そして、相続が開始すると、関係相続人等は、遺言書が保管されているか否かの証明書（遺言書保管事実証明書）、遺言書情報証明書の交付の請求や遺言書の閲覧請求ができます。

※１　遺言書の保管申請時に法務局において自筆証書遺言の方式に適合するか、外形的なチェックが受けられます（遺言書の有効性は保証されません。）。

※２　全国どこの法務局においても遺言書保管事実証明書、遺言書情報証明書の交付の請求ができます。遺言書の閲覧については、モニターにより遺言書の画像等を見ることができます（原本の閲覧は、保管している法務局でしかできません。）。

　　　遺言書情報証明書とは、遺言書の内容を証明するもので、これを使用して各種相続手続きを行うことができます（保管されている遺言書の原本は返還されません）。

※３　遺言者の死亡後、関係相続人等が遺言書の閲覧や遺言書情報証明書の交付を受けたときは、全ての関係相続人等に対して遺言書保管官が法務局に遺言書が保管されている旨を通知します（関係遺言書保管通知）。

※４　遺言者から遺言書保管申請時に申出があった場合、遺言書保管官が遺言者の死亡の事実を確認したときは、あらかじめ遺言者が指定した１名に対して、遺言書が保管されている旨を通知します（指定者通知）。なお、指定者通知の対象者として指定できるのは推定相続人、受遺者等、遺言執行者等のうち１名に限定されていましたが、令和５年10月２日からこれらの者に限定されず、人数も３名まで指定が可能になります。

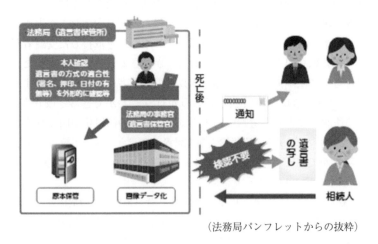

（法務局パンフレットからの抜粋）

6　遺贈を巡る納税義務者と課税関係

遺贈により財産を取得する者は、個人（自然人）に限りませんが、個人以外が相続税の納税義務者となる場合として、代表者又は管理者の定めのある人格のない社団や財団、公益法人等があります（相法66）。他方、株式会社等の普通法人の場合には、相続税の納税義務者とはならず、その遺贈に係る受贈益は法人税等の課税対象となります（法法２九、22②）。

なお、遺贈者が、譲渡所得の基因となる財産を法人に遺贈した場合は、遺贈者がその時における時価でその財産を譲渡したものとみなし、譲渡所得が課税されます（所法59）。

図表１-７-７　遺贈を巡る納税義務者と課税関係

受遺者の区分				課税関係	
				被相続人（遺贈者）	受遺者
個人	相続人	限定承認		みなし譲渡課税	相続税課税（相法11）
		上記以外			
	相続人以外	包括遺贈※1	限定承認	みなし譲渡課税	
			上記以外		
		特定遺贈※1			
普通法人	包括遺贈 限定承認			みなし譲渡課税	法人税課税（法法22②）※3
人格のない社団等					相続税課税（相法11、66①）※4
公益法人等				みなし譲渡課税※2	相続税課税（相法11、66④）※4

※１　相続人以外が包括遺贈、特定遺贈を受けた場合の課税関係は下記表のとおり

課税関係	相続人以外	
	包括遺贈	特定遺贈
生命保険金の非課税（相法12①五）	×	×
死亡退職金等の非課税（相法12①六）	×	×
未成年者控除（相法19の３）	×	×
障害者控除（相法19の４）	×	×
相次相続控除（相法20）	×	×
債務控除（相法13）	○	×

※２　措置法40条の適用により非課税となる場合あり。
※３　同族会社の株主に対してみなし遺贈課税が適用される場合あり（相法９、相基通９-２）。
※４　公益を目的とする事業を行う者で政令で定めるものが相続又は遺贈により取得した財産で当該公益を目的とする事業の用に供することが確実なものは、非課税財産（相法12①三、相令２）。

1 相続の概要
2 相続税の納税義務者
3 相続税の概要
4 相続税がかからない財産
5 相続税が課税される財産
6 課税財産の特例
7 相続財産に加算される贈与財産

7 自筆遺言書の作成方法

　自筆遺言書は、遺言者が自分で遺言の全文、日付、及び氏名を自書し、押印して作成する遺言の方法で、次の記載例のような点に留意して作成する必要があります。

≪記載例 1−7−8≫　自筆遺言書の記載例

(注)　本記載例の内容は、申告書の記載例とは連動していません。

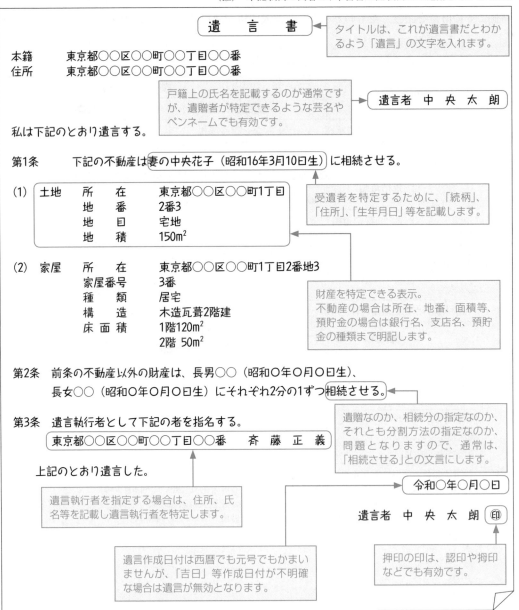

(注1)　遺言書を封筒に入れて封印することは法定要件ではありませんが、改ざん防止のため密封する方が良いでしょう。

(注2)　加除変更の場合、「遺言者が、その場所を指示し、これを変更した旨を付記して特にこれに署名し、かつ、その変更の場所に印を押さなければ、その効力がない。」こととなっています。

1-8　遺留分

1　遺留分とは

　被相続人は遺言により自己の意思の基づき相続財産を処分できますが、兄弟姉妹以外の相続人には、遺言でも奪われない最低限の取り分（遺留分）が保障されています（民法1042）。

　遺留分を有する相続人（遺留分権利者）が、遺留分に相当する財産を受け取ることができなかった（遺留分が侵害された）場合には、贈与又は遺贈を受けた者に対し、相続開始後一定期間内（45頁）に、遺留分侵害額に相当する金銭の支払を請求（遺留分侵害額の請求）することができます（民法1046、1048）。

2　遺留分の割合

　遺留分権利者全体が相続財産全体に対して有している遺留分の割合（総体的遺留分）は、父母等の直系尊属だけが相続人の場合は3分の1、それ以外の場合（配偶者及び子等の直系卑属が相続人の場合等）は2分の1で、各遺留分権利者である相続人の有する遺留分（個別的遺留分）は、総体的遺留分に法定相続分の割合を乗じ計算します（民法1042）。

　なお、配偶者と兄弟姉妹が相続人の場合、兄弟姉妹は遺留分がありませんので（配偶者の他に遺留分権利者がいないため）、配偶者の個別的遺留分は2分の1となります。

図表1-8-1　遺留分の割合

法定相続人	法定相続分	個別的遺留分
配偶者	1/2	1/4
子等	1/2	1/4
配偶者	2/3	1/3
父母等	1/3	1/6
配偶者	3/4	1/2
兄弟姉妹	1/4	なし
配偶者	1	1/2
子等	1	1/2
父母等	1	1/3
兄弟姉妹	1	なし
国庫※	－	なし

（注）　「子等」、「父母等」の「個別的遺留分」はそれぞれ1人として計算しています。
※　特別縁故者がいない場合

3 遺留分の額の算定

　遺留分を算定するための財産の価額は、被相続人が相続開始の時において有した財産の価額にその贈与した財産※の価額を加えた額から債務の額を控除して算定します（民法1043）。

- ※ 「贈与した財産」とは、次のようなものをいいます（民法1044）。
  - イ　相続人以外に対する相続開始前の１年間に贈与した財産
  - ロ　相続人に対する相続開始前の10年間にした婚姻若しくは養子縁組のため又は生計の資本として贈与した財産（特別受益）
  - ハ　当事者双方が遺留分権利者に損害を加えることを知って贈与した財産（期間制限なし）

【遺留分侵害額の計算式】

【遺留分侵害額の計算式】（民法1042、900、901、1046）

| 遺留分を算定するための財産の価額（下記算式参照） | × | 総体的遺留分 | × | 法定相続分 | − | 遺留分権利者が受けた遺贈・特別受益の額 | − | 遺留分権利者が遺産分割において取得すべき遺産の価額 | ＋ | 遺留分権利者承継債務額 |

【遺留分を算定するための財産の価額の計算式】（民法1043、1044）

| 被相続人が相続開始時に有していた財産の価額 | ＋ | 第三者に対する１年以内の生前贈与額 | ＋ | 相続人に対する10年以内の特別受益に該当する生前贈与額 | ＋ | 当事者双方が遺留分権利者に損害を加えることを知ってなされた１年より前の贈与、10年より前の特別受益額 | − | 債務の全額 |

≪事例１-８-１≫　遺留分侵害額の計算例

　相続人が配偶者Aと子B、Cの３名で、遺産（１億円）のうち、Aに２千万円、Cに８千万円をそれぞれ相続させる旨の遺言あり、相続開始15年前にCに２千万円の特別受益に該当する（損害を加える認識なし）贈与がある場合の遺留分侵害額は下記のとおりです。

遺留分権利者	①遺留分を算定するための財産の価額	②総体的遺留分	③法定相続分	④特別受益の額	⑤取得する遺産の価額	⑥遺留分侵害額（①×②×③−④−⑤）
配偶者A			1/2	0円	２千万円	500万円
子B	１億円	1/2	1/4	0円	0円	1,250万円
子C			1/4	２千万円	８千万円	（なし）

　遺留分侵害額は、Aが500万円、Bが1,250万円で、Cに請求できます。
　仮に、Cへの贈与が10年以内であれば、次のようになります。

遺留分権利者	①遺留分を算定するための財産の価額	②総体的遺留分	③法定相続分	④特別受益の額	⑤取得する遺産の価額	⑥遺留分侵害額（①×②×③−④−⑤）
配偶者A			1/2	0円	２千万円	1,000万円
子B	１億円＋２千万円	1/2	1/4	0円	0円	1,500万円
子C			1/4	２千万円	８千万円	（なし）

　遺留分侵害額は、Aが1,000万円、Bが1,500万円で、Cに請求できます。

【参照法令】遺留分侵害額に関する民法条文

（遺留分の帰属及びその割合）
第1042条　兄弟姉妹以外の相続人は、遺留分として、次条第１項に規定する遺留分を算定するための財産の価額に、次の各号に掲げる区分に応じてそれぞれ当該各号に定める割合を乗じた額を受ける。
　一　直系尊属のみが相続人である場合　３分の１
　二　前号に掲げる場合以外の場合　２分の１
２　相続人が数人ある場合には、前項各号に定める割合は、これらに第900条及び第901条の規定により算定したその各自の相続分を乗じた割合とする。

（遺留分を算定するための財産の価額）

第1043条　遺留分を算定するための財産の価額は、被相続人が相続開始の時において有した財産の価額にその贈与した財産の価額を加えた額から債務の全額を控除した額とする。

2　条件付きの権利又は存続期間の不確定な権利は、家庭裁判所が選任した鑑定人の評価に従って、その価格を定める。

第1044条　贈与は、相続開始前の１年間にしたものに限り、前条の規定によりその価額を算入する。当事者双方が遺留分権利者に損害を加えることを知って贈与をしたときは、１年前の日より前にしたものについても、同様とする。

2　第904条の規定は、前項に規定する贈与の価額について準用する。

3　相続人に対する贈与についての第１項の規定の適用については、同項中「１年」とあるのは「10年」と、「価額」とあるのは「価額（婚姻若しくは養子縁組のため又は生計の資本として受けた贈与の価額に限る。）」とする。

第1045条　負担付贈与がされた場合における第1043条第１項に規定する贈与した財産の価額は、その目的の価額から負担の価額を控除した額とする。

2　不相当な対価をもってした有償行為は、当事者双方が遺留分権利者に損害を加えることを知ってしたものに限り、当該対価を負担の価額とする負担付贈与とみなす。

（遺留分侵害額の請求）

第1046条　遺留分権利者及びその承継人は、受遺者（特定財産承継遺言により財産を承継し又は相続分の指定を受けた相続人を含む。以下この章において同じ。）又は受贈者に対し、遺留分侵害額に相当する金銭の支払を請求することができる。

2　遺留分侵害額は、第1042条の規定による遺留分から第１号及び第２号に掲げる額を控除し、これに第３号に掲げる額を加算して算定する。

　一　遺留分権利者が受けた遺贈又は第903条第１項に規定する贈与の価額

　二　第900条から第902条まで、第903条及び第904条の規定により算定した相続分に応じて遺留分権利者が取得すべき遺産の価額

　三　被相続人が相続開始の時において有した債務のうち、第899条の規定により遺留分権利者が承継する債務（次条第３項において「遺留分権利者承継債務」という。）の額

（受遺者又は受贈者の負担額）

第1047条　受遺者又は受贈者は、次の各号の定めるところに従い、遺贈（特定財産承継遺言による財産の承継又は相続分の指定による遺産の取得を含む。以下この章において同じ。）又は贈与（遺留分を算定するための財産の価額に算入されるものに限る。以下この章において同じ。）の目的の価額（受遺者又は受贈者が相続人である場合にあっては、当該価額から第1042条の規定による遺留分として当該相続人が受けるべき額を控除した額）を限度として、遺留分侵害額を負担する。

　一　受遺者と受贈者とがあるときは、受遺者が先に負担する。

　二　受遺者が複数あるとき、又は受贈者が複数ある場合においてその贈与が同時にされたものであるときは、受遺者又は受贈者がその目的の価額の割合に応じて負担する。ただし、遺言者がその遺言に別段の意思を表示したときは、その意思に従う。

　三　受贈者が複数あるとき（前号に規定する場合を除く。）は、後の贈与に係る受贈者から順次前の贈与に係る受贈者が負担する。

2　第904条、第1043条第２項及び第1045条の規定は、前項に規定する遺贈又は贈与の目的の価額について準用する。

3　前条第１項の請求を受けた受遺者又は受贈者は、遺留分権利者承継債務について弁済その他の債務を消滅させる行為をしたときは、消滅した債務の額の限度において、遺留分権利者に対する意思表示によって第１項の規定により負担する債務を消滅させることができる。この場合において、当該行為によって遺留分権利者に対して取得した求償権は、消滅した当該債務の額の限度において消滅する。

4　受遺者又は受贈者の無資力によって生じた損失は、遺留分権利者の負担に帰する。

5　裁判所は、受遺者又は受贈者の請求により、第１項の規定により負担する債務の全部又は一部の支払につき相当の期限を許与することができる。

（遺留分侵害額請求権の期間の制限）

第1048条　遺留分侵害額の請求権は、遺留分権利者が、相続の開始及び遺留分を侵害する贈与又は遺贈があったことを知った時から１年間行使しないときは、時効によって消滅する。相続開始の時から10年を経過したときも、同様とする。

（遺留分の放棄）

第1049条　相続の開始前における遺留分の放棄は、家庭裁判所の許可を受けたときに限り、その効力を生ずる。

2　共同相続人の１人のした遺留分の放棄は、他の各共同相続人の遺留分に影響を及ぼさない。

1　相続の概要

2　相続税の納税義務者

3　相続税の概要

4　相続税がかからない財産

5　相続税が課税される財産

6　相続税の課税財産の特例

7　相続財産に加算される贈与財産

1-9 死因贈与

　死因贈与とは、贈与者の死亡によって効力が発生する贈与契約をいいます。たとえば、「私が死んだら自宅をあげる」などを合意するものです。遺贈が被相続人の単独行為（一方的な意思表示）であるのに対して、死因贈与は贈与者（被相続人）と受遺者の意思の合致（合意）により成立しますから、遺贈とは異なり贈与を受ける人は、その内容を被相続人の生前から正確に知っていることとなり、このことが遺言より活用が便利な場合があります。被相続人は配偶者との死因贈与契約によって、配偶者に配偶者居住権（民法1028）を取得させることも可能です（民法554）。

　なお、死因贈与は生前中に契約を行ってもその効力が生ずるのが死亡後なので、贈与税ではなく相続税の対象となります（相法1の3）。

【参照法令】死因贈与に関する民法条文

（死因贈与）
第554条　贈与者の死亡によって効力を生ずる贈与については、その性質に反しない限り、遺贈に関する規定を準用する。

≪記載例1-9-1≫　死因贈与契約書の記載例

死 因 贈 与 契 約 書

　贈与者○○○○（以下「甲」という。）と受贈者○○○○（以下「乙」という。）は、本日、下記のとおり贈与契約を締結したので、本契約成立の証として本書2通を作成し、甲乙署名押印の上、各自1通ずつ保有する。

第1条　甲は、その所有する下記不動産を無償で乙に贈与することを約し、乙はこれを承諾した。

第2条　本件贈与は、甲の死亡によって効力を生じ、これと同時に贈与物件の所有権は当然に乙に移転する。
　　2．甲は、贈与物件について乙のため始期付所有権移転請求権保全の仮登記をなすものとし、乙がこの登記手続を申請することを承諾した。
　　3．甲は、贈与物件を第三者に譲渡したり、担保に供したりしないものとする。

第3条　乙は、本件贈与を受ける負担として、甲をその生存中、扶養しなければならない。

第4条　甲は、本契約の執行者として次の者を指定する。
　　　　住　所　　東京都葛飾区○○町○丁目○番○号
　　　　氏　名　　○　○　○　○

　　　　（物件の表示）
　　　　所　在　　東京都○○区○○町1丁目
　　　　地　番　　2番3
　　　　地　目　　宅地
　　　　地　積　　150㎡

令和○年○月○日
東京都江東区○○町○丁目○番○号
贈与者　（甲）　○○　○○　㊞

東京都目黒区○○町○丁目○番○号
受贈者　（乙）　○○　○○　㊞

図表1-9-1　民法（相続関係）改正の概要の整理

改正内容の区分	適用開始の日	該当頁
①　自筆証書遺言の方式の緩和（民法968②）	平成31年1月13日以降作成の自筆証書遺言	39頁
②　婚姻期間が20年以上の夫婦間の居住用不動産の贈与等の持戻しの免除（民法903④）	令和元年7月1日以降の遺贈、贈与	19頁
③　遺産分割前の預貯金の払戻し制度（民法909の2）	令和元年7月1日以降の請求	34頁
④　共同相続における権利の承継の対抗要件（民法899の2）	令和元年7月1日以降の相続開始分	－
⑤　遺産分割前に財産を処分した場合の遺産の範囲（民法906の2）		
⑥　遺言執行者の権限の明確化（民法1007、1012〜1016）		
⑦　遺留分制度に関する見直し（民法1042〜1049）		
⑧　特別の寄与（民法1050）		20頁
⑨　配偶者居住権（民法1028〜1036）	令和2年4月1日以降の相続開始分の遺産分割、同日以降に作成された遺言書、死因贈与契約書	88頁
⑩　配偶者短期居住権（民法1037〜1041）	令和2年4月1日以降の相続開始分	88頁
⑪　自筆証書遺言の保管制度（遺言書保管法）	令和2年7月10日以降開始	40頁

司法書士のアドバイス　配偶者居住権は必ず登記をしましょう

　民法改正により、令和2年4月1日から配偶者居住権が新設されました。

　配偶者居住権とは、配偶者のどちらか一方が亡くなった場合に、残された配偶者が亡くなった配偶者と一緒に住んでいた家に、終身又は一定期間、無償で住み続けることを認めた権利です。配偶者居住権の取得原因は、遺産分割、遺贈又は死因贈与で、一定の要件を満たせば当然に成立する権利であり、配偶者居住権が成立すると、建物の所有者は配偶者に対しこの設定登記を備えさせる義務を負います。ただし、この配偶者居住権を当事者以外の第三者に対しても主張するためには配偶者居住権の設定登記を経由する必要があります。被相続人の死後も、配偶者が住み慣れた自宅に住み続ける権利を確保し、安定した生活を送ることができるように、配偶者居住権の登記は忘れずに行いましょう。

　なお、配偶者居住権とは異なり、配偶者短期居住権（配偶者短期居住権とは、残された配偶者が、亡くなった人の所有する建物に居住していた場合、遺産分割協議がまとまるまでか、協議が早くまとまった場合でも被相続人が亡くなってから6か月間は無償で建物に住み続けることができる権利）は、登記することはできません。

1　相続の概要
2　相続税の納税義務者
3　相続税の概要
4　相続税がかからない財産
5　相続税が課税される財産
6　課税財産の特例
7　相続財産に加算される贈与財産

2-1　納税義務者

1　納税義務者の概要

　相続税の納税義務者は、原則として相続又は遺贈（死因贈与を含みます。）により財産を取得した個人ですが、人格のない社団若しくは財団又は法人も、個人とみなされて相続税の納税義務者となる場合があります。

2　個人の納税義務者

　相続税の納税義務者は、住所※や国籍等により下表（図表2-1-1）のように区分され、相続税が課税される財産の範囲が規定されています（相法1の3）。

　なお、相続発生時に、外国に留学しており日本に居住している者の扶養親族となっている者や1年以内の国外出張者（その者の配偶者や生計一親族で同居している者を含みます。）については、日本に住所を有するものとして取り扱われます（相基通1の3・1の4共-6）。

> ※　「住所」とは、各人の生活の本拠をいいますが、その生活の本拠であるかどうかは、客観的事実によって判定します。この場合において、同一人について同時に法施行地に2か所以上の住所はないものとされています（相基通1の3・1の4共-5）。

図表2-1-1　納税義務者区分

区　分	納税義務者の内容
①　居住無制限 　　納税義務者 　　（相法1の3①一）	相続又は遺贈により財産を取得した次に掲げる者であって、その財産を取得した時において日本国内に住所を有する者 　イ　一時居住者※1でない個人 　ロ　一時居住者である個人※2
②　非居住無制限 　　納税義務者 　　（相法1の3①二）	相続又は遺贈により財産を取得した次に掲げる者であって、その財産を取得した時において日本国内に住所を有しない者 　イ　日本国籍を有する個人であって、①その相続又は遺贈に係る相続の開始前10年以内のいずれかの時において日本国内に住所を有していたことがあるもの、又は、②その相続又は遺贈に係る相続の開始前10年以内のいずれかの時においても日本国内に住所を有していたことがないもの※2 　ロ　日本国籍を有しない個人※2
③　居住制限 　　納税義務者 　　（相法1の3①三）	相続又は遺贈により日本国内にある財産を取得した個人で、その財産を取得した時において、日本国内に住所を有する者（上記の①を除きます。）
④　非居住制限 　　納税義務者 　　（相法1の3①四）	相続又は遺贈により日本国内にある財産を取得した個人で、その財産を取得した時において、日本国内に住所を有しない者（上記の②を除きます。）
⑤　特定納税義務者 　　（相法1の3①五）	贈与により相続時精算課税の適用を受ける財産を取得した個人（上記無制限納税義務者及び制限納税義務者に該当する者を除きます。）

※1 「一時居住者」、「外国人被相続人」、「非居住被相続人」については、次のとおり。

一時居住者	相続開始の時に在留資格（出入国管理及び難民認定法別表第一（在留資格）上欄の在留資格をいいます。）を有する人で、その相続の開始前15年以内に日本国内に住所を有していた期間の合計が10年以下の人をいいます。
外国人被相続人	相続開始時において在留資格を有し、かつ、国内に住所を有していた当該相続に係る被相続人をいいます。
非居住被相続人	相続開始時に日本国内に住所を有していなかった被相続人で、①相続の開始前10年以内のいずれかの時において日本国内に住所を有していたことがある人のうち、そのいずれの時においても日本国籍を有していなかった人、または、②その相続の開始前10年以内に日本国内に住所を有していたことがない人をいいます。

※2 その相続又は遺贈に係る被相続人（遺贈をした人を含みます。）が、外国人被相続人※3又は非居住被相続人※4である場合を除きます。

図表2-1-2 納税義務者区分の概要表

被相続人 ＼ 相続人	国内に住所あり	国内に住所なし		
		一時居住者	日本国籍あり	日本国籍なし
			相続開始前10年以内	
			国内住所あり ／ 国内住所なし	
国内に住所あり	①居住無制限納税義務者	①居住無制限納税義務者	②非居住無制限納税義務者	
外国人被相続人		③居住制限納税義務者	④非居住制限納税義務者	
相続開始前10年以内に国内に住所あり		①居住無制限納税義務者	②非居住無制限納税義務者 ／ ②非居住無制限納税義務者※	
非居住被相続人		③居住制限納税義務者	④非居住制限納税義務者	
相続開始前10年以内に国内に住所なし				

※ 経過措置として、平成29年4月1日から令和4年3月31日までの間の相続等については、日本国内に住所及び日本国籍を有しない者が、平成29年4月1日から相続の時まで引き続き日本国内に住所及び日本国籍を有しない者から相続若しくは遺贈又は贈与により取得した国外財産に対しては、相続税又は贈与税は課されません（平29改正法附則31②）。

図表2-1-3 納税義務者判定フロー

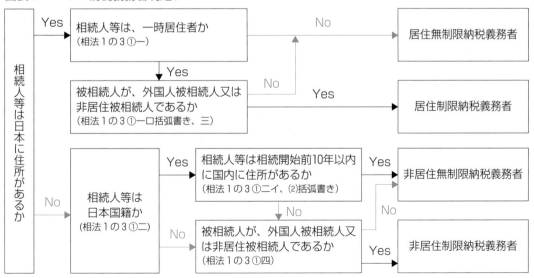

図表2-1-4　個人の納税義務者と課税財産の範囲

納税義務者の区分		国内財産	国外財産	相続時精算課税適用財産※
無制限納税義務者	居住無制限納税義務者	課税	課税	課税
	非居住無制限納税義務者	課税	課税	課税
制限納税義務者	居住制限納税義務者	課税	課税なし	課税
	非居住制限納税義務者	課税	課税なし	課税
特定納税義務者		–	–	課税

※　相続時精算課税適用財産とは、被相続人から贈与により取得した財産で相続税法第21条の9第3項の適用を受けるものをいいます。

　また、納税義務者別の相続税法の適用関係について整理すると図表2-1-5のようになります。

図表2-1-5　納税義務者区分別の相続税法の適用

区　分	居住無制限納税義務者	非居住無制限納税義務者	居住制限納税義務者	非居住制限納税義務者
債務控除 （相法13）	適用あり		財産関連債務のみ適用あり※1	
配偶者の税額軽減 （相法19の2）	適用あり			
未成年者控除 （相法19の3）	適用あり		適用なし※2	
障害者控除 （相法19の4）	適用あり	適用なし		
外国税額控除 （相法20の2）	適用あり		適用なし	
小規模宅地等の特例 （措法69の4）	適用あり※3			
納税地※4 （相法62、相法附則3）	住所地	その者が定めた納税地	住所地	その者が定めた納税地
国外転出（相続）時課税 （所法60の3）	適用なし	適用あり※5	適用なし	適用あり※5

※1　相続等により取得した日本国内にある財産に係る公租公課、その他当該財産を目的とする抵当権等で担保される債務等
※2　「日米租税条約」の適用を受ける制限納税義務者については、未成年者控除と障害者控除が認められています（日米租税条約4）。
※3　制限納税義務者で日本国籍を有しない者については、適用できないケースがあります。
※4　被相続人の死亡の時における住所が日本国内にある場合は、被相続人の住所地
※5　国外転出（相続）時課税は、相続開始の時点で1億円以上の対象資産を所有等している一定の居住者（対象者）が亡くなり、非居住者である相続人等がその相続又は遺贈により対象資産の全部又は一部（相続対象資産）を取得した場合に、その相続開始の時に、相続対象資産の譲渡等があったものとみなして、その相続対象資産の含み益に対して適用被相続人等に所得税が課税される制度です。

3　個人とみなされる納税義務者

　相続税の納税義務者は原則個人ですが、次の法人に対して財産の遺贈や死因贈与があった場合には、その法人は個人とみなされて納税義務者となります。

① 　代表者又は管理者の定めのある人格のない社団又は財団（例：PTA、同窓会、町内会など）ただし、遺贈等を受けた財産が公益事業用財産であり、相続税の非課税財産（相法12①三）に該当するものであれば、相続税は課税されません。

② 　持分の定めのない法人（例：一般財団法人、一般社団法人、学校法人、社会福祉法人など）で、遺贈者等の親族その他これらの者と特別の関係がある者の相続税の負担が不当に減少する結果となると認められるとき（不当に減少すると認められない場合には納税義務者となりません。）。

　なお、「相続税の負担が不当に減少する結果となると認められるとき」かどうかは、原則として、その法人の組織運営が適正で、役員の構成に係る一定の人的関係要件を満たし、役員等へ特別の利益供与がなく、解散時に財産が国庫に帰属する定めがあり、法令に違反する事実がないといった要件（相令33③）を満たしているかどうかにより判定します。

納税義務者のチェックポイント

【個人の納税義務者】

☐ **相続人が5年を超えて海外に住所があることのみをもって、制限納税義務者（☞48頁）であると判定していないか。**

　☞ 　相続や遺贈により財産を取得した者が日本国籍を有し、5年を超えて日本国内に住所がなくても、被相続人が5年以内に日本に住所を有したことがある場合は、非居住無制限納税義務者（☞48頁）となります。

☐ **制限納税義務者（☞48頁）が被相続人から相続時精算課税により贈与を受けた国外財産（受贈時には無制限納税義務者であった場合）について、相続財産にならないとしていないか。**

　☞ 　相続開始時に制限納税義務者であっても、受贈時に無制限納税義務者であって相続時精算課税により国外財産の贈与を受けた場合には、相続税の課税財産になります。

☐ **相続人が外国籍で、被相続人の住所が海外であることから、制限納税義務者（☞48頁）であると判定していないか。**

　☞ 　相続又は遺贈により財産を取得した時に、相続人の住所が国内にあれば、居住無制限納税義務者（☞48頁）となるのであって、相続人の国籍や被相続人の住所は問いません（相基通1の3・1の4共-3）。

☐ **外国国籍と日本国籍とを有する相続人（重国籍者）を日本国籍がないものとして、相続税の納税義務者の判定（相法1の3）をしていないか。**

　☞ 　相続税法第1条の3（納税義務者）の「日本国籍を有する個人」には、日本国籍と外国国籍とを併有する重国籍者も含まれます（相基通1の3・1の4共-7）。

☐ **相続人に非居住者がいる場合、国外転出（相続）時課税の検討を行っているか。**

　☞ 　被相続人が所有等している対象資産（有価証券（株式、投資信託等）未決済のデリバティブ取引、未決済信用取引等）の相続開始の時の価額の合計額が1億円以上である場合に準確定申告期限ま

1 相続の概要
2 相続税の納税義務者
3 相続税の概要
4 相続税がかからない財産
5 相続税が課税される財産
6 相続税の課税財産の特例
7 相続財産に加算される贈与財産

でに遺産分割協議が調わない場合には、その非居住者の法定相続分に応じた有価証券に国外転出時課税が行われます。

□ 海外に留学（在留期間4年間の予定）している相続人を、非居住無制限納税義務者（☞48頁）としていないか。

☞ 学術、技芸の習得のため留学している者（日本国籍を有し、日本にいる者の扶養親族となっている場合）の住所は、日本にあるものとして取り扱われますので、居住無制限納税義務者（☞48頁）となります（相基通1の3・1の4共-6）。

□ 相続人のいない共有者が死亡し、民法第255条の規定により共有持分を取得した場合に、共有者の一時所得として処理していないか。

☞ 共有に属する財産の共有者が死亡した場合においてその者の相続人がいないときは、その者に係る持分は、他の共有者がその持分に応じ遺贈により取得したものとして取り扱い、相続税の納税義務者となります（相基通9-12）。

□ 特別縁故者が相続財産から分与を受けた場合に、一時所得として処理していないか。

☞ 民法第958条の2第1項（特別縁故者に対する相続財産の分与）の規定により相続財産の分与を受けた場合は、その与えられた者が、その与えられた時における当該財産の時価に相当する金額を当該財産に係る被相続人から遺贈により取得したものとみなされます（相法4）。

□ 「孫が20歳になったときに財産を遺贈する。」旨の遺言（停止条件付遺贈）があり、相続開始時点（孫は10歳）では条件を成就していないにもかかわらず、遺贈を受けた孫を受遺者（納税義務者）として相続税の申告書を作成していないか。

☞ 停止条件付受遺者（孫）は、その条件が成就した時に相続税の申告（相基通1の3・1の4共-9）をすることになりますので、相続開始時点では遺贈条件を満たさない場合は、相続人が条件付遺贈財産を相続したものとして申告します。

【個人とみなされる納税義務者】
□ 町内会への遺贈について、相続税の申告をしているか。

☞ 代表者又は管理者の定めのある人格のない社団又は財団へ遺贈があった場合は、個人とみなされて相続税の納税義務者となります（相法66）。

3-1　相続税の計算の概要

相続税の計算の概要は、次のようになります。

課税価格の合計額

① 各人が取得した本来の財産（☞85頁）及びみなし相続財産（☞94頁）の合計額から非課税財産（☞61頁）を差し引きます。
② 各人が被相続人から受けた相続時精算課税による贈与（☞140頁）を加算します。
③ 各人が負担する被相続人の債務の額（☞156頁）や葬式費用の額（☞162頁）を差し引きます。
④ 各人が被相続人から相続開始前3年以内の暦年課税に係る贈与を加算します。
⑤ 以上により計算した各人の課税価格を合計したものを課税価格の合計額とします。

| 本来の相続財産 | ＋ | みなし相続財産 | － | 非課税財産 | ＋ | 相続時精算課税財産 | － | 債務及び葬式費用 | ＋ | 3年以内の贈与財産 |

課税遺産総額

⑥ ⑤の金額から遺産に係る基礎控除額を差し引いて、課税遺産総額を計算します。

| 課税価格の合計額 | － | （ | 3,000万円 | ＋ | 600万円 | × | 法定相続人の数 | ） | ＝ | 課税遺産総額 |

相続税の総額

⑦ ⑥の課税遺産総額を、各法定相続人が民法に定める法定相続分に従って取得したものとして計算した金額に相続税率（☞168頁）を乗じて相続税の総額を算出します。

課税遺産総額	×	Aの法定相続分	×	税率	＝	算出税額
	×	Bの法定相続分	×	税率	＝	算出税額	→ 相続税の総額
	×	Cの法定相続分	×	税率	＝	算出税額

各人の算出税額

⑧ ⑦の税額を実際の各人の取得割合により按分して、各人の算出税額を計算します。

$$相続税の総額 × \frac{Aの取得財産（課税価額）}{課税価格の合計額} = Aの算出税額$$

$$相続税の総額 × \frac{Bの取得財産（課税価額）}{課税価格の合計額} = Bの算出税額$$

$$相続税の総額 × \frac{Cの取得財産（課税価額）}{課税価格の合計額} = Cの算出税額$$

各人の納付税額

⑨ ⑧の税額に財産を取得した人が被相続人の配偶者、父母、子供以外の者である場合、その税額の20%相当額を加算します。
⑩ ⑨の税額から各種の税額控除額（暦年課税分の贈与税額控除（☞182頁）、配偶者の税額軽減（☞186頁）、未成年者控除（☞194頁）、障害者控除（☞198頁）、相次相続控除（☞202頁）、外国税額控除（☞206頁））を差し引いた残りの額が各相続人等の控除後の税額になります。
⑪ ⑩の税額から相続時精算課税分の贈与税相当額、医療法人持分税額控除額を差し引いた残りの額が各相続人等の納付すべき税額になります。

| 各相続人等の税額 | ＋ | 相続税額の2割加算 | － | 暦年課税の贈与税額控除 | － | 配偶者の税額軽減 | － | 未成年者控除 | － | 障害者控除 | － | 相次相続控除 | － | 外国税額控除 | ＝ | 各相続人等の控除後の税額 |

| 各相続人等の控除後の税額 | － | 相続時精算課税分の贈与税相当額（外国税額控除前） | － | 医療法人持分税額控除額 | ＝ | 各相続人等の納付すべき税額 |

1 相続の概要
2 相続税義務者の
3 相続税の概要
4 相続税がかからない財産
5 相続税が課税される財産
6 課税財産の特例
7 相続財産に加算される贈与財産

図表3-1-1 相続税額の計算の概要図

課税価格の計算	課税遺産総額の計算	相続税の総額の計算	各人の算出税額の計算	各人の納付税額

```
┌─────────────┐
│  非課税財産  │
├───┬─────────┤
│債 │  債  務  │
│務 ├─────────┤
│控 │ 葬式費用 │
│除 ├─────────┤················
```

課税価格の合計額	相続開始前3年以内贈与	基礎控除額(3,000万円＋600万円×法定相続人)						
	相続時精算課税による贈与							
	みなし相続財産	課税遺産総額	×法定相続分	×税率	算出税額	相続税の総額	×相続割合	各人算出税額
	本来の財産		×法定相続分	×税率	算出税額		×相続割合	各人算出税額
			×法定相続分	×税率	算出税額		×相続割合	各人算出税額

各人の納付税額欄:
- 税額控除 / 納付税額
- 税額控除 / 納付税額
- 税額控除 / 納付税額

(注) 「税額控除等」には、相続税額の2割加算（☞175頁）、暦年課税分の贈与税額の控除（☞182頁）、配偶者に対する税額軽減（☞186頁）、未成年者控除（☞194頁）、障害者控除（☞198頁）、相次相続控除（☞202頁）、外国税額控除（☞206頁）、相続時精算課税分の贈与税額控除があります。

【質疑応答】相続税の計算

☐ 外国人である被相続人の日本人妻と相続税法第15条第2項に規定する法定相続人

被相続人（A国人）とその妻（日本人）との婚姻関係は、妻の戸籍には、被相続人との婚姻届出の記載がありますが、被相続人のA国における戸籍には、婚姻届出の記載がありません。この場合、妻は相続税法第15条第2項に規定する法定相続人に該当しますか。

⇒ 被相続人の妻は、相続税法第15条第2項に規定する法定相続人に該当します。

☐ 代襲相続権の有無⑴

次に図示する場合、Aに相続が開始したときに、Dは養子Bの代襲相続人となりますか。

⇒ 被相続人の実子を通じて被相続人の直系卑属になりますから、Dは養子Bの代襲相続人となります。

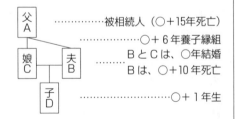

父A ·············· 被相続人（○＋15年死亡）
·············· ○＋6年養子縁組
娘C─夫B BとCは、○年結婚
············· Bは、○＋10年死亡
子D ·············· ○＋1年生

54

□　代襲相続権の有無(2)

次の場合、被相続人甲に相続が開始したときに、Aは乙の代襲相続人となりますか。

(1)　乙は甲より前に死亡しています。

(2)　甲と乙が養子縁組した時点でAは胎児です。

⇒養子縁組した時点で胎児であった者が、養子縁組後に出生した場合、被相続人甲の直系卑属となるので、Aは乙の代襲相続人となります。

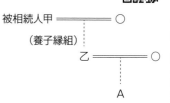

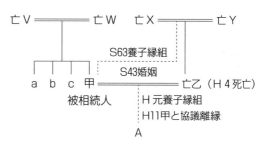

□　代襲相続権の有無(3)

右記の場合、被相続人甲に相続が開始したときに、Aは乙の代襲相続人となりますか。また、代襲相続人となる場合の相続分はいくらですか。

⇒甲とAとの間で協議離縁が成立したとしても、乙A間では依然として親子関係は継続しており（Aから死後離縁の手続が取られていない。）、

また、甲乙間の兄弟姉妹としての関係も継続していることから、Aは甲の兄弟姉妹である乙の代襲相続人となります。また、Aの法定相続分は1/4となります。

□　相続税法第15条第3項の規定により実子とみなされる養子の範囲

次の場合、被相続人の相続について、相続税法第15条第2項に規定する相続人の数及び同法第16条に規定する相続分はどのようになりますか。

⇒（ケース1）丁及び戊は、丙の養子縁組後に出生しており、丙を通じて被相続人の直系卑属に当たりますので、乙の代襲相続人となり、実子とみなされます。したがって、相続人の数は3人となり、各人の相続分は次のとおりとなります。

丙　1/3

丁　1/3×1/2=1/6

戊　1/3+1/3×1/2=1/2

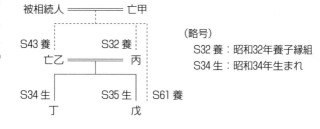

（ケース2）C及びDは、実子とみなされますが、GはEの養子縁組前に出生しており、GはEの代襲相続人となりません。したがって、相続人の数は、配偶者A、孫C、D及び養子F、G、Hのうちの1人の計4人となり、また、各人の相続分は次のとおりとなります。

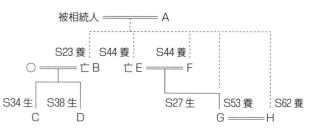

```
A   1/2
C   1/2×1/2×1/2=1/8
D   1/2×1/2×1/2=1/8
F、G、Hのうちの1人   1/2×1/2=1/4
```

☐　養子縁組前に出生した養子の子の代襲相続権の有無

　　次の場合、被相続人に相続が開始したときに、G、H及びⅠは、養子Cの代襲相続人となりますか。

⇒「被相続人の直系卑属」とは、相続開始前に死亡した被相続人の子を通じて「被相続人の直系卑属」でなければならないと解されますから、G、H及びⅠは養子Cの代襲相続人となりません。

[相続人関係図]

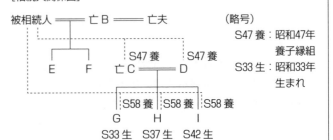

3-2　相続税計算上の法定相続人とは

　相続税法では民法に規定する相続人や法定相続分を準用しますが、課税の公平を図るために、相続の放棄をした者がいたとしても、相続の放棄がなかったものとして法定相続人の数や法定相続分を計算することになっています（相法15）。

　また、被相続人に養子がいる場合には、相続税の計算上、法定相続人の数に含めることができる養子の数について制限をしたり、相続税の申告書を提出するまでに出生していない胎児については、法定相続人に含めないこととなっています（相基通11の2-3、15-3）。

　以下、相続税計算上の相続人を法定相続人といいます（「1-3　相続人」参照）。

図表3-2-1　相続税計算上の民法と異なる取扱い

区　分	相続税法上の取扱い
養子がいる場合の「法定相続人の数」の制限	相続税計算上、「法定相続人の数」に含めることができる養子の数を制限しています。
出生していない胎児がいる場合の「法定相続人」の取扱い	相続税の申告書を提出するまでに出生していない胎児については、法定相続人に含めません。
相続の放棄があった場合の「法定相続人」の範囲	相続税の計算上は相続の放棄があった場合でも、その放棄がなかったものとみなした「法定相続人の数」になります。
二重資格者がいる場合の「法定相続人の数及び法定相続人」の取扱い	二重資格者の法定相続人の数及び法定相続人については、その者は法定相続人1人として計算します。

(1)　養子の数の制限

　民法上は、被相続人の養子が何人いたとしても相続人となりますが、相続税計算上の法定相続人として「法定相続人の数」に含めることができる養子の数は次のように制限されています。

① 被相続人に実子がいる場合……1人

② 被相続人に実子がいない場合……2人

　ただし、次のような人は実子とみなされ、「養子の数の制限」を受けません。

　イ　民法上の特別養子（☞15頁）

　ロ　配偶者の実子（連れ子）で被相続人の養子となった者

　ハ　被相続人との婚姻前に被相続人の配偶者の特別養子となった者で、その被相続人の養子となった者

　ニ　実子もしくは養子又はその直系卑属が相続開始前に死亡し、または相続権を失ったため相続人となったその者の直系卑属

≪事例3-2-1≫　相続税計算上の法定相続人とその数（養子がいる場合）

　　次のケースの民法上の相続人は、配偶者と養子A、B、Cの4人ですが、相続税計算上の「法定相続人の数」は、配偶者と養子2人（A、B、Cのうちいずれか2人を特定する必要はありません。）の3人になります。また、このケースで養子Aが被相続人より先に死亡している場合の「法定相続人の数」は、配偶者と養子1人（B、Cのいずれか1人）、代襲相続人の孫D・孫Eの4人になります（上記二のケース）。

※　なお、孫D及び孫Eは被相続人と養子Aの養子縁組後に生まれたものとします（なお、養子縁組前に、孫Dと孫Eが生まれている場合には、孫Dと孫Eは養子Aの代襲相続人とはなりません。）。

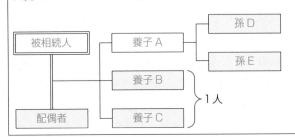

　また、兄弟姉妹が養子である場合には、養子の数の制限はありません。具体的には次のようなケースです。

≪事例3-2-2≫　相続税計算上の法定相続人とその数（被相続人の親と養子縁組した相続人がいる場合）

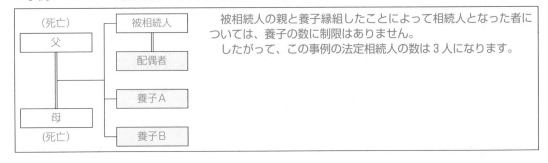

被相続人の親と養子縁組したことによって相続人となった者については、養子の数に制限はありません。
したがって、この事例の法定相続人の数は3人になります。

⑵　相続の放棄があった場合

　相続税の計算上は相続の放棄があった場合でも、その放棄がなかったものとみなした「法定相続人の数」になります。

≪事例3-2-3≫　相続税計算上の法定相続人とその数（相続放棄があった場合）

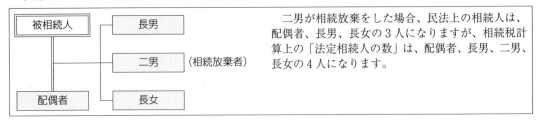

　　二男が相続放棄をした場合、民法上の相続人は、配偶者、長男、長女の3人になりますが、相続税計算上の「法定相続人の数」は、配偶者、長男、二男、長女の4人になります。

⑶ 二重資格者がいる場合

相続人に二重資格者がいる場合、その者は法定相続人1人として計算します。

≪事例3-2-4≫ 相続税計算上の法定相続人とその数（二重資格者がいる場合）

長男が被相続人より先に死亡し、長男の子（孫）が代襲相続人であり、かつ、被相続人の養子となっている場合は、法定相続人の数の計算上1人として数えますので、本事例の場合の法定相続人の数は3人になります。

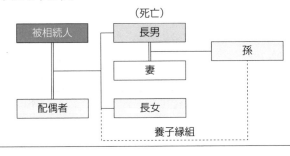

相続人	法定相続分
配偶者	1/2
長女	1/6
孫	2/6（1/6＋1/6）
法定相続人	3人

⑷ 被相続人より先に相続時精算課税適用者が死亡している場合

≪事例3-2-5≫ 相続税計算上の法定相続人とその数（相続時精算課税適用者が死亡している場合）

被相続人の死亡以前に相続時精算課税適用者が死亡していた場合、相続時精算課税適用者の権利又は義務はその相続人（長男の妻と子（孫））に承継されています。しかし、この場合の法定相続人はあくまで被相続人の相続人になりますので、この場合の法定相続人の数は3人になります。

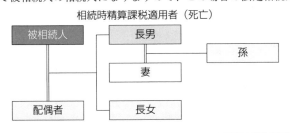

相続人	法定相続分
配偶者	1/2
長女	1/4
孫	1/4
法定相続人	3人

なお、相続税の計算上、民法の取扱いと異なるのは、法定相続人の数については、退職手当金等の非課税金額、死亡保険金の非課税金額、遺産に係る基礎控除額などがあり、法定相続人の法定相続分を基に計算するものとしては、相続税の総額や配偶者の税額の軽減などがあります。

また、法定相続人の税額控除については、配偶者の税額の軽減、未成年者控除、障害者控除などがあります。

図表 3-2-2　民法の相続人数と異なる取扱いとなる相続税の規定

民法の相続人数と異なる取扱いとなる相続税の規定		参照頁数
法定相続人の数	死亡保険金の非課税金額の計算（相法12①五）	62頁
	退職手当金等の非課税金額の計算（相法12①六）	67頁
	遺産に係る基礎控除額の計算（相法15）	167頁
	法定相続人の数に算入される養子の数の否認（相法63）	57頁
法定相続分	相続税の総額の計算（相法16）	166頁
	配偶者の税額の軽減の計算（相法19の2）	186頁
適用関係	配偶者の税額の軽減（相基通19の2-3）	186頁
	未成年者控除の適用（相法19の3）	194頁
	障害者控除の適用（相法19の4）	198頁

4-1　相続税がかからない財産

1　非課税財産の概要

　被相続人が死亡時に所有している、あるいは、所有しているとみなされる経済的価値のあるすべてのものは相続税の課税対象となります。しかし、社会政策的見地や国民感情等から相続税の課税対象とすることが適当でないものは、相続税の非課税財産として相続税の課税対象から除かれています。

2　相続税の非課税財産

　相続税の非課税財産は次のとおりです。

(1)　墓所、霊びょう及び祭具並びにこれらに準ずるもの（相法12①二）

　墓地、仏壇、仏具など日常礼拝の用に供するもの（投資の対象となるものや商品として所有しているものを除きます。）。

(2)　公益事業の用に供される財産（相法12①三）

　宗教、慈善、学術、その他公益を目的とする事業を行う一定の個人（人格のない社団又は財団等を含みます。）が相続や遺贈によって取得した財産で公益を目的とする事業に使われることが確実なもの。

図表4-1-1　非課税となる公益を目的とする事業

非課税となる事業	備　考
社会福祉事業	公益を目的とする事業の用に供する財産について、相続開始時において公益事業の用に供することに関して具体的な計画があり、かつ、その公益事業の用に供される状況にあるもの（相基通12-3）
更生保護事業	
学校（小学校、中学校、高等学校、大学、高等専門学校、盲学校、聾学校、養護学校及び幼稚園）を設置し、運営する事業	
宗教、慈善、学術を目的とする事業	
その他公益を目的とする事業	

図表4-1-2　公益事業用財産が課税となる場合

区　分	個人が取得する場合	人格のない社団又は財団等が取得する場合
人的要因	その人及びその親族その他特別な関係者に施設の利用、余裕金の運用等特別の利益を与える場合（個人生活の用に供されるもの）	役員構成、事業の運営などの重要事項について、その事業の運営がその人及びその親族その他特別な関係者の意思に従ってなされていると認められる事実がある
		その人及びその親族その他特別な関係者に施設の利用、余裕金の運用等特別の利益を与える場合
使用状況	相続又は遺贈により取得した日から2年を経過した日において、なお公益事業の用に供していない場合	

1 相続の概要
2 相続税の納税義務者
3 相続税の概要
4 相続税がかからない財産
5 相続税が課税される財産
6 相続税の課税財産の特例
7 相続財産に加算される贈与財産

なお、上記の人的要件に該当しない場合でも、相続開始年の5年前の1月1日前から引き続き行ってきた学校教育法上の幼稚園の事業を、その個人の死亡により承継し、引き続きその事業を行う人が相続又は遺贈によって取得した教育用財産については、次の要件を満たすことにより相続税が非課税となります。ただし、非課税の適用を受けるには、一定の届出書を提出しなければなりません。また、上記(2)と同様、相続又は遺贈により当該財産を取得した日から2年以内に公益の用に供しない場合には、非課税となりません（相令附則4）。

図表4-1-3　個人立幼稚園等の教育用財産の非課税要件

イ	事業経営者等の家事充当金及び給与が限度額を超過していないこと
ロ	教育用財産の届出書をその個人の所得税の納税地の所轄税務署長に提出していること
ハ	幼稚園事業とその他の事業との区分経理がなされており、継続して青色申告によっていること（重加算税を賦課されたことがないこと）など

この個人立幼稚園等の教育用財産に対する相続税の非課税制度は、幼稚園等の学校が本来、法人によって設置されるものですが、法人化が進められている実状を踏まえて設けられています。

(3) 心身障害者共済制度に基づく給付金の受給権（相法12①四）

精神や身体に障害のある人又はその人を扶養する人が取得する、地方公共団体の条例による心身障害者共済制度に基づいて支給される給付金を受ける権利。

(4) 相続人の取得した生命保険金等のうち一定の金額（相法12①五）

みなし相続財産（☞94頁）となる死亡保険金[※1]で相続人[※2]が取得したもののうち次の算式により計算した金額については、相続税が課税されません。

※1　以下この頁における「死亡保険金」はすべてみなし相続財産となる死亡保険金をいいます。
※2　「相続人」とは、民法上の相続人をいい、相続を放棄した者や相続権を失った者を含みません。以下この頁の「相続人」はすべて同じ。

図表4-1-4　死亡保険金となるもの、ならないもの

死亡保険金となるもの	死亡保険金とならないもの
・未経過保険料、前納保険料などの前払保険料（相基通3-8） ・保険料を運用等による剰余金、配当、割戻金など	・入院給付金、手術給付金、通院給付金などの生前に給付事由が発生している給付金等 ・所定の支払期限までに支払うことができなかった場合に支払われる遅延利息

① 被相続人のすべての相続人が受け取った死亡保険金の合計額が上記非課税金額以下である場合、その相続人が取得した死亡保険金の全額

【保険金の非課税金額の計算式】

> 非課税金額＝500万円×法定相続人の数[※]

※　「法定相続人」とは、相続税計算上の法定相続人（☞57頁）をいいます。

≪事例 4-1-1≫　死亡保険金の非課税額の計算例①

【前提条件】
　相続人＝配偶者、長男、二男、長女の計 4 人

【加入していた生命保険契約】

契約者（保険料負担者）	被保険者	死亡保険金受取人	死亡保険金額
被相続人	被相続人	配偶者	2,000万円

【非課税金額の計算】
　死亡保険金の非課税金額＝500万円×4 人＝2,000万円

【相続税の課税価格に算入される金額】
　2,000万円－2,000万円＝0 円

② 　被相続人のすべての相続人が受け取った死亡保険金の合計額が上記非課税金額を超える場合、
次の算式によって計算した金額

【各相続人の死亡保険金の非課税金額の計算式】

$$
\begin{array}{l}
\text{各相続人の保険} \\
\text{金の非課税金額}
\end{array}
=
\text{非課税金額}
\times
\frac{\text{その相続人の取得した死亡保険金の合計額}}{\text{被相続人のすべての相続人が取得した死亡保険金の合計額}}
$$

≪事例 4-1-2≫　死亡保険金の非課税額の計算例②

【前提条件】
　相続人＝配偶者、長男、二男、長女の計 4 人

【加入していた生命保険契約】

契約者（保険料負担者）	被保険者	死亡保険金受取人	死亡保険金額
被相続人	被相続人	配偶者	3,000万円

【非課税金額の計算】
　死亡保険金の非課税金額＝500万円×4 人＝2,000万円

　配偶者の非課税金額＝2,000万円×$\dfrac{3{,}000万円}{3{,}000万円}$＝2,000万円

【相続税の課税価格に算入される金額】
　配偶者　3,000万円－2,000万円＝1,000万円

1 相続の概要

2 相続税の納税義務者

3 相続税の概要

4 相続税がかからない財産

5 相続税が課税される財産

6 相続税の課税財産の特例

7 相続財産に加算される贈与財産

申告書等の記載手順（生命保険金などの明細書）

相続税申告書　第9表

生命保険金などの明細書

被相続人　中央 太朗

第9表（平成21年4月分以降用）

1　相続や遺贈によって取得したものとみなされる保険金など

この表は、相続人やその他の人が被相続人から相続や遺贈によって取得したものとみなされる生命保険金、損害保険契約の死亡保険金及び特定の生命共済金などを受け取った場合に、その受取金額などを記入します。

保険会社等の所在地	保険会社等の名称	受取年月日	受 取 金 額	受取人の氏名
千代田区大手町1-1-1	日本生命	5・12・20	円 50,000,000	中央 花子
千代田区丸の内1-1-1	明治生命	5・12・20	30,000,000	中央 美和子
		・・		

手順3　民法上の相続人が※1取得した生命保険金の合計額を相続人別に記載します。本事例の場合、相続人である中央花子を転記します。

この表は、被相続人の死亡によって相続人が生命保険金などを受け取った場合に、記入します。

保険金の非課税限度額	[第2表のⒶの法定相続人の数] （500万円× 4人 手順2 →	Ⓐ 20,000,000 円

保険金などを受け取った相続人の氏名	① 受け取った保険金などの金額	② 非課税金額 （Ⓐ× 各人の① Ⓑ）	③ 課税金額 （①－②）
中央 花子	50,000,000 円	20,000,000 円	30,000,000 円
合　計	Ⓑ 50,000,000	20,000,000	30,000,000

（注）　1　Ⓑの金額がⒶの金額より少ないときは、各相続人の①欄の金額がそのまま②欄の非課税金額となりますので、③欄の課税金額は0となります。
　　　　2　③欄の金額を第11表の「財産の明細」の「価額」欄に転記します。

第9表（令5.7）　　　　　　　　　　　　　　　　　　　（資4−20−10−A4統一）

手順1　民法上の相続人※1以外が受け取った保険金等を第11表に転記します。
本事例の場合、相続人でない中央美和子について転記します。

手順2　相続税法上※2の相続人の数を記載し、非課税限度額を計算します。

手順4　各相続人の非課税限度額（②の金額）を控除して各人の課税金額を計算し、第11表に転記します。

※1　民法上の相続人：相続を放棄した人や相続権を失った人は含まれません。
※2　相続税法上の相続人：相続放棄がなかったとした場合の相続人。

税務署のチェックポイント

☑ 死亡保険金ではない、生命保険契約に関する権利を記載して非課税額を計算していないか。
☑ 民法上の相続人※1以外が受け取った生命保険金について非課税額を控除していないか。
☑ 保険金が約款所定期日を超えたため支払いを受けた遅延利息（相続人の雑所得）や入院給付金（本来の相続財産）などを生命保険金に計上していないか。☞図表4−1−4参照
☑ 被相続人以外の者が保険契約者である生命保険の契約者貸付金がある場合、生命保険金から控除していないか（契約者貸付金を債務控除として計上していないか。）。

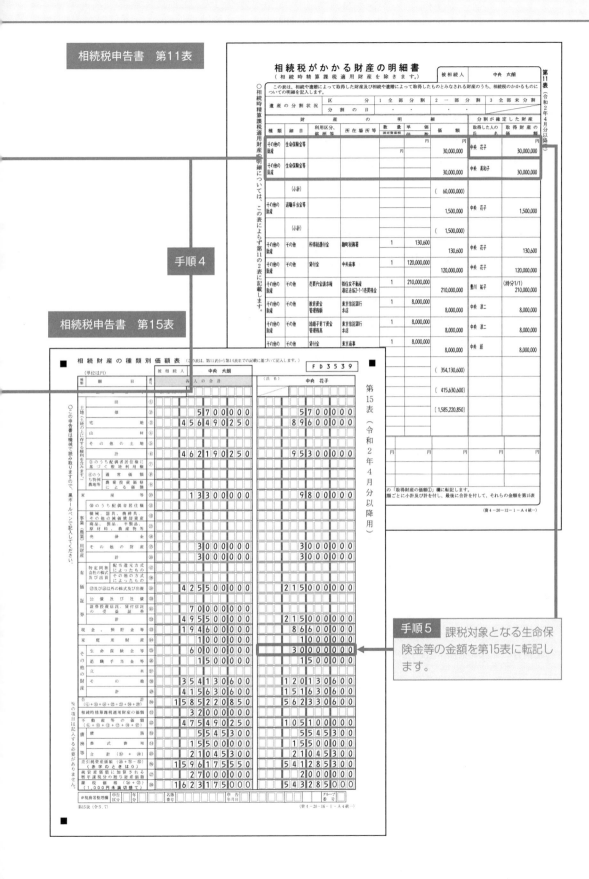

相続税申告書　第11表

相続税申告書　第15表

手順4

手順5　課税対象となる生命保険金等の金額を第15表に転記します。

1 相続の概要

2 相続税の納税義務者

3 相続税の概要

4 相続税がかからない財産

5 相続税が課税される財産

6 相続税の課税財産の特例

7 相続財産に加算される贈与財産

≪事例４-１-３≫　死亡保険金の非課税額の計算例③

【前提条件】
　相続人＝配偶者、長男、二男、長女の計４人

【加入していた生命保険契約】

契約者（保険料負担者）	被保険者	死亡保険金受取人	死亡保険金額
被相続人	被相続人	配偶者	2,000万円
被相続人	被相続人	二　男	3,000万円

【非課税金額の計算】
　死亡保険金の非課税金額＝500万円×４人＝2,000万円

　配偶者の非課税金額＝$2{,}000万円 \times \dfrac{2{,}000万円}{2{,}000万円＋3{,}000万円}＝800万円$

　二男の非課税金額＝$2{,}000万円 \times \dfrac{3{,}000万円}{2{,}000万円＋3{,}000万円}＝1{,}200万円$

【相続税の課税価格に算入される金額】
　配偶者　2,000万円－800万円＝1,200万円
　二　男　3,000万円－1,200万円＝1,800万円

≪事例４-１-４≫　死亡保険金の非課税額の計算例④

【前提条件】
　法定相続人＝配偶者、長男、二男、長女の４人（うち、二男は相続放棄をしている）

【加入していた生命保険契約】

契約者（保険料負担者）	被保険者	死亡保険金受取人	死亡保険金額
被相続人	被相続人	配偶者	2,500万円
被相続人	被相続人	長　男	1,500万円
被相続人	被相続人	二　男	3,000万円

【非課税金額の計算】
　死亡保険金の非課税金額＝500万円×４人＝2,000万円
　相続放棄をしている二男は非課税の適用がないため、按分計算に算入しません。

　配偶者の非課税金額＝$2{,}000万円 \times \dfrac{2{,}500万円}{2{,}500万円＋1{,}500万円}＝1{,}250万円$

　長男の非課税金額＝$2{,}000万円 \times \dfrac{1{,}500万円}{2{,}500万円＋1{,}500万円}＝750万円$

【相続税の課税価格に算入される金額】
　配偶者　2,500万円－1,250万円＝1,250万円
　長　男　1,500万円－750万円＝750万円
　二　男　3,000万円－　0 円＝3,000万円

(5)　相続人の取得した退職手当金等のうち一定の金額（相法12①六）

　みなし相続財産となる退職手当金等で相続人（相続放棄をした者や相続権を失った者が取得したものを除きます。）が取得したもののうち次の算式により計算した金額については、相続税が課税されません。

【退職手当金等の非課税金額の計算式】

> 非課税金額　＝　500万円　×　法定相続人の数[※]

※　「法定相続人」とは、相続税計算上の法定相続人（☞57頁）をいいます。

　複数の相続人がみなし相続財産となる退職手当金等を取得した場合の各相続人の非課税金額は、上記(4)の死亡保険金と同様に計算します。

①　被相続人のすべての相続人が受け取った退職手当金等の合計額が上記非課税金額以下である場合、その相続人が取得した退職手当金等の全額

≪事例 4 - 1 - 5 ≫　退職手当金等の非課税額の計算例①

> 【前提条件】
> 　法定相続人＝配偶者、長男、二男、長女の計 4 人（うち、二男は相続放棄をしている）
> 　死亡退職金の額　3,000万円
> 　死亡退職金受取人　配偶者
>
> 【非課税金額の計算】
> 　死亡退職金の非課税金額＝500万円× 4 人＝2,000万円
>
> 【相続税の課税価格に算入される金額】
> 　配偶者　3,000万円－2,000万円＝1,000万円

②　被相続人のすべての相続人が受け取った退職手当金等の合計額が上記非課税金額を超える場合、次の算式によって計算した金額

【各相続人の退職手当金等の非課税金額の計算式】

> 各相続人の退職手当金等の非課税金額　＝　非課税金額　×　$\dfrac{\text{その相続人の取得した退職手当金等の合計額}}{\text{被相続人のすべての相続人が取得した退職手当金等の合計額}}$

1 相続の概要
2 相続税の納税義務者
3 相続税の概要
4 相続税がかからない財産
5 相続税が課税される財産
6 課税財産の特例
7 相続財産に加算される贈与財産

相続税申告書　第10表

退職手当金などの明細書

被相続人　中央 太郎

第10表（平成21年4月分以降用）

1　相続や遺贈によって取得したものとみなされる退職手当金など

この表は、相続人やその他の人が被相続人から相続や遺贈によって取得したものとみなされる退職手当金、功労金、退職給付金などを受け取った場合に、その受取金額などを記入します。

勤務先会社等の所在地	勤務先会社等の名称	受取年月日	退職手当金などの名称	受 取 金 額	受 取 人 の 氏 名
渋谷区渋谷1-1-1	中小企業共済組合	5・12・25	小規模企業共済	21,500,000円	中央 花子
		・　・			

手順1　民法上の相続人※1以外が受け取った退職金などを第11表に転記します。本事例の場合は相続人以外が取得していませんので転記はありません。

手順3　民法上の相続人※1が取得した退職金などの合計額を相続人別に記載します。本事例の場合は相続人である中央花子を転記します。

手順2　相続税法上※2の相続人の数を記載し、非課税限度額を計算します。

2　課税される金額の計算

この表は、被相続人の死亡によって相続人が退職手当金などを受け取った場合に、記入します。

退職手当金などの非課税限度額　（500万円× ［第2表の④の法定相続人の数］ 4人 ）

手順2 →

④	円
	20,000,000

手順4　各相続人の非課税限度額（②の金額）を控除して各人の課税金額を計算し、第11表に転記します。

退職手当金などを受け取った相続人の氏名	受け取った退職手当金などの金額	非課税金額 $\left(④×\dfrac{各人の①}{⑧}\right)$	課税金額（①−②）
中央 花子	21,500,000円	20,000,000円	1,500,000円
合　計 ⑧	21,500,000	20,000,000	1,500,000

(注)　1　⑧の金額が④の金額より少ないときは、各相続人の①欄の金額がそのまま②欄の非課税金額となりますので、③欄の課税金額は0となります。
　　　2　③欄の金額を第11表の「財産の明細」の「価額」欄に転記します。

第10表(令5.7)　　　　　　　　　　　　　　　(資4-20-11-A4統一)

※1　民法上の相続人：相続を放棄した人や相続権を失った人は含まれません。
※2　相続税法上の相続人：相続放棄がなかったとした場合の相続人。

税務署のチェックポイント
☑　雇用者以外の者から支払われるもので被相続人の生前の役務の対価とはいえない特別弔慰金を記載して非課税額を計算していないか（遺族の一時所得）。
☑　民法上の相続人※1以外が受け取った生命保険金について非課税額を控除していないか。
☑　弔慰金の非課税限度額（相基通3-20）を超える金額を計上しているか。➡図表5-2-4参照
☑　共済契約者の死亡を共済事由として受け取る共済金（小規模企業共済など）の計上漏れはないか。

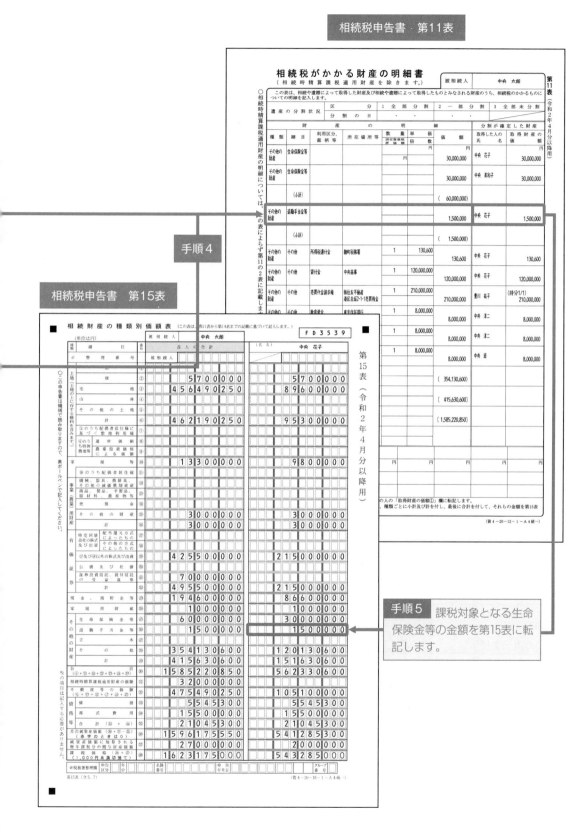

≪事例4-1-6≫　退職手当金等の非課税額の計算例②

【前提条件】
　　法定相続人＝長男、長女の計2人
　　死亡退職金の額　3,000万円
　　死亡退職金受取人　長男、長女2分の1ずつ

【非課税金額の計算】
　　死亡退職金の非課税金額＝500万円×2人＝1,000万円

　　長男・長女の非課税金額＝1,000万円× $\dfrac{1,500万円}{3,000万円}$ ＝500万円

【相続税の課税価格に算入される金額】
　　長男・長女　1,500万円－500万円＝1,000万円

(6)　相続税の申告期限までに国等に寄附した相続財産（措法70①）

　相続や遺贈によって取得した財産で相続税の申告期限までに国や地方公共団体、公益を目的とする事業を行う特定の法人に寄附したもの、あるいは、相続や遺贈によって取得した金銭で相続税の申告期限までに特定の公益信託の信託財産とするために支出した場合には、相続税が課税されません。

　この場合、国や地方公共団体に対する寄附は無条件で非課税となりますが、特定の公益法人又は認定特定非営利活動法人に対する寄附は、その贈与者又はその親族その他これらの人と特別関係にある人の相続税や贈与税の負担が不当に減少する結果となると認められる場合には非課税となりません。また、その法人が寄附を受けた日から2年を経過した日までに特定の公益法人に該当しないこととなった場合や寄附を受けた日から2年を経過した日において公益を目的とする事業の用に供していない場合にも非課税となりません。

　この非課税規定の適用を受ける場合には、相続税の申告書（第14表）にこの規定の適用を受けようとする旨を記載するとともに、支出した財産の明細書及び一定の書類を添付する必要があります。

図表4-1-7　措置法70条の適用を受けるために添付する書類

寄　附　先	添　付　書　類
国や地方公共団体	・国又は地方公共団体がその贈与を受けた旨、その贈与を受けた年月日、財産の明細を記載した書類
特定の公益法人又は認定特定非営利活動法人	・法人がその贈与を受けた旨、その贈与を受けた年月日、財産の明細並びに受贈財産の使用目的を記載した書類 ・法人が社会福祉法人及び更生保護法人以外の法人に該当する場合は、その法人が特定の公益法人に該当することについての主務大臣又は所轄庁の証明書

図表4-1-8　措置法70条の適用対象となる公益法人等

①	特定の法人（独立行政法人、国立大学法人等、地方独立行政法人、日本赤十字社等）
②	学校法人（私立学校法に規定する学校法人）
③	社会福祉法人
④	更生保護法人
⑤	認定NPO法人
⑥	公益社団法人・公益財団法人
⑦	旧民法法人（改正前の民法34条により設立された法人等）で主務大臣の認可を受けたもの等
⑧	特定公益信託

相続税申告書　第14表

特定の公益法人等であることの証明書

租税特別措置法施行令第40条の3の
第1項第○号法人であることの証明書

法人所在地：東京都千代田区○○○○○
法人名：日本赤十字社
代表者氏名：○○○○
法人の目的：○○○○
第40条の3の認定年月日：令和○年○月○日

租税特別措置法施行令第40条の3の第1項第○号に掲げた法人であることを証明する。

令和5年12月1日
主務官庁　○○

寄附金の受領証

○○○第○○○号

証　明　書

住　所　123 Orange Street, NewYork, NY12345 US
氏　名　豊川　祐子　様

このたび、日本赤十字社に対してなされた相続財産の寄附に関する下記記載の事項は、事実に相違ないことを証明します。

記

1　寄附受領日　令和6年2月2日
2　寄附金額　金1,000,000円
3　寄附金の明細　現金
4　寄附金の用途　日本赤十字社経営資金

令和○○年○○月○○日

日本赤十字社
社長　大塚　義治㊞

手順2

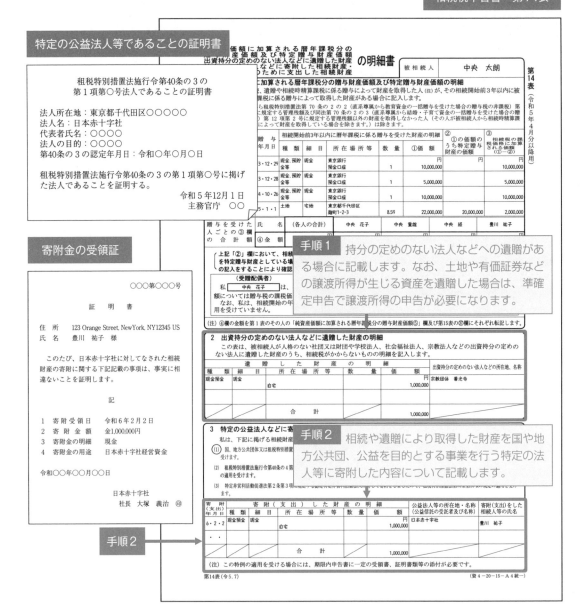

手順1 持分の定めのない法人などへの遺贈がある場合に記載します。なお、土地や有価証券などの譲渡所得が生じる資産を遺贈した場合は、準確定申告で譲渡所得の申告が必要になります。

手順2 相続や遺贈により取得した財産を国や地方公共団体、公益を目的とする事業を行う特定の法人等に寄附した内容について記載します。

税務署のチェックポイント

☑ 寄附した財産は、相続や遺贈によって取得した財産か（換金した財産は寄附の対象外）。
☑ 相続税の申告期限までに寄附しているか（受領証明書の寄附受領日の確認）。
☑ 寄附を受けた法人が発行する寄附金の受領証明書及び特定の公益法人であることの主務大臣、管轄庁の証明書（租税特別措置法施行令第40条の3の記載があるもの）の添付があるか。
☑ 持分の定めのない法人などへの遺贈の事実を遺言書で確認できるか。

【質疑応答】非課税財産

□ 町内会に寄附した相続財産

町内会に遺贈した財産は、相続税法第12条第1項第3号に規定する非課税財産に該当しますか。なお、町内会では、当該財産の果実をもって、町内会の経費に充てる予定です。

⇒ 相続税法第66条第1項の規定により、町内会に相続税が課税されます。

□ 庭内神しの敷地等

自宅の庭の一角に、弁財天を祀るための祠とその附属設備として鳥居があります。祠の敷地やその附属設備は相続税の非課税財産に該当しますか。

⇒ 日常礼拝の対象とされているといってよい程度に密接不可分の関係にある相当範囲の敷地や附属設備である場合には、その敷地及び附属設備は相続税の非課税財産に該当します。

□ 相続財産の寄附を受けた公益法人が当該財産の売却代金を法人の事業の用に供した場合

租税特別措置法施行令第40条の3第6号に規定する更生保護法人に対し、相続財産を贈与しました。当該法人は、当該財産を売却し、その売却代金をその目的事業である更生保護事業のための資金に充てています。この場合、租税特別措置法第70条《国等に対して相続財産を贈与した場合等の相続税の非課税等》の適用に当たっては、当該財産は当該法人の公益目的事業の用に供されたこととなりますか。

⇒ 売却代金が現実に当該法人の公益目的事業のために充てられたならば、公益目的事業の用に供されたこととなります。なお、租税特別措置法第40条《国等に対して財産を寄附した場合の譲渡所得の非課税》の適用上は、寄附財産がその公益法人等の公益目的事業の用に直接供されなければ同条の適用は認められないことになっています。

□ 相続開始後に相続財産である山林について宅地開発を行い道路部分を市に贈与した場合の租税特別措置法第70条の適用

相続により山林を取得した者が、相続税の申告書の提出期限までに当該山林について宅地開発を行い、開発によって生じた道路部分を市に贈与した場合には、租税特別措置法第70条第1項《国等に対して相続財産を贈与した場合等の相続税の非課税等》の適用がありますか。

⇒ 租税特別措置法第70条第1項に規定する「相続又は遺贈により取得した財産」とは、相続又は遺贈により取得した財産そのものをいうと解されますから、例えば、相続又は遺贈により取得した財産を譲渡してその譲渡代金を贈与することは認められていません。

しかし、照会の場合、贈与財産は相続開始後に、開発行為により区画形質が変更され道路となっているものの、相続により取得した財産である土地そのものの一部であることに変わりはありませんから、同条の規定の適用があります。

□ 遺言に基づき遺産の換価代金で特定公益信託を設定した場合の相続税及び譲渡所得の課税関係

被相続人甲の次の遺言に基づき、遺言執行者に指定されたX信託銀行が遺産である不動産の処分、特定公益信託の設定等を行った場合の相続税及び譲渡所得の課税関係はどうなるのでしょうか。

(1) 遺産の全てである不動産と預金、有価証券を遺言の目的とします。

(2) Xにおいて、遺産のうちの不動産及び有価証券を売却処分し、その売却代金と預金の合計額で次のとおり遺贈又は信託の設定を行います。

① 相続人5名に各200万円（合計1,000万円）を遺贈します。

② 売却代金及び預金の合計額から、上記①、債務（未払租税公課を含む）、遺言の執行に要する費用等を除いた残金で奨学金給付事業を行う公益信託を設定します。

⇒ 換価された遺産のうち、特定公益信託の信託財産とされた金額に相当する部分は0と取り扱われ（相基通9の2-6）、それ以外の価額について相続税の課税対象とすることとなります。なお、遺言執行者がその権

限内において遺言執行者であることを示してした行為は相続人に対して直接にその効力を生じます（民1015）から、遺産の換価処分に係る譲渡所得については、法定相続分に応じて各相続人が申告する必要があります。

3　相続財産を公益事業の用に供する又は寄附する場合

　相続財産を公益事業の用に供する場合、あるいは寄附することにより公益事業の用に供される場合で、相続税において非課税が適用されるのは、次の図表4−1−5の2つの寄附の形態で、相続財産が譲渡所得の起因となる土地等（土地や株式など）である場合の課税関係は、図表4−1−6のとおりです。

図表4−1−5　相続財産を寄附又は遺贈した場合の非課税区分

寄附の形態	公益事業者	手　続　き
被相続人からの相続又は遺贈（相法12①）	一定の公益事業を行う相続人又は受遺者	原則として、相続税の申告書の記載不要（個人立幼稚園は届出書が必要）
相続人からの寄附（措法70①三）	国・地方公共団体又は特定の公益法人※	寄附に関する事項を記載した相続税の申告書を期限内に提出すること

　※　既存の公益法人等に対する寄附に限られます。

図表4−1−6　土地等の相続財産を寄附又は遺贈した場合の課税関係

寄附の形態	相続税	譲渡所得
被相続人から一定の公益事業を行う者への遺贈（相法12①）	原則として非課税（相法12①）。相続税等の不当減少があれば遺贈を受けた法人に課税（相法66④）	原則として譲渡所得課税（所法59）。国税庁長官の承認があれば非課税※（措法40）
相続人からの寄附（措法70①三）	原則として相続人に課税。租税特別措置法第70条の適用を受ければ非課税	

　※　承認を受けた寄附であっても、その承認後に、寄附財産が公益法人等の公益事業の用に直接供されなくなった場合など承認要件に該当しなくなった場合には、承認が取り消され、その時は、当該寄附から2年を経過する日までは寄附をした個人に、それ以降は公益法人等を個人とみなして所得税が課されます（措法40②③）。

図表4−1−7　租税特別措置法第40条と第70条の比較表

項　目	租税特別措置法　第40条	租税特別措置法　第70条
法律の概要	国等に対して財産を寄附した場合の譲渡所得等の非課税（所得税）	国等に対して相続財産を贈与した場合等の相続税の非課税等（相続税）
相手先	国、地方公共団体 公益社団法人、公益財団法人 特定一般法人その他公益を目的とする事業を行う法人（措令25の17⑤）	国、地方公共団体 公益社団法人、公益財団法人 認定NPO法人 公益財団法人その他公益を目的とする事業を行う法人（措令40の3）
手続要件	寄附があった日から4か月以内に、国税庁長官宛て申請書を提出	相続開始の日から10か月以内に、所轄税務署長宛て相続税申告書に一定書類を添付して提出

		贈与又は遺贈があった日の時価が寄附金控除の対象額。
所得税の寄附金控除	贈与又は遺贈財産の取得費が寄附金控除の対象額	なお、租税特別措置法第40条の適用を受ける場合は贈与又は遺贈財産の取得費が寄附金控除の対象額（措法40⑲）。

税理士のアドバイス　被相続人が法人に遺贈した財産の課税関係

　被相続人の遺言書に、「自分が経営していた甲法人にＡ土地を遺贈する」あるいは、「自分の菩提寺であるＡ宗教法人に1,000万円を寄附する」と記載されていた場合にはどうなるのでしょうか？

１．普通法人に遺贈した場合

　普通法人が遺贈を受けた場合には、そのＡ土地のその時における時価が受贈益となり法人税の対象となりますので、Ａ土地は相続税の対象とはなりません。

　ただし、遺贈する資産が譲渡所得の基因となるものである場合、被相続人のみなし譲渡所得となります。遺贈したＡ土地に含み益がある場合には、被相続人の準確定申告においてその含み益に対する所得税を納付しなければなりません。

　また、その遺贈による財産の提供に伴ってその法人の株式又は出資の価額が増加した場合、その法人の株主は、増加した部分に相当する金額を遺贈により取得したものとみなされます（相法9）。

２．宗教法人等の持分の定めのない法人に寄附した場合

　被相続人の遺贈により宗教法人等の持分の定めのない法人に財産を寄附した場合、原則として、その財産は相続税の対象となりません。ただし、相続税の申告書を提出する場合には、第14表の「２　出資持分の定めのない法人などに遺贈した財産の明細」欄に、遺贈した財産の明細を記入します（なお、この遺贈により相続財産の価格が相続税の基礎控除額以下となった場合には相続税の申告書を提出する必要はありません。）。

　なお、その遺贈により遺贈した者の親族その他これらの者と特別な関係がある者の相続税又は贈与税の負担が不当に減少する結果となると認められる場合には、持分の定めのない法人が個人とみなされ相続税が課されることになります（相法66条）。この場合の「相続税等の負担が不当に減少するかどうか」の判定は、財産の提供を受けた法人が、相続税法施行令33条3項各号に掲げる要件を満たしているかどうかにより行います。

　なお、被相続人が遺言により持分の定めのない法人を設立するために財産を提供（寄附）した場合でも同様の取扱いとなります。

　持分の定めのない法人に対する財産の遺贈であっても、その財産が譲渡所得の基因となるものである場合には、みなし譲渡所得の対象となります。ただし、措置法第40条の適用を受けることができれば、譲渡所得が非課税になります。

（注）　持分の定めのない法人とは、定款、寄附行為若しくは規則又は法令の定めにより、その法人の社員、構成員がその法人の出資に係る残余財産の分配請求権又は払戻請求権を行使することができない法人、又は定款等にその法人の出資に係る残余財産の分配請求権又は払戻請求権を行使することができる旨の定めはあるが、そのような社員等が存在しない法人をいい、一般的に公益法人はこれに該当します。

1　相続の概要

2　相続税の納税義務者

3　相続税の概要

4　相続税がかからない財産

5　相続税が課税される財産

6　相続財産の特例

7　相続財産に加算される贈与財産

【参照法令】相令33条3項各号抜粋

一　その運営組織が適正であるとともに、その寄附行為、定款又は規則において、その役員等のうち親族及び特殊関係者の数がその法人の役員等の数のうちに占める割合は、いずれも3分の1以下とする旨の定めがあること。

二　当該法人に財産の贈与若しくは遺贈をした者、当該法人の設立者、社員若しくは役員等又はこれらの者の親族等に対し、施設の利用、余裕金の運用、解散した場合における財産の帰属、金銭の貸付け、資産の譲渡、給与の支給、役員等の選任その他財産の運用及び事業の運営に関して特別の利益を与えないこと。

三　その寄附行為、定款又は規則において、当該法人が解散した場合にその残余財産が国若しくは地方公共団体又は公益社団法人若しくは公益財団法人その他の公益を目的とする事業を行う法人（持分の定めのないものに限る。）に帰属する旨の定めがあること。

四　当該法人につき法令に違反する事実、その帳簿書類に取引の全部又は一部を隠蔽し、又は仮装して記録又は記載をしている事実その他公益に反する事実がないこと。

なお、上記の要件は、措置法40条の適用を受ける場合の適用要件の1つになっています。

非課税のチェックポイント

【生命保険金等の非課税】

☐ 相続を放棄した者、相続権を失った者が取得した保険金について、保険金の非課税金額の規定（相法12①五）を適用していないか。

☞　相続を放棄した者又は相続権を失った者が取得した保険金については、相続税法第12条第1項第5号に掲げる保険金の非課税金額の規定の適用がありません（相基通12-8）。

☐ 第1順位の相続人である子が相続を放棄したことにより死亡保険金を受け取った直系尊属が相続人となった場合、生命保険金の非課税金額の規定（相法12①五）が適用できないと考えていないか。

☞　第1順位の相続人である子が相続を放棄したことにより第2順位の相続人である直系尊属が相続人となったことから生命保険金は相続により取得したこととなり保険金の非課税金額の規定が適用できます。

☐ 年金の方法により支払を受ける保険金について、保険金の非課税金額の規定（相法12①五）を適用しているか。

☞　保険金の非課税金額の規定の適用がある保険金には、一時金により支払を受けるもののほか、年金の方法により支払を受けるものも含まれます（相基通3-6）。

☐ 被相続人が受け取っていた生命保険契約の個人年金を継続年金受取人が引き継いだ場合に、その年金受給権について、保険金の非課税金額の規定を適用していないか。

☞　保険金の非課税金額の規定が適用できるのは、死亡保険金として受け取ったものだけであり、年金受給権には適用されません。

【退職金等の非課税】

☐ 相続を放棄した者、相続権を失った者が取得した退職金について、退職金の非課税金額の規定（相法12①六）を適用していないか。

☞　相続を放棄した者又は相続権を失った者が取得した退職金については、相続税法第12条第1項第6号に掲げる退職金の非課税金額の規定の適用がありません（相基通12-10）。

【国等に寄附した相続財産の非課税】

☐ **町内会に遺贈した財産は、相続税法第12条第1項第3号に規定する非課税財産に該当するとしていないか。**

☞ 町内会は、その構成員である一定の区域内に住所を有する者の利益のために活動するものであることから、相続税法第12条第1項第3号に規定する「公益を目的とする事業を行う者」に該当しないため、町内会に相続税が課税されます（相法66①）。

☐ **宗教法人、日本弁護士連合会、日本税理士連合会等の公益法人へ寄附した相続財産について非課税の特例を適用していないか。**

☞ 相続財産を寄附した場合の非課税の特例が適用できる公益法人は、租税特別措置法施行令第40条の3に掲げる法人に限られています。

☐ **香典返しに代えて、国等に寄附したものについてこの特例を適用していないか。**

☞ 香典返しに代えてする寄附はこの非課税の対象とはなりません。

☐ **主務大臣又は所轄庁の証明書の発行日は相続税の申告期限内か。**

☞ 所定の書類を添付しない場合については、この規定は適用されないこととされており、宥恕規定もないので、申告期限内に証明書の添付ができない場合はこの非課税の適用は受けられません。

☐ **主務大臣又は所轄庁の証明書は、租税特別措置法施行令第40条の3に掲げる法人であることの証明書か。**

☞ 「相続税を寄附した場合の非課税法人である旨」の証明書は、所得税や法人税の寄附金控除に係る証明書と酷似しています。なお、「寄附金控除に係る証明書」には、「所得税法施行令第217条、法人税法施行令第77条」との記載があります。

☐ **土地等の譲渡所得の対象となる資産を寄附した場合、租税特別措置法第40条の譲渡所得の非課税の承認申請をしているか。**

☞ 土地等の譲渡所得の対象となる資産を寄附した場合、所得税法第59条により「みなし譲渡」として課税されるので、租税特別措置法第40条の譲渡所得の非課税の承認を国税庁長官に受ける必要があります。

☐ **相続財産を寄附した場合、所得税の寄附金控除の適用を検討しているか。**

☞ 相続財産を寄附した場合には、寄附をした相続人の所得税について寄附金控除が適用できる場合があるので検討する必要があります。なお、土地等の資産については寄附の対象額はその資産の取得価額であることに留意します。

1　相続の概要

2　相続税の納税義務者

3　相続税の概要

4　相続税がかからない財産

5　相続税が課税される財産

6　相続税の課税財産の特例

7　相続財産に加算される贈与財産

4-2　災害に係る相続税の各種取扱い

　災害により損害を受けた者に係る相続税については、災害被害者に対する租税の減免、徴収猶予等に関する法律（以下「災害減免法」といいます。）による相続税の減免措置と特定非常災害により被害を受けた場合の租税特別措置法第69条の6の相続税の課税価格の計算の特例措置が講じられています。

　また、国税通則法では、災害その他のやむを得ない理由に基づく申告期限等の延長措置が講じられています。

図表4-2-1　災害に係る相続税の取扱い

1　災害減免法

(1)　適用要件

　相続等により取得した財産が、災害により甚大な被害を受けた場合、次の①又は②のいずれかに該当するとき※には、相続税が減免されます。

　※　相続人等ごとに、相続等により取得した財産の価額を基に該当の有無を判定します。

①　相続税の課税価格の計算の基礎となった財産の価額（債務控除後の価額）※のうちに被害を受けた部分の価額（保険金、損害賠償金等により補てんされた金額を除きます。）の占める割合が10分の1以上であること。

　※　相続時精算課税適用財産の価額がある場合はその金額を除きます。

$$\frac{\text{被害を受けた部分の価額（保険金等により補てんされた金額を除く）}}{\text{課税価格の計算の基礎となった財産の価額（債務控除後の価額）}} \geqq \frac{1}{10}$$

②　相続税の課税価格の計算の基礎となった動産等※の価額のうちに動産等について被害を受けた部分の価額（保険金、損害賠償金等により補てんされた金額を除きます。）の占める割合が10分の1以上であること。

　※　動産（金銭及び有価証券を除きます。）、不動産（土地及び土地の上に存する権利を除きます。）及び立木をいいます。また、「動産等」には、相続時精算課税適用財産や相続財産に加算される暦年贈与財産は含みません。

$$\frac{\text{動産等について被害を受けた部分の価額（保険金等により補てんされた金額を除く）}}{\text{課税価格の計算の基礎となった動産等}^{※}\text{の価額}} \geqq \frac{1}{10}$$

(2)　減免の内容

　災害減免法による減免内容については、被災時期が相続税の法定申告期限前か後かにより、次のように異なります。

①　相続税の法定申告期限前に災害があった場合

　法定申告期限前に災害があった場合は、相続等により取得した財産の価額から、被害を受けた部分（保険金、損害賠償金等で補てんされた部分を除きます。）の価額を控除して課税価格を計算します（災害減免法6）。

　なお、この特例を適用する場合は、相続税の申告書に被害の状況や被害額等を記載した相続税等の財産の価額の計算明細書を添付し、原則として申告期限内に提出する必要があります。

> 相続財産の価額[※1]　－　被災した部分の価額[※2]　＝　課税価格に算入する価額

[※1]　小規模宅地等の特例の適用を受けている場合は、特例適用後の価額（相続税申告書第11表の価額）。
　　また、相続時精算課税適用財産や相続財産に加算される暦年贈与財産は含みません。
[※2]　被災した部分の価額は、相続財産の価額×被害割合で計算します。
　　なお、被害割合は、$\dfrac{\text{被害額（保険金等による補てん額を控除した金額）}}{\text{被害時の時価（被害を受ける直前の価額）}}$で計算します。

≪記載例4-2-1≫　災害減免法第6条の規定による相続税・贈与税の財産の価額の計算明細書

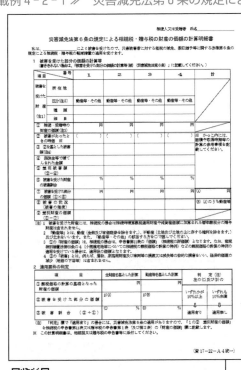

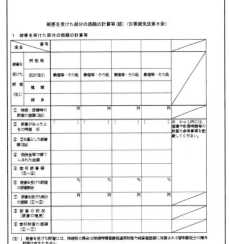

① 相続の概要　② 相続税の納税義務者　③ 相続税の概要　④ 相続税がかからない財産　⑤ 相続税が課税される財産　⑥ 相続税の課税財産の特例　⑦ 相続財産に加算される贈与財産

② 相続税の法定申告期限後に災害があった場合

法定申告期限後に災害があった場合は、災害のあった日以後に納付すべき相続税額※で、その課税価格の計算の基礎となった財産の価額から、被害を受けた部分（保険金、損害賠償金等で補てんされた部分を除きます。）の価額に対応する金額が免除されることになります。

なお、免除を受けようとする場合は、相続税等の免除承認申請書に、被害の状況や被害額等を記載し、災害のやんだ日から2か月以内に、納税地の所轄税務署長に提出する必要があります（災害減免法4）。

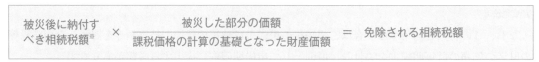

被災後に納付すべき相続税額※ × 被災した部分の価額 / 課税価格の計算の基礎となった財産価額 ＝ 免除される相続税額

※ 延納中の税額や延納又は物納の許可前の税額、農地についての納税猶予税額をいいます。
なお、延滞税、利子税及び加算税のほか、既に納付済みの税額や滞納税額は含まれません。

≪記載例4−2−2≫　災害減免法第4条の規定による相続税・贈与税の免除承認申請書

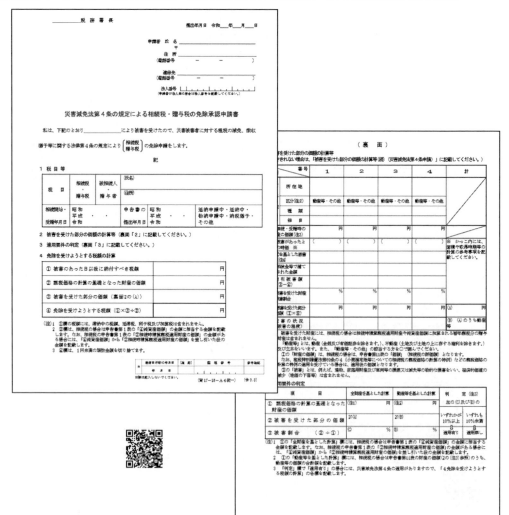

【参考法令】災害減免法（一部抜粋）

第４条　相続税又は贈与税の納税義務者で災害に因り相続若しくは遺贈又は贈与に因り取得した財産について相続税法第27条から第29条までの規定による申告書の提出期限後に甚大な被害を受けたものに対しては、政令の定めるところにより、被害があつた日以後において納付すべき相続税又は贈与税のうち、被害を受けた部分に対する税額を免除する。

第６条　相続税の納税義務者で災害に因り相続又は遺贈に因り取得した財産について相続税法第27条又は第29条の規定による申告書の提出期限前に甚大な被害を受けたものの納付すべき相続税については、当該財産の価額は、政令の定めるところにより、被害を受けた部分の価額を控除した金額により、これを計算する。

【参考法令】災害減免法施行令（一部抜粋）

第11条　相続税又は贈与税の納税義務者で、相続若しくは遺贈又は贈与により取得した財産について相続税法第27条から第29条までの規定による申告書の提出期限後に災害により被害を受けた場合において次の各号に掲げる要件のいずれかに該当するものに対しては、法第４条の規定により、被害のあつた日以後において納付すべき相続税又は贈与税のうち、その税額にその課税価格の計算の基礎となつた財産の価額（債務控除後の価額。第１号において同じ。）のうちに被害を受けた部分の価額（保険金、損害賠償金等により補てんされた金額を除く。）の占める割合を乗じて計算した金額に相当する税額を免除する。

一　相続税又は贈与税の課税価格の計算の基礎となつた財産の価額のうちに被害を受けた部分の価額の占める割合が10分の１以上であること。

二　相続税又は贈与税の課税価格の計算の基礎となつた動産（金銭及び有価証券を除く。）、不動産（土地及び土地の上に存する権利を除く。）及び立木（以下この条及び次条において「動産等」という。）の価額のうちに当該動産等について被害を受けた部分の価額の占める割合が10分の１以上であること。

②　法第４条の規定の適用を受けようとする者は、その旨、被害の状況及び被害を受けた部分の価額を記載した申請書を、災害のやんだ日から２月以内に、納税地の所轄税務署長に提出しなければならない。

第12条　相続税の納税義務者で、相続又は遺贈により取得した財産について相続税法第27条又は第29条の規定による申告書の提出期限前に災害により被害を受けた場合において次の各号に掲げる要件のいずれかに該当するものの納付すべき相続税については、これらの事由により取得した財産の価額は、法第６条第１項の規定により、被害を受けた部分の価額を控除して、これを計算する。

一　相続税の課税価格の計算の基礎となるべき財産の価額（債務控除後の価額）のうちに被害を受けた部分の価額の占める割合が10分の１以上であること。

二　相続税の課税価格の計算の基礎となるべき動産等の価額のうちに当該動産等について被害を受けた部分の価額の占める割合が10分の１以上であること。

③　法第６条の規定の適用を受けようとする者は、相続税法第27条から第29条までの規定による申告書（これらの申告書を提出しなかつたことについて正当な事由があると認められる者がこれらの申告書の提出期限後に提出した申告書を含む。）に、その旨、被害の状況及び被害を受けた部分の価額を記載しなければならない。

2　租税特別措置法

(1)　特定非常災害発生日前に相続等により取得した特定土地等又は特定株式等

特定非常災害発生日※前に相続又は遺贈（被相続人からの贈与により取得した相続時精算課税適用財産に係る贈与を含みます。）により財産を取得し、その相続税の申告書の提出期限がその特定非常災害発生日以後である場合、その相続等により取得した財産又は贈与により取得した財産（その特定非常災害発生日の属する年の１月１日からその特定非常災害発生日の前日までの間に取得したもので、相

1 相続の概要
2 相続税の納税義務者
3 相続税の概要
4 相続税がかからない財産
5 相続税が課税される財産
6 課税財産の特例
7 相続財産に加算される贈与財産

続財産に加算する暦年贈与財産又は相続時精算課税適用財産に限ります。）でその特定非常災害発生日において所有していたもののうちに、次の表に掲げる特定土地等又は特定株式等がある場合には、相続税額の計算におけるそれらの価額は、その特定非常災害の発生直後の価額とすることができます（措法69の6）。

> ※ 特定非常災害とは、「特定非常災害の被害者の権利利益の保全等を図るための特別措置に関する法律」第2条第1項の規定により特定非常災害として指定された非常災害をいい、特定非常災害発生日とは、同項の特定非常災害発生日をいいます。

特定土地等	特定非常災害により被災者生活再建支援法第3条第1項の規定の適用を受ける地域（同項の規定の適用がない場合には、特定非常災害により相当な損害を受けた地域として財務大臣が指定する地域。以下「特定地域」といいます。）内にある土地又は土地の上に存する権利
特定株式等	特定地域内にあった動産（金銭及び有価証券を除きます。）、不動産、不動産の上に存する権利及び立木の価額の合計額が保有資産の合計額の10分の3以上である法人の株式等（金融商品取引所に上場されている株式など一定のものを除きます。）

なお、この特例の適用を受ける場合は、相続税申告書第11表の「財産の明細」欄の「所在場所等」に「措置法第69条の6第1項適用」と付記します。

≪記載例4-3-1≫　措置法第69条の6の特例土地等の記載例

税適用財産の明細について	種類	細目	利用区分、銘柄等	所在場所等	数量 固定資産税評価額	単価 倍数	価額	取得した人の氏名	取得財産の価額
	土地	宅地	自用地（居住用）	春日部市○○○3丁目5番16号	165.00㎡ 円	円 〔11・11の2表の付表1のとおり〕	円 12,870,000	国税 花子	円 (持分1/2) 6,435,000
								国税 一郎	(持分1/2) 6,435,000

(2) 相続税の申告書の提出期限の特例

同一の被相続人から相続又は遺贈により財産を取得した全ての人のうちに上記(1)の適用を受けることができる人がいる場合、その相続又は遺贈により財産を取得した人又はその人の相続人（包括受遺者を含みます。）の相続税の申告書の提出期限が特定日※の前日以前であるときは、その相続税の申告書の提出期限は、その特定日となります（措法69の8）。

> ※ 「特定日」とは、特定非常災害に係る国税通則法第11条の規定により延長された申告に関する期限と特定非常災害発生日の翌日から10か月を経過する日とのいずれか遅い日をいいます。

(3) 特定非常災害発生日後に相続等により取得した財産

① 特定地域内にある土地等の評価

特定非常災害発生日以後同日の属する年の12月31日までの間に相続等により取得した特定地域内にある土地等の価額は、措置法施行令第40条の2の3（特定土地等及び特定株式等に係る相続税の課税価格の計算の特例等）第3項第1号に規定する特定非常災害発生直後の価額に準じて評価することができます。この場合において、その土地等の状況は、課税時期の現況によります。

なお、当該土地等が、特定非常災害により物理的な損失を受けた場合には、特定非常災害発生直後の価額に準じて評価した価額から、その原状回復費用相当額を控除した価額により評価することができます（平成29年4月12日法令解釈通達）。

> （注）特定非常災害発生日以後同日の属する年の12月31日までの間に相続等により取得した特定地域外にある土地等の価額は、課税時期の現況に応じ評価通達の定めるところにより評価することに留意してください。なお、

当該土地等が、特定非常災害により物理的な損失を受けた場合には、課税時期の現況に応じ評価通達の定めるところにより評価した価額から、その原状回復費用相当額を控除した価額により評価することができます。

図表4-3-1　課税価格の計算の特例の適用時期

災害発生時期	1月1日 　特定非常災害発生	相続開始日 　特定非常災害発生	12月31日
評価方法	特定非常災害発生直後の価額に準じて評価 （法令解釈通達）	特定非常災害発生直後の価額で評価 （措法69の6）	

② 海面下に没した土地等の評価

　特定非常災害により土地等が海面下に没した場合（その状態が一時的なものである場合を除きます。）には、その土地等の価額は評価しません。

③ 被災した造成中の宅地の評価

　被災した造成中の宅地の価額は、評価通達24-3（造成中の宅地の評価）に定める「その宅地の造成に係る費用現価」を次に掲げる額の合計額として計算した金額によって評価します。

　イ　特定非常災害の発生直前までに投下したその宅地の造成に係る費用現価のうち、被災後においてなおその効用を有すると認められる金額に相当する額

　ロ　特定非常災害の発生直後から課税時期までに投下したその宅地の造成に係る費用現価

④ 応急仮設住宅の敷地の用に供するため使用貸借により貸し付けられている土地の評価

　応急仮設住宅の敷地の用に供するため関係都道府県知事又は関係市町村（特別区を含みます。）の長に使用貸借により貸し付けられている土地の価額は、その土地の自用地としての価額から、その価額にその使用貸借に係る使用権の残存期間が評価通達25(2)（貸宅地の評価）のイからニまでの残存期間のいずれに該当するかに応じてそれぞれに定める割合を乗じて計算した金額を控除した金額によって評価します。

⑤ 被災した家屋の評価

　被災した家屋（被災後の現況に応じた固定資産税評価額が付されていないものに限ります。以下同じ。）の価額は、次に掲げる金額の合計額によって評価することができます。

　イ　評価通達89（家屋の評価）の定めにより評価した特定非常災害の発生直前の家屋の価額から、その価額に地方税法第367条（固定資産税の減免）の規定に基づき条例に定めるところによりその被災した家屋に適用された固定資産税の軽減又は免除の割合を乗じて計算した金額を控除した金額

　（注）　特定非常災害の発生に伴い地方税法等において固定資産税の課税の免除等の規定が別途定められた場合についても同様に取り扱われます。

　ロ　特定非常災害の発生直後から課税時期までに投下したその被災した家屋の修理、改良等に係る費用現価の100分の70に相当する金額

⑥ 被災した建築中の家屋の評価

　被災した建築中の家屋の価額は、評価通達91（建築中の家屋の評価）に定める「その家屋の費用現価」を次に掲げる額の合計額として計算した金額によって評価します。

1　相続の概要

2　相続税の納税義務者

3　相続税の概要

4　相続税がかからない財産

5　相続税が課税される財産

6　相続税の課税財産の特例

7　相続財産に加算される贈与財産

イ　特定非常災害の発生直前までに投下したその家屋の費用現価のうち、被災後においてなおその効用を有すると認められる金額に相当する額

ロ　特定非常災害の発生直後から課税時期までに投下したその家屋の費用現価

⑦　特定地域内に保有する資産の割合が高い法人の株式等に係る類似業種比準価額の計算

　特定地域内に保有する資産の割合が高い法人の株式等※につき、評価通達180（類似業種比準価額）に定める類似業種比準価額により評価することとなる場合において、課税時期が特定非常災害発生日から同日の属する事業年度の末日までの間にあるときには、措置法通達69の6・69の7共-4（特定株式等の特定非常災害の発生直後の価額）(1)の定めを準用することができます。

　　※　「特定地域内に保有する資産の割合が高い法人の株式等」とは、特定非常災害発生日において保有していた資産の特定非常用災害の発生直前の価額の合計額のうちに占める特定地域内にあった動産（金銭及び有価証券を除きます。）、不動産、不動産の上に存する権利及び立木の価額の合計額の割合が10分の3以上である法人の株式等をいいます。

⑧　純資産価額の計算

　評価対象法人の株式又は出資につき、評価通達185（純資産価額）に定める「1株当たりの純資産価額」により評価することとなる場合において、評価対象法人の各資産のうちに、評価対象法人が課税時期前3年以内に取得又は新築した特定地域内の土地等並びに家屋及びその附属設備又は構築物（以下「家屋等」といいます。）で、かつ、評価対象法人が特定非常災害発生日前に取得又は新築したものがあるときには、課税時期が特定非常災害発生日から起算して3年を経過する日までの間にあるときに限り、その土地等及び家屋等の価額については、評価通達185の括弧書の定めを適用しないことができます。

⑨　同族株主以外の株主等が取得した特定地域内に保有する資産の割合が高い法人の株式等の価額の計算

　特定地域内に保有する資産の割合が高い法人の株式等につき、評価通達188-2（同族株主以外の株主等が取得した株式の評価）により評価することとなる場合において、課税時期が特定非常災害発生日から同日の属する事業年度の末日までの間にあるときには、措置法通達69の6・69の7共-4(3)の定めを準用することができます。

3　国税通則法

　災害などの理由により、申告、納付等をその期限までにできないときは、その理由のやんだ日から2か月以内の範囲で期限が延長されます。

　この延長措置は、地域指定による期限の延長（通則法11、通令3①）と個別指定による期限延長（通則法11、通令3③）があります。

図表4-2-2　申告・納付期限等の延長

区　分	手続き	延長後の申告期限
地域指定	国税庁長官が地域、期日を指定（告示）	告示により指定した日
個別指定	納税者が税務署長に申請	税務署長等が指定した日

5-1　相続税の課税財産

1　相続税の課税財産の概要

相続税の対象となる財産は、①「民法の規定に従って相続や遺贈、死因贈与によって取得した財産（本来の財産）」のほか、②「相続税法の規定によって相続や遺贈によって取得したものとみなされる財産（みなし相続財産）」、③「相続開始前3年以内に被相続人から暦年課税に係る贈与によって取得した財産」、④「生前の被相続人から相続時精算課税に係る贈与によって取得した財産」があります。

図表5-1-1　相続税の課税財産区分

区　分	内　　　容	参照頁
①　本来の財産	民法の規定に従って相続や遺贈、死因贈与によって取得した財産	85頁
②　みなし相続財産	相続税法の規定によって相続や遺贈によって取得したものとみなされる財産	94頁
③　特定の暦年課税に係る贈与財産	相続開始前3年以内に被相続人から暦年課税に係る贈与によって取得した財産	150頁
④　相続時精算課税に係る贈与財産	被相続人から相続時精算課税に係る贈与によって取得した財産	140頁

2　本来の財産

民法の規定に従って取得する財産で、金銭に見積もることができる経済的価値があるすべてのものが対象となります。

被相続人が死亡の時に所有していた土地、家屋、事業用財産、預貯金、有価証券、家庭用財産、貴金属等はもちろんのこと、被相続人が購入（建築）した不動産で登記していないものや被相続人が購入した株式や公社債等で名義書換えや登録をしていないもの又は無記名のもの、また、家族名義となっていても真の所有者が被相続人であるものも被相続人の財産として相続税の課税対象となります。

なお、具体的に相続税がかかる財産を分類すると図表5-1-2のとおりになり、この種類、細目に従い、申告書第11表、第15表に相続財産を記載します。

図表 5-1-2　相続税がかかる財産の例

種　類	種　目		申告書番号	利用区分・銘柄等
土　地 （土地の上に存する権利を含みます。）	田		①	自用地、貸付地、賃借権（耕作権）、永小作権
	畑		②	
	宅　地		③	自用地、貸宅地、貸家建付地、借地権、居住建物※1の敷地の用に供される土地（事業用、居住用、貸付用、その他）など
		⑦		内　配偶者居住権に基づく敷地利用権（事業用、居住用、その他）
	山　林		④	普通山林、保安林（地上権又は賃借権である場合その旨）
	その他の土地		⑤	原野、牧場、池沼、鉱泉地、雑種地（地上権、賃借権、温泉権又は引湯権である場合その旨）
家　屋	家屋（構造・用途）、構築物		⑩	家屋については自用家屋、貸家、居住建物※1（自用、貸付用）の別、その構造と用途、構築物については駐車場、養魚池、広告塔などの別
		⑪		内　配偶者居住権などの家屋の上に存する権利
事業（農業）用財産	機械、器具、農機具、その他の減価償却資産		⑫	機械・器具・農機具・自動車・船舶（名称、年式）、牛馬（用途、年齢）、果樹（樹種、樹齢）、営業権（事業の種目、商号）
	商品、製品等		⑬	商品、製品、半製品、原材料、農産物等
	売掛金		⑭	売掛金
	その他の財産		⑮	電話加入権、受取手形、その他その財産の名称
有価証券	特定同族会社※2株式、出資	配当還元方式	⑰	
		その他の方式	⑱	
	⑰、⑱以外の株式、出資		⑲	その銘柄
	公債、社債		⑳	
	証券投資信託、貸付信託の受益証券		㉑	
現金、預貯金等			㉓	金銭、普通預金、当座預金、定期預金、通常貯金、定額貯金、定期積金、金銭信託など
家庭用財産			㉔	その名称と銘柄
その他の財産	生命保険金等		㉕	
	退職手当金等		㉖	
	立　木		㉗	樹種と樹齢（保安林であるときは、その旨）
	その他		㉘	1　事業に関係のない自動車、特許権、著作権、貸付金、未収配当金、未収家賃、書画・骨とうなどの別 2　自動車についてはその名称と年式、書画・骨とうなどについてはその名称と作者名など 3　相続や遺贈によって取得したものとみなされる財産（生命保険金等及び退職手当金等を除きます。）については、その財産（利益）の内容 4　教育資金管理残高、結婚・子育て資金管理残高の別※3
代償財産	代償財産に該当する上記の種目		㉘	代償財産に該当する上記①～㉘の利用区分・銘柄等

※1　「居住建物」とは、配偶者居住権の目的となっている建物をいいます。
※2　「特定同族会社」とは、相続や遺贈によって財産を取得した人及びその親族その他の特別関係者（相続税法施行令第31条第1項に掲げる者をいいます。）の有する株式の数又は出資の金額が、その会社の発行済株式の総数又は出資の総額の50％超を占めている非上場会社をいいます。
※3　「教育資金管理残額」とは、租税特別措置法第70条の2の2（直系尊属から教育資金の一括贈与を受けた場合の贈与税の非課税）第12項第1号に規定する管理残額をいい、「結婚・子育て資金管理残額」とは、同法第70条の2の3（直系尊属から結婚・子育て資金の一括贈与を受けた場合の贈与税の非課税）第12項第2号に規定する管理残額をいいます。

申告書等の記載手順（相続財産の種類別価額表）

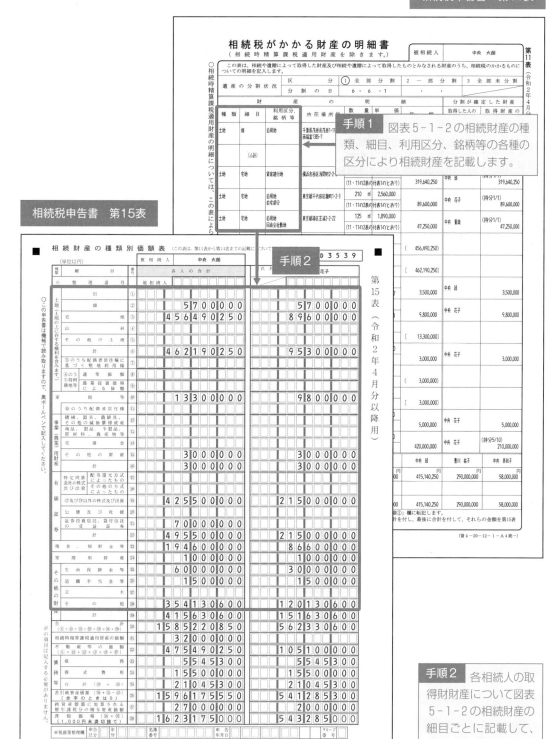

手順1　図表5−1−2の相続財産の種類、細目、利用区分、銘柄等の各種の区分により相続財産を記載します。

手順2　各相続人の取得財産について図表5−1−2の相続財産の細目ごとに記載して、各人の合計額を記載します。

1 相続の概要

2 相続税の納税義務者

3 相続税の概要

4 相続税がかからない財産

5 相続税が課税される財産

6 相続税の課税財産の特例

7 相続財産に加算される贈与財産

図表 5-1-3　配偶者居住権

区　分	配偶者短期居住権	配偶者居住権
対　象	配偶者が相続開始の時に無償で居住していた被相続人の所有建物	配偶者が相続開始の時に居住していた被相続人の所有建物
法的性質	配偶者に一身専属的に帰属する配偶者を債権者、居住建物使用者を債務者とする使用借権類似の性質をもつ法定の債権	配偶者に一身専属的に帰属する無償で建物を使用できる賃借権類似の法定の債権
存続期間	居住建物を配偶者を含む共同相続人で遺産分割する場合は、相続開始時から居住建物についての遺産分割終了時まで、それ以外の場合は、相続開始時から、居住建物取得者による配偶者短期居住権の消滅申入日から6か月を経過する日までの期間	配偶者の終身の間。ただし、遺産分割の協議、遺言で定めたときは、その期間。
登　記	な　し	しなければならない（対抗力具備）
財産評価	しない	す　る

税理士のアドバイス　配偶者居住権

　民法改正により、令和2年4月1日から配偶者が相続開始時に被相続人所有の建物に居住していた場合には、配偶者は、遺贈等又は遺産分割において配偶者居住権を取得することにより、終身又は一定期間、その建物に無償で居住することができるようになりました。

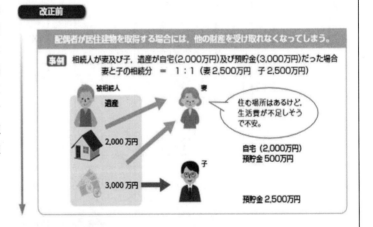

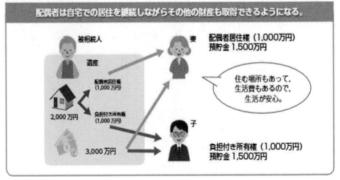

（法務省パンフレットからの抜粋）

「配偶者居住権等の評価に関する質疑応答事例」について（情報）

> 配偶者居住権、配偶者居住権の目的となっている建物、配偶者居住権の目的となっている建物の敷地の用に供される土地等を当該配偶者居住権に基づき使用する権利（いわゆる敷地利用権）及び配偶者居住権の目的となっている建物の敷地の用に供される土地等の評価に関する質疑応答事例

【質疑応答】課税財産

□　被相続人の準確定申告に係る還付金等

　　被相続人が８月に死亡したので、相続人は準確定申告書を提出し、７月に納付した予定納税額のうち一部の還付を受けました。この場合の還付金及び還付加算金は、被相続人の死亡後相続人について発生するものですから、相続財産であるとはいえず、相続税の課税価格に算入されないと考えてよろしいですか。

⇒ 還付金請求権は（本来の）相続財産であり、相続税の課税の対象となります。また、還付加算金は所得税（雑所得）の課税対象となり、相続税の課税価格には算入されません。

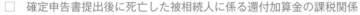

□　確定申告書提出後に死亡した被相続人に係る還付加算金の課税関係

　　被相続人甲は、３月13日に前年分の確定申告書を提出し、予定納税額の一部の還付を受けようとしましたが、還付金の支払決定前の３月15日に死亡しました。この場合、還付金は相続税の課税価格に算入されますが、還付加算金についても課税価格に算入されるのでしょうか。

⇒ 還付加算金についても暦年終了後は、被相続人の債権として潜在的に成立していると考えるのが相当であり、被相続人の死亡時までの期間に係る還付加算金は、相続税の課税価格に算入されます。

□　所有権留保契約に基づいて割賦購入された住宅を相続により取得した場合

　　一般財団法人甲から所有権留保契約により割賦で住宅を購入し、その住宅を自己の居住の用に供していた乙が死亡しました。乙は購入代金の全額の支払いを終えていないため、まだ当該住宅の所有権の移転登記を受けていません。乙の相続人に対する相続税の課税上は、当該家屋を相続財産としてその相続税評価額を課税価格に算入することとしてよろしいですか。

⇒ 当該家屋を相続財産としてその相続税評価額を課税価格に算入して差し支えありません。

□　支払期日未到来の既経過家賃と相続財産

　　アパートの賃貸を業務としている者が本年４月24日に死亡しました。賃貸借契約において、そのアパートの賃貸料の支払期日は、毎月の末日とする旨が明定されており、その契約に従って賃貸料が支払われてきました。未収家賃はありません。４月分の家賃は、４月30日に相続人が収受しましたが、その家賃のうち４月１日から24日までの期間に対応する既経過分の家賃については、相続税の課税価格に算入する必要がありますか。

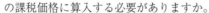

⇒ 死亡した日においてその月の家賃の支払期日が到来していない場合は、既経過分の家賃相当額を相続税の課税価格に算入しなくて差し支えありません。

□　財団たる医療法人に対する残余財産分配請求権の相続性

　　平成18年の医療法改正前に設立された財団たる医療法人Ａ会の寄附行為では「本財団を解散した場合の残余財産は、設立当時における寄附行為者又はその相続人に帰属するものとする。」と規定されています。このたび、設立時の寄附行為者である理事長甲が死亡しましたが、甲の相続に係る相続税の申告に当たって、Ａ会に対する残余財産分配請求権は相続財産を構成するのでしょうか。

⇒ 解散しない限りは、具体的な権利として生ずるものではありませんから、相続財産を構成しません。

右側タブ：
1 相続の概要
2 相続税の納税義務者
3 相続税の概要
4 相続税がかからない財産
5 相続税が課税される財産
6 相続税の課税財産の特例
7 相続財産に加算される贈与財産

□　連生終身保険における高度障害保険金等の課税関係

　　甲は、次の場合に保険金が支払われる連生終身保険（2人の被保険者を対象とした終身保険）の契約をしています。

1．被保険者が2人とも死亡したとき……指定した受取人に対して死亡保険金

2．一方の被保険者が高度障害状態となり、更に他方の被保険者が高度障害状態となったとき……先に高度障害状態となった者（その者が既に死亡している場合には後に高度障害状態となった者）に対して高度障害保険金

3．一方の被保険者が高度障害状態となり、更に他方の被保険者が死亡したとき……先に高度障害状態となった者に対して高度障害保険金

（例）　高度障害保険の支払事由（契約者（保険料負担者）：甲、被保険者：甲及び乙）

	〔発生順位1〕	〔発生順位2〕	〔保険金受取人〕
①	甲（高度障害）	乙（死亡）	甲
②	甲（死亡）	乙（高度障害）	乙
③	甲（高度障害）	乙（高度障害）	甲
④	乙（高度障害）	甲（死亡）	乙
⑤	乙（死亡）	甲（高度障害）	甲
⑥	乙（高度障害）	甲（高度障害）	乙
⑦	乙（死亡）	甲（死亡）	指定受取人
⑧	甲（死亡）	乙（死亡）	指定受取人

　　上記の①から⑥については、保険金の受取人は高度障害状態にある者ですから、非課税所得となり、⑦及び⑧の場合には相続税の対象になると考えますがどうでしょうか。

⇒ 現実に支払を受けることになるのは2人目の被保険者が保険金支払事由に該当したときですから、発生順位2の保険事故により判断します。したがって、甲が保険契約者（保険料負担者）である場合には、それぞれ、①一時所得（死亡保険金）、②③⑤⑥非課税、④⑦相続税の対象となります。また、⑧の場合には甲の死亡後、その権利の承継者が誰であるかによって課税関係を判断します。

□　ハワイ州に所在するコンドミニアムの合有不動産権を相続税の課税対象とすることの可否

　　被相続人は、米国ハワイ州に所在するコンドミニアムを相続人（長男）と合有の形態（ジョイント・テナンシー）で所有していました。ハワイ州の法律によると、この所有形態では、合有不動産権者のいずれかに相続が開始した場合には、生存合有不動産権者がその相続人であるか否かにかかわらず、また、生存合有不動産権者がその相続人であったとしてもその相続分に関係なく、被相続人の合有不動産権が生存合有不動産権者に移転することとされています。この場合、被相続人の合

有不動産権については、相続税の課税対象となりますか。

⇒ 被相続人から贈与により取得したものとみなされた合有不動産権の価額に相当する金額は、相続税の課税価格に加算され（相法19①）、相続税の課税対象となります。

□　相続開始時点で売買契約中であった不動産に係る相続税の課税

　　土地等又は建物等の売買契約の締結後、当該土地等又は建物等の引渡し及び代金決済が未了の段階でその売買契約に係る売主又は買主が死亡した場合、その売買契約中の土地等又は建物等に係る相続税の課税はどのようになるのでしょうか。

⇒ ①　売買契約中に売主に相続が開始した場合

　　　相続又は遺贈により取得した財産は、当該売買契約に基づく相続開始時における残代金請求権（未収入金）となります。

　　②　売買契約中に買主に相続が開始した場合

相続又は遺贈により取得した財産は、当該売買契約に係る土地等又は建物等の引渡請求権等となり、被相続人から承継した債務は、相続開始時における残代金支払債務となります。なお、当該土地等又は建物等を相続財産（財産評価基本通達により評価した価額）とする申告をしても差し支えありません。

□　未支給の国民年金に係る相続税の課税関係

老齢基礎年金の受給権者の相続開始時に当該死亡した受給権者に係る未支給年金がある場合に、当該死亡した受給権者に係る当該未支給年金を配偶者等が請求することができる権利は相続税の課税対象となる財産に含まれますか。

　⇒ 未支給年金請求権については、相続税の課税対象にはなりません。遺族が支給を受けた未支給年金は、当該遺族の一時所得に該当します。

□　国家公務員の殉職によりその遺族に授与された賞じゅつ金の課税関係

国家公務員が公務中に死亡し、大臣からその遺族に対して、賞じゅつ金に関する訓令に基づき賞じゅつ金が授与された場合の課税上の取扱いはどのようになるでしょうか。なお、訓令では、賞じゅつ金が授与される遺族の範囲及び順位等は、国家公務員災害補償法第17条の5第1項及び第2項並びに第17条の6第2項の規定によるとされており、例えば、相続人に該当しない内縁の配偶者もその対象とされているなど、民法に規定する相続人の範囲及び相続人の順位決定の原則とは異なる定め方をしています。また、退職手当金は別途支給されます。

　⇒ 相続税・所得税とも課税対象とはされません。

□　相互会社が株式会社に組織変更した場合の相続税の取扱い

相互会社であるA社は、本年4月1日を目処に株式会社となり、その後株式の上場を予定しているとのことです。当該会社の社員である者は、同社が株式会社となった場合には、株式の割当てを受けることができるとのことですが、仮にその者が本年4月1日前に死亡した場合、相続税の課税財産はどのようになり、その評価はどのようになるのでしょうか。

（設例）　A相互会社の株式の上場までのスケジュールは次のとおり。
イ　〇年3月31日　　補償基準日^(※)

　（※）　補償基準日の社員について、一定の計算を行い、寄与分が算出された社員は、組織変更日に株式の割当てを受け、株主となります。

ロ　〇＋1年△月×日　内閣総理大臣（金融庁長官）の組織変更の認可
ハ　〇＋1年△月△日　金融商品取引所が株式の上場を承認したことを明らかにした日
ニ　〇＋1年□月△日　株式の上場に伴う売出価格の決定
ホ　〇＋1年4月1日　組織変更日（株式会社化効力発生日）及び株式の上場の日

　⇒ 組織変更日に株式の割当てを受けることになる社員（以下「補償対象者」といいます。）について、内閣総理大臣（金融庁長官）の組織変更の認可を受けた日（〇＋1年△月×日）（上記ロ）から組織変更日（〇＋1年4月1日）（上記ホ）の前日（〇＋1年3月31日）までの間に相続が開始した場合には、株式の割当てを受けることに関する権利が相続税の課税財産となるものと考えられます。

【本来の相続財産】

☐ 事故等により支払いを受けた遺族賠償金、財産賠償金、葬祭料及び慰謝料の課税上の取扱いは正しいか。

　☞ 遺族が取得した「財産賠償金」は相続財産となるが、「遺族賠償金」、「葬祭料」、「慰謝料」は相続税の課税対象にしないものとして扱われています。また、所得税法上も非課税とされています（所令30）。

☐ 賃貸借契約において、賃貸料の支払期日が月末となっている場合、被相続人の死亡の日までの期間に対応する既経過分の家賃について日割りで未収家賃として計上していないか。

　☞ 死亡した日においてその月の家賃の支払期日が到来していない場合は、既経過分の家賃相当額を相続税の課税価格に算入しなくて差し支えありません。

☐ 割賦で購入したため所有権の移転登記を受けていない不動産について相続財産としてその相続税評価額を課税価格に算入しているか。

　☞ その所有権の留保が当該不動産の譲渡代金の回収を担保することだけを目的としてなされたものであり、かつ、買主である被相続人が、当該不動産を使用・収益・処分することが可能であると認められる場合、相続財産としてその相続税評価額を課税価格に算入します。

☐ 被相続人が年金受給者であり、その被相続人が受給すべきであった年金で、相続開始時において未支給の年金がある場合、その者の配偶者等が受け取る未支給年金（請求権）を相続財産としていないか。

　☞ 未支給年金（請求権）は、死亡した受給権者に係る遺族が固有の権利として請求するものなので、被相続人の相続財産とはならず、受け取った遺族の一時所得になります。

☐ 被相続人が海外に所在する不動産を合有の形態（合有不動産権者のいずれかに相続が開始した場合には、その持分が生存合有不動産権者に移転することとされている。）で所有していた場合、被相続人の合有不動産権（持分）を相続税の課税対象としているか。

　☞ 合有不動産権者の相続開始によるその持分の生存合有不動産権者への移転は、死因贈与契約により取得したものといえ、相続税の課税上は、死因贈与（遺贈）による取得として相続税の課税対象になります。

【みなし相続財産】

☐ 契約者（保険料負担者）・被保険者＝被相続人である生命保険契約から被相続人が契約者貸付を受けていた場合、この契約者貸付金を債務として計上し、保険金総額をみなし相続財産としていないか。

　☞ みなし相続財産（死亡保険金）として「保険金総額から契約者貸付金等の額を控除した金額」を取得したものとし、契約者貸付金等の額に相当する債務はなかったものとします。

☐ 契約者が被相続人ではないとの理由により、その保険契約は被相続人の相続税とは無関係と考えていないか。

　☞ 相続税では契約者が被相続人となっているかどうかではなく、被相続人が保険料を負担しているかどうかにより判断します。契約者が被相続人でない生命保険契約についても、被相続人が保険料を負担しているかどうかを検討する必要があります。

☐　被相続人の死亡後3年を経過してから、その支給額が確定した役員退職金を退職手当金等としていないか。

　☞　みなし相続財産となる死亡退職金等とは、被相続人に支給されるべきであった退職手当金等で、被相続人の死亡後3年以内に支給額が確定した死亡退職金や功労金などをいいます。なお、死亡後3年を経過してから支給が確定した死亡退職金は、受取人の一時所得となります。

☐　国民年金基金から支給される遺族一時金を相続財産としていないか。

　☞　国金年金基金の加入者が死亡した場合に遺族に支払われる「遺族一時金」は、国民年金法により公課が禁止（国民年金法25）されているので、相続税の課税財産となりません。なお、「死亡一時金」についても同法により課税財産とはなりません。

☐　適格退職年金受給前に死亡した者の相続人が受ける一時金を退職手当金等として相続財産に計上したか。

　☞　適格退職年金受給待期中の者に相続が開始し、その者の遺族に支給される一時金などは、相続税法第3条第1項第2号に規定する退職手当金等に該当します。

1 相続の概要

2 相続税の納税義務者

3 相続税の概要

4 相続税がかからない財産

5 相続税が課税される財産

6 相続税の課税財産の特例

7 相続財産に加算される贈与財産

5-2　相続税のみなし財産

1　みなし相続財産の概要

　民法上の相続財産ではありませんが、実質的に相続財産と同様の経済的効果があると認められるものについては、課税の公平を図るために、相続税法上、相続や遺贈によって取得したものとみなして相続税の課税財産となるものですが、相続税の課税財産の範囲を拡大するものですから、すべて法令の根拠が必要となります。相続税法でみなし相続財産とされるものは次のとおりです。

図表5-2-1　みなし相続財産の例示

区　分	内　容	参照頁
生命保険金等	死亡に伴い支払われる生命保険金、損害保険金等のうち、被相続人が負担した保険料に対応する部分	95頁
死亡退職金等	死亡に伴い支払われる退職金、功労金等	98頁
生命保険契約に関する権利	被相続人が保険料を負担し、被相続人以外の者が契約者となっている生命保険契約で相続開始時に保険事故が発生していないもの	101頁
定期金に関する権利	被相続人が掛金又は保険料の全部又は一部を負担している定期金給付契約（生命保険契約を除きます。）で、相続開始の時において、まだ定期金の給付事由が発生していないもの	101頁
保証期間付定期金に関する権利	被相続人が掛金や保険料を負担していた定期金給付契約で、定期金受取人である被相続人の死亡後に給付される定期金給付契約に関する権利	102頁
契約に基づかない定期金に関する権利	退職年金契約に基づき継続受取人に支払われる退職年金の受給権	103頁
教育資金の一括贈与の管理残額	相続開始時における一定の管理残額	103頁
結婚・子育て資金の一括贈与の管理残額	相続開始時における一定の管理残額	104頁
その他の利益の享受	被相続人の遺言により受ける債務免除などの経済的利益	105頁
信託に関する権利	信託契約により取得する信託受益権	106頁
特別縁故者への分与	相続人がいない場合に、被相続人の債権債務を清算後、残存する相続財産の全部又は一部を特別縁故者が取得したもの	106頁
特別寄与者に対する特別寄与料	特別寄与料の額に相当する金額を遺贈により取得したものとみなす（相法4②、民法1050）。	107頁
相続又は遺贈により財産を取得しなかった相続時精算課税適用者の受贈財産	その財産を相続又は遺贈により取得したものとみなす（相法21の16①）。	－
特別の法人から受ける利益	（持分の定めのない法人で、その施設の利用等について役員等又はこれらの者の親族等に対し特別の利益を与えるものに対して財産の遺贈があった場合においては、一定の場合を除き）その法人から特別の利益を受ける者が、その財産の遺贈により受ける利益に相当する金額をその財産を遺贈した者から遺贈により取得したものとみなす（相法65）。	－

2　死亡保険金等（相法3①一）

　みなし相続財産となる死亡保険金等とは、被相続人が保険料負担者で被保険者でもある保険契約（保険料負担者・被保険者＝被相続人）により取得した生命保険金や損害保険金です。

　この場合、契約者が被相続人であるか被相続人以外の者であるかは関係なく、被相続人がその保険契約の保険料を負担しているかどうかがポイントになります。

　被相続人がその保険契約に係る保険料を一部でも負担している場合には、被相続人が負担した保険料相当分の保険金はみなし相続財産となります。

　なお、生命保険金や損害保険金には、簡易生命保険契約の保険金や農業協同組合の生命共済金などが含まれますが、健康保険や厚生年金保険などのいわゆる社会保険により支給される金品はこの保険金には含まれません。また、この保険金には、一時金で受け取るものはもちろんのこと、年金で受け取るものも対象となります（年金で受け取る場合の相続税評価額は相続税法第24条により評価した金額になります。）。ただし、一定の生命保険金で年金形式により毎年受け取る保険金のうち、相続税の課税財産の対象とならなかった部分については、雑所得として所得税が課税されます（所令185）。

　また、1つの生命保険契約に係る保険料を被相続人及びその他の人が負担した場合、被相続人に係る保険金は、次の算式により計算します。

【みなし相続財産となる生命保険金の計算式】

$$生命保険金等の額 \times \frac{被相続人が負担した保険料の額}{払込保険料の総額} = \begin{array}{l}相続財産とみなされる \\ 生命保険金等の価額\end{array}$$

税理士のアドバイス　死亡保険金の課税上の取扱い

　生命（損害）保険契約の死亡保険金は、すべて相続税の課税対象となるわけではありません。たとえば、父の死亡により子が保険金を受け取る場合でも、保険料負担者の違いにより、次のように課税上の取扱いが異なります。

契約者 （保険料負担者）	被保険者	保険金受取人	課税上の取扱い
父		子	相続税の課税対象※1
母	父	子	贈与税の課税対象
子		子※2	所得税の課税対象（一時所得）

　※1　相続を放棄した者は、生命保険金等の非課税の適用がありません（相法12①五）。
　※2　保険料の負担者と保険金受取人が同一である場合

1 相続の概要
2 相続税の納税義務者
3 相続税の概要
4 相続税がかからない財産
5 相続税が課税される財産
6 相続税の課税財産の特例
7 相続財産に加算される贈与財産

≪事例 5 - 1 - 1≫　生命保険金の金額の計算

【前提条件】
　当初契約時　契約者（保険料負担者）・被保険者＝被相続人
　死亡保険金受取人＝長男、死亡保険金　2,000万円（無配当）
　その後契約者を変更　変更後の契約者（保険料負担者）長男（それ以外の変更なし）
　被相続人死亡時までの保険料負担額　被相続人600万円、長男400万円

【生命保険契約の内容】

保険契約者	保険料支払額	被保険者	保険金受取人	死亡保険金額
被相続人（変更前）	600万円	被相続人	長男	2,000万円
長男（変更後）	400万円			

【みなし相続財産となる保険金の額】

$$2,000万円 \times \frac{600万円}{600万円 + 400万円} = 1,200万円$$

【所得税の課税対象となる保険金の額】
　2,000万円 － 1,200万円 ＝ 800万円は、長男の一時所得の収入金額になります。
　(注)　契約者変更時に「生命保険契約に関する権利」の贈与があったとして贈与税が課されることはありませんので、保険事故発生時あるいは解約時等に上記のように課税します。

税理士のアドバイス　保険契約者が契約者貸付等を受けていた場合の取扱い

　保険契約に基づいて保険金が支払われる場合に、その保険契約の契約者が契約者貸付を受けていたときは、支払われる保険金額からその契約者貸付等の額を控除した金額が支払われます。この場合、相続税では次のように取り扱われます（相基通3 - 9）。
(1)　被相続人が保険契約者（保険料負担者）である場合
　　保険金受取人は、契約者貸付金等の額を控除した金額に相当する保険金を取得したものとし、契約者貸付金等の額に相当する債務はなかったものとします。
(2)　被相続人以外の者が保険契約者であり、保険料負担者・被保険者が被相続人である場合
　　保険金受取人は、契約者貸付金等の額を控除した金額に相当する保険金を取得したものとし、契約者貸付金等の額に相当する部分は、保険契約者がこれに相当する保険金を取得したものとします。

【質疑応答】みなし相続財産（生命保険）

　□　特別夫婦年金保険に係る課税関係
　　簡易保険の「特別夫婦年金保険」は、配偶者の一方の死亡後に年金の支払いが開始されるもので、その概要は次のとおりです。
(1)　夫婦のうちいずれか一方が保険契約者（主たる被保険者）となり、夫婦の他方が配偶者たる被保険者となる。
(2)　夫婦のうちいずれか一方が死亡した日から夫婦のうち生存している者に年金を支払う。ただし、年金支払開始年齢に達する日前に夫婦のいずれか一方が死亡した場合には、年金支払開始年齢に達した日から夫婦のうち生存している者に一定の期間（保証期間）中、年金を支払う。

(3)　年金受給者である生存配偶者が保証期間中に死亡した場合には、その者の相続人に継続年金が支払われる。

　この保険に関する相続税及び贈与税の課税関係はどのようになりますか。なお、保険契約者はA、配偶者たる被保険者はBであり、保険料はAが全額負担しているものとします。

⇒ 1　年金支払開始年齢に達する前にAが死亡した場合

　　BがAから生命保険契約に関する権利を相続しますので相続税の課税対象（生命保険契約に関する権利の評価）となります。なお、年金支払開始年齢に達する前にBが死亡した場合には、Bの死亡に係る相続税及び贈与税の課税関係は生じません。

　2　A又はBに年金の支払いが開始した場合

　⑴　年金支払開始年齢に達した後にAが死亡した場合（Bに年金が支払われた場合）

　　BはAから生命保険金を相続により取得したものとみなされて相続税の課税対象となります。なお、当該生命保険金については、相続税法第24条第4項の規定により評価します。

　⑵　Aが死亡した後に年金支払開始年齢に達した場合（Bに年金が支払われた場合）

　　相続税及び贈与税の課税関係は生じません（上記1でAの死亡時に課税済）。

　⑶　Aに年金が支払われた場合

　　相続税及び贈与税の課税関係は生じません。

　3　年金受給者が保証期間中に死亡した場合（年金受給者の相続人に継続年金が支払われた場合）

　⑴　上記2の⑴又は⑵のケースでBが死亡した場合

　　Aの支払った保険料はBが支払ったものとみなされ、Bの相続人がBから保証期間付定期金に関する権利を相続により取得したものとみなされて相続税の課税対象となります。

　⑵　上記2の⑶のケースでAが死亡した場合

　　Aの相続人がAから保証期間付定期金に関する権利を相続により取得したものとみなされて相続税の課税対象となります。

□　人身傷害補償保険の後遺障害保険金を定期金により受け取っていた者が死亡した場合に支払われる一時金

　この定期金による支払いを受けていた被保険者が、その後、定期金支払い終了前に死亡した場合には、相続人に対して未払分が一括して支払われることになりますが、この被保険者の死亡により相続人に対して支払われる一時金は相続税の課税対象となりますか。なお、定期金により後遺障害保険金を受け取っていた者の死亡は保険事故ではありません。また、一時金は、保険契約によって受取人が指定されているものではなく、死亡した後遺障害者の全ての相続権者から委任を受けた者がその請求を行うことができるとされています。

⇒当該権利は、本来の相続財産として相続税の課税対象となり、その価額は、一時金の金額によることとなります。

□　建物更生共済契約に係る課税関係

　甲は、乙所有の建物の共済を目的とする建物更生共済に加入し、掛金を負担していました。甲又は乙について相続が開始した場合、建物更生共済契約に関する相続税の課税関係はどのようになりますか。

⇒共済契約者甲について相続が開始した場合には、建物更生共済契約の約款によれば、共済契約者の相続人に契約が承継されることとなっていることから、建物更生共済契約に関する権利が甲の本来の相続財産として相続税の課税対象となり、その評価額は、相続開始時における解約返戻金相当額となります。また、乙について相続が開始した場合、当該共済契約に関して相続税の課税対象となるものはありません。

令和3年7月1日より、生命保険協会で、①平時の死亡、②認知判断能力の低下、又は③災害時の死亡もしくは行方不明によって生命保険契約に関する手掛かりを失い、保険金等の請求を行うことが困難な場合等においては、生命保険契約の有無の照会をすることができます（照会手数料3,000円）。

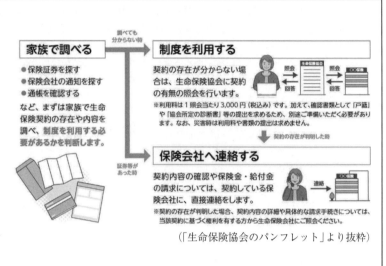

（「生命保険協会のパンフレット」より抜粋）

3　死亡退職金等（相法3①二）

みなし相続財産となる死亡退職金等とは、被相続人に支給されるべきであった退職手当金等で、被相続人の死亡後3年以内に支給額が確定した死亡退職金や功労金などをいいます。

なお、次のようなケースにおいては、死亡退職金になる場合とならない場合がありますので、注意が必要です。

図表5-2-2　退職手当金等の該当区分

該当するもの	該当しないもの
・被相続人が生前に退職し、役員退職金の支給はすでに株主総会で決定していたが、その支給額は被相続人の死亡後の取締役会で具体的に確定した場合（相基通3-31） ・被相続人が死亡退職し、被相続人の死亡後3年以内にその退職金の支給額が確定したが、その退職金が実際に支給されたのは被相続人の死亡後3年を経過した後である場合（相基通3-30）	・被相続人が生前に退職し、生存中に退職金の支給額が確定していたが、死亡後に退職金が支払われた場合（退職金請求権が本来の相続財産となります。） ・被相続人が死亡退職したが、その会社に役員退職金規程等がなく、被相続人の死亡後3年を経過してから、その役員退職金の支給とその金額が確定した場合（受取人の一時所得となります。） ・相続開始時において支給期の到来していない未払給与（本来の相続財産となります。）

死亡退職手当金等は本来の相続財産ではありませんので、遺産分割協議の対象とはなりません。退職給与規程等により支給を受ける者が具体的に定められている場合にはその者が支給を受けた者になり、具体的に定められていない場合等には次の図表5-2-3のとおりになります。

図表 5-2-3　退職手当金等の受給者判定

受給者の判定	退職手当金等の受給者
退職給与規程等により、支給を受ける者が具体的に定められているか。	**Yes** → ・その規程等により支給を受けることとなる人
	No → ・相続税の申告書の提出時又は更正・決定までに、その死亡退職金等を現実に取得した人がいるときは、その取得した人 ・相続人全員の協議により定めた支給を受ける者 ・上記以外のときは、相続人全員（法定相続分ではなく均等に取得したものとされます。）

　なお、被相続人の死亡により相続人その他の者が受ける弔慰金、花輪代、葬祭料等については、実質的に退職手当金等に該当すると認められるものを除き、図表 5-2-4 の金額を弔慰金等として取り扱い、通常相続税の対象になることはありません。

　ただし、この金額を超える部分の金額があるときは、その超える部分に相当する金額は死亡退職金等に該当するものとして取り扱われます（相基通 3-20）。

図表 5-2-4　弔慰金の取扱い

死亡原因	課税対象外となる部分
業務上の死亡の場合	被相続人の死亡時の普通給与（賞与を除き、扶養手当等の諸手当を含みます。以下、同じ。）の 3 年分
業務以外の死亡の場合	被相続人の死亡時の普通給与の半年分

【質疑応答】みなし相続財産（退職手当金）

□　生前に退職している被相続人の死亡により元の勤務先から支払いを受ける特別弔慰金等

　　A㈱を○年に退職（退職時に退職給与規程に基づき退職手当金の支給を受けた。）し、B㈱に再就職していたところ、翌年に死亡しました。この死亡に伴い、A㈱およびB㈱から次のとおり、弔慰金等の支給がありました。これについては、相続税等の課税関係はどうなりますか。

　　A㈱特別弔慰金（弔慰金支給規程）　340万円

　　B㈱退職慰労金（退職給与規程）　　111万3千円

　　〃　特別弔慰金（弔慰金支給規程）　220万円

⇒　1　A㈱から支給されるものは、雇用者以外の者から支払われるもので被相続人の生前の役務の対価とはいえませんから、その特別弔慰金は相続税法第3条第1項2号に規定する退職手当金等に該当しません。遺族の一時所得となります。

　　2　B㈱から支給された退職慰労金は、被相続人の生存中の役務の対価と認められるので、相続税法第3条第1項2号に規定する退職手当金等に該当します。

　　3　B㈱から支給される特別弔慰金については、相続税法基本通達3-18から3-20までにより判定することになります。

☐ 被相続人の死亡退職に伴い遺族補償金として支給された金額

　　S社は、社員を被保険者とし、S社を保険契約者及び保険金受取人とする生命保険契約を締結し、その契約に係る保険料を負担しています。当該被保険者たる社員が死亡した場合には通常の退職金のほかに、当該契約に係る保険金額と同額の金銭を遺族補償として遺族に支給することとしています。この遺族が支給を受けた金額に対しては、相続税が課税されますか。

　　⇒ 遺族に支給される当該支給金額は、被相続人の勤務に基づいて支給されるものですから、相続税法基本通達3-17のただし書に該当し、退職手当金等に該当します。

☐ 死亡退職金の課税時期

　　相続税法第3条第1項第2号の規定は、「被相続人の死亡後3年以内に支給が確定したものの支給を受けた場合」と規定していますが、死亡退職金の課税時期は、死亡退職金の支給が確定した時か、それとも当該死亡退職金の支払いがあった時のいずれですか。

　　⇒ 死亡退職金については、死亡後3年以内にその支給が確定すれば、実際の支払いが3年以内であるかどうかを問わず相続税が課税されることになります。

☐ 死亡退職金を辞退した場合

　　A㈱は、社長が死亡したため、株主総会及び取締役会の決議に基づき死亡退職金として1億円をその遺族に支払っていましたが、その後、遺族から退職金受領を辞退したい旨の申し入れがあり、1億円が返還されました。この場合、相続税の課税はどのようになるのでしょうか。

　　⇒ 受領した退職金を返還したとしても相続税が課税されることにかわりはありません。ただし、返還理由がその退職金の支給決議が無効又は取り消し得べきものであった場合において、その無効が確認され又は取り消しがなされたことが、権限を有する機関の議事録等から明らかであれば、相続税の課税対象とはなりません。

☐ 失踪宣告が行われたことに伴い死亡退職金の支払いがあった場合の課税関係

　　F社の従業員甲、乙は、海外出張中に行方不明となっており、F社では、利害関係人として両名の失踪宣告の申立てを行っていたところ、甲、乙の失踪宣告が確定しました。その結果、甲、乙両名は、失踪期間が満了した日に死亡したものとみなされることになりました。そこで、F社は、退職給与規程に基づいて、甲、乙の遺族に対して退職金を支給することとしました。この場合に、甲、乙の遺族に支給される退職金は、両名が死亡したとみなされた日から3年を経過した日以後に支払われることになりますが、当該退職金は相続税法第3条第1項第2号に規定する退職手当金等として相続税の課税対象となりますか。

　　⇒ 退職手当金等の額は、退職給与規程の定めるところに基づいて自動的に確定すると解されますので、その実際の支給が当該従業員の死亡後3年を経過した日以後に行われる場合であっても、当該退職手当金等の額は相続税法第3条第1項第2号に規定する退職手当金等に該当します。

☐ 小規模企業共済契約者の死亡に伴い小規模企業共済掛金及び掛金納付月数を相続人が承継通算した場合の相続税の課税関係について（文書回答事例）

　　被相続人甲は、小規模企業共済法に規定する共済契約を締結し、平成24年○月△日に死亡しました。これに伴い、被相続人甲の相続人である乙は、共済金（一時金）の支給を受ける権利を有することとなりましたが、被相続人甲の事業の全部を承継し、本件一時金の支給に代えて、機構と新たに締結した共済契約に本件掛金及び本件掛金に係る納付月数を通算することを選択しました。ここで、共済契約に基づいて支給を受ける一時金に関する権利は、みなし相続財産として相続税の課税対象となるとともに、そのうち一定の金額については、相続税法第12条第1項第6号の規定により、相続税が非課税となります。しかしながら、上記のとおり、乙は、本件一時金の支給に代えて、本件掛金及び本件納付月数を新共済契約に承継通算することを選択したことから、相続税の非課税の

規定が適用できないのではないかとも考えられますが、このような承継通算を選択した場合であっても、乙について、本件一時金の支給を受ける場合と同様の課税関係となるものと解してよいですか。併せて、この場合における本件一時金に関する権利の価額は、相続開始時に本件一時金の支給を請求した場合に受け取ることができる額、すなわち本件一時金の額となると解してよいですか。

⇒ 当該権利は、相続税法施行令第1条の3に規定する「一時金に関する権利」に該当すると認められるため、本件一時金の支給に代えて、本件掛金及び本件納付月数を新共済契約に承継通算することを選択したとしても、相続税の課税対象となるのは、旧共済契約に関する権利ではなく、相続税法第3条第1項第2号に規定する退職手当金等に含まれる給付に該当する本件一時金に関する権利となります。したがって、本件の場合、乙は、本件一時金に関する権利を被相続人甲から相続により取得したものとみなされることとなり、当該一時金に関する権利のうち一定の金額については相続税の非課税規定の対象となるものと解することが相当です。なお、本件一時金に関する権利の価額については、相続開始時に本件一時金の支給を請求した場合に受け取ることができる額によることが相当です。

4 生命保険契約に関する権利（相法3①三）

みなし相続財産となる生命保険契約に関する権利とは、被相続人が保険料の全部又は一部を負担しており、かつ、契約者が被相続人以外の者である生命保険契約であり、相続開始の時において、まだ保険事故が発生していないもの（一定期間内に保険事故が発生しなかった場合に返還金その他これに準ずるものの支払いがない生命保険契約（いわゆる掛捨ての保険契約）は除きます。）をいいます。

なお、契約者が被相続人である生命保険契約に関する権利は、本来の相続財産となります。

いずれも相続税の対象になりますが、両者の違いは、みなし相続財産となる場合は、遺産分割の対象とはならず、この権利を契約者が取得するのに対して、本来の相続財産となる場合には、遺産分割の対象になります。

図表5-2-5　生命保険契約に関する権利の取扱い

保険契約者	保険料負担者	生命保険契約に関する権利の取扱い
被相続人	被相続人※	本来の相続財産（遺産分割の対象）
	上記以外	相続財産とはならない
上記以外	被相続人※	みなし相続財産（契約者の取得財産）
	上記以外	相続財産とはならない

※ 保険料の一部を被相続人が負担している場合には、被相続人が負担していた保険料に相当する部分が相続財産となります。

5 定期金に関する権利（相法3①四）

みなし相続財産となる定期金に関する権利とは、被相続人が掛金又は保険料の全部又は一部を負担している定期金給付契約（生命保険契約を除きます。）で、相続開始の時において、まだ定期金の給付事由が発生していないものをいいます。

この定期金に関する権利がみなし相続財産となるのは、契約者が被相続人以外の者の場合であり、契約者が被相続人の場合には本来の相続財産となります。つまり、生命保険契約に関する権利と考え方は同じです。

1 相続の概要
2 納税義務者の
3 相続税の概要
4 相続税がかからない財産
5 相続税が課税される財産
6 相続税の課税財産の特例
7 相続財産に加算される贈与財産

この定期金給付契約に該当するものとしては、年金払積立傷害保険や簡易生命保険法の一部を改正する法律附則第3条の規定により廃止された郵便年金法の規定により締結された旧郵便年金契約などがあります。なお、生命保険契約に基づく年金保険（いわゆる個人年金保険）は除かれていますので、これには該当しません。

≪事例5-1-3≫　定期金の給付事由が発生していない個人年金保険契約の例

　たとえば、被相続人が下記のような契約内容の個人年金保険に加入していて、相続開始時の配偶者の年齢は60歳とします。

【個人年金保険契約の概要】

契約者 （保険料負担者）	被保険者	年金受取人	年金保険契約の内容
被相続人	配偶者	配偶者	年金受取開始は、被保険者が65歳になったとき以後終身払い

　上記のケースでは、相続開始時の被保険者の年齢が60歳であるため、定期金の給付事由は発生していませんが、この個人年金保険は「定期金に関する権利」ではなく、「生命保険契約に関する権利」として相続税の対象となります（このケースは契約者が被相続人なので本来の相続財産となります。）。

　なお、その定期金給付契約に係る掛金等の一部を被相続人が負担している場合には、被相続人が負担していた掛金等に相当する部分がみなし相続財産となります。

6　保証期間付定期金に関する権利（相法3①四）

　みなし相続財産となる保証期間付定期金に関する権利とは、被相続人が掛金又は保険料の全部又は一部を負担し、生前から被相続人が年金を受け取っている定期金給付契約（保険料負担者＝被相続人、定期金受取人＝被相続人）で、被相続人の死亡後も継続定期金受取人が年金や一時金を受けることができるものをいいます。この保証期間付定期金に関する権利は、継続定期金受取人が取得したものとみなされます。

≪事例5-1-4≫　保証期間付定期金に関する権利の例

被保険者	年金受取人 （継続年金受取人）	年金の 種類	相続開始時の状況	評価
被相続人	被相続人 （配偶者）	10年確定年金	被相続人が3年、年金を受け取った後に死亡（残り7年分の年金は継続年金受取人が年金を受け取ります。）。	有期定期金 （相法24①一）
被相続人	被相続人 （配偶者）	10年保証期間付終身年金	被相続人が2年、年金を受け取った後に死亡（年金の種類は終身ですが、被保険者が死亡したため、年金は残り8年分となります。）。	有期定期金
配偶者	被相続人 （配偶者）	10年保証期間付終身年金	被相続人が2年、年金を受け取った後に死亡（残り8年分又は被保険者である配偶者の生存中は継続年金受取人（配偶者）が年金を受け取ります。）。	保証期間付終身定期金 （相法24④）

（注1）　本事例の保険料負担者は、被相続人とします。
（注2）　たとえば、保険料負担者＝夫、年金受取人＝妻の場合で、夫の生前中に年金受取りが開始したときは、年金受取開始時において、妻は「定期金に関する権利」の贈与を受けたとみなされ、贈与税が課税されます。したがって、この場合には、その後、妻の年金受取期間中に夫が死亡したとしても、当該定期金に関する権利に対して相続税が課されることはありません。

　なお、その契約に係る保険料の一部を被相続人が負担している場合には、被相続人が負担していた保険料に相当する部分がみなし相続財産となります。

7　契約に基づかない定期金に関する権利（相法3①六）

　みなし相続財産となる契約に基づかない定期金に関する権利とは、生前被相続人に支払われていた退職年金を退職年金契約に基づき継続受取人に支払われる場合の退職年金の受給権をいいます。この他に生前被相続人に支払われていた年金を遺族（配偶者）が受け取るものとしては、厚生年金保険法の規定による遺族年金や国家公務員共済組合法の規定による遺族年金等がありますが、厚生年金等の遺族年金については、それぞれの法律に非課税規定が設けられていますので、相続税は課税されません。

　なお、死亡退職金を年金で支給された場合は、契約に基づかない定期金に関する権利とはならず、死亡退職金となります（相基通3-47）。

8　教育資金の一括贈与の管理残額

　教育資金の一括贈与を受けた場合の非課税制度とは、30歳未満の受贈者が直系尊属から教育資金の贈与を受けた場合、受贈者1人あたり最大1,500万円までが非課税となる制度（措法70の2の2）で、契約期間中に贈与者が死亡した場合には、原則として、その死亡日における非課税拠出額から教育資金支出額を控除した残額（管理残額）を、贈与者から相続等により取得したこととされます（教育資金管理契約に基づく信託受益権を取得した時期により相続税の課税関係が異なります（図表5-2-6「教育資金管理契約の時期別の相続税の課税関係」参照）。）。

　そのため、贈与者の死亡時に教育資金の一括贈与の管理残額がある場合には、贈与によって財産を取得した人が被相続人の一親等の血族でない場合（孫、養子縁組を解消した者）には、相続税額の加算の適用があります。

図表5-2-6　教育資金管理契約の時期別の相続税の課税関係

信託受益権等の取得時期		管理残額の相続税の課税関係	相続税額の2割加算
平成25年4月1日～平成31年3月31日		左記の期間に取得した信託受益権等は相続税の課税価格に加算しない	
平成31年4月1日～令和3年3月31日	下記以外		
	贈与者の死亡前3年以内	一定の場合※を除き、管理残額を贈与者から相続又は遺贈により取得したものとみなして課税価格に加算	対象外
令和3年4月1日～令和5年3月31日			対象
令和5年4月1日～令和8年3月31日	課税価格5億円以下		
	課税価格5億円超	管理残額を課税価格に加算	

　※　「一定の場合」とは、贈与者が死亡した日において、受贈者が以下の場合のいずれかに該当する場合
　①　23歳未満である場合
　②　学校等に在学している場合
　③　教育訓練給付金の支給対象となる教育訓練を受講している場合

1 相続の概要
2 相続税の納税義務者
3 相続税の概要
4 相続税がかからない財産
5 相続税が課税される財産
6 相続税の課税財産の特例
7 相続財産に加算される贈与財産

【改正事項】

> 令和 5 年 4 月 1 日以後、信託等があった日から教育資金管理契約の終了の日までの間に贈与者が死亡した場合において、当該贈与者の死亡に係る相続税の課税価格の合計額が 5 億円を超えるときは、受贈者が23歳未満である場合等であっても、その死亡の日における非課税拠出額から教育資金支出額を控除した残額を、当該受贈者が当該贈与者から相続等により取得したものとみなすことになりました。

≪事例 5 - 2 - 3 ≫　教育資金管理契約の終了前に贈与者が死亡した場合の相続税の課税関係

> 甲は祖父乙及び祖母丙と信託会社との間の教育資金管理契約に基づき信託受益権を取得し、信託財産から払い出した金銭で教育資金の支払いをしていたところ、乙は教育資金管理契約が終了する前の令和 5 年 6 月 1 日に死亡した。この場合、上記信託受益権に係る甲の相続税の課税関係はどうなるのか。なお、甲は相続開始時において、29歳で、学校等に在職しておらず教育訓練の受講もしていない。
> ①　平成25年 4 月 1 日　　乙から100万円、丙から100万円の信託受益権を取得
> ②　平成25年 4 月30日　　100万円を学校等に支払い
> ③　令和 2 年 7 月 1 日　　乙から200万円、丙から200万円の信託受益権を取得
> ④　令和 2 年 7 月31日　　200万円を学校等に支払い
> ⑤　令和 3 年 4 月 1 日　　乙から300万円、丙から300万円の信託受益権を取得
> ⑥　令和 5 年 6 月 1 日　　乙の相続開始（甲は乙の孫で、法定相続人ではない。）
> 　課税価格に算入する教育資金の管理残額は、贈与者が死亡した日における教育資金管理契約に係る非課税拠出額1,200万円（上記の①＋③＋⑤の金額）から贈与者が死亡した日における教育資金管理契約に係る教育資金支出額300万円（上記の②＋④の金額）を控除した金額（900万円）を計算して、教育資金管理契約に係る非課税拠出額1,200万円のうち死亡した乙の教育資金の相続税の課税対象となる管理残額（平成31年 4 月 1 日から令和 3 年 3 月31日の期間に信託受益権を取得したもののうち相続開始 3 年以内に取得したもの（上記の③の200万円）及び令和 3 年 4 月 1 日以降に信託受益権を取得したもの※（上記の⑤の300万円））の割合を乗じて計算した375万円となります。
> 　※　贈与者が死亡した日において、①23歳未満である場合、②学校等に在学している場合、③教育訓練給付金の支給対象となる教育訓練を受講している場合（令和 5 年 4 月 1 日以降は課税価格が 5 億円超の場合を除きます。）を除きます。
>
> **【課税価格に算入する教育資金の管理残額の計算】**
>
> $$900万円 \times \frac{200万円 + 300万円}{1,200万円} = 375万円$$
>
> 　また、甲は乙の孫で、法定相続人ではないので、 2 割加算の対象となる管理残額の計算をする必要があります。 2 割加算の対象となる管理残額は、課税価格に算入する教育資金の管理残額（375万円）に、死亡した乙の教育資金の相続税の課税対象となる管理残額（平成31年 4 月 1 日から令和 3 年 3 月31日の期間に信託受益権を取得したもののうち相続開始 3 年以内に取得したもの（上記の③の200万円）及び令和 3 年 4 月 1 日以降に信託受益権を取得したもの※（上記の⑤の300万円））のうち平成31年 4 月 1 日から令和 3 年 3 月31日の期間に信託受益権を取得したもののうち相続開始 3 年以内に取得したもの（上記の③の200万円）の割合を乗じて計算した150万円となります。
>
> $$375万円 \times \frac{200万円}{200万円 + 300万円} = 150万円$$

9　直系尊属からの結婚・子育て資金の一括贈与の管理残額

　直系尊属から結婚・子育て資金の一括贈与を受けた場合の贈与税の非課税（1,000万円を限度）の適用を受けた金額（非課税拠出金額）は、贈与税の課税価格に算入しません。

　なお、贈与者が、結婚・子育て資金管理契約終了の日までに死亡した場合には、管理残額[※1]を、贈与者から相続等により取得したものとみなされます（措法70の 2 の 3 ）[※2]。

※1　その死亡日における非課税拠出額から結婚・子育て資金支出額（結婚に際して支払う金銭については、300万円を限度）を控除した残額。なお、管理残額は教育資金管理契約をしている金融機関等で確認します。

※2　相続開始前3年以内の贈与財産の加算（相法19①）又は相続時精算課税制度（相法21の15①、21の16①）の適用がないことに留意してください（措令40の4の4㉒、措通70の2の3-9(2)）。

図表5-2-7　相続税の課税価格へ加算される結婚・子育て資金の贈与（管理残額）

結婚・子育て資金の贈与を受けた日	管理残額の相続税の課税関係	相続税額の2割加算
平成27年4月1日～平成31年3月31日	管理残額を課税価格に加算	対象外
平成31年4月1日～令和3年3月31日		対象外
令和3年4月1日※～令和7年3月31日		対　象

※　令和3年4月1日以降に非課税拠出された金額については、贈与者の子以外の直系卑属に相続税が課される場合には、管理残額に対応する相続税額は2割加算の対象となります。

結婚・子育て資金の一括贈与を受けた場合の贈与税の非課税のチェックポイント

☐　**贈与者が結婚・子育て資金管理契約の終了後に死亡した場合**

☞　結婚・子育て資金管理契約が終了した場合において、非課税拠出金額から結婚・子育て資金支出額を控除した残額に対して贈与税が課された後、贈与者が死亡したときは、その残額に対しては、相続開始前3年以内の贈与財産の加算又は相続時精算課税制度が適用されます（措通70の2の3-11）。

☐　**受贈者が贈与者から相続又は遺贈により管理残額以外の財産を取得しなかった場合**

☞　贈与者から相続又は遺贈により管理残額以外の財産を取得しなかった受贈者は、相続開始前3年以内の贈与財産の加算又は相続時精算課税制度の適用はなく、贈与した者の死亡に係る相続税の課税価格の計算の基礎に算入しません（措令40の4の4㉒、措通70の2の3-9(2)）。

10　その他の利益の享受

　遺言に基づいて次のような行為があったときは、その利益を遺贈により取得したとみなされ、相続税の課税対象となります。

①　被相続人が、第三者に、著しく低い価額の対価で財産を譲渡する旨の遺言をしていた場合には、その譲渡を受ける者は、その財産の時価と譲渡対価との差額相当額の利益を受けたとみなされます。ただし、被相続人が譲渡を受ける者の扶養義務者で、その譲渡を受ける者が資力を喪失して債務を弁済することが困難であり、その財産の譲渡がその債務の弁済に充てるためになされたものであるときは、その債務を弁済することが困難である部分の金額は、相続税の対象とはなりません（相法7）。

②　被相続人が債権者であり、債務者に対して、対価を受けずに又は著しく低い対価で債務の免除をする旨の遺言をしていた場合には、その債務者はその債務の金額（対価を支払った場合にはその対価の額を控除した金額）に相当する利益を受けたとみなされます。ただし、債務者が資力を喪失して債務を弁済することが困難な場合には、その債務を弁済することが困難な部分の金額は相続税の対象とはなりません（相法8）。

③ 被相続人が、対価を受けず又は著しく低い対価で、第三者の債務を引き受ける又は弁済する旨の遺言をしていた場合には、その債務者はその債務の金額（対価を支払った場合にはその対価の額を控除した金額）に相当する利益を受けたとみなされます。ただし、その債務者が資力を喪失して債務を弁済することが困難であり、被相続人がその債務者の扶養義務者であるときは、その債務を弁済することが困難な部分の金額は相続税の対象とはなりません（相法8）。

11　信託に関する権利

みなし相続財産となる信託に関する権利とは、委託者や受益者等の死亡に基因して適正な対価を負担せずに信託の受益者等となり、その信託から利益を受ける場合の権利をいいます。

①　受益者等が存する信託の場合

相続税が課税される場合	遺贈者	受贈者	相続税の対象
委託者の死亡により信託の効力が生じた場合	委託者	受益者	信託財産に属する資産及び負債
受益者の死亡により他の者が新たに受益権を取得する場合	受益者であった者	新たな受益者	同　上
受益者の死亡によって信託が終了し、残余財産を受ける場合	終了時の受益者	残余財産の給付を受ける者	残余財産相当額

②　受益者等が存しない信託の場合

旧信託法では受益者を確定することができない信託（いわゆる目的信託。以下「目的信託」といいます。）は認められないものと考えられていましたが、改正により目的信託の設定が認められるようになりました。この目的信託が設定された場合には、信託財産に対して委託者はみなし譲渡益課税が、受託者には受贈益に係る法人税課税（受託者課税）が行われます。

ただし、受益者等が存しない信託について、委託者の死亡によって委託者の親族が受益者となる場合や信託が終了して委託者の親族が残余財産の給付を受ける場合には、遺贈があったものとみなされます。

12　特別縁故者に対する相続財産の分与（相法4①）

被相続人に相続が発生した後、相続人が不明（相続人がいない又は相続人がいるかどうかが不明）な場合、相続財産管理人が相続財産の清算手続きを行います。そして、相続人が現れない、もしくは相続人が相続放棄をし、かつ、清算後に相続財産が残る場合で、特別縁故者の財産分与の申立てを家庭裁判所が認めれば、特別縁故者にその相続財産の全部又は一部が与えられることとなります（民958の2①）。この場合、特別縁故者は、その与えられた財産をその時の時価で遺贈により取得したとみなされ、相続税の対象となります（相法4）。

この場合、適用される相続税法は被相続人の死亡時のものですが、与えられた財産の評価は与えられた時の時価とされ取得が確定した年分の評価基準が適用されます。

特別縁故者に適用される基礎控除（相続開始が平成27年以降の場合）は、相続人がいませんので、定額控除（3,000万円）です。

　なお、特別縁故者とは、被相続人と生計を一にしていた者、被相続人の療養看護に努めた者、その他被相続人と特別の縁故があった者をいいます。

13　特別寄与者に対する特別寄与料（相法4②）

　被相続人に対して無償で療養看護その他の労務の提供をしたことにより被相続人の財産の維持又は増加について特別の寄与をした被相続人の相続人以外の親族（特別寄与者）は、相続の開始後、相続人に対し、特別寄与料（特別寄与者の寄与に応じた額の金銭）の支払を請求することができます（民法1050）。

　特別寄与者は、特別寄与料の額に相当する金額を被相続人から遺贈により取得したものとみなされ相続税の課税対象となります（相法4②）。

　また、特別寄与料の額が当該特別寄与者に係る課税価格に算入される場合には、特別寄与料を支払った相続人の課税価格から債務控除できます（相法13④）。

　なお、支払を受けるべき特別寄与料の額が確定して、新たに相続税の申告書を提出すべき者については相続税の申告書を、その確定したことを知った日の翌日から10か月以内に納税地の所轄税務署長に提出しなければなりません（相法29①、31②）。

　また、支払うべき特別寄与料の額が確定した場合において、課税価格及び相続税額が過大となった者は、その確定したことを知った日の翌日から4か月以内に限り、納税地の所轄税務署長に対し、更正の請求をすることができます（相法32①七）。

6-1　小規模宅地等の特例

1　小規模宅地等の特例の概要

　小規模宅地等の特例は、個人が相続又は遺贈により取得した財産[1]のうち、被相続人等[2]の事業の用、居住の用、貸付事業の用に供されていた宅地等[3,4]で、相続人等がこれらの宅地等を取得して一定要件を満たしたときは、一定面積[5]までの部分について、一定割合（50%又は80%）を減額できる制度[6]です（措法69の4）。

- [1]　相続税の課税価格に算入される下記の宅地等については、相続又は遺贈により取得した財産ではないため、この特例の適用を受けることはできません（措通69の4-1）。
  - ・相続開始前3年以内に贈与された宅地等
  - ・相続時精算課税により取得した宅地等
- [2]　被相続人又は被相続人と生計を一にしていた親族
- [3]　配偶者居住権に基づいた敷地利用権（措通69の4-1の2）及び信託の目的となっている信託財産に属する宅地等を含みます（措通69の4-2）。
- [4]　土地区画整理事業に係る従前地及び仮換地について使用収益が禁止されている宅地等を含みます（措通69の4-3）。
- [5]　特例選択限度面積については、図表6-1-2参照。
- [6]　被相続人から相続、遺贈や相続時精算課税に係る贈与により財産を取得したいずれかの人が、その被相続人から平成20年12月31日以前に相続時精算課税に係る贈与により取得した一定の株式又は出資について、平成21年改正前の租税特別措置法第70条の3の3第1項又は第70条の3の4第1項の規定の適用を受けていた場合には、被相続人の宅地等についてこの特例の適用を受けることはできません（措通69の4-39）。

図表6-1-1　小規模宅地等の適用対象面積と減額割合

相続開始直前における宅地等の利用区分			小規模宅地等の名称	限度面積	減額割合
被相続人等の貸付事業以外の事業用			特定事業用宅地等	400㎡	80%
被相続人等の貸付事業用[1]			貸付事業用宅地等	200㎡	50%
特定の同族会社[2]への貸付事業	貸付事業用				
	上記以外の事業用		特定同族会社事業用宅地等	400㎡	80%
郵便局舎用[3]			特定事業用宅地等	400㎡	80%
被相続人等の居住用			特定居住用宅地等	330㎡	80%

- [1]　「貸付事業」とは、「不動産賃貸業」、「駐車場業」及び事業と称するに至らない不動産の貸付け、その他これに類する行為で相当の対価を得て継続的に行う「準事業」をいいます。
- [2]　「特定の同族会社」とは、相続開始直前において、被相続人及び被相続人の親族その他当該被相続人と特別の関係のある者の持株割合・出資割合が50%を超える法人（相続税の申告期限において清算中の法人を除きます。）をいいます。
- [3]　措通69の4-27（郵便局舎の敷地の用に供されている宅地等に係る相続税の課税の特例）

2 特例選択可能面積

この特例の選択が可能な宅地等の限度面積[1]は、図表6-1-2のとおりです（措法69の4②）。

図表6-1-2 小規模宅地等の選択限度面積

特例選択宅地		特例選択限度面積[1]
A	①特定事業用宅地等	①の面積＋②の面積≦400㎡
	②特定同族会社事業用宅地等	
B	③特定居住用宅地等	③の面積≦330㎡
C	④貸付事業用宅地等	④の面積≦200㎡
D	①②と③を選択[2]	Aの面積＋Bの面積≦730㎡
E	④と①②③を選択[3]	$A \times \dfrac{200}{400} + B \times \dfrac{200}{330} + C \leqq 200㎡$

[1] 限度面積要件を満たさない場合は、この特例が全て否認されます。なお、修正申告書等で限度面積要件を満たすこととなったときは、この特例が適用できます（措法69の4-11）。

[2] 平成26年12月31日までは、Dのケースでは調整計算（E）が必要でしたが、平成27年1月1日以降は併用計算が可能になり、730㎡まで適用が可能になりました。

[3] 貸付事業用宅地等がある場合の限度面積要件の算式（措通69の4-10）

税理士のアドバイス 小規模宅地等の対象となる宅地が複数ある場合の選択

①特定事業用宅地等、②特定同族会社事業用宅地等、③特定居住用宅地等、④貸付事業用宅地等の対象となる宅地が複数ある場合、どの宅地を優先して選択したらよいのか迷います。

①特定事業用宅地等又は②特定同族会社事業用宅地等と③特定居住用宅地等がある場合（図表6-1-2のDのケース）には、両方の宅地について各特例宅地の限度額までそれぞれ選択できますので問題がありませんが、④貸付事業用宅地等と①特定事業用宅地等、②特定同族会社事業用宅地等、③特定居住用宅地等がある場合（図表6-1-2のEのケース）、どちらを選択するのが有利なのか判定する必要がありますので、下記のそれぞれの場合に分けて検討します。

(イ) ①特定事業用宅地等、②特定同族会社事業用宅地等と④貸付事業用宅地等の場合

（①＋②）×400㎡×80％＝200㎡×50％×④の関係が成立するので、④について解くと④＝3.2×（①＋②）となります。つまり、④が（①＋②）の3.2倍以上の価額であれば、④を選択した方が有利となります。

(ロ) ③特定居住用宅地等と④貸付事業用宅地等の場合

③×330㎡×80％＝200㎡×50％×④の関係が成立するので、④について解くと④＝2.64×③となります。つまり、④が③の2.64倍以上の価額であれば、④を選択した方が有利となります。

1 相続の概要
2 相続税の納税義務者
3 相続税の概要
4 相続税がかからない財産
5 相続税が課税される財産
6 相続税の課税財産の特例
7 相続財産に加算される贈与財産

3　特例適用対象宅地等

(1)　特定事業用宅地等

　特定事業用宅地等とは、被相続人等の<u>事業の用</u>※1、2、3に<u>供されていた宅地等</u>※4、5で、次に掲げる要件のいずれかを満たす当該被相続人の親族が相続又は遺贈により取得したものをいいます。

- ※1　不動産貸付業、駐車場業、自転車駐車場業及び準事業を除きます（措令40の2⑦）。
- ※2　被相続人等の営む事業に従事する使用人の寄宿舎等（被相続人等の親族のみが使用していたものを除きます。）の敷地の用に供されていた宅地等は、被相続人等の当該事業に係る事業用宅地等に当たります（措通69の4-6）。
- ※3　郵政民営化法に規定する郵便局舎に貸し付けている宅地（特定宅地等）は、特定事業用宅地等に該当するとみなされます（郵政民営化法180）。
- ※4　事業用建物等の建築中等に相続が開始した場合（措通69の4-5）⇒図表6-1-6
- ※5　相続開始前3年以内に新たに事業の用に供された宅地等は除かれます（措法69の4③）。

①　被相続人の事業の用に供されていた宅地等

- ・被相続人の親族が取得し、
- ・被相続人の事業を相続税の<u>申告期限までに承継し</u>※1、
- ・<u>当該事業を営み</u>※2、3、4、5、
- ・その宅地等を相続税の<u>申告期限まで保有</u>すること※6

- ※1　申告期限までに取得した相続人が死亡した場合は、その相続人が事業を承継すること（措通69の4-15）
- ※2　被相続人の事業を転業又は廃業した場合⇒図表6-1-4
- ※3　災害のために申告期限において事業を休止している場合⇒図表6-1-5
- ※4　申告期限までに建替え工事に着手した場合は、当該事業の用に供されると認められる部分については、申告期限においても事業の用に供されているものとして扱われます。⇒図表6-1-6
- ※5　宅地等を取得した親族が就学等により事業主となっていない場合の宥恕規定あり（措通69の4-20）
- ※6　申告期限までに宅地の一部を譲渡又は貸付けをした場合⇒図表6-1-4

②　被相続人と生計を一にする親族の事業の用に供されていた宅地等

- ・その事業を行っていた生計を一にする親族が取得し、
- ・相続開始前から行っていた<u>自己の事業を相続税の申告期限まで継続し</u>※1、2、3、4
- ・その宅地等を相続税の<u>申告期限まで保有</u>すること※5
- ・また、その生計を一にする親族が、生前、被相続人に対して当該宅地等に係る地代又は当該宅地等の上に建築されている建物に係る家賃の支払がないこと

- ※1　申告期限までに死亡した場合は、死亡の日まで事業継続すること（措法69の4③一ロ）
- ※2　生計を一にする親族の事業の転業又は廃業した場合⇒図表6-1-4
- ※3　災害のため申告期限において事業を休止している場合⇒図表6-1-5
- ※4　申告期限までに建替え工事に着手した場合は、当該事業の用に供されると認められる部分については、申告期限においても事業の用に供されているものとして扱われます。⇒図表6-1-6
- ※5　申告期限までに宅地の一部を譲渡又は貸付けをした場合⇒図表6-1-4

図表6-1-3　特定事業用宅地等の要件

区　分		特例の適用要件
被相続人の事業の用に供されていた宅地等	取得者要件	被相続人の親族であること
	事業承継要件	被相続人の事業を相続税の申告期限までに承継し、かつ、申告期限まで当該事業を営んでいる[1,2]こと
	保有継続要件	その宅地等を相続税の申告期限まで保有していること
被相続人と生計を一にする親族の事業の用に供されていた宅地等	取得者要件	その事業を行っていた生計を一にする親族であること
	事業継続要件	相続開始前から行っていた自己の事業を相続税の申告期限まで継続[1,2]すること
	保有継続要件	その宅地等を相続税の申告期限まで保有していること
	無償使用要件	被相続人に対して当該宅地等に係る地代又は当該宅地等の上に建築されている建物に係る家賃の支払がないこと

※1　転廃業した場合の事業承継（継続）要件⇒図表6-1-4
※2　被相続人の事業を承継した取得者が申告期限までに死亡した場合は、取得者の相続人が申告期限まで事業を承継する必要があります（措通69の4-15）が、被相続人と生計を一にする親族が事業を行っていた場合は、その者が死亡した日まで事業を継続していれば、事業継続要件を満たします（措法69の4③一口かっこ書き）。

図表6-1-4　事業を転業又は廃業した場合の事業承継（継続）要件の判定

相続開始前の事業者	転廃業区分		事業承継（継続）要件の判定
被相続人	全部転業[2]、廃業		転業又は廃業した全部が×
	一部転業[1]	貸付事業	転用部分は×、それ以外の部分は○
		貸付事業以外	転業部分を含め全部が○
	一部廃業、譲渡		廃業、譲渡部分は×、それ以外の部分は○
生計一親族	全部転業[2]、廃業		転業は○、廃業は×
	一部転業[1]	貸付事業	転用部分は×、それ以外の部分は○
		貸付事業以外	転業部分を含め全部が○
	一部廃業、譲渡		廃業、譲渡部分は×、それ以外の部分は○

※1　被相続人の事業の一部を他の特定事業用に転業しても、事業承継要件を満たしますが（措通69の4-16）、貸付事業へ一部転業した場合は、特定事業用への転業とはならないので、転業した部分は事業継続要件を満たさないことになります（措通69の4-18）。
※2　被相続人の事業を転業した場合は、被相続人の事業承継要件を満たしませんが、事業を行っていた生計を一にする親族が転業した場合には、事業を継続してさえいれば（事業継続要件）、同一の事業を継続する必要はありません。

図表6-1-5　災害のために申告期限において事業を休止している場合

区　分	事業承継（継続）要件の判定
被相続人の事業の用に供されていた施設が災害により申告期限において事業が休業中である場合	事業を承継した親族（その親族の相続人を含みます。）により当該事業の再開のための準備が進められていると認められるときは、事業承継要件を満たしていると取り扱われます。
被相続人と生計を一にする親族の事業の用に供されていた施設が災害により申告期限※において事業が休業中である場合	生計を一にする親族により当該事業の再開のための準備が進められていると認められるときは、事業承継要件を満たしていると取り扱われます。

※　その者が申告期限までに死亡している場合は、死亡の日（措通69の4-17）

図表6-1-6　建物等の建替え等の場合の取扱い

区　分	事業継続要件の取扱い
被相続人等の事業の用に供されている建物等の移転又は建替えのため当該建物等を取り壊し、又は譲渡し、これらの建物等に代わるべき建物等※1の建築中※2に、又は当該建物等の取得後被相続人等が事業の用に供する前に被相続人について相続が開始した場合（措通69の4-5）	相続開始直前において被相続人等の当該建物等に係る事業の準備行為の状況からみて建物等を速やかにその事業の用に供することが確実であったと認められるとき※3は、当該建物等の敷地の用に供されていた宅地等※4は、事業用宅地等に該当します。
被相続人等の事業の用に供されていた建物等が申告期限までに建替え工事に着手した場合（措通69の4-19）	当該宅地等のうち当該親族により事業の用に供されると認められる部分については、申告期限においても親族の事業の用に供されているものとして取り扱われます。

※1　被相続人又は被相続人の親族の所有に係るものに限ります。
※2　なお、これはあくまで事業用建物が建築中の場合の取扱いであり、相続開始時に建物の建築請負契約を締結していたとしても、建築工事着工前の場合にはこの取扱いを適用することはできません。
※3　生計を一にしていたその被相続人の親族又は当該建物等若しくは当該建物等の敷地の用に供されていた宅地等を相続若しくは遺贈により取得した被相続人の親族が、当該建物等を相続税の申告期限までに事業の用に供しているとき（申告期限において当該建物等を事業の用に供していない場合でも、建物等の規模等からみて建築に相当の期間を要することによるものであり、建物等の完成後速やかに事業の用に供することが確実であると認められるときを含みます。）は確実であったものとして差し支えありません（措通69の4-5なお書き）。
※4　建築中又は取得に係る建物等のうちに被相続人等の事業の用に供されると認められる部分以外の部分があるときは、当該建物等の敷地のうち被相続人等の事業の用に供されると認められる当該建物等の部分に対応する部分に限られます（措通69の4-5注書き）。

税理士のアドバイス　「生計を一にする」とは

　小規模宅地の特例の条文中に「生計を一にする」についての定義規定はありませんが、小規模宅地の特例の趣旨から、被相続人と同居していた相続人の生活的配慮から考えるべきであると思われます。このことは「家なき子」の規定で居宅を持っていない相続人や仕事の都合で同居できない相続人に配慮していることからも明らかです。「生計を一にする」に関する通達には、所得税基本通達2-47があり、『「生計を一にする」とは、必ずしも同一の家屋に起居していることをいうものではない〜』と規定しています。

　この規定を参考に小規模宅地における「生計を一にする」を整理すると次のようになります。

区　分	原　則	例　外
同居の場合	生計を一にすると扱う	仕事の都合上、妻子などの家族と別居し被相続人と同居していたり、特例を受けるためのみに不自然に同居しているときは、生計を別にするものと考えられます。
別居の場合	生計を別にすると扱う	勤務、修学、療養等の都合上、被相続人と別居しているが、勤務、修学等の余暇には被相続人と起居を共にすることを常例としており、常に生活費、学資金、療養費等の送金が行われているときは、生計を一にするものと考えられます。

（注）　なお、令和3年9月8日東京高裁判決では、事実認定においては、従来と同様の日常の生活に係る費用の全部又は主要な部分を共通にしている関係にあるかについて判断していますが、「本件特例が適用されるか否かを判断するためにその要件を検討するに当たっては、所得税法56条と同様に解するのは相当でなく、あくまでも本件特例の趣旨（担税力の有無）に従って解釈すべき」としており、実務への影響に注意する必要があります。

図表6-1-7　事業の用に供されていた宅地の分類（特定同族会社事業用宅地等を除きます。）

宅地の利用状況	建物所有者	地代	相続開始時の事業者	家賃	財産取得者	継続要件①	継続要件②	種別区分	減額割合	土地評価
事業用	被相続人		被相続人		親族	事業継続	保有継続	特定事業用	80%	自用地
						要件不備		×	0%	自用地
					上記以外			×	0%	自用地
			生計を一にする親族	有償	生計一親族			×	0%	貸家建付地
					上記以外の親族	貸付継続	保有継続	貸付事業用	50%	貸家建付地
						要件不備		×	0%	貸家建付地
					上記以外			×	0%	貸家建付地
				無償	生計一親族	事業継続	保有継続	特定事業用	80%	自用地
						要件不備		×	0%	自用地
					上記以外			×	0%	自用地
			上記以外	有償	親族	貸付継続	保有継続	貸付事業用	50%	貸家建付地
						要件不備		×	0%	貸家建付地
					上記以外			×	0%	貸家建付地
				無償				×	0%	自用地
	生計を一にする親族	無償	被相続人	有償	親族	貸付継続	保有継続	貸付事業用	50%	自用地
						要件不備		×	0%	自用地
					上記以外			×	0%	自用地
				無償	親族	事業継続	保有継続	特定事業用	80%	自用地
						要件不備		×	0%	自用地
					上記以外			×	0%	自用地
			生計を一にする親族		生計一親族	事業継続	保有継続	特定事業用	80%	自用地
						要件不備		×	0%	自用地
					上記以外			×	0%	自用地
			上記以外	有償	生計一親族	貸付継続	保有継続	貸付事業用	50%	自用地
						要件不備		×	0%	自用地
					上記以外			×	0%	自用地
				無償				×	0%	自用地
		有償			建物所有者			×	0%	貸宅地
					上記以外の親族	貸付継続	保有継続	貸付事業用	50%	貸宅地
						要件不備		×	0%	貸宅地
					親族以外			×	0%	貸宅地
	生計を別にする親族	無償	被相続人	有償				×	0%	自用地
				無償	親族	事業継続	保有継続	特定事業用	80%	自用地
						要件不備		×	0%	自用地
					上記以外			×	0%	自用地
			生計を一にする親族	有償				×	0%	自用地
				無償	生計一親族	事業継続	保有継続	特定事業用	80%	自用地
						要件不備		×	0%	自用地
					上記以外			×	0%	自用地
			上記以外					×	0%	自用地
		有償			建物所有者			×	0%	貸宅地
					上記以外の親族	貸付継続	保有継続	貸付事業用	50%	貸宅地
						要件不備		×	0%	貸宅地
					親族以外			×	0%	貸宅地
	第三者	無償						×	0%	自用地
		有償			親族	貸付継続	保有継続	貸付事業用	50%	貸宅地
						要件不備		×	0%	貸宅地
					親族以外			×	0%	貸宅地

※　借地権が混同により消滅するため、事業用継続要件を満たしません。

113

　平成19年9月30日以前に被相続人又は被相続人の相続人と旧日本郵政公社との間の賃貸借契約に基づき郵便局の用に供するため貸し付けられていた一定の建物の敷地の用に供されていた宅地等のうち、平成19年10月1日から相続の開始の直前までの間において、一定の賃貸借契約に基づき引き続き郵便局の用に供するため郵便局株式会社に対して貸し付けられていた一定の建物（以下「郵便局舎」といいます。）の敷地の用に供されていた宅地等で、その宅地等を取得した相続人から相続の開始の日以後5年以上その郵便局舎を郵便局株式会社が引き続き借り受けることにより、その宅地等を同日以後5年以上郵便局舎の敷地の用に供する見込みであることについて総務大臣の証明がなされた宅地等については、特定事業用宅地等に該当するものとして、この特例の適用を受けることができます。

(2) 特定同族会社事業用宅地等

　特定同族会社事業用宅地等とは、被相続人等が特定の同族会社[※1]に賃貸していた宅地等[※2]でその法人の事業の用[※3、4]に供されていたものを、その法人の役員である被相続人の親族[※5]が取得し、相続税の申告期限まで保有（保有継続要件）し、申告期限まで当該法人の事業の用に供しているもの（事業継続要件）をいいます。

[※1]　相続開始直前に被相続人及び被相続人の親族その他当該被相続人と特別の関係のある者の持株割合・出資割合（議決権に制限のある株式又は出資を含めないで計算した割合）が50％を超える法人（申告期限において清算中の法人を除きます。）をいいます。なお、この場合の被相続人と特別の関係のある者とは、被相続人と婚姻の届出をしていないが事実上婚姻関係と同様の事情にある者、被相続人の使用人、被相続人の親族及びこれら以外の者で被相続人から受けた金銭等により生計を維持しているもの及びこれらの者と生計を一にする親族、被相続人が法人の発行済株式又は出資の総数の50％超を有する当該法人等をいいます（措令40の2⑯）。
　　　また、「特定同族会社事業用宅地等」に該当するための株式の保有に関する要件については、相続開始の直前において、被相続人及び被相続人の親族等が同族会社の発行済株式又は出資の50％超を有していること、とされています。この株式保有割合の判定は、被相続人単独で行うのではなく、被相続人の親族等も含めて行うこととされており、被相続人に対して同族会社株式の保有が求められているわけではありません。したがって、被相続人が同族会社の株式を1株も保有していない場合であっても、他の要件を満たせば当該宅地等は「特定同族会社事業用宅地等」に該当することになります（措法69の4③三）。
[※2]　次に掲げる宅地等のうち法人の事業の用に供されていたもの（措通69の4-23）。
　(1)　当該法人に相当の対価[※6]を得て継続的に貸し付けられていた宅地等
　(2)　当該法人の事業の用に供されていた建物等で、被相続人が所有していたもの又は被相続人と生計を一にしていたその被相続人の親族が所有していたもの（当該親族が当該建物等の敷地を被相続人から無償で借り受けていた場合における当該建物等に限ります。）で、当該法人に相当の対価[※6]を得て継続的に貸し付けられていたものの敷地の用に供されていたもの
[※3]　不動産貸付業、駐車場業、自転車駐車場業及び準事業を除きます（措令40の2⑥）。
[※4]　法人の社宅等（被相続人等の親族のみが使用していたものを除きます。）の敷地の用に供されていた宅地等は、当該法人の事業の用に供されていた宅地等に該当します（措通69の4-24）。
[※5]　相続税の申告期限においてその法人の役員（法人の取締役、執行役、会計参与、監査役、理事、監事等。清算人を除きます。）であること。なお、相続開始時にその法人の役員でなくても構いません。
[※6]　相当の対価とは、少なくとも固定資産税や減価償却費を超える程度のものであると考えられます。この金額以下であれば「賃貸借」ではなく「使用貸借」であると認められます。最高裁判例でも、「建物の借主が当該建物に賦課された固定資産税等の公租公課を負担していたとしても、当該負担が建物の使用収益に対する対価の意味をもつものと認める特段の事情のないかぎり、当該貸借関係は賃貸借ではなく、使用貸借であると認めるのが相当であると判示しています（最高裁昭和41年10月27日判決）。

図表6-1-8　特定同族会社事業用宅地等の要件

区　分		特例の適用要件
特定同族会社要件		相続開始直前に被相続人及び被相続人の親族その他当該被相続人と特別の関係のある者の持株割合が50％を超える法人であること
	事業要件	特定同族会社の事業の用（不動産貸付業、駐車場業、自転車駐車場業及び準事業を除きます。）に供されていること
取得者要件	法人役員要件	相続税の申告期限においてその法人の役員であること
	保有継続要件	相続税の申告期限まで保有していること
	事業継続要件	申告期限までその法人の事業の用に供しているもの
賃貸要件	建物　同族会社所有	法人の事業の用に供されていた宅地を相当の対価を得て当該法人に継続的に賃貸していたこと
	建物　被相続人所有	法人の事業の用に供されていた建物を相当の対価を得て当該法人に継続的に賃貸していたこと
	建物　生計を一にする親族所有	当該親族が敷地を被相続人から無償で借り受けていること

図表6-1-9　特定同族会社事業の用に供された宅地の適用分類

宅地の利用状況	建物所有者 地代	相続開始時の事業者 家賃		財産取得者	適用要件			小規模宅地の特例 種別区分	減額割合	土地評価
特定同族会社事業用	被相続人	特定同族会社	有償	親族	役員要件	事業継続	保有継続	特定同族用	80%	貸家建付地
					要件不備			×	0%	貸家建付地
				上記以外				×	0%	貸家建付地
			無償					×	0%	自用地
		上記以外	有償	親族	―	貸付継続	保有継続	貸付事業用	50%	貸家建付地
					要件不備			×	0%	貸家建付地
				上記以外				×	0%	貸家建付地
			無償					×	0%	自用地
	生計を一にする親族	特定同族会社	有償	生計一親族	役員要件	事業継続	保有継続	特定同族用	80%	自用地
					―	貸付継続	保有継続	貸付事業用	50%	自用地
				上記以外の親族	役員要件	事業継続	保有継続	特定同族用	80%	自用地
					要件不備			×	0%	自用地
			無償	上記以外				×	0%	自用地
	無償	上記以外	有償	生計一親族	―	貸付継続	保有継続	貸付事業用	50%	自用地
					要件不備			×	0%	自用地
				上記以外				×	0%	自用地
			無償					×	0%	自用地
	有償			生計一親族				×	0%	貸宅地
				上記以外の親族	―	貸付継続	保有継続	貸付事業用	50%	貸宅地
					要件不備			×	0%	貸宅地
				親族以外				×	0%	貸宅地
	生計を別にする親族 無償							×	0%	自用地
	有償			生計別親族				×	0%	貸宅地
				上記以外の親族	―	貸付継続	保有継続	貸付事業用	50%	貸宅地
					要件不備			×	0%	貸宅地
				親族以外				×	0%	貸宅地

宅地の利用状況	建物所有者		相続開始時の事業者		財産取得者				小規模宅地の特例		土地評価
		地代		家賃		適用要件			種別区分	減額割合	
特定同族会社事業用	特定同族会社	無償		無償返還					×	0%	自用地
				上記以外					×	0%	自用地
		有償	特定同族会社	無償返還	親族	役員要件 事業継続 保有継続			特定同族用	80%	自用地×80%
						要件不備			×	0%	自用地×80%
					親族以外				×	0%	自用地×80%
				上記以外	親族	役員要件 事業継続 保有継続			特定同族用	80%	貸宅地
						要件不備			×	0%	貸宅地
					親族以外				×	0%	貸宅地
			上記以外	無償返還	親族	— 貸付継続 保有継続			貸付事業用	50%	自用地×80%
						要件不備			×	0%	自用地×80%
					親族以外				×	0%	自用地×80%
				上記以外	親族	— 貸付継続 保有継続			貸付事業用	50%	貸宅地
						要件不備			×	0%	貸宅地
					親族以外				×	0%	貸宅地
	第三者	無償							×	0%	自用地
		有償			親族	— 貸付継続 保有継続			貸付事業用	50%	貸宅地
						要件不備			×	0%	貸宅地
					親族以外				×	0%	貸宅地

(3) 特定居住用宅地等

特定居住用宅地等とは、被相続人等の居住の用に供されていた宅地等[※1、2]で、当該被相続人の配偶者又は次に掲げる要件のいずれかを満たす当該被相続人の親族（当該被相続人の配偶者を除きます。）が相続又は遺贈により取得したもの[※3]をいいます。

※1 当該宅地等が二以上ある場合（措令40の2⑪）については、図表6-1-11を参照。

※2 老人ホーム等に入居又は入所したことにより、被相続人が居住の用に供することができない場合（事業の用又は被相続人等（被相続人と入居又は入所の直前において生計を一にし、かつ、引き続き居住している当該被相続人の親族を含みます。）以外の者の居住の用に供されている場合を除きます。）は、居住の用に供されなくなる直前の被相続人の居住の用に供されていた宅地等を含みます（措令40の2②③）。→図表6-1-10

※3 被相続人等の居住の用に供されていた宅地等のうち、被相続人の配偶者が相続若しくは遺贈により取得した持分の割合に応ずる部分又は要件に該当する部分（被相続人の親族が相続又は遺贈により取得した持分の割合に応ずる部分に限ります（措令40の二⑫）。

① 被相続人の居住の用に供されていた宅地等で、配偶者が取得したもの

・特に要件なし

② 被相続人の居住の用に供されていた宅地等で、同居親族が取得したもの

・当該親族が相続開始の直前において被相続人の居住の用に供されていた一棟の建物[※4]に被相続人と同居し、

・相続開始時から申告期限まで引き続き当該宅地等を有し、

・当該建物に居住していること。

※4 被相続人、被相続人の配偶者又は親族の居住の用に供されていた次の部分に限ります（措法69の4③二イ、措令

116

40の二⑬)。
　イ　被相続人の居住の用に供されていた一棟の建物が区分登記建物である場合は、当該被相続人の居住の用に
　　　供されていた部分
　ロ　前号に掲げる場合以外の場合は、被相続人又は当該被相続人の親族の居住の用に供されていた部分

③　被相続人の居住の用に供されていた宅地等で、同居親族以外の一定の親族が取得したもの

・被相続人の居住の用に供されていた宅地等を取得した親族が相続開始前3年以内に日本国内にある
　その者又はその者の配偶者、その者の3親等内の親族又はその者と特別の関係のある法人の所有す
　る家屋※5（相続開始直前において被相続人の居住の用に供されていた家屋を除きます。）に居住し
　たことがない者（制限納税義務者のうち日本国籍を有しない者を除きます。）で、
・相続開始時において居住の用に供していた家屋（国内・国外）を過去に所有していたことがないこと
・相続開始時から申告期限まで引き続き当該宅地等を有し、
・当該被相続人の配偶者又は相続開始の直前において当該被相続人の居住の用に供されていた家屋に
　居住していた法定相続人※6がいないこと。

※5　平成30年4月1日から、「相続開始前3年以内に、その者の3親等内の親族又はその者と特別の関係のある
　　法人が所有する国内にある家屋に居住したことがなく、相続開始時において居住の用に供していた家屋（国
　　内・国外）を過去に所有していたことがないこと」に改正されました。
※6　相続の放棄があった場合には、その放棄がなかったものとした場合における相続人（措令40の2⑭）。

④　被相続人と生計を一にする親族の居住の用に供されていた宅地等で、その生計を一にする親族が取得したもの

・相続開始時から相続税の申告期限まで保有し、居住の用に供したこと
・その生計を一にする親族が、生前、被相続人に対して当該宅地等に係る地代又は当該宅地等の上に
　建築されている建物に係る家賃の支払がないこと

⑤　被相続人と生計を一にする親族の居住の用に供されていた宅地等で、配偶者が取得したもの

・特に要件なし

1 相続の概要
2 納税義務者の相続税の
3 相続税の概要
4 相続税がかからない財産
5 相続税が課税される財産
6 相続税の課税財産の特例
7 相続財産に加算される贈与財産

図表 6-1-10　特定居住用宅地等の要件

区　分	取得者		特例適用要件
被相続人の居住用宅地等	配偶者		要件なし
	同居親族	居住継続要件	被相続人と同居し、相続開始前から申告期限まで、引き続きその家屋に居住していること
		保有継続要件	相続開始時から相続税の申告期限までその宅地等を保有していること
	同居親族以外の一定の親族	親族要件	被相続人の配偶者又は相続開始直前において被相続人と同居していた法定相続人がいないこと
			制限納税義務者で日本国籍を有しない者でないこと
			相続開始前3年以内に、日本国内にある取得者又は取得者の配偶者、取得者の3親等内の親族又は取得者と特別の関係のある法人の所有する家屋に居住したことがなく、相続開始時において、取得者が居住の用に供していた家屋（国内・国外）を過去に所有していたことがないこと
		保有継続要件	相続開始時から相続税の申告期限までその宅地等を有していること
生計を一にする親族の居住用宅地等	配偶者		要件なし
	生計一にする親族	居住継続要件	相続開始前から申告期限まで、引き続きその家屋に居住していること
		保有継続要件	相続開始時から申告期限までその宅地等を保有していること
		無償使用要件	被相続人に対して当該宅地等に係る地代又は当該宅地上の建物に係る家賃の支払がないこと

図表 6-1-11　居住の用に供されていた宅地等が複数ある場合の判定

区　分	特定居住用宅地等の判定
被相続人の居住の用に供されていた宅地等が二以上ある場合	被相続人が主としてその居住の用に供していた一の宅地等
生計を一にしていた親族の居住の用に供されていた宅地等が二以上ある場合	親族が主としてその居住の用に供していた一の宅地等 なお、親族が二人以上ある場合には、親族ごとにそれぞれ主としてその居住の用に供していた一の宅地等
被相続人及び当該被相続人と生計を一にしていた当該被相続人の親族の居住の用に供されていた宅地等が二以上ある場合	被相続人が主としてその居住の用に供していた一の宅地等と当該親族が主としてその居住の用に供していた一の宅地等とが同一である場合は、当該一の宅地等
	上記以外の場合は、被相続人が主としてその居住の用に供していた一の宅地等及び親族が主としてその居住の用に供していた一の宅地等

図表6-1-12 被相続人が居住に供せない場合の取扱い

区　分	入居又は入所施設等
介護保険法に規定する<u>要介護認定又は要支援認定</u>※を受けていた被相続人その他これに類する被相続人として財務省令で定めるもの	老人福祉法に規定する認知症対応型老人共同生活援助事業が行われる住居、養護老人ホーム、特別養護老人ホーム、軽費老人ホーム又は有料老人ホーム
	介護保険法に規定する介護老人保健施設又は介護医療院
	高齢者の居住の安定確保に関する法律に規定するサービス付き高齢者向け住宅
障害者の日常生活及び社会生活を総合的に支援するための法律に規定する<u>障害支援区分の認定</u>※を受けていた被相続人	障害者支援施設又は共同生活援助を行う住居

※ 被相続人が、要介護認定若しくは要支援認定又は障害者支援区分の認定を受けていたかどうかは、当該被相続人の相続の開始の直前において当該認定を受けていたかにより判定します（措通69の4-7の3）。

税理士のアドバイス 配偶者居住権の限度面積の計算

　配偶者居住権の目的となっている土地についての限度面積の判定は、「4　小規模宅地等の特例の改正経緯」（130頁～）の平成31年度改正の説明のとおりですが、これによると、例えば、子が居住建物とその敷地の所有権を取得し、配偶者が居住建物と配偶者居住権に係る敷地利用権を有している場合の敷地（甲土地）の限度面積（すべて居住用とします。）は、次により計算することとなります（措通69の4-1の2）。

　　　配偶者居住権に対応する部分の地積
　　　　　①×（③/②）
　　　子の特定居住用土地の地積
　　　　　①×（（②-③）/②）
　（注）　①　甲土地（敷地）の面積
　　　　　②　敷地の自用地としての価額（敷地利用権の価額＋敷地の用に供される宅地等の価額）
　　　　　③　敷地利用権の価額

1 相続の概要
2 納税義務者の相続税の
3 相続税の概要
4 相続税がかからない財産
5 相続税が課税される財産
6 相続税の課税財産の特例
7 相続財産に加算される贈与財産

図表6-1-13　居住の用に供されていた宅地の分類

宅地の利用状況	建物所有者	地代	相続開始時の居住者	家賃	財産取得者	継続要件		種別区分	減額割合	土地評価
居住用	被相続人		被相続人		配偶者	—	—	特定居住用	80%	自用地
					家なき子	—	保有継続	特定居住用	80%	自用地
						要件不備		×	0%	自用地
					上記以外			×	0%	自用地
			被相続人+配偶者		配偶者	—	—	特定居住用	80%	自用地
					上記以外			×	0%	自用地
			被相続人+同居親族（相続人）	有償	同居親族			×	0%	貸家建付地
					上記以外の親族	貸付継続	保有継続	貸付事業用	50%	貸家建付地
						要件不備		×	0%	貸家建付地
					上記以外			×	0%	貸家建付地
				無償	配偶者	—	—	特定居住用	80%	自用地
					同居親族	居住継続	保有継続	特定居住用	80%	自用地
						要件不備		×	0%	自用地
					上記以外			×	0%	自用地
			被相続人+同居親族（相続人以外）	有償	同居親族			×	0%	貸家建付地
					上記以外の親族	貸付継続	保有継続	貸付事業用	50%	貸家建付地
						要件不備		×	0%	貸家建付地
					上記以外			×	0%	貸家建付地
				無償	配偶者	—	—	特定居住用	80%	自用地
					同居親族	居住継続	保有継続	特定居住用	80%	自用地
						要件不備		×	0%	自用地
					家なき子	—	保有継続	特定居住用	80%	自用地
						要件不備		×	0%	自用地
					上記以外			×	0%	自用地
			生計を一にする親族	有償	生計一親族			×	0%	貸家建付地
					上記以外の親族	貸付継続	保有継続	貸付事業用	50%	貸家建付地
						要件不備		×	0%	貸家建付地
					上記以外			×	0%	貸家建付地
				無償	配偶者	—	—	特定居住用	80%	自用地
					生計一親族	居住継続	保有継続	特定居住用	80%	自用地
						要件不備		×	0%	自用地
					上記以外			×	0%	自用地
			上記以外	有償	親族	貸付継続	保有継続	貸付事業用	50%	貸家建付地
						要件不備		×	0%	貸家建付地
					上記以外			×	0%	貸家建付地
				無償				×	0%	自用地
	生計を一にする親族	無償		有償				×	0%	自用地
			被相続人	無償	配偶者	—	—	特定居住用	80%	自用地
					家なき子	—	保有継続	特定居住用	80%	自用地
						要件不備		×	0%	自用地
					上記以外			×	0%	自用地
			被相続人+配偶者	有償				×	0%	自用地
				無償	配偶者	—	—	特定居住用	80%	自用地
					上記以外			×	0%	自用地
			被相続人+同居親族（相続人）	有償				×	0%	自用地
				無償	配偶者	—	—	特定居住用	80%	自用地
					同居親族	居住継続	保有継続	特定居住用	80%	自用地
						要件不備		×	0%	自用地
					上記以外			×	0%	自用地

宅地の利用状況	建物所有者	地代	相続開始時の居住者	家賃	財産取得者	継続要件		種別区分	減額割合	土地評価
居住用	生計を一にする親族	無償	被相続人＋同居親族（相続人以外）	有償				×	0％	自用地
				無償	配偶者	—	—	特定居住用	80％	自用地
					同居親族	居住継続	保有継続	特定居住用	80％	自用地
						要件不備		×	0％	自用地
					家なき子	—	保有継続	特定居住用	80％	自用地
						要件不備		×	0％	自用地
					上記以外			×	0％	自用地
			生計を一にする親族	無償	配偶者	—	—	特定居住用	80％	自用地
					生計一親族	居住継続	保有継続	特定居住用	80％	自用地
						要件不備		×	0％	自用地
					上記以外			×	0％	自用地
			上記以外	有償	生計一親族	貸付継続	保有継続	貸付事業用	50％	自用地
						要件不備		×	0％	自用地
					上記以外			×	0％	自用地
				無償				×	0％	自用地
		有償			生計一親族			×	0％	貸宅地
					上記以外の親族	貸付継続	保有継続	貸付事業用	50％	貸宅地
						要件不備		×	0％	貸宅地
					親族以外			×	0％	貸宅地
	生計を別にする親族	無償	被相続人	有償				×	0％	自用地
				無償	配偶者	—	—	特定居住用	80％	自用地
					家なき子	—	保有継続	特定居住用	80％	自用地
						要件不備		×	0％	自用地
					上記以外			×	0％	自用地
			被相続人＋配偶者	有償				×	0％	自用地
				無償	配偶者	—	—	特定居住用	80％	自用地
					上記以外			×	0％	自用地
			被相続人＋同居親族（相続人）	有償				×	0％	自用地
				無償	配偶者	—	—	特定居住用	80％	自用地
					同居親族	居住継続	保有継続	特定居住用	80％	自用地
						要件不備		×	0％	自用地
					上記以外			×	0％	自用地
			被相続人＋同居親族（相続人以外）	有償				×	0％	自用地
				無償	配偶者	—	—	特定居住用	80％	自用地
					同居親族	居住継続	保有継続	特定居住用	80％	自用地
						要件不備		×	0％	自用地
					家なき子	—	保有継続	特定居住用	80％	自用地
						要件不備		×	0％	自用地
					上記以外			×	0％	自用地
			生計を一にする親族	有償				×	0％	自用地
				無償	配偶者	—	—	特定居住用	80％	自用地
					生計一親族	居住継続	保有継続	特定居住用	80％	自用地
						要件不備		×	0％	自用地
					上記以外			×	0％	自用地
			上記以外	有償	生計一親族	貸付継続	保有継続	貸付事業用	50％	自用地
						要件不備		×	0％	自用地
					上記以外			×	0％	自用地
				無償				×	0％	自用地
		有償			建物所有者			×	0％	貸宅地
					上記以外の親族	貸付継続	保有継続	貸付事業用	50％	貸宅地
						要件不備		×	0％	貸宅地
					親族以外			×	0％	貸宅地
	第三者	無償						×	0％	自用地
		有償			親族	貸付継続	保有継続	貸付事業用	50％	貸宅地
						要件不備		×	0％	貸宅地
					親族以外			×	0％	貸宅地

⑷ 貸付事業用宅地等

貸付事業用宅地等とは、被相続人等の貸付事業[※1,2,3]の用に供されていた宅地等で、次に掲げる要件のいずれかを満たす、当該被相続人の親族が相続又は遺贈により取得したものをいいます。

※1　不動産貸付業、その他政令で定めるもの（駐車場業、自転車駐車場業及び準事業）に限ります（「貸付事業」といいます。）（措令40の2⑦）。

※2　特定同族会社事業用宅地等を除き、政令で定める部分（被相続人等の事業の用に供されていた宅地等のうち措法69の4③四に定める要件に該当する部分（被相続人の親族が相続又は遺贈により取得した持分の割合に応ずる部分に限ります。））に限ります（措令40の2⑦⑧）。

※3　平成30年4月1日以降の相続から、「相続開始前3年以内に、新たに貸付事業の用に供された宅地等（相続開始の日まで3年を超えて引き続き特定貸付事業（貸付事業のうち準事業（図表6-1-1の※1を参照）以外のもの）を行っていた被相続人等の当該貸付事業の用に供されていたものを除く。）を除く。」との要件が追加されました。

①　被相続人の貸付事業の用に供されていた宅地等（特定同族会社事業用宅地等に該当するものは除きます。）

・当該親族が、相続開始時から相続税の申告期限までの間に当該宅地等に係る被相続人の貸付事業を引き継ぎ、
・相続税の申告期限まで引き続き当該宅地等を有し、
・当該貸付事業の用に供していること。

②　被相続人と生計を一にする親族の貸付事業の用に供されていた宅地等

・当該被相続人と生計を一にしていた者で、
・相続開始時から相続税の申告期限まで引き続き当該宅地等を有し、
・相続開始前から相続税の申告期限まで引き続き当該宅地等を自己の貸付事業の用に供していること。
・また、その生計を一にする親族が、生前、被相続人に対して当該宅地等に係る地代又は当該宅地等の上に建築されている建物に係る家賃の支払がないこと[※]

※　その生計を一にする親族から地代又は家賃を支払っている場合には、被相続人の貸付事業に該当することになりますが、当該宅地等をその生計を一にする親族が取得した場合、賃貸人と賃借人が同一人となり、相続開始後貸付事業を継続することができないため、貸付事業用宅地等には該当しません。

図表 6-1-14 貸付事業用宅地等の要件

区　分		特例適用要件
被相続人の貸付事業の用に供されていた宅地等	貸付期間要件	相続開始前3年以内に、新たに貸付事業の用に供された宅地等（特定貸付事業を除きます。）でないこと（平成30年改正※）
	事業承継要件	被相続人の貸付事業を申告期限までに承継し、かつ、その申告期限までその貸付事業を行っていること
	保有継続要件	その宅地等を申告期限まで有していること
被相続人と生計を一にする親族の貸付事業の用に供されていた宅地等	貸付期間要件	相続開始前3年以内に、新たに貸付事業の用に供された宅地等（特定貸付事業を除きます。）でないこと（平成30年改正※）
	事業継続要件	相続開始前から申告期限まで、その宅地等を自己の貸付事業の用に供していること
	保有継続要件	その宅地等を申告期限まで有していること
	無償使用要件	被相続人に対して当該宅地等に係る地代又は当該宅地上の建物に係る家賃の支払がないこと

※　平成30年4月1日以降の相続から、この要件が追加されました。
　　なお、相続開始前3年以内に新たに貸付事業の用に供された宅地等であっても、相続開始の日まで3年を超えて引き続き特定貸付事業（貸付事業のうち準事業以外のものをいいます。）を行っていた被相続人等のその特定貸付事業の用に供されていた宅地等については、3年以内貸付宅地等に該当しません。

税理士のアドバイス　申告期限後の特例の選択変更

　当初申告において特定の宅地等について特例適用する旨の申告をした場合は、申告期限後に、別の宅地等に特例適用を変更することはできません。ただし、当初申告により選択した特定宅地等が特例適用できないものであると判明した場合には、特例対象となる別の宅地等を改めて選択することは可能です。

相続税及び贈与税等に関する質疑応答事例（民法（相続法）改正関係）について（情報）

　配偶者居住権関係（小規模宅地等についての相続税の課税価格の計算の特例関係）及び遺留分制度関係を中心に質疑応答事例（令和2年7月7日　資産課税課情報第17号）

【質疑応答】小規模宅地等の特例

☐　小規模宅地等の特例の適用を受けることができる者の範囲（人格のない社団）
　　人格なき社団Aは、被相続人甲から遺贈により被相続人の居住用宅地等を取得しました。この場合、人格なき社団Aには、相続税法第66条により個人とみなされて相続税の納税義務が生じますが、小規模宅地等の特例の適用を受けることができますか。
　⇒ 小規模宅地等の特例の適用を受けることができる者は個人に限られており、人格なき社団は含まれないことから、特例の適用を受けることはできません。

☐　相続開始の年に被相続人から贈与を受けた宅地に係る小規模宅地等の特例の適用の可否
　　甲は父から貸家建付地の敷地の持分2分の1の贈与を受けましたが、同年中に父が死亡しました。

この場合、その贈与により取得した土地の価額は贈与税の課税価格に算入されずに、相続税の課税価格に加算されることになりますが、この土地について小規模宅地等の特例を適用する場合には、甲が贈与を受けた持分に対応する面積を含めて200㎡まで適用することができると考えて差し支えありませんか。

⇒ 小規模宅地等の特例が適用される財産は、個人が相続又は遺贈により取得した財産に限られ
ていますので、贈与を受けた財産については特例の適用はありません。

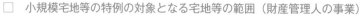

□　小規模宅地等の特例の対象となる宅地等の範囲（財産管理人の事業）

　民法第25条第1項の規定により家庭裁判所は失踪者甲の財産管理人Aを選任しました。Aは、甲の財産保全のため、従来、空き地であった土地にアスファルト舗装等を施し駐車場経営を開始しました。その後、甲が失踪してから7年が経過したため、甲の親族は家庭裁判所に対して失踪宣告を申立て、認められました。この場合、その駐車場の敷地の用に供されている土地は、甲の事業用宅地（貸付事業用宅地）として小規模宅地等の特例の対象に該当しますか。

⇒ 駐車場用地は甲の事業用宅地（貸付事業用宅地）として小規模宅地等の特例の対象になります。

□　小規模宅地等の特例の対象となる私道

　次の図のような場合に、被相続人は相続開始直前においてB土地に居住していたことから小規模宅地等の特例の適用があるものと考えますが、私道であるA土地の共有持分についてもこの特例の対象になりますか。なお、私道Aは、B、C及びD土地の所有者の共有であり、同人らの通行の用に供されていました。

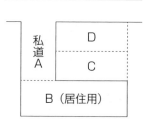

⇒ 私道A土地は、被相続人の居住用宅地等であるB土地の維持・効用を果たすために必要不可
欠なものですから、この土地の共有持分についても被相続人の居住用宅地として小規模宅地
等の特例の対象となります。

□　共有家屋（貸家）の敷地の用に供されていた宅地等についての小規模宅地等の特例の選択

　夫に相続が開始したので、次の図のような貸家の敷地の用に供されていた宅地等について小規模宅地等の特例の適用を考えています（貸家の共有持分及び宅地等は妻（夫と生計を一にしています。）が全て相続により取得し、取得した家屋について妻が貸付事業を申告期限まで行っています。）。この場合、この宅地等のうち240㎡（夫の家屋の持分に対応する部分）は貸家建付地評価となり、160㎡（妻の家屋の持分に対応する部分）は自用地評価となりますが、特例の適用に当たっては、自用地部分160㎡と貸家建付地のうち40㎡の計200㎡について適用することとして差し支えありませんか。

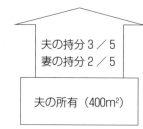

⇒ 夫の家屋の持分に対応する部分だけでなく、妻の家屋の持分に対応する部分についても、小規
模宅地等の特例の対象となります。

□　遺留分侵害額の請求に伴い取得した宅地に係る小規模宅地等の特例の適用の可否（令和元年7月
1日以後に開始した相続）

　被相続人甲（令和元年8月1日相続開始）の相続人は、長男乙と長女丙の2名です。乙は甲の遺産のうちA宅地（特定居住用宅地等）及びB宅地（特定事業用宅地等）を遺贈により取得し、相続税の申告に当たってこれらの宅地について小規模宅地等の特例を適用して期限内に申告しました

（小規模宅地等の特例の適用要件はすべて満たしています。）。その後、丙から遺留分侵害額の請求がなされ、家庭裁判所の調停の結果、乙は丙に対し遺留分侵害額に相当する金銭を支払うこととなりましたが、乙はこれに代えてＢ宅地の所有権を丙に移転させました（移転は相続税の申告期限後に行われました。）。丙は修正申告の際にＢ宅地について小規模宅地等の特例の適用を受けることができますか。

⇒ 遺留分侵害額の請求を受けて乙はＢ宅地の所有権を丙に移転していますが、これは、乙が遺留分侵害額に相当する金銭を支払うために丙に対し遺贈により取得したＢ宅地を譲渡（代物弁済）したものと考えられ、丙はＢ宅地を相続又は遺贈により取得したわけではありませんので、小規模宅地等の特例の適用を受けることはできません。

□　小規模宅地等の特例の対象となる「被相続人等の居住の用に供されていた宅地等」の判定

小規模宅地等の特例の対象となる「被相続人等の居住の用に供されていた宅地等」の判定は、どのように行うのですか。

⇒ 基本的には、被相続人等が、その宅地等の上に存する建物に生活の拠点を置いていたかどうかにより判定すべきものと考えられ、その具体的な判定に当たっては、その者の日常生活の状況、その建物への入居目的、その建物の構造及び設備の状況、生活の拠点となるべき他の建物の有無その他の事実を総合勘案して判定することになります。

□　入院により空家となっていた建物の敷地についての小規模宅地等の特例

被相続人は相続開始前に病気治療のために入院しましたが、退院することなく亡くなりました。被相続人が入院前まで居住していた建物は、相続開始直前まで空家となっていましたが、退院後は従前どおり居住の用に供することができる状況にありました。この場合、その建物の敷地は、相続開始直前において被相続人の居住の用に供されていた宅地等に該当しますか。

⇒ 被相続人がそれまで居住していた建物で起居しないのは、一時的なものと認められますから、その建物が入院後他の用途に供されたような特段の事情のない限り、空家となっていた期間の長短を問わず、相続開始直前において被相続人の居住の用に供されていた宅地等に該当します。

□　老人ホームへの入所により空家となっていた建物の敷地についての小規模宅地等の特例

被相続人は、介護保険法に規定する要介護認定を受け、居住していた建物を離れて特別養護老人ホーム（老人福祉法第20条の５）に入所しましたが、一度も退所することなく亡くなりました。被相続人が特別養護老人ホームへの入所前まで居住していた建物は、相続の開始の直前まで空家となっていましたが、この建物の敷地は、相続の開始の直前において被相続人の居住の用に供されていた宅地等に該当しますか。

⇒ 相続の開始の直前において被相続人の居住の用に供されていなかった宅地等の場合であっても、被相続人が、相続の開始の直前において介護保険法等に規定する要介護認定等を受けていたこと及びその被相続人が老人福祉法等に規定する特別養護老人ホーム等に入居又は入所していたことという要件を満たすときには、その被相続人により老人ホーム等に入居等をする直前まで居住の用に供されていた宅地等については、被相続人等の居住の用に供されていた宅地等に当たります。

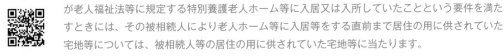

□　老人ホームに入所していた被相続人が要介護認定の申請中に死亡した場合の小規模宅地等の特例

老人ホームに入所していた被相続人が、要介護認定の申請中に亡くなりましたが、相続開始の時において要介護認定を受けていませんでした。この場合において、相続の開始後に被相続人に要介護認定があったときには、租税特別措置法施行令第40条の２第２項第１号に規定する要介護認定を受けていた被相続人に該当するものと考えてよいでしょうか。

1 相続の概要
2 相続税の納税義務者
3 相続税の概要
4 相続税がかからない財産
5 相続税が課税される財産
6 相続税の課税財産の特例
7 相続財産に加算される贈与財産

⇒ 被相続人の相続開始の日以後に要介護認定等があったときには、要介護認定等はその申請のあった日にさかのぼってその効力が生ずることとなります。したがって、被相続人は相続の開始の直前において要介護認定等を受けていた者に該当するものとして差し支えありません。

☐ 被相続人の共有する土地が被相続人等の居住の用と貸家の敷地の用に供されていた場合の小規模宅地等の特例

被相続人甲が配偶者乙と共有する土地上（下図参照）には、被相続人の居住の用に供されていたＡ建物（甲所有）と貸家の用に供されていたＢ建物（甲所有）があります。

配偶者乙がＡ建物、Ｂ建物及び土地のうち甲の共有持分を相続する場合、甲が所有していた土地の共有持分に相当する240のうち200はＡ建物の敷地として特定居住用宅地等である小規模宅地等に該当すると解してよろしいですか。

Ａ建物（甲所有） （甲乙居住）	Ｂ建物（甲所有） （貸家）
自用地200m²	貸家建付地100m²
甲の共有持分100分の80	乙の共有持分100分の20

⇒ 共有持分権者のその土地に有する権利は、その土地の全てに均等に及ぶとの共有についての一般的な考え方からすれば、照会の場合は、この土地に係る被相続人甲の共有持分は居住の用に供されていたＡ建物の敷地と貸家であるＢ建物の敷地に均等に及んでいると考えるのが相当です。したがって、甲の共有持分に相当する240㎡のうち、Ａ建物の敷地部分に相当する160㎡が特定居住用宅地等である小規模宅地等に該当することになります。

☐ 特定居住用宅地等の要件の一つである「相続開始時から申告期限まで引き続き当該建物に居住していること」の意義

被相続人甲と同居していた相続人Ａは、被相続人の居住の用に供されていた宅地を相続しましたが、相続税の申告期限前に海外支店に転勤しました。なお、相続人Ａの配偶者及び子は、相続開始前から相続税の申告期限まで引き続き当該宅地の上に存する家屋に居住しています。この場合、当該宅地は特定居住用宅地等である小規模宅地等に該当しますか。

⇒ 相続人Ａの配偶者及び子の日常生活の状況、その家屋への入居目的、その家屋の構造及び設備の状況からみて、当該建物がＡの生活の拠点として利用されている家屋といえる場合、すなわち、転勤という特殊事情が解消したときは、家族と起居を共にすることになると認められる家屋といえる場合については、甲に係る相続開始の直前から申告書の提出期限までＡの居住の用に供していた家屋に該当するものとみるのが相当ですから、Ａの取得した宅地は特定居住用宅地等である小規模宅地等に該当します。

☐ 単身赴任中の相続人が取得した被相続人の居住用宅地等についての小規模宅地等の特例

被相続人甲は、自己の所有する家屋に、長男Ａ、その配偶者Ｂ及びその子Ｃと同居していました（甲の配偶者は既に死亡）。○年にＡが転勤で大阪へ単身赴任となり、その後、この家屋には、甲、Ｂ及びＣが居住していましたが、○＋１年１月に甲が死亡したため、Ａがこの家屋及びその敷地を相続により取得しました。なお、Ａは相続税の申告期限において引き続き単身赴任の状態にあります。この場合、Ａが取得した敷地は特定居住用宅地等である小規模宅地等に該当しますか。

⇒ Ａの配偶者及び子の日常生活の状況、その家屋への入居目的、その家屋の構造及び設備の状況からみて、転勤という特殊事情が解消したときは、その相続人の配偶者等と起居をともにすることになると認められる家屋といえる場合については、甲に係る相続開始の直前から申告書の提出期限までＡの居住の用に供し

ていた家屋に該当するものとみることができます。

□　特定同族会社に貸し付けられていた建物が相続税の申告期限までに建て替えられた場合の小規模
　　宅地等の特例
　　特定同族会社Ａ（食品製造業）の社宅として有償で貸し付けられていた建物（被相続人所有）及
びその敷地を相続により取得した相続人が、当該相続に係る相続税の申告期限までに建替え工事（建
替え後の建物は、工場として、当該法人に有償で貸し付けられる。）に着手しました。この場合、
従前の建物に係る賃貸契約は解除され、新たに当該法人と賃貸契約を締結することとなりますが、
租税特別措置法関係通達69の４-19《申告期限までに事業用建物等を建て替えた場合》の取扱いを適
用して、当該建物の敷地について特定同族会社事業用宅地等である小規模宅地等に該当するとして
取り扱うことができますか。
⇒　Ａ法人との賃貸契約が解除されたといっても、建物建替えに伴う一時的なものであり、実質
　　は更改に当たるものと解されます。したがって、建替え後の建物がＡ法人の事業の用に供さ
　　れると見込まれる場合には、租税特別措置法関係通達69の４-19の取扱いを適用して差し支
　　えありません。

小規模宅地等についての相続税の課税価格の計算の特例に係る相続税の申告書の記載例等について（情報）

　　　　令和２年４月１日以後に相続又は遺贈により取得をする租税特別措置法第69条の４第１
　　　　項に規定する小規模宅地等について同条の適用を受ける場合の相続税の申告書の記載例
　　　（令和３年４月１日　資産課税課情報第９号）

相続税申告書　第11・11の2表の付表1

小規模宅地等についての課税価格の計算明細書

FD3549

被相続人	中央　太朗

手順1　小規模宅地等の特例対象となる宅地等を取得した全員の氏名を記入します。

この表は、…する場合に記入します。
なお、被相続人から相続、遺贈又は…産のうちに、「特定計画山林の特例」の対象となり得る財産又は「個…付表2を…宅地等その他一定の財産がある場合には、第11・11の2表の…付表2又は…11の2表の付表2の2を作成します（第11・11の2表の付表…欄）の記入を要しません。）。…
（注）こ…使用します。

1　特例の…

この欄は…割合を…する場合に、その宅地等を取得した全ての人の氏名を記入します。

私（私たち）は、「2 小規模宅地等の明細」の①欄の取得者が、小規模宅地等の特例の適用を受けるものとして選択した宅地等又はその一部（「2 小規模宅地等の明細」の⑤欄で選択した宅地等）の全てが限度面積要件を満たすものであることを確認の上、その取得者が小規模宅地等の特例の適用を受けることに同意します。

氏名	中央　花子	中央　重雄	中央　経

（注）　小規模宅地等の特例の対象となり得る宅地等を取得した全ての人の同意がなければ、この特例の適用を受…

2　小規模宅地等の明細

この欄は、小規模宅地等の特例の対象となり得る宅地等を取得した人のうち、その特例の適用を受ける人が…記入し、相続税の課税価格に算入する価額を計算します。

「小規模宅地等の種類」欄は、選択し…の種類に応じて次の1～4の番号を記入します。

手順2

手順2　取得者ごとに適用を受ける小規模宅地等の種類番号等を記入します。
1．特定居住用宅地等
2．特定事業用宅地等
3．特定同族会社事業用宅地等
4．貸付事業用宅地等

手順3　小規模宅地等を選択する面積を⑤欄に記入し、⑧欄の課税価格に算入する金額を計算します。

小規模宅地等の種類 1〜4の番号入		① 特例の適用を受ける取得者の氏名 〔事業内容〕	⑤ ⑤のうち小規模宅地等	
		② 所在地番	⑥ ④のうち小規模宅地等	
		③ 取得者の持分に応ずる宅地等の面積	⑦ 課税価格の計算に当た…	
		④ 取得者の持分に応ずる宅地等の価額	⑧ 課税価格に算入する価額（④−⑦）	
選択した小規模宅地等	4	① 中央　経　　〔貸貸事務所、駐車場〕	⑤ 31.439 ㎡	
		② 横浜市西区浅間町2-2-2	⑥ 157,195,00 円	
		③ 655. ㎡	⑦ 78,597,50 円	
		④ 327,500,000 円	⑧ 319,640,250 円	
	1	① 中央　花子	⑤ 175. ㎡	
		② 東京都千代田区麹町1-2-3	⑥ 448,000,00 円	
		③ 175. ㎡	⑦ 358,400,00 円	
		④ 448,000,000 円	⑧ 89,600,000 円	
	3	① 中央　重雄	⑤ 125. ㎡	
		② 東京都港区芝浦2-2-22	⑥ 236,250,00 円	
		③ 125. ㎡	⑦ 189,000,00 円	
		④ 236,250,000 円	⑧ 47,250,000 円	

手順5

（注）1　⑥欄の「〔 〕」は、選択した小規模宅地等が被相続人等の事業用宅地等（2、3又は4）である場合に、相続開始の直前にその宅地等の上で行われていた被相続人等の事業について、例えば、飲食サービス業、法律事務所、貸家などのように具体的に記入します。
　2　小規模宅地等を選択する一の宅地等が共有である場合又は一の宅地等が貸家建付地である場合において、その評価額の計算上「賃貸割合」が1でないときには、第11・11の2表の付表1（別表1）を作成します。
　3　小規模宅地等を選択する宅地等が、配偶者居住権に基づく敷地利用権又は配偶者居住権の目的となっている建物の敷地の用に供される宅地等である場合には、第11・11の2表の付表1（別表1の2）を作成します。
　4　⑧欄の金額を第11表の「財産の明細」の「価額」欄に転記します。

○ 「限度面積要件」の判定

上記「2 小規模宅地等の明細」の⑤欄で選択した宅地等の全てが限度面積要件を満たすものであることを、この表の各欄を記入することにより判定します。

小規模宅地等の区分	被相続人等の居住用宅地等	被相続人等の事業用宅地等		
小規模宅地等の種類	1 特定居住用宅地等	2 特定事業用宅地等	3 特定同族会社事業用宅地等	4 貸付事業用宅地等
⑨ 減額割合	80/100	80/100	80/100	50/100
⑩ ⑤の小規模宅地等の面積の合計	175 ㎡		125 ㎡	31.439 ㎡

限度面積 イ 小規模宅地等のうちに4貸付事業用宅地等がない場合	[1]の⑩の面積 ≦330㎡	[2]の⑩及び[3]の⑩の面積の合計 ㎡ ≦ 400㎡	
ロ 小規模宅地等のうちに4貸付事業用宅地等がある場合	[1]の⑩の面積 175 ㎡×200/330 +	[2]の⑩及び[3]の⑩の面積の合計 125 ㎡×200/400 +	[4]の⑩の面積 31.439 ㎡ ≦200㎡

（注）限度面積は、小規模宅地等の種類（「4 貸付事業用宅地等」の選択の有無）に応じて、⑩欄（イ又はロ）により判定を行います。「限度面積要件」を満たす場合に限り、この特例の適用を受けることができます。

※ 税務署整理欄	年分		名簿番号		申告年月日		連番号	グループ番号	補完

（資4−20−12−3−1−A4統一）

手順4　貸付事業用宅地等がある場合は、下段のロの欄で限度面積を計算し、貸付事業用宅地等がない場合は、上段のイの欄で限度面積を計算します。

第11・11の…2年4月分以降用

○この申告書は機械で読み取りますので、黒ボールペンで記入してください。

※この項目は記入する必要がありません。

（注）　共有で取得した宅地等や貸付割合が100％でない貸家建付地について小規模宅地等の特例を選択する場合、「相続税申告書 第11・11の2表の付表1 （別表）」を作成する必要があります。

相続税がかかる財産の明細書

（相続時精算課税適用財産を除きます。）

被相続人	中央　太朗

第11表（令和2年4月分以降用）

○相続時精算課税適用財産の明細については、この表によらず第11の2表に記載します。

この表は、相続や遺贈によって取得した財産及び相続や遺贈によって取得したものとみなされる財産のうち、相続税のかかるものについての明細を記入します。

遺産の分割状況	区　分	① 全 部 分 割	2 一 部 分 割	3 全 部 未 分 割
	分 割 の 日	6 ・ 6 ・ 1	・　・	/

財　　産　　の　　明　　細						分割が確定した財産		
種 類	細 目	利用区分、銘柄等	所在場所等	数量　固定資産税評価額　単価　倍数	単価倍数	価 額	取得した人の氏 名	取得財産の価 額
土地	畑	自用地	千葉県茂原市茂原1-1100 西福富1385-7	5,000 ㎡ 380,000円	15	5,700,000	中央 花子	5,700,000
	(小計)					(5,700,000)		
土地	宅地	貸家建付地	横浜市西区浅間町2-2-2	655 ㎡ (11・11の2表の付表1のとおり)	500,000	319,640,250	中央 延	(持分1/1) 319,640,250
土地	宅地	自用地 自宅部分	東京都千代田区麹町1-2-3	210 ㎡ (11・11の2表の付表1のとおり)	2,560,000	89,600,000	中央 花子	(持分1/1) 89,600,000
土地	宅地	自用地 同族会社敷地	東京都港区芝浦2-2-22	125 ㎡ (11・11の2表の付表1のとおり)	1,890,000	47,250,000	中央 重雄	(持分1/1) 47,250,000
	(小計)					(456,490,250)		
	〔計〕					〔 462,190,250〕		
家屋等	家屋	貸家	横浜市西区浅間町2-2-2	100 ㎡ 5,000,000	0.7	3,500,000	中央 延	3,500,000
家屋等	家屋	自用家屋		185 ㎡ 9,800,000	1	9,800,000	中央 花子	9,800,000
	〔計〕					〔 13,300,000〕		
事業用財産	その他の財産	事業用財産	横浜市西区 相続税未償却残高	1 式 3,000,000		3,000,000	中央 花子	3,000,000
	(小計)					(3,000,000)		
	〔計〕					〔 3,000,000〕		
有価証券	その他の株式	千葉銀行 優先株式	みずほ信託銀行 証券代行部	10 株 500,000		5,000,000	中央 花子	5,000,000
有価証券	その他の株式	三菱商事	野村証券 東京支店	150,000 株	2,800	420,000,000	中央 花子	(持分5/10) 210,000,000

合計表	財産を取得した人の氏名	（各人の合計）	中央 花子	中央 重雄	中央 延	豊川 花子	中央 美和子
	分割財産の価額 ①	1,585,220,850	562,330,600	243,750,000	415,140,250	290,000,000	58,000,000
	未分割財産の価額 ②						
	各人の取得財産の価額 （①＋②） ③	1,585,220,850	562,330,600	243,750,000	415,140,250	290,000,000	58,000,000

(注) 1 「合計表」の各人の③欄の金額を第1表のその人の「取得財産の価額①」欄に転記します。
　　 2 「財産の明細」の「価額」欄は、財産の細目、種類ごとに小計及び計を付し、最後に合計を付して、それらの金額を第15表の①から㉚までの該当欄に転記します。

第11表(令5.7)　　　　　　　　　　　　　　　　　　　　　　　　　　　　　　　　（資4-20-12-1-A4統一）

手順5　第11・11の2表の付表1で計算した小規模宅地等の特例適用後の価額を転記します。

税務署のチェックポイント

☑ 小規模宅地等の特例対象となる宅地等を取得した全員の氏名が同意欄に記入されているか。
☑ 遺産分割協議書や遺言書などで小規模宅地等の特例対象地の取得事実が確認できるか。
☑ 小規模宅地等の限度面積を超過していないか。
☑ 保有継続要件や居住要件などの小規模宅地等の特例要件を満たしているか。

1 相続の概要
2 相続税の納税義務者
3 相続税の概要
4 相続税がかからない財産
5 相続税が課税される財産
6 相続税の課税財産の特例
7 相続財産に加算される贈与財産

4　小規模宅地等の特例の改正経緯

平成22年4月1日以降の相続開始から適用　（平成22年度改正）

① 宅地等を取得した相続人等が相続税の申告期限まで事業、貸付事業、居住を継続しない場合には、原則としてこの特例の適用を受けることはできなくなりました。ただし、被相続人の居住用宅地等を、配偶者が取得した場合や配偶者や同居親族がいないケースで一定の相続人が取得した場合は、居住を継続しなくても適用を受けることができます。

　※　改正前は、事業、貸付事業、居住を継続していないでも、200㎡（減額割合50％）までこの特例の適用を受けることができました。

② 1つの宅地等を2人以上の者が共有で相続等した場合でも、適用要件を満たしていない取得者はこの特例の適用を受けることができなくなりました。

　※　改正前は、1つの宅地等を2人以上の者が共有で相続等したときは、共有者のうち1人が適用要件を満たしていれば、その他の共有者（適用要件を満たしていない者）もこの特例の適用を受けることができました。

③ 一棟の建物の敷地である宅地等のうち特定居住用宅地等に該当する部分があっても、その宅地等全体を特定居住用宅地等とすることができなくなり、それぞれの要件に該当する部分ごとに按分して軽減割合を適用することになりました。

　※　改正前は、一棟の建物の敷地である宅地等のうち特定居住用宅地等に該当する部分がある場合には、その敷地全体が特定居住用宅地等に該当するものとしてこの特例の適用を受けることができました。

平成26年1月1日以降の相続開始から適用　（平成25年度改正）

① 区分登記建物でない二世帯住宅について、構造上区分のあるものについても、被相続人及びその親族が各独立部分に居住していた場合には、被相続人及びその親族が居住していた部分に対応する部分を特例の対象とすることとされました。

　※　改正前は、構造上区分のある二世帯住宅については、特定居住用宅地等の適用対象となりませんでした。

② 特定の要件が満たす場合、老人ホームの終身利用権を取得した場合であっても、被相続人の居住の用に供されなくなった宅地等は、相続の開始の直前において被相続人の居住の用に供されていたものとして特例を適用することができるようになりました。

　※　改正前は、老人ホームの終身利用権を取得した場合、入所前の被相続人の居住用宅地等については、居住の用に供されていたものとして扱われませんでした。

平成27年1月1日以降の相続開始から適用　（平成25年度改正）

① 特定居住用宅地等に係る特例の適用対象面積が330㎡までの部分に拡充されました。

　※　改正前は、特定居住用宅地等に係る特例の適用対象面積は240㎡でした。

② 特例の対象として選択する宅地等の全てが特定事業用等宅地等及び特定居住用宅地等である場合には、それぞれの適用対象面積まで適用可能とされました（最大730㎡）。

　※　改正前は、特定事業用等宅地等及び特定居住用宅地等に係る特例の適用対象面積は調整計算が必要でした（最大330㎡）。→図表6-1-2

1 相続の概要
2 相続税の納税義務者
3 相続税の概要
4 相続税がかからない財産
5 相続税が課税される財産
6 課税財産の特例
7 相続財産に加算される贈与財産

平成30年4月1日以降の相続開始から適用　（平成30年度改正）

① 貸付事業用宅地等について、相続開始前3年以内に貸付けを開始した不動産については、対象から除外されることとなりました。ただし、事業的規模で貸付けを行っている場合は除かれます。

※ 改正前は、貸付事業用宅地等について、貸付開始期間の要件はありませんでした。

② 特定居住用宅地等の特例のうち、「3年内家なき子」の要件について、「相続開始前3年以内に、その者の3親等内の親族又はその者と特別な関係のある法人が有する国内にある家屋に居住したことがないこと及び相続開始時において居住の用に供していた家屋（国内・国外）を過去に所有していたことがないこと」とされました。

※ 改正前は、「相続開始前3年以内に日本国内にあるその人又はその人の配偶者の所有する家屋に居住したことがない者」でした。

平成31年4月1日以降の相続開始から適用　（平成31年度改正）

① 特定事業用宅地等の範囲から、相続開始前3年以内に新たに事業の用に供された宅地等が除外されることとなりました。ただし、被相続人が相続開始前3年以内に開始した相続又はその相続に係る遺贈により事業の用に供されていた宅地等を取得し、かつ、その取得の日以後その宅地等を引き続き事業の用に供していた場合におけるその宅地等については、被相続人が相続により取得した事業用宅地等の上で事業を営んでいた期間が3年未満の場合であっても特定事業用宅地等の範囲から除外されません。

② 個人の事業用資産についての納税猶予制度の創設に伴い、納税猶予制度と小規模宅地等の特例とは、選択制となりました。

令和2年4月1日以降の相続開始から適用　（平成31年度改正）

小規模宅地等の特例を受けるものとしてその全部又は一部の選択をしようとする宅地等が配偶者居住権の目的となっている建物の敷地の用に供される宅地等又は配偶者居住権に基づく敷地利用権の全部又は一部である場合には、その宅地等の面積は、その面積に、それぞれその敷地の用に供される宅地等の価額又はその敷地利用権の価額がこれらの価額の合計額のうちに占める割合を乗じて得た面積であるものとみなして計算をし、限度面積要件を判定します。

5　小規模宅地等の特例の申告手続き

(1)　相続税の申告期限までに遺産分割が成立している場合

　この特例は、原則として相続税の申告書の提出期限までに遺産分割されている宅地等でなければ適用を受けることはできません。また、この特例の対象となる宅地等を取得した相続人等が2人以上いる場合には、この特例の適用を受けようとする宅地等の選択についてその全員の同意が必要です。したがって、この特例の適用を受ける場合には、相続税の申告書に、この適用を受けようとする旨の記載及び計算に関する明細書等所定の書類を添付しなければなりません。具体的には次の書類になります（措法69の4⑥、措規23の2⑧）。

図表 6-1-15　小規模宅地の適用を受けるために添付する書類

特例区分		添付書類
共通		□ 申告書第11・11の２表の付表１ □ 申告書第11・11の２表の付表１（別表１） □ 遺産分割協議書※1の写し及び印鑑証明書又は遺言書の写し
特定居住用宅地等※3	配偶者	特になし
	同居親族	□ 当該親族が当該特定居住用宅地等である小規模宅地等を自己の居住の用に供していることを明らかにする書類※2
	同居親族以外の一定の親族	□ 相続開始前３年以内における住所又は居所を明らかにする書類（特例の適用を受ける人がマイナンバー（個人番号）を有する者である場合には提出不要です。） □ 相続開始前３年以内に居住していた家屋が、自己、自己の配偶者、三親等内の親族又は特別の関係がある一定の法人の所有する家屋以外の家屋である旨を証する書類 □ 相続開始の時において自己の居住している家屋を相続開始前のいずれのときにおいても所有していたことがないことを証する書類
	生計を一にする親族	□ 当該親族が当該特定居住用宅地等である小規模宅地等を自己の居住の用に供していることを明らかにする書類※2
特定事業用宅地等		特になし※4
	郵便局舎用宅地等	□ 総務大臣が交付した証明書
特定同族会社事業用宅地等		□ 法人の定款（相続の開始の時に効力を有するものに限ります。）の写し □ 相続開始の直前において、特定同族会社の発行済株式の総数又は出資の総額並びに措法第69条の４第３項第３号の被相続人及び当該被相続人の親族その他当該被相続人と政令で定める特別の関係がある者が有する当該法人の株式の総数又は出資の総額を記した書類（当該法人が証明したものに限ります。）

※１　当該書類に当該相続に係る全ての共同相続人及び包括受遺者が自署し、自己の印を押しているもの

※２　個人番号（マイナンバー）を有する場合は、提出不要。

※３　措令第40条の２第２項に掲げる事由（老人ホーム等施設入居）により相続の開始の直前において被相続人の居住の用に供されていなかった場合

　イ　当該相続開始の日以後に作成された当該被相続人の戸籍の附票の写し

　ロ　介護保険の被保険者証の写し又は障害者の日常生活及び社会生活を総合的に支援するための法律第22条第８項に規定する障害福祉サービス受給者証の写しその他の書類で、当該被相続人が当該相続の開始の直前において介護保険法第19条第１項に規定する要介護認定若しくは同条第２項に規定する要支援認定を受けていたこと若しくは介護保険法施行規則第140条の62の４第２号に該当していたこと又は障害者の日常生活及び社会生活を総合的に支援するための法律第21条第１項に規定する障害支援区分の認定を受けていたことを明らかにするもの

　ハ　当該被相続人が当該相続の開始の直前において入居又は入所していた措令40条の２第２項第１号イからハまでに掲げる住居若しくは施設又は同項第２号の施設若しくは住居の名称及び所在地並びにこれらの住居又は施設がこれらの規定のいずれの住居又は施設に該当するかを明らかにする書類

※４　法律上、申告書添付義務はありませんが、貸付事業用宅地については賃貸借契約書や不動産収支内訳書などの賃貸状況の事実がわかるものを添付します。

図表 6-1-16　未分割の場合に適用できない特例区分

区　分	主な相続税の特例
申告期限までに分割が成立していないと適用できない特例	・非上場株式等についての相続税の納税猶予（措法70の7の2） ・農地等についての相続税の納税猶予（措法70の6） ・非上場株式等についての相続税の納税猶予の特例（措法70の7の6） ・相続税の物納（相法41）
一定の手続き※をしておけば、申告期限後に分割が成立した後に適用できる特例	・配偶者に対する相続税額の軽減（相法19の2） ・小規模宅地等についての課税価格の計算の特例（措法69の4） ・特定計画山林についての課税価格の計算の特例（措法69の5） ・特定事業用資産についての相続税の課税価格の計算の特例（改正前の措法69の5）

※　申告書と一緒に「申告期限後3年以内の分割見込書」を提出する必要があります。
　　また、提出期限後3年を経過する日までに、相続又は遺贈に関する訴えの提起などのやむを得ない事由により分割されていない場合には、「遺産が未分割であることについてやむを得ない事由がある旨の承認申請書」をその提出期限後3年を経過する日の翌日から2か月以内に税務署長に提出する必要があります。

(2)　相続税の申告期限までに遺産分割が成立していない場合

　相続税の申告書の提出期限までに相続又は遺贈により取得した財産の全部又は一部が分割されていない場合において、その分割されていない財産を申告書の提出期限から3年以内に分割し、この特例の適用を受けようとする場合には「申告期限後3年以内の分割見込書」（記載例6-1参照）を相続税の申告書と一緒に提出します。

図表 6-1-17　提出期限から3年経過後に行うべき処理

区　分	処 理 の 概 要
提出期限から3年以内に分割された場合	遺産が分割された後にこの特例を適用した結果、納め過ぎの税金が生じた場合には、分割の日の翌日から4か月以内に更正の請求をして、納め過ぎの税金の還付を受け、納付した税金に不足が生じた場合には、修正申告書を提出します。
提出期限から3年以内に分割されなかった場合	提出期限後3年を経過する日までに、相続又は遺贈により取得した財産の全部又は一部が相続又は遺贈に関する訴えの提起などのやむを得ない事由により分割されていない場合には、「遺産が未分割であることについてやむを得ない事由がある旨の承認申請書」（記載例6-2参照）をその提出期限後3年を経過する日の翌日から2か月以内に相続税の申告書を提出した税務署長に対して提出する必要があります（この承認申請書の提出が期間内になかった場合には、この特例の適用を受けることはできません。）。 　この申請書を提出し、遺産が分割された後にこの特例を適用した結果、納め過ぎの税金が生じるときは、分割できることとなった日として定められた一定の日（判決の確定等訴訟の完結日等）の翌日から4か月以内に更正の請求をして、納め過ぎの税金の還付を受け、納付した税金に不足が生じる場合には、修正申告を提出します。

【記載例6-1】 申告期限後3年以内の分割見込書

この書類は、相続税の申告書の提出期限までに財産が分割されていない場合において、申告書の提出期限から3年以内に分割し、相続税の課税価格の計算の特例の適用を受けようとする場合に相続税の申告書に添付して所轄する税務署に提出します。

通信日付印の年月日	(確認)		名簿番号
年　月　日			

被相続人の氏名　中央　太朗

申告期限後3年以内の分割見込書

　相続税の申告書「第11表（相続税がかかる財産の明細書）」に記載されている財産のうち、まだ分割されていない財産については、申告書の提出期限後3年以内に分割する見込みです。
　なお、分割されていない理由及び分割の見込みの詳細は、次のとおりです。

1　分割されていない理由

遺産分割のために、未成年者(中央経)の特別代理人の選任を家庭裁判所に申し立てなければならず、申告期限までに審判が間に合わないため。

> 相続税の申告期限までに財産が分割されていない理由を記載します。

2　分割の見込みの詳細

家庭裁判所の審判が本年中に出る見込みであり、特別代理人が選任され次第、分割できる見込みである。

> 財産の分割の見込みの詳細を記載します。

> 該当する番号にすべて〇を付します。

3　適用を受けようとする特例等

① 配偶者に対する相続税額の軽減（相続税法第19条の2第1項）
② 小規模宅地等についての相続税の課税価格の計算の特例
　（租税特別措置法第69条の4第1項）
(3) 特定計画山林についての相続税の課税価格の計算の特例
　（租税特別措置法第69条の5第1項）
(4) 特定事業用資産についての相続税の課税価格の計算の特例
　（所得税法等の一部を改正する法律(平成21年法律第13号)による
　改正前の租税特別措置法第69条の5第1項）

（資4-21-A4統一）

税務署のチェックポイント
☑　この「申告期限後3年以内の分割見込書」は、相続税の申告期限までに提出されているか。

【記載例6-2】遺産が未分割であることについてやむを得ない事由がある旨の承認申請書

この書類は、申告期限後3年を経過する日後に相続税の特例の適用を受けるための手続書類で申告期限後3年を経過する日の翌日から2か月を経過する日までに提出します。

遺産が未分割であることについてやむを得ない事由がある旨の承認申請書

税務署
受付印

7 年 12 月 5 日提出

※欄は記入しないでください。

〒 102-0083
住所（居所）東京都千代田区麹町1-2-3

麹町 税務署長

申請者 氏名 中央 花子
（電話番号 03 － 1111 － 2222 ）

遺産の分割後、

- ◉配偶者に対する相続税額の軽減（相続税法第19条の2第1項）
- ・小規模宅地等についての相続税の課税価格の計算の特例
  （租税特別措置法第69条の4第1項）
- ・特定計画山林についての相続税の課税価格の計算の特例
  （租税特別措置法第69条の5第1項）
- ・特定事業用資産についての相続税の課税価格の計算の特例
  （所得税法等の一部を改正する法律（平成21年法律第13号）による改正前の租税特別措置法第69条の5第1項）

の適用を受けたいので、

遺産が未分割であることについて、

- ◉相続税法施行令第4条の2第2項
- ・租税特別措置法施行令第40条の2第23項又は第25項
- ・租税特別措置法施行令第40条の2の2第8項又は第11項
- ・租税特別措置法施行令等の一部を改正する政令（平成21年政令第108号）による改正前の租税特別措置法施行令第40条の2の2第19項又は第22項

に規定する

やむを得ない事由がある旨の承認申請をいたします。

遺産が分割できないやむを得ない理由を具体的に記載します。

1 被相続人の住所・氏名
　住 所 東京都千代田区麹町1-2-3　　　氏 名 中央 太朗

2 被相続人の相続開始の日　平成/令和 5 年 10 月 15 日

3 相続税の申告書を提出した日　平成/令和 6 年 8 月 10 日

4 遺産が未分割であることについてのやむを得ない理由

税務調査により、新たに判明した財産について遺産分割調停中のため

(注) やむを得ない事由に応じてこの申請書に添付すべき書類
① 相続又は遺贈に関し訴えの提起がなされていることを証する書類
② 相続又は遺贈に関し和解、調停又は審判の申立てがされていることを証する書類
③ 相続又は遺贈に関し遺産分割の禁止、相続の承認若しくは放棄の期間が伸長されていることを証する書類
④ ①から③までの書類以外の書類で財産の分割がされなかった場合におけるその事情の明細を記載した書類

○ 相続人等申請者の住所・氏名等

住 所 （ 居 所 ）	氏 名	続 柄

遺産が分割できないやむを得ない事由に応じて該当する番号を○で囲んで表示するとともに、その理由を明らかにする書類の写し等を添付します。

○ 相続人等の代表者の指定　　代表者の氏名＿＿＿＿＿＿＿＿＿＿＿＿

関与税理士		電話番号	

通信日付印の年月日	（確認）	名簿番号
※ 年 月 日		

（資4－22－1－A4統一）　　（令3.3）

税務署のチェックポイント

☑ この「遺産が未分割であることについてやむを得ない事由がある旨の承認申請書」は、申告期限後3年を経過する日の翌日から2か月を経過する日までに提出されているか。

☑ 遺産が未分割であることにつき、訴えの提起や調停、審判等のやむを得ない事由があるか。

1 相続の概要
2 相続税の納税義務者
3 相続税の概要
4 相続税がかからない財産
5 相続税が課税される財産
6 相続税の課税財産の特例
7 相続財産に加算される贈与財産

小規模宅地等の特例のチェックポイント

【共　通】

☐ 小規模宅地等の通路となっている共有私道について、特例の対象とならないと考えていないか。

　☞ 小規模宅地等の対象となる土地の維持・効用を果たすために必要不可欠な私道であれば、小規模宅地等の特例の対象となります。

☐ 相続開始年に被相続人から贈与を受けた土地について、贈与税の申告をしていないので、小規模宅地等の特例を適用できると考えていないか。

　☞ 小規模宅地等の特例が適用される財産は、相続又は遺贈により取得した財産に限られていますので、贈与税の申告の有無にかかわらず適用できません。

【特定居住用宅地等】

☐ 一棟の建物の敷地である宅地等のうち特定居住用宅地等に該当する部分が一部であるにもかかわらず、その宅地等全体について適用していないか。

　☞ 平成22年度改正（平成22年4月1日）以降は、特定居住用宅地等に該当する部分しか特例の適用がありません。→130頁の改正経緯を参照

☐ 国外に所在する居住用宅地等について、適用ができないと考えていないか。

　☞ 小規模宅地等の特例要件には、その宅地等の所在地が国内に限定されていませんので、適用要件を満たしている場合には、この特例を適用することができます。

☐ 配偶者が取得した特定居住用宅地等を申告期限前に売却した場合、適用できないと考えていないか。

　☞ 配偶者が取得した特定居住用宅地等については、申告期限まで所有や居住を継続するとの要件がありませんので、申告期限前に売却しても適用があります。

☐ 老人ホームに入所していた被相続人が要介護認定等の申請中に相続が開始した場合で、その被相続人の相続開始の日以後に要介護認定等があったときには、適用できないと考えていないか。

　☞ 要介護認定等はその申請のあった日にさかのぼってその効力が生ずることから、この特例を適用することができます。

【貸付事業用宅地】

☐ 被相続人所有の宅地等の上に被相続人と配偶者の共有の貸家がある場合、貸家建付地に該当する部分のみ貸付事業用宅地等の対象と考えていないか。

　☞ 配偶者の貸家部分に対応する宅地等については自用地評価となりますが、この自用地評価相当部分についても、貸付事業用宅地等の対象となります。

☐ 賃貸していたアパートのうち、相続開始の1か月前に空室となった部分については貸付事業用宅地等の対象にならないと考えていないか。

　☞ 空室となった直後から新規の入居者を募集しているなど、いつでも貸付可能な状態に空室が管理されている場合は、貸付事業用宅地等の対象となります。

☐ 月極駐車場は貸付事業用宅地等に該当しないと考えていないか。

　☞ 構築物がない、いわゆる青空駐車場については貸付事業用宅地等となりませんが、アスファル

ト等の構築物がある駐車場は対象となります。

【特定事業用宅地等】

☐ 被相続人が事業の用に供していた宅地等の取得者がその事業を承継して継続したが、その宅地等の一部を相続税の申告期限までに譲渡した場合、その事業を継続した部分も特定事業用宅地等に該当しないと考えていないか。

☞ 相続税の申告期限までに譲渡した部分については特定事業用宅地等に該当しませんが、事業を承継し、継続している部分の宅地等については、特定事業用宅地等に該当します。

【特定同族会社事業用宅地等】

☐ 特定同族会社の社宅として有償で貸し付けられていた被相続人所有の建物及びその敷地を相続により取得した相続人が、申告期限までに建替え工事に着手した場合、特定同族会社事業用宅地等に該当しないと考えていないか。

☞ 措通69の4-19の取扱いは、特定同族会社事業用宅地等の判定についても準用されており、特定同族会社の事業の用に供されると見込まれる場合には、特定同族会社事業用宅地等に該当します。

【手続き等】

☐ 小規模宅地等の特例は期限内申告でないと適用できないと考えていないか。

☞ 期限後申告及び修正申告であっても、この特例の適用を受ける旨を記載し、一定の書類を添付した場合は適用できます。

※ 小規模宅地等の特例の詳しい内容については、姉妹書の『小規模宅地等の特例判定チェックポイント』（中央経済社）をご覧ください。

1 相続の概要

2 相続税の納税義務者

3 相続税の概要

4 相続税がかからない財産

5 相続税が課税される財産

6 相続税の課税財産の特例

7 相続財産に加算される贈与財産

6-2 特定計画山林の特例

1 特定計画山林の特例の概要

　特定計画山林の特例とは、特定計画山林相続人等（下記2の(1)参照）が、相続、遺贈や相続時精算課税に係る贈与によって取得した特定計画山林（下記2の(2)参照）でこの特例の適用を受けるものとして選択したもの（以下「選択特定計画山林」といいます。）について、その相続、遺贈や贈与に係る相続税の申告期限まで引き続きその選択特定計画山林のすべてを有している場合には、相続税の課税価格に算入すべき価額の計算上、5％相当額を減額できる制度です（措法69の5①）。なお、被相続人から相続、遺贈や相続時精算課税に係る贈与により財産を取得したいずれかの人が、その被相続人から相続時精算課税に係る贈与により取得した一定の株式又は出資について平成21年改正前の租税特別措置法第70条の3の3第1項又は第70条の3の4第1項の規定の適用を受けていた場合には、この特例の適用を受けることはできません（措通69の5-18）。

2 特定計画山林の特例の適用要件

(1) 相続人等の要件

　適用対象者は、次の①又は②のいずれかの要件を満たす者（特定計画山林相続人等）

① **相続又は遺贈により特定森林施業対象山林を取得した個人で次の要件を満たす場合**

・当該被相続人の親族であること

・相続開始の時から相続税の申告期限まで引き続き選択特定計画山林である森林施業計画対象山林について市町村長等の認定を受けた森林施業計画に基づき施業を行っていること

・相続等により取得した選択特定計画山林について、相続開始の時から相続税の申告期限まで引き続きそのすべてを保有していること

② **特定受贈森林施業計画対象山林を贈与により取得した個人で次の要件を満たす場合**

・当該特定受贈森林施業計画対象山林に係る相続時精算課税適用者であること

・当該特定受贈森林施業計画対象山林に係る贈与の時から贈与者であった被相続人の相続に係る相続税の申告期限まで引き続き選択特定計画山林である森林施業計画対象山林について市町村長等の認定を受けた森林施業計画に基づき施業を行っていること

・贈与により取得した選択特定計画山林について、相続税の申告期限まで引き続きそのすべてを保有していること

(2) 特例対象財産の要件

　特例対象資産は、次の①又は②のいずれかの資産（特定計画山林）

① 被相続人が相続開始前に森林法第11条第4項の規定による市町村長の認定を受けた森林施業計画等が定められている区域内に存する立木又は土地等（「特定森林施業計画対象山林」といいます。）。

② 贈与者である被相続人から贈与を受ける前に市町村長の認定を受けた森林施業計画等が定められている区域内に存する立木又は土地等（「特定受贈森林施業計画対象山林」といいます。）。

3　特定計画山林の特例の申告手続き要件

この特例は、原則として相続税の申告期限までに遺産分割ができていなければ適用を受けることはできませんが、申告期限から３年以内に分割された場合等には適用を受けることができます（小規模宅地等の特例と同じです。）。

この特例の適用を受けるためには、相続税の申告書に所定の事項を記載するとともに下記の書類を添付しなければなりません。

> ☐ 申告書第11・11の２表の付表２、４
> ☐ 市町村長等の認定を受けた森林施業計画書の写し
> ☐ 森林施業計画書の認定書の写し
> ☐ 遺産分割協議書の写し及び印鑑証明書又は遺言書
> ☐ 戸籍謄本
> ☐ その他の財産の取得状況を証する書類

4　特定計画山林の特例と小規模宅地等の特例との関係

原則として相続又は遺贈により財産を取得したいずれかの者が、小規模宅地等の特例の適用を受ける場合には、この特例の適用を受けることはできません。したがって、２つの特例の適用要件を満たすときは、納税者がどちらかの特例を選択します。ただし、小規模宅地等として選択された宅地等の面積の合計が400㎡未満である場合には、次の算式により算出した価額に達するまでの部分について「特定計画山林についての相続税の課税価格の計算の特例」の適用を受けることができます。

$$A \times \frac{400㎡ - B}{400㎡}$$

A＝特定森林施業計画対象山林及び特定受贈森林施業計画対象山林の価額
B＝選択した小規模宅地等の面積

1 相続の概要
2 相続税の納税義務者
3 相続税の概要
4 相続税がかからない財産
5 相続税が課税される財産
6 相続税の課税財産の特例
7 相続財産に加算される贈与財産

7-1　相続時精算課税に係る贈与により取得した財産

　被相続人からの贈与について相続時精算課税を選択し、この制度に基づいて財産を取得している場合には、この制度に基づく贈与財産の価額（贈与時の価額）を、相続税の課税価格に加算して相続税額を計算します（贈与時に贈与税を納付している場合には贈与税額控除（☞182頁）を適用します。）。

【改正事項】

> 　令和6年1月1日以後、相続時精算課税適用者が特定贈与者から贈与により取得した財産に係るその年分の贈与税については、現行の基礎控除とは別途、特定贈与者に係る贈与税の課税価格から基礎控除110万円を控除（特定贈与者が複数の場合は110万円を贈与金額により按分）できることとされました。特定贈与者の死亡に係る相続税の課税価格に加算等をされる当該特定贈与者から贈与により取得した財産の価額は、上記の控除をした後の残額となります。
> 　なお、詳細については「令和5年度　相続税及び贈与税の税制改正のあらまし」（右QRコード）をご参照ください。

1　贈与税の概要

　贈与税は、個人からの贈与により財産を取得した個人（人格のない社団等を含みます。）にかかる税金です。相続や遺贈等により相続税の基礎控除額を超える財産を取得した場合には、その財産について相続税が課税されますが、生前に財産を移転してしまえば相続税を支払わなくても済みます。これでは相続税が設けられている意味がないため、相続税を補完する目的から贈与税が設けられています。

　贈与税には、原則的な課税方式である「暦年課税」と一定の要件を満たした場合に選択することができる「相続時精算課税」の2つがあります。

図表7-1-1　贈与税の課税方式の概要

区　分	暦年課税	相続時精算課税
適用対象者	個　人	贈与者の子又は孫（代襲相続人である孫等を含みます。）で、当該制度を選択しようとする年の1月1日において18※1歳以上の者
贈与者	個　人	上記の日において60歳以上の父母又は祖父母（相続時精算課税の特例※2を適用する場合を除きます。）
基礎控除	年110万円	な　し（令和6年1月1日からは年110万円）
特別控除	なし（配偶者控除は2,000万円）	贈与者ごとに累計2,500万円
課税価格	1月1日から12月31日までの1年間に受けた贈与財産の合計額	贈与者ごとに、左記期間に贈与を受けた財産の合計額
税　率	10%〜50%の累進税率	一律20%
申　告	基礎控除額を超える場合に申告必要	贈与を受けた場合には申告必要（令和6年1月1日からは申告不要）
届出要件	－	贈与者ごとに、最初の適用年分の贈与税の申告書の提出期限内に、「相続時精算課税選択届出書」と一定の書類を添付して税務署長に提出しなければならない

贈与者が死亡したときの相続税	相続財産を取得した場合は、相続開始前3年以内に贈与を受けた財産の価額を相続税の課税価格に加算する	相続財産の取得の有無を問わず、当該方式により贈与を受けたすべての財産の価額を相続税の課税価格に加算する

※1　令和4年3月31日以前の贈与については、20歳。

※2　相続時精算課税の特例とは、贈与対象物を住宅取得等資金（現金）で一定要件を満たすものに限定して、贈与者の年齢が60歳未満であっても相続時精算課税制度を選択することができる特例をいいます。この特例を選択した場合、その後の当該贈与者からの贈与については、相続時精算課税制度が継続適用されます。

2　相続時精算課税適用者の相続税の課税価格

　被相続人からの贈与について相続時精算課税を選択した者は、相続や遺贈によって財産を取得した場合でも、取得しない場合でも、相続時精算課税適用財産についてはすべて相続税の課税価格に加算して相続税の総額等を計算することとされています。

　相続税の課税価格に加算する額は、贈与財産の贈与時における価額（令和6年1月1日以後に災害によって一定の被害を受けた場合には、その相続税の課税価格への加算の基礎となるその土地又は建物の価額は、その贈与の時における価額から、その災害による被災価額を控除した残額）であり、贈与税の申告の際に適用した特別控除相当額を差し引く前の価額です。なお、この特別控除相当額には、平成15年〜平成21年までの特例1,000万円の住宅取得等資金の特別控除額を含み、「直系尊属から住宅取得等資金の贈与を受けた場合の贈与税の非課税」の特例適用額を除きます。

　したがって、相続時精算課税適用者で相続又は遺贈により財産を取得した者の相続税の課税価格は、相続又は遺贈により取得した財産の価額と相続時精算課税の適用を受けた贈与財産の贈与時の価額を合計した金額となり、相続時精算課税適用者で相続又は遺贈により財産を取得していない者（以下「特定納税義務者」といいます。）の相続税の課税価格は、相続時精算課税の適用を受けた贈与財産の贈与時の価額となります。

図表7-1-2　相続時精算課税適用者の相続税の課税価格

相続又は遺贈により取得した財産	+	被相続人から相続開始前3年以内に暦年課税により取得した財産	+	相続時精算課税により取得した財産	「直系尊属から住宅取得等資金の贈与を受けた場合の贈与税の非課税」（措法70の2）の特例適用額を除きます。

3　特定納税義務者の債務控除

　特定納税義務者は、相続時精算課税制度の適用を受けた財産を相続又は遺贈により取得したものとみなされます。この者が承継及び負担した債務控除は、次の区分に応じて次のとおりになります（相基通13-9）。

①　相続開始時において日本に住所を有する者である場合

　その者が負担した債務や葬式費用（相続開始時に確定しており控除することが認められているものに限ります。）は、債務控除として、相続時精算課税適用財産の価額から差し引くことができます。

②　相続開始時において日本に住所を有しない者である場合

　その者が負担した相続時精算課税適用財産に係る公租公課、その財産を目的とする質権又は抵当

1 相続の概要
2 相続税の納税義務者
3 相続税の概要
4 相続税がかからない財産
5 相続税が課税される財産
6 課税財産の特例
7 相続財産に加算される贈与財産

権で担保される債務等については、相続時精算課税適用財産の価額から控除することができます。

4　相続時精算課税適用者の相続開始前3年以内の贈与加算その他の規定

⑴　相続開始前3年以内の贈与加算の適用

　被相続人からの贈与について、相続開始前3年よりも前から相続時精算課税を選択している者は、暦年課税に係る相続開始前3年以内の贈与加算の適用はありません。

　ただし、相続開始前3年以内で、かつ相続時精算課税を適用する年分前に被相続人から贈与を受けている場合には、その贈与を受けた財産の価額（贈与時の価額）を相続税の課税価格に加算します。

図表7-1-3　相続時精算課税と相続開始前3年以内の生前贈与加算との関係

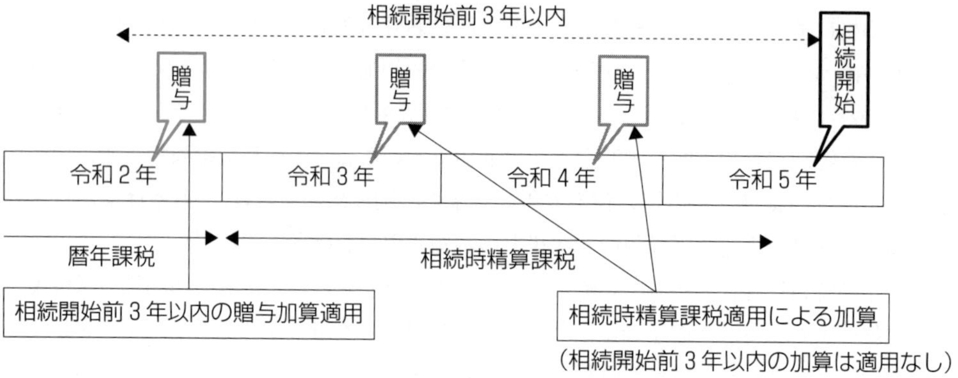

⑵　その他の規定

　相続時精算課税適用者であっても、基礎控除、相続税額の2割加算、贈与税額控除、未成年者控除（未成年者である相続人の扶養義務者である相続人が適用を受ける場合に限ります。）、障害者控除、相次相続控除、外国税額控除、相続時精算課税制度における贈与税額控除の各適用要件を満たしている場合には、これらの適用を受けることができます。

5　相続時精算課税における相続税の納税に係る権利又は義務の承継

⑴　相続時精算課税適用者が特定贈与者※よりも先に死亡した場合

　相続時精算課税適用者が特定贈与者よりも先に死亡した場合には、相続時精算課税適用者の相続人（包括受遺者を含み、特定贈与者を除きます。以下、5において同じ。）は、相続時精算課税適用者が有していた相続時精算課税を受けていたことに伴う納税に係る権利又は義務を承継します。なお、相続時精算課税適用者の相続人が2人以上いる場合には、各相続人が納税する税額又は還付を受ける税額については、法定相続分により按分した金額となります。

　※　特定贈与者とは、相続時精算課税選択届出書に係る贈与者をいいます（相法21の17①③）。

【参考資料※】相続時精算課税に係る贈与により取得した財産

☐　相続時精算課税適用者が特定贈与者よりも先に死亡した場合の納税に係る権利義務の承継

　　下図のとおり、特定贈与者Ｂより先に相続時精算課税適用者Ａ、Ａの子Ｃ及びＡの孫Ｅが死亡した場合、Ａが有していた相続時精算課税の適用を受けていたことに伴う納税に係る権利又は義務は、どのような割合で残された者（Ａの子Ｄ、Ａの孫Ｆ、Ａのひ孫Ｇ）に承継されるか。

（注）　Ａの相続人は子Ｃ及びＤ、子Ｃの相続人は孫Ｅ及びＦ、孫Ｅの相続人はひ孫Ｇのみとする。

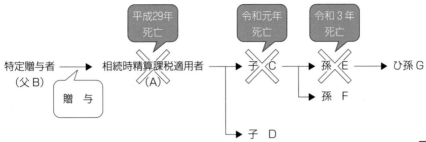

⇒　承継割合は、子Ｄ２分の１、孫Ｆ４分の１となり、ひ孫Ｇに承継される相続時精算課税の適用に伴う権利義務はない。

☐　相続時精算課税に係る相続の納税義務の承継等があった場合の相続税額の計算

　　下記の事実関係において、特定贈与者乙に係る相続税の申告で承継相続人である丙及び丁が納付すべき相続税額は、それぞれいくらか。

・甲は、令和２年に父乙よりＡ土地（贈与時の評価額１億円）の贈与を受け、その贈与につき相続時精算課税を適用し、贈与税額1,500万円を納付した。

・甲は、令和３年に死亡（相続人は子の丙及び丁のみ）したところ、相続財産はＡ土地のみであり、丙が単独で相続した（相続税額なし）。

・乙は、令和４年５月１日に死亡したところ、相続財産は現金１億500万円のみであり、代襲相続人である丙及び丁が代襲相続分（相続人は他にいない。）により相続した。

・乙の葬式費用は500万円であり、丙及び丁が250万円ずつ負担した。

・乙の相続開始日において、丙は16歳、丁は14歳であり、過去に未成年者控除の適用を受けたことはない。また、丙及び丁は、障害者ではない。

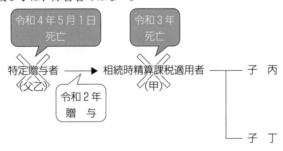

⇒　丙は900万円、丁は880万円となる。

※　（出典）東京国税局　資産税審理研修資料　令和４年８月

1 相続の概要

2 相続税の納税義務者

3 相続税の概要

4 相続税がかからない財産

5 相続税が課税される財産

6 相続税が課税財産の特例

7 相続財産に加算される贈与財産

⑵ 贈与により財産を取得した者が「相続時精算課税選択届出書」の提出前に死亡した場合

　贈与により財産を取得した者が「相続時精算課税選択届出書」を提出しないで死亡したときは、その死亡した者の相続人は、その相続の開始があったことを知った日の翌日から10か月以内に、その届出書をその死亡した者の死亡時の住所地の所轄税務署長に共同で提出することができます。これによりその届出書を提出した相続人は、死亡した者の相続時精算課税の適用を受けることに伴う納税に係る権利又は義務を承継します（相法21の18）。

6　贈与税の申告内容の開示

　相続又は遺贈により財産を取得した者は、他の共同相続人等が、被相続人から相続開始前3年以内に取得した財産や相続時精算課税の適用を受けた財産がある場合には、その財産の価額を相続税の課税価格に算入して相続税額を計算しなければなりません。

　しかし、他の共同相続人がその価額等を確認することができない場合には、被相続人の死亡の時における住所地の所轄税務署長に、他の共同相続人等に係る贈与税の申告書の開示請求をすることができます（相法49）。この開示請求によって開示されるのは、被相続人に係る相続の開始前3年以内に当該被相続人からの贈与により取得した財産の価額の合計額（贈与税の配偶者控除額を除きます。）と被相続人からの贈与により取得した財産で相続時精算課税の適用を受けたものの価額の合計額だけです。

　この場合、開示請求をした者の贈与に係る開示はされませんので、もしその確認が必要な場合は、共同相続人の他の者から開示請求を行うか申告書閲覧サービス制度等を活用する方法があります。

税理士のアドバイス　贈与税の申告内容の開示請求手続きがあります

　相続税の申告や更正の請求をしようとする者が、他の相続人等が被相続人から受けた、①相続開始前3年以内の贈与又は、②相続時精算課税制度適用分の贈与に係る贈与税の課税価格の合計額について開示を請求する場合の手続きがあります。
［添付書類］
1　全部分割の場合：遺産分割協議書の写し
2　遺言書がある場合：開示請求者及び開示対象者に関する遺言書の写し
3　上記以外の場合：開示請求者及び開示対象者に係る戸籍の謄（抄）本
　なお、送付による受領を希望する場合は、上記添付書類のほか、開示請求者の住民票の写し及び切手を貼った返信用の封筒を添付します。

「相続税法第49条第1項の規定に基づく開示請求書」の記載例

1 相続の概要
2 相続税の納税義務者
3 相続税の概要
4 相続税がかからない財産
5 相続税が課税される財産
6 課税財産の特例
7 相続財産に加算される贈与財産

> この書類は、被相続人からの贈与により取得した財産で、当該相続の開始前3年以内に取得したもの又は同法第21条の9第3項の規定を受けたものに係る贈与税の課税価格の合計額について開示請求する場合に提出します。

相続税法第49条第1項の規定に基づく開示請求書

麹町　税務署長　　　　　　　　　　　令和　年　月　日

【代理人記入欄】
住　所　東京都千代田区大手町1-1-1
氏　名　斉藤　正義
連絡先　03-1111-2222

開示請求者	住所又は居所（所在地）	〒 102-0083 東京都千代田区麹町1-2-3
	連絡先	※連絡先は日中連絡の可能な番号（携帯電話等）を記入してください。TEL（　　　）　　－
	フリガナ	チュウオウハナコ
	氏名又は名称	中央　花子
	個人番号	1 2 3 4 5 6 7 8 9 0 1
	生年月日	昭和16年3月10日　被相続人との続柄　妻

> 開示請求者が2人以上の場合、「相続税法第49条第1項の規定に基づく開示請求書付表」を作成します。

私は、相続税法第49条第1項の規定に基づき、下記1の開示対象者が平成15年1月1日以後に下記2の被相続人からの贈与により取得した財産で、当該相続の開始前3年以内に取得したもの又は同法第21条の9第3項の規定を受けたものに係る贈与税の課税価格の合計額について開示の請求をします。

1　開示対象者に関する事項

住所又は居所（所在地）	東京都港区南麻布 2-22-33
過去の住所等	
フリガナ	チュウオウジュンジ
氏名又は名称（旧姓）	中央　淳二
生年月日	平成10年10月10日
被相続人との続柄	孫

> 開示対象者が5人以上の場合、「相続税法第49条第1項の規定に基づく開示請求書付表」を作成します。

2　被相続人に関する事項

住所又は居所	102-0083 東京都千代田区麹町1-2-3
過去の住所等	
フリガナ	チュウオウタロウ
氏　名	中央　太朗
生年月日	昭和9年2月20日
相続開始年月日	平成・令和　5年10月15日

3　承継された者（相続時精算課税選択届出者）に関する事項

住所又は居所	
フリガナ	
氏　名	
生年月日	
相続開始年月日	平成・令和
精算課税適用者である旨の記載	上記の者は、　　　　　　　　者へ提出しています。

> 相続時精算課税適用者から納税に係る権利又は義務を承継したことにより開示の請求を行った場合において、その承継する者が2名以上いるときは「相続税法第49条第1項の規定に基づく開示請求書付表」を作成します。

4　開示の請求をする理由（該当する□に✓印を記入してください。）
相続税の　☑期限内申告　□期限後申告　□修正申告　□更正の請求　に必要なため

5　遺産分割に関する事項（該当する□に✓印を記入してください。）
□　相続財産の全部について分割済（遺産分割協議書又は遺言書の写しを添付してください。）
□　相続財産の一部について分割済（遺産分割協議書又は遺言書の写しを添付してください。）
□　相続財産の全部について未分割

6　添付書類等（添付した書類又は該当項目の全ての□に✓印を記入してください。）
□　遺産分割協議書の写し　□　戸籍の謄（抄）本　□　遺言書の写し　□　住民票の写し
☑　その他（　法定相続情報　　　　　　　　　　　　　　　　　　　　）
□　私は、相続時精算課税選択届出書を　　　　　　　　　署へ提出しています。

7　開示書の受領方法（希望される□に✓印を記入してください。）
□　直接受領（交付時に請求者又は代理人であることを確認するものが必要となります。）　□　送付受領（請求時に返信用切手、封筒及び住民票の写し等が必要となります。）

※　税務署整理欄（記入しないでください。）

番号確認	身元確認	確認書類		
	□済 □未済	個人番号カード ／ 通知カード・運転免許証 その他（　　　　　　　　　）	確認者	
委任の確認		開示請求者への確認（　・　・　） 委任状の有無　□有　□無（　）		

（資4－90－1－A4統一）（令3.6）

> 相続等により財産を取得したことを証する下記書類を提出します。
> ⑴　全部分割の場合：遺産分割協議書の写し
> ⑵　遺言書がある場合：開示請求者及び開示対象者に関する遺言書の写し
> ⑶　上記以外の場合：開示請求者及び開示対象者に係る戸籍の謄（抄）本

申告書等の記載手順
(相続時精算課税適用財産等の明細書)

手順1　被相続人である特定贈与者に係る情報を贈与税の申告書から第11の2表に転記します。

相続税申告書　第11の2表

手順1

手順2　相続時精算課税適用財産の課税価格を第1表の②欄と第15表㉛欄に、贈与税の合計額を第1表の⑰欄に転記します。

146

1 相続の概要
2 納税義務者
3 相続税の概要
4 相続税がかからない財産
5 相続税が課税される財産
6 課税財産の特例
7 相続財産に加算される贈与財産

相続税申告書　第1表

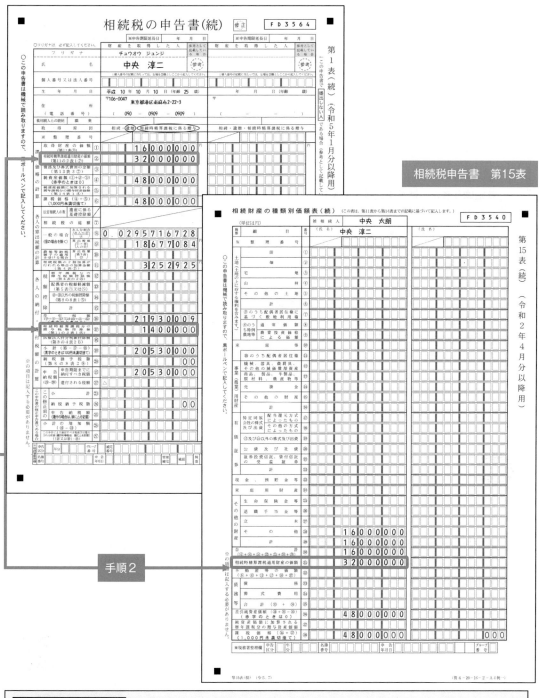

相続税の申告書（続）

相続税申告書　第15表

相続財産の種類別価額表（続）

手順2

税務署のチェックポイント

☑ 被相続人からの相続時精算課税適用財産及びその税額に誤りはないか。

☑ 特定贈与者からの贈与について贈与税の申告漏れはなかったか（令和6年1月1日以降は1年間に110万円を超える贈与）。

【質疑応答】 相続時精算課税に係る贈与により取得した財産

□　相続時精算課税適用者に係る相続税額の加算

養子A（甲の直系卑属である孫）は、甲から贈与を受けた財産について相続時精算課税の適用を受けていました。甲の死亡に係る相続税の計算において養子Aの相続税の課税価格に算入される当該相続時精算課税適用財産について、相続税額の加算の規定は適用されますか。

⇒ 相続時精算課税適用者であるAは、甲の直系卑属であり、かつ、甲の養子に当たる者ですから、相続時精算課税適用財産について相続税額の加算の規定が適用されます。なお、この場合において、Aの直系尊属が甲の死亡前に死亡し、又は相続権を失ったため、Aが代襲して甲の相続人となっている場合には、相続税額の加算の規定は適用されません。

□　相続時精算課税適用財産について評価誤り等が判明した場合の相続税の課税価格に加算される財産の価額

特定贈与者から贈与を受けた財産に係る贈与税の期限内申告書に記載された課税価格について、申告期限後に、申告漏れ財産を把握したことや申告した財産について評価誤りがあったため、修正申告等により増額した場合、又は申告した財産について評価誤りがあったため、更正の請求等により減額した場合には、当該修正申告等により増額された課税価格、又は更正の請求等により減額された課税価格が相続税の課税価格に加算される財産の価額となることでよいでしょうか。

また、（増額又は減額）更正をすることができなくなった贈与税の期限内申告書に記載された課税価格について、申告した財産について評価誤りがあったことが判明した場合には、当該贈与税については更正をすることはできませんが、当該評価誤りを是正した後の当該財産に係る贈与の時における価額が相続税の課税価格に加算される財産の価額となることでよいでしょうか。なお、この場合、相続税額から控除される贈与税相当額は、課せられた贈与税相当額となることでよいでしょうか。

⇒ 相続税の課税価格に加算される財産の価額は、贈与税の期限内申告書に記載された課税価格に誤りがあれば、先ずは修正申告等により是正した後の価額が相続税の課税価格に加算される財産の価額となります。

また、当該贈与税については更正をすることはできなくなった場合も、当該贈与税の課税価格計算の基礎に算入される評価誤りを是正した後の当該財産に係る贈与の時における価額が相続税の課税価格に加算される財産の価額となります。なお、この場合、相続税額から控除される贈与税相当額は、課せられた贈与税相当額となります（相法21の15③）。

□　特定贈与者から贈与を受けた財産について遺留分侵害額の請求に基づき支払うべき金銭の額が確定した場合の課税価格の計算

特定贈与者から贈与を受けた財産について遺留分侵害額の請求に基づき支払うべき金銭の額が確定した場合、当該贈与財産の価額は、特定贈与者の死亡に係る相続税の計算において相続時精算課税適用者の相続税の課税価格に算入しなくてもよいですか。

⇒ 特定贈与者から贈与を受けた財産について遺留分侵害額の請求を受け、その支払うべき金銭の額が確定した場合、既に申告した贈与税については更正の請求をすることによりその財産の価額から次に掲げる算式により求めた価額を控除したところで減額更正されることとなります。また、特定贈与者の死亡に係る相続税の計算において相続時精算課税適用者の相続税の課税価格に算入される財産の価額は、減額更正後の価額となります。

（算式）

$$
\boxed{\begin{array}{c}\text{遺留分侵害額の請求に基づき}\\\text{支払うべき金銭の額}\end{array}} \times \frac{\begin{array}{c}\text{遺留分侵害額の支払の請求の基因となった相続時精算}\\\text{課税適用財産の贈与の時における価額（相続税評価額）}\end{array}}{\begin{array}{c}\text{遺留分侵害額の支払の請求の基因となった相続時精算}\\\text{課税適用財産の遺留分侵害額の決定の基となった相続}\\\text{開始の時における価額（時価）}\end{array}}
$$

1 相続の概要

2 相続税の納税義務者

3 相続税の概要

4 相続税がかからない財産

5 相続税が課税される財産

6 相続税の課税財産の特例

7 相続財産に加算される贈与財産

7-2　相続開始前3年以内に被相続人から贈与を受けた財産

1　相続開始前3年以内に被相続人から暦年課税に係る贈与によって取得した財産

　相続や遺贈によって財産を取得した人（みなし相続財産を取得した人を含みます。）が、その相続の開始前3年以内にその被相続人から暦年課税に係る贈与によって財産を取得している場合（以下、この章において相続開始前3年以内の贈与とは被相続人からの暦年課税に係る贈与をいいます。）には、その贈与財産（非課税財産※を除きます。）の価額（贈与時の価額）を、相続税の課税価格に加算して相続税額を計算します（贈与時に贈与税を納付している場合には贈与税額控除（☞182頁）を適用します。）。

　　※　相続加算の対象から除く贈与財産（非課税財産）とは、次のようなものをいいます。
　　①　贈与税の配偶者控除の特例の適用を受ける財産のうち、その配偶者控除額に相当する金額
　　②　直系尊属から贈与を受けた住宅取得等資金のうち、非課税の適用を受けた金額
　　③　直系尊属から一括贈与を受けた教育資金のうち、非課税の適用を受けた金額
　　　　なお、贈与者死亡時の管理残額については、相続等により取得したものとみなして、相続税の課税価格に加算される場合があります。
　　④　直系尊属から一括贈与を受けた結婚・子育て資金のうち、非課税の適用を受けた金額
　　　　なお、贈与者死亡時の管理残額については、相続等により取得したものとみなして、相続税の課税価格に加算される場合があります。

【改正事項】

　令和6年1月1日以後、暦年課税において贈与を受けた財産を相続財産に加算する期間を相続開始前3年間から7年間に延長し、延長した4年間に受けた贈与のうち総額100万円までは相続財産に加算しません。

【改正後の加算算式】

　相続開始前3年間の贈与財産額　＋　（延長された4年間の贈与財産額　－　100万円）※

　※　カッコ内の計算額がマイナスの場合は0として計算します。

　ただし、相続開始前3年以内に、被相続人からその配偶者が居住用不動産又はその購入資金を贈与により取得し、「贈与税の配偶者控除」の適用を受けた場合には、その財産の価額（最高2,000万円まで）については、相続税の課税価格に加算されません。

　また、「直系尊属から住宅取得等資金の贈与を受けた場合の贈与税の非課税」の特例の適用を受けた贈与が相続開始前3年以内に該当しても、相続税の課税価格に加算されません。

図表7-2-1　相続開始前3年以内に贈与を受けた者の相続税の課税価格

| 相続又は遺贈により取得した財産 | ＋ | 被相続人から相続開始前3年以内に暦年課税により取得した財産 | 「贈与税の配偶者控除」（相法21の6）の適用を受けた財産、「直系尊属から住宅取得等資金の贈与を受けた場合の贈与税の非課税」（措法70の2）の特例適用額を除きます。 |

　この「相続開始前 3 年以内」とは、その相続の開始の日からさかのぼって 3 年目の応答日から当該相続の開始の日までの間をいいます。

図表 7 - 2 - 2　相続時精算課税と相続開始前 3 年以内の生前贈与加算との関係

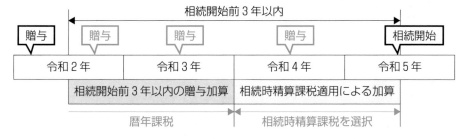

2　注意すべき事項

(1)　相続開始前 3 年以内に被相続人からの贈与により財産を取得した者が、相続又は遺贈により財産を取得しなかった場合には、この規定（「相続開始前 3 年以内の生前贈与加算」といいます。）の適用はありません。ただし、相続放棄をした者がみなし相続財産となる死亡保険金等を取得した場合には、遺贈により財産を取得したことになるため、相続開始前 3 年以内の贈与がある場合には、当該贈与財産の価額は相続税の課税価格に加算します。

(2)　相続開始前 3 年以内の贈与により取得した財産には、基礎控除額以下のため贈与税の申告をしなかった財産も含まれます。

(3)　相続開始時において日本に住所があり無制限納税義務者（☞49頁）に該当する者が、相続開始前 3 年以内に制限納税義務者（☞49頁）であった場合、その期間に被相続人から贈与により日本国外に所在する財産を取得し贈与税の課税価格に算入されなかったものについては、相続税の課税価格にも加算されません。

(4)　相続開始前 3 年以内の贈与により取得した財産の価額を相続税の課税価格に加算した場合でも、その加算した贈与財産の価額から債務控除をすることはできません（各人の債務控除は各人の相続又は遺贈により取得した財産の価額から控除し、控除しきれない部分は切捨てとなります。）。

(5)　相続開始年分に被相続人からの贈与により居住用不動産又はその購入資金を取得し、贈与税の配偶者控除の適用要件を満たしている場合には、次のいずれかを選択することができます（相続税がかかる場合には通常、①を選択したほうが有利です。）。

①　相続税申告書に贈与を受けた居住用不動産又はその購入資金の価額を贈与税の課税価格に算入する旨等を記載し、かつ贈与税の申告書を提出する場合

　　贈与税の配偶者控除の適用を受けることになり、最高2,000万円部分は相続税の課税価格に加算されません。

②　贈与税の配偶者控除の適用を受けない（相続税の申告書に一定の記載をしない）場合

　　相続開始年分の被相続人からの贈与となりますので、贈与により取得した居住用不動産又はその購入資金の価額を相続税の課税価格に加算します（贈与により財産を取得した配偶者が相続又は遺贈により財産を取得している場合に限ります。）。

151

申告書等の記載手順（暦年贈与加算の明細書）

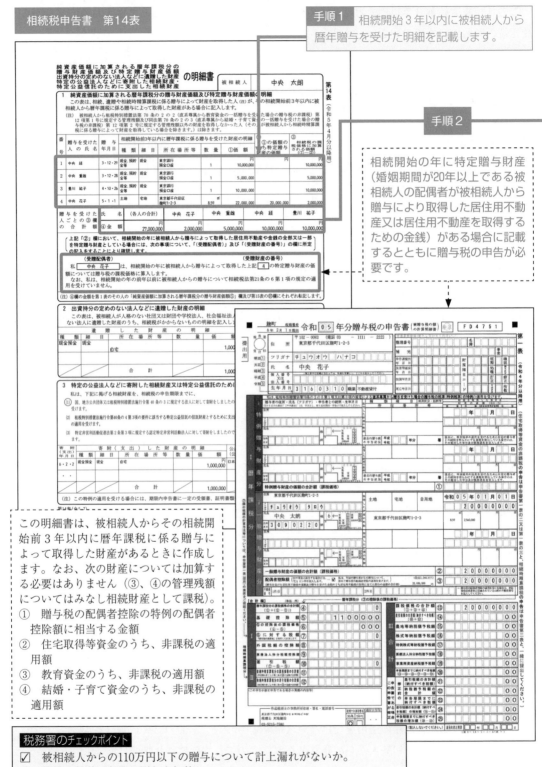

相続開始3年以内に被相続人から暦年贈与を受けた明細を記載します。

相続開始の年に特定贈与財産（婚姻期間が20年以上である被相続人の配偶者が被相続人から贈与により取得した居住用不動産又は居住用不動産を取得するための金銭）がある場合に記載するとともに贈与税の申告が必要です。

この明細書は、被相続人からその相続開始前3年以内に暦年課税に係る贈与によって取得した財産があるときに作成します。なお、次の財産については加算する必要はありません（③、④の管理残額についてはみなし相続財産として課税）。
① 贈与税の配偶者控除の特例の配偶者控除額に相当する金額
② 住宅取得等資金のうち、非課税の適用額
③ 教育資金のうち、非課税の適用額
④ 結婚・子育て資金のうち、非課税の適用額

税務署のチェックポイント
☑ 被相続人からの110万円以下の贈与について計上漏れがないか。
☑ 相続開始前3年間の贈与を加算しているか。
☑ 相続開始の年に特定贈与財産がある場合に贈与税の申告をしているか。

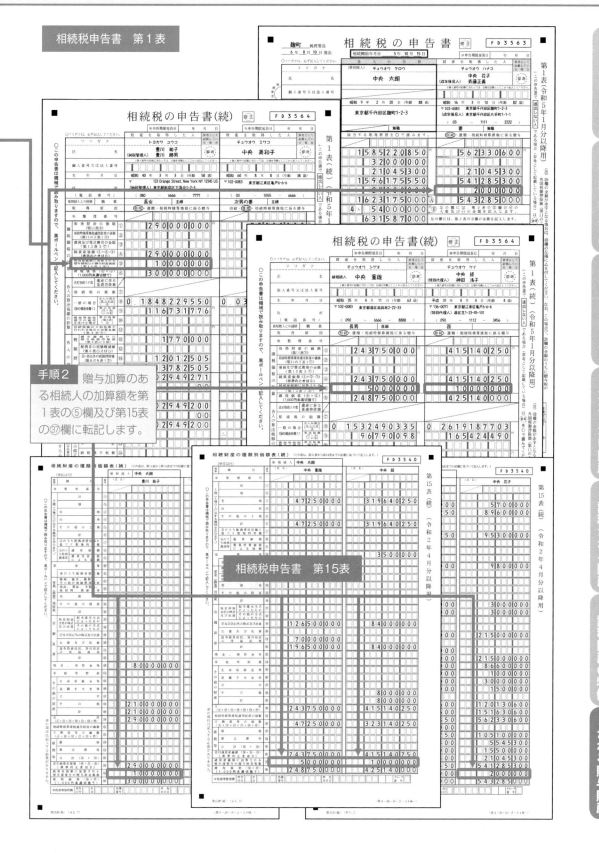

相続税申告書　第1表

手順2　贈与加算のある相続人の加算額を第1表の⑤欄及び第15表の㊲欄に転記します。

相続税申告書　第15表

課税価格に算入される贈与のチェックポイント

【相続開始前3年以内の贈与加算の特例】

☐ 相続の開始前3年以内に被相続人から贈与により取得した財産を相続税の課税価格に加算したか。

   ☞ 相続又は遺贈により財産を取得した者が、当該相続の開始前3年以内に被相続人から贈与により財産を取得した場合においては、当該贈与により取得した財産の価額を相続税の課税価格に加算した価額を相続税の課税価格とみなします（相法19）。

☐ 被相続人から相続又は遺贈により財産を取得しなかったのに、相続の開始前3年以内に被相続人から贈与により取得した財産の価額を相続税の課税価格に加算していないか。

   ☞ 相続開始前3年以内に被相続人からの贈与により財産を取得した者（当該被相続人を特定贈与者とする相続時精算課税適用者を除きます。）が被相続人から相続又は遺贈により財産を取得しなかった場合においては、その者については相続財産の3年以内加算の規定の適用がありません（相通19-3）。

☐ 相続開始前3年以内に被相続人を特定贈与者とする相続時精算課税を選択した者について、相続時精算課税適用財産以外に相続開始前3年以内に被相続人から贈与により取得した財産がないか。

   ☞ 被相続人を特定贈与者とする相続時精算課税適用者については、相続税法第21条の16の規定により、相続時精算課税の適用を受ける財産を相続又は遺贈により取得したものとみなされることから、被相続人から相続又は遺贈により財産を取得しなかった場合であっても、相続時精算課税の選択前に被相続人から受けた贈与財産については、相続財産の3年以内加算の規定の適用があります（相基通19-11）。

☐ 生命保険金や退職金等のみなし相続財産（☞94頁）しか取得しなかった者については、相続財産の3年以内加算の規定の適用がないと考えていないか。

   ☞ 相続税法第19条の「相続又は遺贈により財産を取得した場合」とは、相続税法の規定（相法3）により相続又は遺贈により財産を取得した者とみなされる場合も含まれますので、生命保険金や退職金等のみなし相続財産しか取得しなかった者についても相続財産の3年以内加算の規定の適用があります。

☐ 相続の開始前3年以内に被相続人から贈与により取得した財産の価額を相続開始時の価額としていないか。

   ☞ 相続税の課税価格に加算される財産の価額は、相続開始時における価額ではなく、当該財産に係る贈与の時における価額によります（相基通19-1）。

☐ 被相続人から相続の開始前3年以内に取得した特定贈与財産を相続税の課税価格に加算していないか。

   ☞ 相続又は遺贈により財産を取得した者が相続の開始前3年以内に被相続人から贈与により財産を取得したことがある場合においては、当該贈与により取得した財産の価額を相続税の課税価格に加算しますが、特定贈与財産はこの加算の対象から除かれています（相基通19-9）。

☐ 贈与税の制限納税義務者（☞49頁）が、被相続人から相続開始前3年以内に贈与により取得した海外財産（法施行地外にある財産）を相続税の課税価格に加算していないか。

   ☞ 相続税法第19条の「贈与により取得した財産」とは、贈与税の課税価格の計算に算入されるも

のに限られます。また、贈与税の制限納税義務者が海外財産を贈与により取得した場合には贈与税の課税価格に算入しないことから（相法21の2）、当該財産の価額を相続税の課税価格に加算する必要はありません。なお、当該贈与を受けた者が相続の開始した時に相続税の無制限納税義務者に該当する場合であっても、制限納税義務者の時に受けた海外財産については3年以内生前贈与加算の規定の適用はありません（相基通19−4）。

□　**相続開始前3年以内に贈与によって取得した財産の価額を相続税の課税価格に加算した場合、その加算した財産の価額から債務や葬式費用を控除（債務控除）していないか。**

☞　相続税法第19条の規定により相続開始前3年以内に贈与によって取得した財産の価額を相続税の課税価格に加算した場合において、その加算した財産の価額からは債務控除（相法13）をすることはできません（相基通19−5）。

税理士のアドバイス　相続開始年中の贈与と申告手続き

　死亡した者（以下「被相続人」といいます。）が相続時精算課税制度の特定贈与者である場合又は特定贈与者でない場合における、受贈者である相続人の贈与税及び相続税の申告手続きは次のとおりとなります。

1　特定贈与者である被相続人から贈与を受けている場合
①　原則として、贈与税の申告は不要ですが、被相続人から贈与を受けた財産は相続により取得したものとみなされます（相法21の15）から、その財産の贈与時の価額を相続税申告書の第11表に被相続人から贈与を受けた財産の明細書を記載します。
②　相続時精算課税適用前に被相続人から贈与を受け、それが相続開始から3年以内である場合は、相続時精算課税適用前の贈与については、贈与加算の対象となり、その手続きは次の2のとおりです。
③　相続開始年に贈与を受け、その贈与について相続時精算課税制度を適用する場合も同様で、この場合は、贈与税の申告をする必要はありません（ただし、上記②に注意）が、相続時精算課税に係る選択届出書を贈与税の申告を管轄する税務署長に提出します。

2　特定贈与者でない被相続人から贈与を受けた場合
①　相続財産を取得する場合は、相続税申告書の第14表にその明細を記載して申告しますが、当該贈与に係る贈与税の申告は不要です。
②　相続財産を取得しない場合は、贈与税の対象となります。

8-1　債務控除

1　債務控除の概要

相続（相続人に対する遺贈を含みます。）又は包括遺贈により財産を取得した者[※1、2]が無制限納税義務者[※3]である場合においては、相続又は遺贈により取得した財産[※4]の価額から次に掲げるものの金額のうちその者の負担に属する部分の金額を控除します（相法13①④）。

① 被相続人の債務[※5]で相続開始の際現に存するもの（公租公課を含みます。）
② 被相続人に係る葬式費用
③ 特別寄与者に係る課税価格に算入した特別寄与料（相法13④）

また、相続（相続人に対する遺贈を含みます。）又は包括遺贈により財産を取得した者が制限納税義務者[※6]である場合においては、相続又は遺贈により取得した財産の価額から被相続人の債務で次に掲げるものの金額のうちその者の負担に属する部分の金額を控除します（相法13②④）。

① その財産に係る公租公課
② その財産を目的とする留置権、特別の先取特権、質権又は抵当権で担保される債務
③ その財産の取得、維持又は管理のために生じた債務
④ その財産に関する贈与の義務
⑤ 被相続人が死亡の際この法律の施行地に営業所又は事業所を有していた場合においては、当該営業所又は事業所に係る営業上又は事業上の債務
⑥ 特別寄与者に係る課税価格に算入した特別寄与料（相法13④）[※7]

※1　相続人又は包括受遺者に該当する相続時精算課税の適用者を含みます（相基通13-9）。
※2　相続を放棄した者及び相続権を失った者（相続欠格事由に該当する相続人、廃除された相続人）が特定遺贈により財産を取得した場合には、債務控除の適用はありませんが、その者が現実に被相続人の葬式費用を負担した場合は、その者の遺贈によって取得した財産の価額から控除しても差し支えありません。
※3　相続税法第1条の3第1項第1号又は第2号の規定に該当する者
※4　非課税財産となる墓所、霊びょう及び祭具並びにこれらに準ずる財産、当該公益を目的とする事業の用に供することが確実な財産（相続税法第12条第1項第2号又は第3号）の取得、維持又は管理のために生じた債務の金額は、控除金額に算入しませんが、課税価格に算入された場合においては、債務控除できます（相法13③）。
※5　債務は、確実と認められるものに限ります（相法14）。
※6　相続税法第1条の3第1項第3号又は第4号の規定に該当する者
※7　特別寄与者が制限納税義務者に該当する場合、支払いを受けるべき特別寄与料が法第10条の規定により法施行地外にあるものとされるときは、当該特別寄与料の額は当該特別寄与者に係る相続税の課税価格に算入されないことから、相続人が支払う当該特別寄与料について、債務控除の適用はありません（相基通13-8の2）。

図表 8-1-1　納税義務者区分別の債務控除の範囲

納税義務者区分		債務控除の範囲
相続人 包括受遺者 相続時精算課税適用者※1、2	無制限 納税義務者	・被相続人の債務で相続開始の際に現に存するもの ・被相続人に係る葬式費用 ・特別寄与者に係る課税価格に算入した特別寄与料
	制限 納税義務者	・国内財産に係る公租公課 ・国内財産を目的とする留置権、特別の先取特権、質権又は抵当権で担保される債務 ・その財産の取得、維持又は管理のために生じた債務 ・その財産に関する贈与の義務 ・被相続人が日本国内に営業所又は事業所を有していた場合における、その営業上又は事業上の債務※3 ・特別寄与者に係る課税価格に算入した特別寄与料
特定受遺者※4	相続放棄者、相続権を失った者　無制限納税義務者	・被相続人に係る葬式費用
	相続放棄者、相続権を失った者　制限納税義務者	・なし
	上記以外の者　無制限納税義務者	・なし
	上記以外の者　制限納税義務者	・なし

※1　相続人又は包括受遺者に該当しない相続時精算課税適用者は、該当しません（相基通13-9）。
※2　相続又は遺贈により財産を取得しなかった相続時精算課税適用者は、相続開始の時において国内に住所を有する者である場合には債務を控除できますが、国内に住所を有しない者である場合には取得した国内財産からしか債務控除できません（相基通13-9）。
※3　源泉徴収した所得税等で相続開始の際に未納であったもの並びに当該営業所等において生じた消費税、揮発油税及び地方揮発油税、酒税等で相続開始の際に未納であったものを含みます（相基通13-8）。
※4　特定受遺者のうち、特定受遺を受けた相続人を除き、相続を放棄した者又は相続権を失った者でみなし相続財産を取得した者を含みます。

2　債務控除できる債務の範囲

　被相続人に係る債務で控除対象となるものは、相続開始の際、現に存するもので確実と認められているものに限られていますが、必ずしも書面の証拠があることを必要としないものとされています。なお、債務の金額が確定していなくても当該債務の存在が確実と認められるものについては、相続開始当時の現況によって確実と認められる範囲の金額だけを控除できます（相基通14-1）。

(1)　債務として控除できるもの

①　固定資産税

　亡くなった年の固定資産税については1月1日時点で納税義務が確定していますので、亡くなった年に係る固定資産税の全額が、相続税の債務控除の対象になります。

　なお、前年分の固定資産税の納期限（第4期分）が到来する前（2月以前頃）に亡くなった場合は、前年分の未納の固定資産税（第4期分）も債務控除の対象になります。

⑧　相続財産から差し引かれる債務・葬式費用

⑨　各相続人の相続税額の計算

⑩　税額控除

⑪　相続税の申告と納税

⑫　修正申告

⑬　更正の請求

⑭　相続に関連する税務手続き

② 事業税

前年の確定申告により負担すべき事業税額は相続税の申告では債務控除の対象になります。

また、死亡した年の準確定申告によって生じる事業税額についても相続税の申告では債務控除の対象になります（309頁の「事業税の見込額の計算例」参照）。

図表 8 - 1 - 2　債務として控除できるもの

①　借入金、未払金、買掛金、支払手形、
②　預り金、預り敷金、保証金等（返還しなければならないもの）※1
③　定期借地権設定契約において預託された保証金※2（平成16年10月19日裁決）
④　未払医療費、未払介護費用、介護施設未精算金
⑤　未払の公租公課（相続人等の責めに帰すべき事由により納付等することとなるものを除きます。）
⑥　死亡後に確定した被相続人の公租公課（準確定申告に係る所得税・消費税、相続開始年度分の固定資産税、住民税、事業税、不動産取得税）
⑦　被相続人が加害者であった場合の被害者に支払う損害賠償金（被相続人の過失責任によるもの）
⑧　一定の要件を満たす保証債務※3
⑨　被相続人が雇用していた従業員（青色事業専従者を除きます。）に対し、相続人が事業を承継せず事業を廃止したことにより支払った退職金（国税庁質疑応答）※4
⑩　被相続人が合名会社、合資会社の無限責任社員である場合において、被相続人の負担すべき持分に応ずる会社の債務超過額
⑪　クレジットカードの未精算金
⑫　契約上の支払期日が到来していない前受家賃等

※1　「ビルの賃貸に際し、賃借人から預託を受けた保証金債務は、形式上長期かつ無利息等であるが、本件保証金の利息と賃貸ビルの賃貸料の額の一部とを相殺して約定されているものであり、経済的利益の額はないものと認められる（昭和57年 6 月14日裁決）」。

※2　無利息債務の相続開始時の評価額は、通常の利率と弁済期までの年数から求められる複利現価率を用いて相続開始時現在の経済的利益の額を控除した金額とします。

※3　主たる債務者が弁済不能の状態にあり、保証債務者がその債務を履行しなければならない場合で、かつ、主たる債務者に求償して返還を受ける見込みがない場合に限り、主たる債務者が弁済不能の部分の金額を控除することができます（相基通14- 3 ）。

※4　なお、退職金の債務控除を認めなかった裁決例には、「被相続人のもとで事業に従事していた相続人が、その事業を引き継いだ後において、被相続人が経営していた当時の退職金として相続人及び従業員に支給することとした金員は、被相続人当時には退職給与規定もなく、かつ、従業員が退職した事実も認められないので、相続開始時における被相続人の債務として確定していたものではないから、当該金員は相続財産から控除できる債務ではない」（昭和48年11月28日裁決）としたものがあります。

(2)　債務として控除できないもの

図表 8 - 1 - 3　債務として控除できないもの

①　団体信用生命保険付住宅ローン※1（昭和63年 4 月 6 日裁決）
②　墓地、仏壇等の購入未払金又はこれに係る借入金（相基通13- 6 ）
③　墓所、霊びょう及び祭具並びにこれらに準ずる財産、公益を目的とする事業の用に供する財産（非課税財産）の取得、維持又は管理のために生じた債務（相法13③）
④　個人の公益事業用財産（非課税財産に該当するもの）に係る債務
⑤　保証債務及び連帯債務（上記「債務となるもの」の⑧を除きます。）（相基通14- 3 ）
⑥　相続財産に関する費用（相基通13- 2 ）
⑦　相続財産の確保のための訴訟費用（東京地裁　昭和46年 6 月17日）
⑧　遺言執行費用（平成 1 年12月27日裁決）

⑨ 相続に係る弁護士・税理士費用

⑩ 特別寄与者が制限納税義務者に該当する場合において、特別寄与者に係る相続税の課税価格に算入されない相続人が支払う当該特別寄与料（相基通13-8の2）

⑪ 特定遺贈により財産を取得した内縁の妻が負担した被相続人の債務（相法13）※2

⑫ 制限納税義務者が負担した被相続人の葬式費用（相法13）

⑬ 仮差押えされている物件を相続した制限納税義務者が負担した被相続人の損害賠償債務（東京地裁平成22年7月2日）

⑭ 相続の開始の時において、既に消滅時効の完成した債務（相基通14-4）

⑮ 限定承認した相続人が本来の相続財産の価額を超える債務を負担した金額

⑯ 契約上の支払期日が到来している前受家賃等、定期借地権の前受収益

⑰ 土地区画整理事業で見込まれる減歩部分に相当する金額（昭和52年2月24日裁決）

⑱ 林道工事に係る受益者負担金（平成3年12月2日裁決）

⑲ ファイナンスリース契約に基づく支払期日未到来の期間に係るリース料及びリース期間終了後に支払うべき譲渡代金の合計額（平成20年4月22日裁決）

※1 住宅ローンの返済途中で債務者が死亡した場合に、債務者に代わって生命保険会社が住宅ローン残高を支払う保険契約（昭和44年5月26日 申告所得税関係個別通達「団体信用保険に係る課税上の取扱いについて」）

※2 負担した債務が負担付遺贈に該当する場合には債務控除の適用はないが、財産の価額は、負担額を控除した価額によるものとされています（相基通11の2-7）。

【質疑応答】債務控除

☐ 加害者が死亡した場合における損害賠償金についての債務控除

被相続人が運転する自動車で交通事故を起こし、被相続人は即死し、同乗していた被相続人の配偶者の妹は現在入院加療中です。そこで、配偶者は、妹に対して見舞金、治療費などとして300万円を支払いましたが、この金額は、相続税の計算上債務として控除できますか。

⇒ 見舞金が損害賠償責任の範囲内のものと認められるときには、債務控除できます。

☐ 被相続人が雇用していた従業員を相続開始後に解雇し退職金を支払った場合の債務控除

個人事業者が店舗焼失と同時に亡くなりました。相続人は、事業基盤がなくなったことから、その事業を承継せず、被相続人が雇用していた従業員を解雇し、退職金を支払いました。この場合の退職金は、相続税の課税価格の計算上債務として控除できますか。

⇒ 支給された退職金は、被相続人の生前事業を営む期間中の労務の対価であり、債務控除できます。

☐ 合名会社等の無限責任社員の会社債務についての債務控除の適用

会社財産をもって会社の債務を完済することができない状態にあるときにおいて、無限責任社員が死亡しました。この場合、その死亡した無限責任社員の負担すべき持分に応ずる会社の債務超過額は、相続税の計算上、被相続人の債務として相続税法第13条の規定により相続財産から控除することができますか。

⇒ 被相続人の債務として控除できます。

☐ 限定承認をした後に退職手当金が支給された場合の債務控除

被相続人の消極財産（債務）の価額が積極財産の価額を上回るため、相続人は限定承認を行いましたが、その後被相続人の関係会社から退職手当金が支給されました。この場合、相続税の課税価格の計算上退職手当金の額から債務を控除することができますか。

⇒ 本来の相続財産の価額を超える部分の金額については、債務控除をすることはできません。

159

【債　務】

☐ **被相続人の相続開始の時において日本国内に住所を有しない特定納税義務者が相続することと
なった債務について、債務控除していないか。**

☞ 債務控除ができるのは、相続又は遺贈（包括遺贈及び被相続人からの相続人に対する遺贈に限りま
す。）により財産を取得した者で、無制限納税義務者（☞49頁）や非居住無制限納税義務者（☞
49頁）に限られます（相法13）。

☐ **墓地、墓石、仏壇、仏具の未払代金を債務として控除していないか。**

☞ 墓地、墓石、仏壇、仏具等の非課税財産に関する未払代金は、債務として控除できません（相
基通13-6）。

☐ **所得税の準確定申告にともない発生する事業税の見積額を公租公課として債務に計上したか。**

☞ 所得税の準確定申告にともない発生する事業税は、被相続人の公租公課として債務控除できま
す（相法13）。

☐ **相続した財産額よりも相続した債務の額が多い場合、相続財産額から控除しきれない債務の金額
を他の相続人から控除していないか。**

☞ 相続税の課税価格の計算上、相続又は遺贈により取得した財産の価額から控除する債務は、「そ
の者の負担に属する部分」に限られていることから、相続財産額から控除しきれない債務の金
額を他の相続人から控除することはできません（相法13）。

☐ **特定遺贈により財産を取得した内縁の妻が負担した被相続人の医療費や公共料金等の未払費用に
ついて、債務として控除していないか。**

☞ 特定遺贈により財産を取得した内縁の妻は、相続人に該当しないため、同人が負担した被相続
人の医療費や公共料金等の未払費用は債務として控除できません（相法13）。

☐ **遺言執行に関する費用や相続財産管理費用について、債務として控除していないか。**

☞ 遺言執行に関する費用や相続財産管理費用については、民法第885条に規定する「相続財産に
関する費用」であり、相続財産から支弁することになっていますが、相続開始の際に被相続人
の債務として現に存在していないので、債務控除することはできません（相基通13-2）。

☐ **制限納税義務者（☞49頁）が負担した被相続人の医療費や公共料金等の未払費用について、債務
として控除していないか。**

☞ 制限納税義務者が負担した被相続人の医療費や公共料金等の未払費用は債務として控除できま
せん（相法14）。

☐ **主たる債務者が弁済不能の状態でない保証債務について、債務として控除していないか。**

☞ 保証債務の金額を債務として控除することができるのは、主たる債務者が弁済不能の状態にあ
り、保証債務者がその債務を履行しなければならない場合で、かつ、主たる債務者に求償して
返還を受ける見込みがない場合に限り、主たる債務者が弁済不能の部分の金額を、当該保証債
務者の債務として控除することができます（相基通14-3）。

☐ **被相続人の死亡時に、団体信用生命保険契約（住宅ローンの返済途中で債務者が死亡した場合に、債
務者に代わって生命保険会社が住宅ローン残高を支払う保険契約）に基づき弁済される住宅ローンを**

債務として控除していないか。

☞　団体信用生命保険契約に基づき被相続人の死亡により支払われる生命保険金により充当される被相続人の債務（住宅ローン）は、相続人の支払う必要のない債務であるから、相続税法第14条第1項に規定する「確実と認められる債務」に該当しないので、債務として控除できません（国税不服審判所S63.4.6採決）。

☐　相続の開始の時において、既に消滅時効の完成した債務について、債務として控除していないか。

☞　消滅時効の完成した債務は、相続税法第14条第1項に規定する「確実と認められる債務」に該当しないので、債務として控除できません（相基通14-4）。

☐　相続財産の所有権の帰属について争いがあり、その所有権確保のために要した訴訟費用を債務控除としていないか。

☞　相続財産の確保のための訴訟費用であっても、相続財産管理費用であり、相続税法上の債務として控除することはできません（東京地裁S46.6.17）。

☐　限定承認した相続人が、その後被相続人の退職手当金を支給された場合、相続税の課税価格の計算上、退職手当金の額から債務控除していないか。

☞　限定承認を行った場合には、積極財産の価額を超えて債務を弁済する義務を負わないこととされていますから（民法922）、本来の相続財産の価額を超える部分の金額については、債務控除をすることはできません。

⑧　相続財産から差し引かれる債務・葬式費用

⑨　各相続人の相続税額の計算

⑩　税額控除

⑪　相続税の申告と納税

⑫　修正申告

⑬　更正の請求

⑭　相続に関連する税務手続き

3 葬式費用

　葬式費用は、相続税の課税価格の計算上、相続人※又は包括受遺者が負担したものを控除することができます（相法13①二）。葬式費用は、債務とは異なりますが、相続開始に伴う必然的出費であり、いわば相続財産そのものが担っている負担ともいえることを考慮して、控除することとされています。

　なお、債務控除の対象となる葬式費用については相続税法では明確な範囲を規定していませんが、相続税法基本通達で次のものが葬式費用とされています（相基通13-4）。

① 　葬式若しくは葬送又はこれらの前において、埋葬、火葬、納骨又は遺がい若しくは遺骨の回送その他に要した費用（仮葬式と本葬式の費用）

② 　葬式に際し、施与した金品で、被相続人の職業、財産その他の事情に照らして相当程度と認められるものに要した費用

③ 　①又は②以外の葬式の前後に生じた出費で通常葬式に伴うものと認められるもの

④ 　死体の捜索又は死体若しくは遺骨の運搬に要した費用

　※　相続を放棄した者及び相続権を失った者が負担したものを含みます（相基通13-1）。

図表 8 - 3 - 1 　葬式費用として債務控除できるもの

①　お寺などに支払う読経料、御布施、戒名料、車代等
②　死亡広告費用
③　会葬御礼に要する費用（香典返戻品の費用は含みません。）
④　お通夜、告別式の費用（会場使用料、飲食等の費用、葬儀の際の心づけ、花輪・生花、お供物など）
⑤　死亡診断書の作成費用
⑥　仮位牌（白木位牌）、枕花
⑦　埋葬、火葬、納骨又は遺骸又は遺骨の回送費用
⑧　遺体安置費用
⑨　死体の捜索又は死体若しくは遺骨の運搬に要した費用
⑩　相続を放棄した者及び相続権を失った者が負担した葬式費用（相基通13-1）
⑪　告別式が行われた後、死後四十九日目に行われた偲ぶ会、お別れの会（平成26年1月10日裁決）

図表 8 - 3 - 2 　葬式費用として債務控除できないもの

①　香典返戻費用（相基通13-5）
②　墓碑及び墓地の買入費並びに墓地の借入料（相基通13-5）
③　法会に要する費用（初七日、四十九日、1周忌等が含まれます。）※（相基通13-5）
④　医学上又は裁判上特別に処置した費用（遺体解剖費用）（相基通13-5）
⑤　制限納税義務者が負担した葬式費用（相法13）
⑥　遠隔地から葬式に参列するための親族の交通費等（平成30年2月1日裁決）
⑦　葬儀に際して支払った親族の喪服借用料
⑧　永代供養料（東京地裁　平成30年11月30日）
⑨　葬式当日の葬式終了後に行われた会食の費用（平成10年6月12日裁決）
⑩　位牌購入費（白木位牌を除きます。）、仏壇・仏具の購入費用

　※　告別式と初七日を同時に行った場合は、親族や身内のみで行われる法会とは異なるものと考えられ、葬式の前後に生じた出費で通常葬式に伴うものと認められるので、葬式費用に含めて差し支えないものと考えます。

【質疑応答】葬式費用

□　告別式を２回に分けて行った場合の相続税の葬式費用の取扱いについて（文書回答事例）

　　平成22年３月に死亡した被相続人甲の告別式は、甲の死亡時の住所地であるＡ市と甲の出身地であるＢ市の２か所で行いました。Ａ市での告別式は甲の職場や近所の方、Ｂ市での告別式はＢ市に在住する甲の親族、幼なじみや甲が生前お世話になった方にそれぞれ参列していただきました。Ａ市及びＢ市での告別式は、いずれも仏式により行いましたが、甲の遺体はＡ市での告別式の後、火葬されたため、Ｂ市での告別式では、遺骨を祭りました。また、納骨はＢ市での告別式の約１月後に行いました。この場合、Ａ市及びＢ市での告別式に要した費用のいずれも相続税法第13条第１項第２号に規定する葬式費用に該当すると解して差し支えないでしょうか。

⇒　Ａ市及びＢ市の告別式に要した費用は、いずれも相続税法第13条第１項第２号に規定する葬式費用に該当します。

葬式費用のチェックポイント

【葬式費用】

□　**香典返しの費用を葬式費用として計上していないか。**

☞　香典返戻費用については、香典に対して贈与税を課税しないこと（相基通21の３-９）から葬式費用に含まれないこととされています（相基通13-5）。

□　**墓碑及び墓地の買入費並びに墓地の借入料などを葬式費用として計上していないか。**

☞　相続税法第12条第１項により、「墓所、霊びょう及び祭具並びにこれらに準ずるもの」が非課税財産とされ課税されないことから、非課税財産の取得、維持又は管理のために生じた債務の金額も葬式費用に含まれないこととされています（相基通13-5）。

□　**初七日、四十九日などの法事の費用を葬式費用として計上していないか。**

☞　相続税法基本通達13-5に規定する「法会に要する費用」とは、初七日、四十九日などの法事のことであり、法事のために支出した費用は葬式費用となりません（相基通13-5）。

□　**相続を放棄した者及び相続権を失った者が負担した葬式費用について、債務控除できないと考えていないか。**

☞　相続を放棄した者及び相続権を失った者については、債務控除の規定の適用はありませんが、その者が現実に被相続人の葬式費用を負担した場合においては、その者の遺贈によって取得した財産の価額から債務控除することができます（相基通13-1）。

□　**制限納税義務者（☞49頁）が負担した葬式費用について債務として控除していないか。**

☞　葬式費用を債務として控除できるのは、相続又は遺贈（包括遺贈及び被相続人からの相続人に対する遺贈に限ります。）により財産を取得した者で、無制限納税義務者（☞49頁）や非居住無制限納税義務者（☞49頁）に限られます（相法13）。

□　**遠隔地から葬儀参列のためにくる親族の交通費、宿泊費、喪服レンタル料金などを葬式費用として債務控除していないか。**

☞　葬儀参列のための交通費、宿泊費などは本来参列者が負担すべきものであり、葬式の前後に生じた出費で通常葬式に伴うものと認められないため、葬式費用として債務控除することはできません（相基通13-4）。

⑧　相続財産から差し引かれる債務・葬式費用

⑨　各相続人の相続税額の計算

⑩　税額控除

⑪　相続税の申告と納税

⑫　修正申告

⑬　更正の請求

⑭　相続に関連する税務手続き

相続税申告書　第13表

「種類」欄は、公租公課、借入金、未払金、買掛金、その他の債務に区分して記入します。
なお、「細目」欄は次の事項を記入します。
　公租公課：所得税、市町村民税、固定資産税などの税目とその年度（住所欄は省略可能）
　借入金：当座借越、証書借入、手形借入
　未払金：未払金の発生原因
　買掛金：記入の必要はありません。
　その他：債務の内容

債務及び葬式費用の明細書 （第13表）（令和2年4月分以降用）

1 債務の明細

この表は、被相続人の債務について、その明細と負担する人の氏名及び金額を記入します。
なお、特別寄与者に対し相続人が支払う特別寄与料についても、これに準じて記入します。

種類	細目	債権者 氏名又は名称	債権者 住所又は所在地	発生年月日 弁済期限	金額	負担する人の氏名	負担する金額
公租公課	消費税等	麹町税務署		5・10・15 5・12・31	195,300円	中央 花子	195,300円
未払金	医療費	順天堂病院	千代田区駿河台5-5-5	5・10・15 5・10・17	350,000	中央 花子	350,000
銀行借入金	証書借入	東京銀行 麹町支店	千代田区麹町1-2-4	1・10・5 6・10・5	5,000,000	中央 花子	5,000,000
				・・			
				・・			
				・・			
				・・			
合計					5,545,300		

手順1　負担することが確定した各人別の債務の金額を3欄に転記します。

2 葬式費用の明細

この表は、被相続人の葬式に要した費用について、その明細及び金額を記入します。

支払先 氏名又は名称	支払先 住所又は所在地	支払年月日	金額	負担する人の氏名	負担する金額
財務葬儀社㈱	千代田区神田駿河台1-1-1	5・11・11	12,500,000円	中央 花子	12,500,000円
浅間寺	千代田区麹町5-12-12	5・10・20	3,000,000	中央 花子	3,000,000
		・・			
		・・			
		・・			
		・・			
合計			15,500,000		

3 債務及び葬式費用の合計額

債務などを承継した人の氏名			（各人の合計）	中央 花子			
債務	負担することが確定した債務	①	5,545,300円	5,545,300円	円	円	円
	負担することが確定していない債務	②					
	計（①+②）	③	5,545,300	5,545,300			
葬式費用	負担することが確定した葬式費用	④	15,500,000	15,500,000			
	負担することが確定していない葬式費用	⑤					
	計（④+⑤）	⑥	15,500,000	15,500,000			
合計（③+⑥）		⑦	21,045,300	21,045,300			

手順2　負担することが確定した各人別の葬式費用の金額を3欄に転記します。

手順3

（注）1　各人の⑦欄の金額を第1表のその人の「債務及び葬式費用の金額③」欄に転記します。
　　　2　③、⑥及び⑦欄の金額を第15表の㉝、㉞及び㉟欄にそれぞれ転記します。

第13表（令5.7）　　　　　　　　　　　　　　　　　（資4−20−14−A4統一）

☐ 相続開始日には、送付されていない固定資産税や住民税などの税金や公共料金等で被相続人が納めなければならなかったものは、債務控除の対象となります。

☐ クレジットカードの未精算金、賃貸不動産等の預り金、預り敷金、保証金等

8 相続財産から差し引かれる債務・葬式費用

9 各相続人の相続税額の計算

10 税額控除

11 相続税の申告と納税

12 修正申告

13 更正の請求

14 相続に関連する税務手続き

相続税申告書　第1表

相続税の申告書

麹町　税務署長

6年 8月 10日 提出

相続開始年月日　5年 10月 15日

修正　FD3563

※申告期限延長日　　年　月　日

○フリガナは、必ず記入してください。

各人の合計

		各人の合計（被相続人） チュウオウ タロウ	財産を取得した人 チュウオウ ハナコ
フリガナ			
氏　名		中央 太朗	中央 花子 （成年後見人）斉藤正義
個人番号又は法人番号			
生年月日		昭和 9年 9月 20日（年齢 89歳）	昭和 16年 3月 10日（年齢 82歳）
住所 （電話番号）		東京都千代田区麹町1-2-3	〒 102-0083 東京都千代田区麹町1-2-3 （成年後見人）東京都千代田区大手町1-1-1 （ 03 － 1111 － 2222 ）
被相続人との続柄　職業			妻　無職
取得原因			相続・遺贈・相続時精算課税に係る贈与
※整理番号			

第1表（令和5年1月分以降用）

	課税価格の計算		①	取得財産の価額（第11表③）	158552085 0	56233060 0
			②	相続時精算課税適用財産の価額（第11の2表1⑦）	3200000 0	
			③	債務及び葬式費用の金額（第13表3⑦）	2104530 0	2104530 0
			④	純資産価額（①+②-③）（赤字のときは0）	159617555 0	54128530 0
			⑤	純資産価額に加算される暦年課税分の贈与財産価額（第14表1④）	270000 0	200000 0
			⑥	課税価格（④+⑤）（1,000円未満切捨て）	16231750 00	54328500 0

各人の算出税額の計算		⑦	法定相続人の数及び遺産に係る基礎控除額	4人 54000000 0	
			相続税の総額	63158700 0	

手順3　第13表の3欄⑦の各人の金額（⑦）を第1表の該当する各人の③欄に転記します。債務及び葬式費用の金額の合計欄は、各相続人等の③欄の合計を記載します。

あん分割合					0. 33470513 04	
算出税額					0 0	211395409
					553	
					409	211395409
					160	5249544
					569	216644953

各人の納付・還付税額の計算	⑯	差引税額（⑨+⑪-⑮）又は（⑨+⑪-⑭）（赤字のときは0）	40349052 8	0
	⑰	相続時精算課税分の贈与税額控除額（第11の2表⑧）	1400000 0	
	⑲	医療法人持分税額控除額（第8の4表2B）		
	⑳	小計（⑯-⑰-⑲）（黒字のときは100円未満切捨て）	40209030 0	0 0
	㉑	納税猶予税額（第8の8表2⑧）		0 0
	㉒	申告納税額　申告期限までに納付すべき税額（⑳-㉑）	40209030 0	0 0
	㉒	還付される税額	△	△
	㉓	小計		
この申告書が修正申告である場合	㉔	納税猶予税額	0 0	
	㉕	申告納税額（還付の場合は、頭に△を記載）		
	㉖	小計の増加額（㉖-㉒）		
	㉗			

※の項目は記入する必要がありません。

申告区分	年分	グループ番号	補完番号	補完番号
名簿番号	申告年月日	関与区分	書面添付	検算

作成税理士の事務所所在地・署名・電話番号

この申告書が修正申告である場合の異動の内容等

（資4-20-1-1-A4統一）第1表（令5.7）

税務署のチェックポイント

☑ 被相続人が生前に購入したお墓の取得に係る未払金（債務）を計上していないか。

☑ 団体信用生命保険契約に基づき返済が免除される住宅ローンを債務としていないか。

☑ 香典返し、法会に要する費用、永代供養料、葬式当日の葬式終了後に行われた親族の会食費用、喪服借用料、宿泊費、交通費などを葬式費用に計上していないか。

9-1 相続税の総額の計算

1 相続税の課税価格

　相続税の課税価格は、相続又は遺贈（死因贈与を含みます。）により財産を取得した者の相続税計算の基礎となる金額であり、各人ごとに次のとおり計算します。

本来の財産の価額 （課税価格の特例の適用がある場合にはその減額後の金額）	+	みなし相続財産の価額 （非課税金額の適用がある場合には非課税金額控除後の金額）	+	相続時精算課税による贈与財産	−	債務控除	+	相続開始前3年以内の贈与財産

　（注）　各人の課税価格の算定上、本来の財産やみなし相続財産、相続時精算課税による贈与財産（相続人の場合に限ります。）の合計額よりも債務控除額のほうが大きい場合には、その者の相続税の課税価格はマイナスではなく、ゼロになります（なお、その者に相続開始前3年以内生前贈与加算の適用がある場合には、その贈与財産の価額がその者の相続税の課税価格になります。）

　ただし、その財産取得者が無制限納税義務者（☞49頁）に該当するか制限納税義務者（☞49頁）に該当するかによって課税価格に算入する財産の範囲が異なりますので、その点も考慮した上で算定する必要があります。

　なお、相続税の申告期限までに遺産分割ができていない（未分割）場合には、相続人又は包括受遺者が民法に規定する相続分又は包括遺贈の割合に従って遺産を取得するものとして相続税の課税価格を計算します（相法55）。ただし、みなし相続財産は遺産分割の対象にはなりませんので、みなし相続財産を取得した者がいるときは、その者の課税価格は、民法に規定する相続分にそのみなし相続財産を加算した金額となります。

税理士のアドバイス　「代償分割」や「換価分割」が行われた場合の相続税の計算方法は？

① 代償分割（☞27頁）の場合
　(イ) 代償財産の交付をした者

　　相続又は遺贈により取得した財産の価額 − その交付した代償財産の価額 ＝ 取得財産の価額

　(ロ) 代償財産の交付を受けた者

　　相続又は遺贈により取得した財産の価額 + その交付した代償財産の価額 ＝ 取得財産の価額

② 換価分割（☞27頁）の場合

　換価分割の対象となった財産の相続税評価額 × $\dfrac{各人が取得した換価代金}{換価代金の合計額}$ ＝ 各人の取得財産の価額

図表9-1-1 代償分割した場合の代償財産の申告書記載例

代償分割があった場合の申告書への記載は、次のようにします。
① 代償分割した場合の申告書第11表の記載例

明細については、	その他の財産	代償財産	現金			△25,000,000	相続 兄	△25,000,000
	その他の財産	代償財産	現金			25,000,000	相続 弟	25,000,000

② 代償分割した場合の申告書第15表の申告書記載例

	生命保険金等	㉕			
その他の財産	退職手当金等	㉖			
	立木	㉗			
	その他	㉘	△25000000		25000000
	計	㉙			

2 基礎控除額

相続税は必ずかかるというものではなく、相続税がかからない課税最低限度額が設けられています。この課税最低限度額を基礎控除額といいます。したがって、課税価格の合計額が基礎控除額以下であれば、相続税は課税されません。

基礎控除額 = 3,000万円 + 600万円 × 法定相続人の数※

※ この場合の法定相続人の数は、相続の放棄をした人があっても相続を放棄しなかったものとした場合の相続人の数をいいます。また、養子の数についても制限があります（☞57頁）。

3 課税遺産総額

相続税の課税遺産総額とは、相続又は遺贈により財産を取得した者全員の課税価格の合計額から遺産に係る基礎控除額を差し引いた金額をいいます。

課税遺産総額 = 課税価格の合計額 − 基礎控除額

4 相続税の総額の計算

相続又は遺贈により財産を取得した各人の相続税額は、「相続税の総額」に課税価格の合計額に占める各人の課税価格の割合（以下、「取得割合」といいます。）を乗じて算出します。したがって、まずはその基になる相続税の総額の計算方法から説明します。

相続税の総額は、課税遺産総額を法定相続人が法定相続分どおりに分けたと仮定して各相続人が取得することとなる財産額を算出し、それらの財産額に対して相続税の速算表により計算した税額を合計して算出します。つまり、相続税の総額は遺産分割が行われたか否かにかかわらず、また、実際の遺産分割には関係なく計算する仕組みになっています。

8 相続財産から差し引かれる債務・葬式費用

9 各相続人の相続税額の計算

10 税額控除

11 相続税の申告と納税

12 修正申告

13 更正の請求

14 相続に関連する税務手続き

図表 9-1-2　相続税の総額の計算の概要
（法定相続人が妻、子2人のケース）

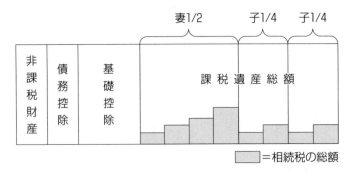

妻1/2　　子1/4　　子1/4

| 非課税財産 | 債務控除 | 基礎控除 | 課税遺産総額 |

□=相続税の総額

図表 9-1-3　相続税の速算表

法定相続分に応ずる各人の取得金額	税　率	控除額
10,000千円以下	10%	－
10,000千円超　　30,000千円以下	15%	500千円
30,000千円超　　50,000千円以下	20%	2,000千円
50,000千円超　　100,000千円以下	30%	7,000千円
100,000千円超　　200,000千円以下	40%	17,000千円
200,000千円超　　300,000千円以下	45%	27,000千円
300,000千円超　　600,000千円以下	50%	42,000千円
600,000千円超	55%	72,000千円

≪事例 9-1-1≫　相続税の総額の計算例

相　続　人	妻	長　男	長　女
各人の課税価格	1億5,000万円	9,000万円	6,000万円

① 　課税価格の合計額　　1億5,000万円＋9,000万円＋6,000万円＝3億円
② 　課税遺産総額　　　　3億円－（3,000万円＋600万円×3人）＝2億5,200万円
③ 　相続税の総額
　　課税遺産総額に基づいて法定相続分に応ずる各人の取得金額を計算すると次のとおりになります。
　　各人の法定相続分は、妻が2分の1、長男・長女が4分の1ずつですから、課税遺産総額の2億5,200
　万円にそれぞれの法定相続分を乗じて算出します。
　　　　妻　　　2億5,200万円×1/2＝1億2,600万円
　　　　長男　　2億5,200万円×1/4＝　　6,300万円
　　　　長女　　2億5,200万円×1/4＝　　6,300万円
　　上記の各人の取得金額に基づいて相続税の速算表により税額を計算します。
　　　　妻　　　1億2,600万円×40％－1,700万円＝3,340万円
　　　　長男　　6,300万円×30％－　700万円＝1,190万円
　　　　長女　　6,300万円×30％－　700万円＝1,190万円
　　これらの税額の合計額が相続税の総額になります。
　　　3,340万円＋1,190万円＋1,190万円＝5,720万円
　　つまり、この例の相続税の総額は5,720万円となります。

相続税の総額の計算のチェックポイント

☐ 被相続人が外国人で、妻（日本人）の日本の戸籍には、被相続人との婚姻の記載があるが、被相続人の本国における戸籍には、婚姻の記載がない場合、妻を相続税法上の法定相続人（相法15②）としているか。

  ☞ 日本の戸籍に婚姻の届出の記載がある被相続人の妻は、相続税法第15条第2項に規定する法定相続人に該当します。

☐ 相続税の総額の計算（法定相続人の数、法定相続分）において、被相続人に養子がいるときは、法定相続人の数に含める養子の数の制限規定（相法15②）に抵触していないか。

  ☞ 被相続人に2人以上養子がいる場合には、相続税の総額の計算上、法定相続人に含めない場合がありますから注意が必要です。

☐ 相続税の総額の計算（法定相続人の数、法定相続分）において、相続を放棄した人がいるときは、その放棄がなかったものとした場合の法定相続人（☞57頁）により計算しているか。

  ☞ 相続人の中に相続を放棄した人がいるときは、その放棄がなかったものとした場合の法定相続人により相続税の総額を計算します（相法15①）。

☐ 相続人が不存在の場合に民法第958条の2の規定により特別縁故者が分与を受けたときの相続税の総額の計算において、基礎控除額を3,600万円（3,000万円＋600万円×1人）としていないか。

  ☞ 法定相続人がいないため相続税の基礎控除額は3,000万円（3,000万円＋600万円×0人）となります。なお、相続税の総額は、課税価額の合計額から基礎控除額を控除した後の残額に税率を乗じて計算した金額になります。

    なお、特別縁故者には相続税法第18条の規定により、相続税額の2割加算（☞175頁）の適用があるので注意してください。

相続税申告書　第2表

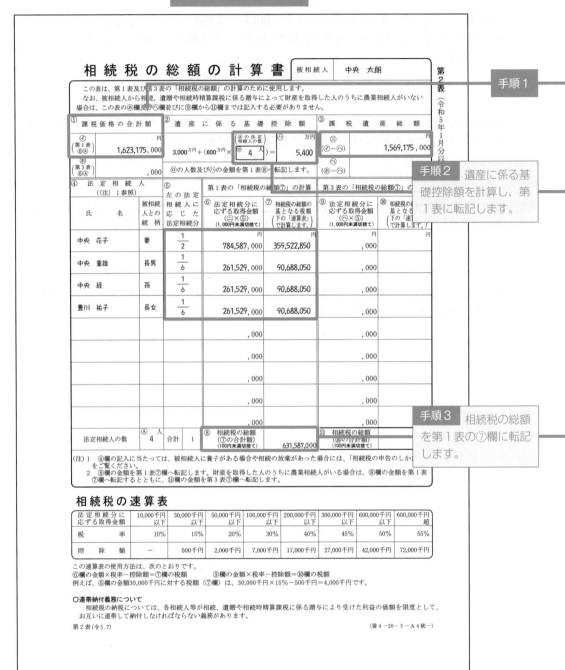

右側タブ（縦書き）:
- ⑧ 相続財産から差し引かれる債務・葬式費用
- ⑨ 各相続人の相続税額の計算
- ⑩ 税額控除
- ⑪ 相続税の申告と納税
- ⑫ 修正申告
- ⑬ 更正の請求
- ⑭ 相続に関連する税務手続き

手順1 ⑥欄の課税価格の合計額を第2表の①欄に転記します。

手順2

手順3

相続税の申告書

麹町　税務署長　　　　　年 8 月 10 日 提出　　　　　修正　　FD3563

相続開始年月日　5 年 10 月 15 日　　※申告期限延長日　　年　月　日

第1表（令和5年1月分以降用）

	各人の合計	財産を取得した人
フリガナ（被相続人）氏名	チュウオウ タロウ　中央 太朗	チュウオウ ハナコ　中央 花子　斉藤正義（参考）
個人番号又は法人番号		
生年月日	昭和 9 年 2 月 20 日（年齢 89 歳）	昭和 16 年 3 月 10 日（年齢 82 歳）
住所（電話番号）	東京都千代田区麹町1-2-3	〒102-0083 東京都千代田区麹町1-2-3（成年後見人）東京都千代田区大手町1-1-1（03－1111－2222）
被相続人との続柄 職業	無職	妻　無職
取得原因		相続・遺贈・相続時精算課税に係る贈与
※整理番号		

課税価格の計算		各人の合計	財産を取得した人
取得財産の価額（第11表③）	①	1 585 220 850	562 330 600
相続時精算課税適用財産の価額（第11の2表1⑦）	②	32 000 000	
債務及び葬式費用の金額（第13表3⑦）	③	21 045 300	21 045 300
純資産価額（①＋②－③）（赤字のときは0）	④	1 596 175 550	541 285 300
純資産価額に加算される暦年課税分の贈与財産価額（第14表1④）	⑤	27 000 000	20 000 000
課税価格（④＋⑤）（1,000円未満切捨て）	⑥	1 623 175 000 Ⓐ	543 285 000

各人の算出税額の計算			
法定相続人の数　遺産に係る基礎控除額	⑦	4 人 54 000 000 Ⓑ	
相続税の総額	⑦	631 587 000	
あん分割合（各人の⑥/Ⓐ）	⑧	1.00	0.334 705 130 4
一般の場合（⑩の場合を除く）算出税額（⑦×各人の⑧）	⑨	631 587 000	211 395 409
農地等納税猶予の適用を受ける場合 算出税額（第3表⑦）	⑩		

各人の納付・還付税額の計算			
相続税額の2割加算が行われる場合の加算金額（第4表⑦）	⑪	7 766 553	
税額控除 暦年課税分の贈与税額控除額（第4表の2⑤）	⑫	4 565 000	
配偶者の税額軽減額（第5表⑫又は⑱）	⑬	211 395 409	211 395 409
⑫・⑬以外の税額控除額（第8の8表1⑤）	⑭	25 152 160	52 394 544
計	⑮	241 112 569	216 644 953
差引税額（⑨＋⑪－⑮）又は（⑩＋⑪－⑮）（赤字のときは0）	⑯	403 490 528	─
相続時精算課税分の贈与税額控除額（第11の2表⑧）	⑰	14 000 000	00
医療法人持分税額控除額（第8の4表2B）	⑱		
小計（⑯－⑰－⑱）（黒字のときは100円未満切捨て）	⑲	402 090 300	00
納税猶予税額（第8の8表2⑧）	⑳	00	00
申告納税額 申告期限までに納付すべき税額（⑲－⑳）	㉑	402 090 300	00
還付される税額	㉒	△	△

この修正			
小計	㉓		
納税猶予税額	㉔	00	00
申告前の申告納税額（還付の場合は頭に△を記載）	㉕		
小計の増加額（⑲－㉓）	㉖		
	㉗		

※税務署整理欄　年分　グループ番号　補完番号　補完番号

作成税理士の事務所所在地・署名・電話番号

（資4-20-1-1-A4統一）第1表（令5.7）

税務署のチェックポイント

☑ 養子がいる場合、法定相続人に含めることができる養子の数は適正か。

☑ 相続を放棄した相続人がいる場合、放棄がないとした場合の法定相続人を基に相続税の総額の計算（法定相続人の数、法定相続分）を行っているか。

☑ 法定相続分の割合（半血兄弟は全血兄弟の2分の1、代襲相続分など）に誤りがないか。

9－2　算出税額の計算

1　遺産分割が成立している場合

　相続税の総額が計算できたら、次に、各人の相続税額を計算します。各人が負担する相続税額は、実際に取得した財産の取得割合により「相続税の総額」を按分して計算します。たとえば、財産を2分の1取得した人は「相続税の総額」$\times\dfrac{1}{2}$、財産を4分の1取得した人は「相続税の総額」$\times\dfrac{1}{4}$というように計算します。

≪事例9－2－1≫　相続税額の計算例

相　続　人	妻	長　男	長　女
各人の課税価格	1億5,000万円	9,000万円	6,000万円

① 　課税価格の合計額　　1億5,000万円＋9,000万円＋6,000万円＝3億円
② 　課税遺産総額　　　　3億円－(3,000万円＋600万円×3人)＝2億5,200万円
③ 　相続税の総額　　　　事例9－1－1と同様
　　課税遺産総額に基づいて法定相続分に応ずる各人の取得金額を計算すると次のとおりになります。
　　各人の法定相続分は、妻が2分の1、長男・長女が4分の1ずつですから、課税遺産総額の2億5,200万円にそれぞれの法定相続分を乗じて算出します。

　　　　妻　　　2億5,200万円×$\dfrac{1}{2}$＝1億2,600万円

　　　　長男　　2億5,200万円×$\dfrac{1}{4}$＝　　6,300万円

　　　　長女　　2億5,200万円×$\dfrac{1}{4}$＝　　6,300万円

　　上記の各人の取得金額に基づいて相続税の速算表により税額を計算します。
　　　　妻　　　1億2,600万円×40％－1,700万円＝3,340万円
　　　　長男　　　6,300万円×30％－　700万円＝1,190万円
　　　　長女　　　6,300万円×30％－　700万円＝1,190万円
　　これらの税額の合計額が相続税の総額になります。
　　　　3,340万円＋1,190万円＋1,190万円＝5,720万円
④ 　各人の算出相続税額
　　この例の取得割合(各人の課税価格÷課税価格の合計額)は次のとおりになります。
　　　　妻　　　1億5,000万円÷3億円＝0.5
　　　　長男　　　9,000万円÷3億円＝0.3
　　　　長女　　　6,000万円÷3億円＝0.2
　　相続税の総額に上記の取得割合を乗じて、各人の相続税額を算出します。
　　　　妻　　　5,720万円×0.5＝2,860万円
　　　　長男　　5,720万円×0.3＝1,716万円
　　　　長女　　5,720万円×0.2＝1,144万円

⑧ 相続財産から差し引かれる債務・葬式費用

⑨ 各相続人の相続税額の計算

⑩ 税額控除

⑪ 相続税の申告と納税

⑫ 修正申告

⑬ 更正の請求

⑭ 相続に関連する税務手続き

| 税理士のアドバイス | 取得割合に端数が生じる場合の処理方法 |

　　取得割合（各人の課税価格÷課税価格の合計額）に小数点以下2位未満の端数が生じる場合、財産を取得した人の全員が選択した方法によって各人の割合の合計値が1になるようその端数を調整して、各人の相続税額を計算しているときは、その計算が認められることとされています（相基通17-1）。つまり、合計値が1になっていれば、小数点以下5位とか6位まで算出しても構わないということです。

2　未分割の場合

　相続税の申告書の提出期限までに遺産分割ができない（未分割）場合には、各人の取得割合が確定しませんので、民法に規定する相続分※（民法第904条の2の寄与分を除きます。）又は包括遺贈の割合に従って相続税額を計算します。

　※　民法に規定する相続分とは、法定相続分（民法900）、代襲相続分（民法901）、指定相続分（民法902）及び特別受益者の相続分（民法903）をいいます（相基通55-1）。

≪事例9-2-2≫　相続税の税額の計算例（遺産全部が未分割の場合）

<前提条件>
相続人＝妻、長男、長女
民法上の相続財産（未分割）……2億7,000万円
みなし相続財産……長男3,000万円（非課税額控除後）
　※　特別受益はないものとし、包括遺贈や相続分の指定もないものとします。
　　　また、各人に適用される税額控除はここでは考慮していません。

① 課税価格の合計額　　2億7,000万円＋3,000万円＝3億円
② 課税遺産総額　　　　3億円－（3,000万円＋600万円×3人）＝2億5,200万円
③ 相続税の総額　　　　事例9-2-1より　5,720万円
④ 各人の算出相続税額
　　民法上の相続財産で未分割のものは、法定相続分（妻2分の1、長男4分の1、長女4分の1）によって計算します。
　　　　妻　　　2億7,000万円×0.5＝1億3,500万円
　　　　　　　　1億3,500万円÷3億円＝0.45
　　　　長男　　2億7,000万円×0.25＋3,000万円＝9,750万円
　　　　　　　　　9,750万円÷3億円＝0.325
　　　　長女　　2億7,000万円×0.25＝6,750万円
　　　　　　　　6,750万円÷3億円＝0.225
　　相続税の総額に上記の割合を乗じて、各人の相続税額を算出します。
　　　　妻　　　5,720万円×0.45　＝2,574万円
　　　　長男　　5,720万円×0.325＝1,859万円
　　　　長女　　5,720万円×0.225＝1,287万円

173

≪事例 9 - 2 - 3 ≫　相続税の税額の計算例（遺産の一部が未分割の場合）

<前提条件>
相続人＝妻、長男、長女
民法上の相続財産（一部分割）　妻 1 億円、長男3,500万円、長女3,500万円
民法上の相続財産（未分割分）　1 億円
みなし相続財産　長男3,000万円（非課税額控除後）
　※　特別受益はないものとし、包括遺贈や相続分の指定もないものとします。また、各人に適用される税額
　　　控除はここでは考慮していません。

① 課税価格の合計額　　2 億7,000万円＋3,000万円＝ 3 億円
② 課税遺産総額　　　　3 億円－（3,000万円＋600万円× 3 人）＝ 2 億5,200万円
③ 相続税の総額　　　　事例 9 - 2 - 1 より　5,720万円
④ 各人の算出相続税額
　　この場合、イ．未分割分を法定相続分により計算する方法と、ロ．一部分割分と未分割の合計額を
　法定相続分により計算する方法の 2 つがあります（共同相続人全員でいずれかを選択します）。
　イ．未分割分を法定相続分により計算するケース
　　　　妻　　　　1 億円＋｛1 億円（未分割分）×0.5（法定相続分）｝＝ 1 億5,000万円
　　　　　　　　　1 億5,000万円÷ 3 億円＝0.5
　　　　　　　　　5,720万円×0.5＝2,860万円（うち 1 億円に応ずる配偶者の税額軽減は適用可能）
　　　　長男　　　3,500万円＋3,000万円＋｛1 億円（未分割分）×0.25（法定相続分）｝＝9,000万円
　　　　　　　　　9,000万円÷ 3 億円＝0.3
　　　　　　　　　5,720万円×0.3＝1,716万円
　　　　長女　　　3,500万円＋｛1 億円（未分割分）×0.25（法定相続分）｝＝6,000万円
　　　　　　　　　6,000万円÷ 3 億円＝0.2
　　　　　　　　　5,720万円×0.2＝1,144万円
　ロ．一部分割分と未分割分の合計額を法定相続分によって計算するケース
　　　　妻　　　　（1 億円＋3,500万円＋3,500万円＋ 1 億円）×0.5＝ 1 億3,500万円
　　　　　　　　　1 億3,500万円÷ 3 億円＝0.45
　　　　　　　　　5,720万円×0.45＝2,574万円（うち 1 億円に応ずる配偶者の税額軽減は適用可能）
　　　　長男　　　（1 億円＋3,500万円＋3,500万円＋ 1 億円）×0.25＋3,000万円＝9,750万円
　　　　　　　　　9,750万円÷ 3 億円＝0.325
　　　　　　　　　5,720万円×0.325＝1,859万円
　　　　長女　　　（1 億円＋3,500万円＋3,500万円＋ 1 億円）×0.25＝6,750万円
　　　　　　　　　6,750万円÷ 3 億円＝0.225
　　　　　　　　　5,720万円×0.225＝1,287万円

9-3 相続税額の2割加算

1 相続税額の2割加算の概要

　相続、遺贈や相続時精算課税に係る贈与によって財産を取得した人が、被相続人の一親等の血族（一親等の血族である子に代わって相続人（代襲相続人）となった孫等を含みます。）及び配偶者のいずれでもない場合には、その人の相続税額にその相続税額の20%相当額を加算します。これを、「相続税額の2割加算」といいます（相法18）。

　この場合の被相続人の一親等の血族には、被相続人の直系卑属で被相続人の養子となっている者（いわゆる孫養子等）は含まれません（つまり、2割加算の対象となります。）が、その孫養子等が代襲相続人となっている場合には、2割加算の適用はありません（相基通18-3）。

図表9-3-1　相続税額の加算の対象者

財産取得者			税額計算
配偶者			普通計算（2割加算適用なし）
一親等の血族（その代襲相続人を含みます。※）			
	被相続人の養子（婿養子、嫁養子など）		
		被相続人の直系卑属（孫など）	2割加算対象者
		代襲相続人となる場合	普通計算（2割加算適用なし）
上記以外の者	（兄弟姉妹、甥、姪、祖父母、子の配偶者、内縁の妻、特別縁故者、特別寄与者、養子縁組解消者など）		2割加算対象者

※　相続を放棄した者又は欠格、廃除により相続権を失った人が、遺贈により財産を取得した場合、その者が被相続人の一親等の血族であるときは、2割加算の適用はありません（相基通18-1）。
　また、被相続人の一親等の血族から除かれる養子はいわゆる孫養子等だけであり、被相続人の直系卑属に該当しない者が被相続人の養子となっている場合には2割加算の適用はありません。

税理士のアドバイス　　孫養子の2割加算の留意すべき事項

　孫養子が相続又は遺贈により財産を取得した場合、通常2割加算の対象となりますが、その孫養子が代襲相続人となっている場合には、2割加算の適用はありません。しかし、その代襲相続人である孫養子が相続放棄をした場合には、相続人ではなくなり、また、一親等の血族でもありませんので、その相続放棄をした孫養子が遺贈により財産を取得した場合には、2割加算が適用されます。子が相続放棄して遺贈により財産を取得しても2割加算は適用されませんが、代襲相続人である孫養子の場合には取扱いが異なりますので、注意が必要です。

⑧ 相続財産から差し引かれる債務・葬式費用
⑨ 各相続人の相続税額の計算
⑩ 税額控除
⑪ 相続税の申告と納税
⑫ 修正申告
⑬ 更正の請求
⑭ 相続に関連する税務手続き

2　相続時精算課税適用者の相続税額の2割加算

　相続時精算課税の制度とは、原則として60歳以上の父母又は祖父母などから、18歳※以上の子又は孫などに対し、財産を贈与した場合において選択できる贈与税の制度で、贈与者である父母又は祖父母などが亡くなった時の相続税の計算上、相続財産の価額にこの制度を適用した贈与財産の価額（贈与時の時価）を加算して相続税額を計算します。

　そのため、相続時精算課税に係る贈与によって財産を取得した人が被相続人の一親等の血族でない場合（孫、養子縁組を解消した者）には、2割加算の適用があります。

　※　令和4年3月31日以前の場合は20歳。

(1)　贈与者よりも相続時精算課税適用者が先に死亡した場合

　特定贈与者よりも相続時精算課税適用者が先に死亡した場合、その相続時精算課税適用者が被相続人の一親等の血族であるかどうかは、相続時精算課税適用者の死亡した時の状況により判定します（相基通18-2）。したがって、相続時精算課税適用者が死亡時において被相続人の養子（被相続人の直系卑属を除きます。）である場合には、2割加算の対象とはなりません。

(2)　相続時精算課税適用者が養子縁組を解消した場合

　相続時精算課税を選択した際は被相続人の養子（一親等の血族）となっていた者が、その後被相続人との養子縁組を解消した場合には、被相続人の養子（被相続人の直系卑属を除きます。）となっていた期間内に被相続人から相続時精算課税の適用を受けて取得した贈与財産の額に対応する相続税額については、2割加算の対象となりません（相基通18-5）。

　なお、養子縁組を解消後に被相続人から相続又は遺贈により財産を取得している相続時精算課税適用者に係る相続税額の加算額は、下記の計算式により計算します。

　つまり、その者が、養子縁組解消後に被相続人から相続又は遺贈により財産を取得していなければ、按分計算は不要であり2割加算の適用はありません。

【相続税額の加算の対象とならない相続税額の計算式】

相続時精算課税適用者に係る相続税額（第1表⑨又は⑩の金額）	×	被相続人の一親等の血族であった期間内に相続時精算課税に係る贈与によって取得した財産の価額
		相続時精算課税適用者が相続、遺贈や相続時精算課税等により取得した財産の価額の合計額（第1表の①+②+⑤）

　なお、実務上は、相続税申告書第4表の①欄から④欄により計算します。

【相続税申告書第４表の抜粋】

加算の対象となる人の氏名					
各人の税額控除前の相続税額 （第１表⑨又は第１表⑩の金額）	①	円	円	円	円
相続開始の時までに被相続人との続柄に変更（養子縁組・養子縁組の解消）があった場合に記入します。相続、相続時精算課税に係る贈与を受けている人かつ、相続時精算課税に係る贈与を受けている人	被相続人の一親等の血族であった期間内にその被相続人から相続時精算課税に係る贈与によって取得した財産の価額 ②	円	円	円	円
	被相続人から相続、遺贈や相続時精算課税に係る贈与によって取得した財産などで相続税の課税価格に算入された財産の価額 （第１表①＋第１表②＋第１表⑤） ③				
	加算の対象とならない相続税額 （①×②÷③） ④				

3　教育資金の一括贈与の非課税制度を受けている者の相続税額の加算

　教育資金の一括贈与を受けた場合の非課税制度とは、30歳未満の受贈者が直系尊属から教育資金の贈与を受けた場合、受贈者１人あたり最大1,500万円までが非課税となる制度（措法70の２の２）で、契約期間中に贈与者が死亡した場合には、原則として、その死亡日における非課税拠出額から教育資金支出額を控除した残額（管理残額）を、贈与者から相続等により取得したこととされます。

　そのため、贈与者の死亡時に教育資金の一括贈与の管理残額がある場合には、贈与によって財産を取得した人が被相続人の一親等の血族でない場合（孫、養子縁組を解消した者）には、２割加算の適用があります。

4　結婚・子育て資金の一括贈与の非課税制度を受けている者の相続税額の加算

　結婚・子育て資金の一括贈与を受けた場合の非課税制度とは、18歳以上50歳未満の受贈者が直系尊属から結婚・子育て資金の贈与を受けた場合、受贈者１人あたり最大1,000万円までが非課税となる制度（措法70の２の２）で、契約期間中に贈与者が死亡した場合には、原則として、その死亡日における非課税拠出額から結婚・子育て資金支出額を控除した残額（管理残額）を、贈与者から相続等により取得したこととされます（104頁参照）。

　そのため、贈与者の死亡時に結婚・子育て資金の一括贈与の管理残額（令和３年４月１日以降の拠出金）がある場合には、贈与によって財産を取得した人が被相続人の一親等の血族でない場合（孫、養子縁組を解消した者）には、２割加算の適用があります。

8 相続財産から差し引かれる債務・葬式費用

9 各相続人の相続税額の計算

10 税額控除

11 相続税の申告と納税

12 修正申告

13 更正の請求

14 相続に関連する税務手続き

申告書等の記載手順（相続税額の加算金額の計算書）

相続税申告書　第4表

> 相続、遺贈や相続時精算課税によって財産を取得した人が、被相続人の一親等の血族（代襲相続人となった孫（直系卑属）を含みます。）及び配偶者以外の人である場合には、第4表を作成します。

相続税額の加算金額の計算書

	被相続人	中央　太朗	第4表

この表は、相続、遺贈や相続時精算課税に係る贈与によって財産を取得した人のうちに、被相続人の一親等の血族（代襲して相続人となった直系卑属を含みます。）及び配偶者以外の人がいる場合に記入します。
なお、相続税の一部を取得した財産のうちに、次の管理残額がある人は、第4表の付表を作成します。
・相続特別措置法第70条の2の2（直系尊属から教育資金の一括贈与を受けた場合の贈与税の非課税）第12項第1号に規定する管理残額のうち、平成31年4月1日から令和3年3月31日までの間であって、被相続人の相続開始前3年以内に被相続人から取得した信託受益権又は金銭等に係る部分
・相続特別措置法第70条の2の3（直系尊属から結婚・子育て資金の一括贈与を受けた場合の贈与税の非課税）第12項第2号に規定する管理残額のうち、令和3年3月31日までに被相続人から取得した信託受益権又は金銭等に係る部分
（注）一親等の血族であっても相続税額の加算対象となる場合があります。詳しくは「相続税の申告のしかた」をご覧ください。

加算の対象となる人の氏名	中央　美和子	中央　淳二		
各人の税額控除前の相続税額 （第1表⑨又は第1表⑩の金額）①	22,568,143	18,677,084		
②				
③				
④（②−③）相続税額				
措置法第70条の2の2第12項第1号に規定する管理残額がある場合の⑤ （第4表の付表⑦）		1,245,138		
措置法第70条の2の3第12項第2号に規定する管理残額がある場合の⑥ （第4表の付表⑭）		1,167,317		
相続税額の加算金額⑦ （④×0.2）	4,513,628	3,252,925		

（注）1　相続時精算課税適用者である孫が相続開始の時までに被相続人の養子となった場合に、相続時精算課税に係る贈与を受けている人で、かつ、相続開始の時までに被相続人に養子縁組の解消・変更があった場合…
　　2　各人の⑦欄の金額を第1表のその人の「相続税額の2割加算…

> **手順1**

> **手順4** 相続税の加算額を加算対象者の第1表の⑪欄に転記します。

相続税申告書　第4表の付表

> **手順3** 加算の対象とならない金額を第4表に転記します。

> 相続税の加算対象者が教育資金の贈与や結婚・子育て資金の贈与を受けていて相続財産に加算する管理残額がある場合には第4表の付表を作成します。

相続税額の加算金額の計算書付表

	被相続人	中央　太朗	第4表の付表

1　措置法第70条の2の2（直系尊属から教育資金の一括贈与を受けた場合の贈与税の非課税）第12項第1号に規定する管理残額がある場合

この表は、相続、遺贈や相続時精算課税に係る贈与によって財産を取得した人のうちに、被相続人の一親等の血族（代襲して相続人となった…

加算の対象となる人の氏名	中央　淳二		
各人の税額控除前の相続税額 （第1表⑨又は第1表⑩の金額）①	18,677,084		
被相続人から相続や遺贈によって取得したものとみなされる管理残額のうち、加算の対象とならない部分の金額 （裏面の「2」参照）②	3,200,000		
被相続人から相続、遺贈や相続時精算課税に係る贈与によって取得した財産で被相続人の課税価格に算入された財産の価額 （第1表①・第1表②）③	48,000,000		
債務及び葬式費用の金額 （第1表③）④			
③−④（赤字のときは0）⑤	48,000,000		
純資産価額に加算される暦年課税分の贈与財産価額 （第1表④）⑥			
加算の対象とならない相続税額 ①×②／⑤＋⑥（⑦を上限とします。）⑦	1,245,138		

（注）1　「加算の対象となる人の氏名」欄には、相続や遺贈により取得した財産のうちに相続や遺贈により取得したものとみなされる管理残額（平成31年4月1日から令和3年3月31日までの間であって、被相続人の相続開始前3年以内に被相続人から取得した信託受益権又は金銭等に係る部分に限ります。）がある人の氏名を記載します。
　　2　各人の⑦欄の金額を第4表のその人の⑤欄に転記します。

> **手順2** 教育資金の管理残額の内、加算の対象とならない金額を計算するため、第1表から必要事項を転記します。

> ③欄の加算の対象とならない金額は、本事例の場合、教育資金の管理残額800万円。令和3年3月31日以前に取得した400万円、それ以後に取得した600万円を下記の算式に代入して計算すると320万円となる。
>
> $A×B÷(B+C)＝320万円$
>
> A＝管理残額
> B＝平成31年4月1日から令和3年3月31日までに取得した教育資金
> C＝令和3年4月1日以後に取得した教育資金

2　措置法第70条の2の3（直系尊属から結婚・子育て資金の一括贈与を受け…）

この表は、相続、遺贈や相続時精算課税に係る贈与によって財産を取得した人のうちに、被相続人の一親等の血族（代襲して相続人となった直系卑属を含みます。）及び配偶者以外の人がいる場合において、それらの人のうち、租税特別措置法第70条の2の3（直系尊属から結婚・子育て資金の一括贈与を受けた場合の贈与税の非課税）第12項第2号に規定する…
（注）一親等の血族であっても相続税額の加算対象となる場合があり…

加算の対象となる人の氏名	中央　淳二		
各人の税額控除前の相続税額 （第1表⑨又は第1表⑩の金額）⑧	18,677,084		
被相続人から相続や遺贈によって取得したものとみなされる管理残額のうち、加算の対象とならない部分の金額 （裏面の「3」参照）⑨	3,000,000		
被相続人から相続、遺贈や相続時精算課税に係る贈与によって取得した財産で被相続人の課税価格に算入された財産の価額 （第1表①・第1表②）⑩	48,000,000		
債務及び葬式費用の金額 （第1表③）⑪			
⑩−⑪（赤字のときは0）⑫	48,000,000		
純資産価額に加算される暦年課税分の贈与財産価額 （第1表④）⑬			
加算の対象とならない相続税額 ⑧×⑨／⑫＋⑬（⑭を上限とします。）⑭	1,167,317		

（注）1　「加算の対象となる人の氏名」欄には、相続や遺贈により取得した財産のうちに相続や遺贈により取得したものとみなされる管理残額（令和3年3月31日までに被相続人から取得した信託受益権又は金銭等に係る部分に限ります。）がある人の氏名を記載します。
　　2　各人の⑭欄の金額を第4表のその人の⑥欄に転記します。

第4表の付表（令5.7）　　　　　　　　　（資4−20−5−2−A4統一）

> **手順2** 結婚・子育て資金の管理残額の内、加算の対象とならない金額を計算するため、第1表から必要事項を転記します。

> ⑨欄の加算の対象とならない金額は、本事例の場合、結婚・子育て資金の管理残額800万円。令和3年3月31日以前に取得した300万円、それ以後に取得した500万円を下記の算式に代入して計算すると300万円となる。
>
> $A×B÷(B+C)＝300万円$
>
> A＝管理残額
> B＝令和3年3月31日以前に取得した結婚・子育て資金
> C＝令和3年4月1日以後に取得した結婚・子育て資金

8　相続財産から差し引かれる債務・葬式費用

9　各相続人の相続税額の計算

10　税額控除

11　相続税の申告と納税

12　修正申告

13　更正の請求

14　相続に関連する税務手続き

手順1　相続税の加算となる対象者の税額控除前の相続税額を第4表の①欄に転記します。

手順4

手順2

相続税の申告書（続）

修正　　FD3564

○この申告書は機械で読み取りますので、黒ボールペンで記入してください。

	財産を取得した人		財産を取得した人	
フリガナ	トヨカワ　ユウコ		チュウオウ　ミワコ	
氏名	（納税管理人）豊川　祐子　豊川　勝男		中央　美和子	
生年月日	昭和40年3月3日（年齢58歳）		昭和60年8月8日（年齢38歳）	
住所	123 Orange Street, New York, NY 17345 US（納税管理人）東京都新宿区下落合1-2-3		〒136-0071　東京都江東区亀戸6-6-6（03-5555-6666）	
被相続人との続柄　職業	長女　　主婦		二男の妻　　主婦	
取得原因	相続・遺贈・相続時精算課税に係る贈与		相続・遺贈・相続時精算課税に係る贈与	

第1表（続）（令和5年1月分以降用）

（資4-20-2-1-A4統一）第1表（続）（令5.7）

相続税の申告書（続）

○フリガナは、必ず記入してください。

	財産を取得した人	
フリガナ	チュウオウ　ジュンジ	
氏名	中央　淳二	
生年月日	10年10月10日（年齢25歳）	
住所	〒106-0047　東京都港区南麻布2-22-33（090-0909-0909）	
続柄　職業	孫　　会社員	
取得原因	相続・遺贈・相続時精算課税に係る贈与	

（資4-20-2-1-A4統一）第1表（続）（令5.7）

税務署のチェックポイント
☑　相続税額の加算対象者に誤りがないか。
☑　加算対象者の中に、教育資金の贈与や結婚・子育て資金の贈与を受けていて相続財産に加算する管理残額がある者はいないか。また、加算の対象になる税額計算に誤りがないか。

179

【質疑応答】相続税額の2割加算

□　相続税法第18条の解釈
　　次の場合、乙は被相続人甲の一親等の血族であり、乙及びその直系卑属である丙が死亡していることにより相続人となった丁は、一親等の血族に含まれることから、相続税法第18条（相続税額の加算）の規定の適用はないと解してよろしいですか。

[相続人関係図]

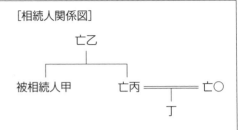

　　⇒ 丁は被相続人の傍系卑属であり、相続税額の加算の規定の適用があります。

□　相続を放棄した代襲相続人に遺贈財産がある場合の相続税額の2割加算
　　代襲相続人の地位にある者が相続を放棄しましたが、遺贈による財産取得があるため相続税が課されます。この場合、相続税法第18条（相続税額の加算）の規定は適用されますか。
　⇒ 相続を放棄した場合には、相続税額の加算の規定の適用があります。

□　被相続人の直系卑属である者が養子となっている場合の相続税額の2割加算
　　被相続人甲の子Aの子B（甲の孫）が、甲の養子になっている場合、Bは相続税額の加算の規定の対象となる者に該当しますか。
　　⇒ Bは相続税の加算対象となりますが、Bが代襲相続人となっている場合は、相続税の加算の対象とはなりません。

□　被相続人の直系卑属でない者が養子となっている場合の相続税額の2割加算
　　被相続人甲の子の配偶者Aが、甲の養子になっている場合、Aは相続税額の加算の規定の対象となる者に該当しますか。
　　⇒ Aは、養子縁組後は被相続人の一親等の血族であることから、相続税額の加算の規定の対象となる者に該当しません。

□　相続時精算課税を受けていた養子が、その後、離縁した場合の相続税額の2割加算の計算
　　被相続人と養子縁組後、相続時精算課税の特例により現金1,000万円の贈与を受け、その後、養子縁組を解消しました。今回、被相続人が保険料を負担していた死亡保険金5,000万円を受取りました。今回の相続税の課税対象は6,000万円と聞いています。これに基づき、今回の相続税の申告書を作成したところ私の相続財産に対応する相続税額は600万円となっています。
　　　この場合、相続税額の2割加算の計算はどのようになりますか。
　　⇒ 相続により財産を取得した相続時精算課税の適用者が、被相続人と離縁している場合は、相続税法基本通達18-5により計算することとなります（176頁参照）。

相続税の加算のチェックポイント

□　孫を養子縁組している場合、相続税額の2割加算をしているか。
　☞　相続人が被相続人の1親等の血族である場合には、相続税額の2割加算の規定（相法18）の適用がありませんが、被相続人の直系卑属である養子は、この規定の例外として相続税額の2割加算の適用があります。

10-1　税額控除の概要

　相続や遺贈（被相続人からの相続時精算課税の適用財産に係る贈与を含みます。）により財産を取得した者が納付する相続税額は、相続税の総額から各相続人や受遺者の相続税額を求め、その金額から「相続税額の2割加算」（☞175頁）をした後、「各種税額控除」を減算した金額です。

　この各種税額控除には、次のものがあり、次の順序に従って控除します。

　なお、「贈与税額控除」から「外国税額控除」までの税額控除により赤字になる場合は、納付すべき税額は「0」円となり赤字（還付）にはなりませんが、最後の「相続時精算課税による贈与税額控除」後の金額が赤字となる場合は還付が受けられます。

図表10-1-1　税額控除の概要

贈与税額控除	相続開始前3年以内に被相続人から贈与された財産について課せられた贈与税がある場合には、その人の相続税額からその贈与税額（贈与税の外国税額控除前の税額）を控除する制度です。

配偶者に対する相続税額の軽減	被相続人の配偶者である場合には、その配偶者の相続税額から、一定の算式によって計算した金額を控除する制度です。

未成年者控除	満18歳※1未満の相続人※2である場合には、その人の相続税額から、10万円に相続開始の日からその人が満18歳※1に達するまでの年数を掛けて計算した金額を控除する制度です。

障害者控除	日本国内に住所を有する障害者で、かつ、相続人※2である場合には、その人の相続税額から、10万円（特別障害者である場合には20万円）に相続開始の日からその人が満85歳に達するまでの年数を掛けて計算した金額を控除する制度です。

相次相続控除	相続開始前10年以内に被相続人が相続によって取得した財産に相続税が課されていた場合には、今回の相続税額から一定の金額を控除する制度です。

外国税額控除	外国にある財産を相続等により取得し、その財産について外国で相続税に相当する税金が課された場合には、その人の相続税額から一定の金額を控除する制度です。

相続時精算課税による贈与税額控除	相続時精算課税適用者に相続時精算課税適用財産について課せられた贈与税がある場合には、その人の相続税額からその贈与税額（贈与税の外国税額控除前の税額）に相当する金額を控除する制度です。

　※1　「18歳」とあるのは、令和4年3月31日以前の相続又は遺贈については「20歳」となります。
　※2　相続の放棄があった場合には、その放棄がなかったものとした場合の相続人です。

181

10-2 贈与税額控除

1 贈与税額控除の概要

　相続又は遺贈により財産を取得した人が、被相続人から相続開始前3年以内に財産の贈与（暦年課税分）を受けている場合には、その財産の価額をその人の相続税の課税価格に加算して相続税を計算します。そのため、贈与時において贈与税を支払っている場合には相続税と贈与税が二重に課税されてしまいますので、贈与時に支払った贈与税を相続税額から控除します（相法19）。これが贈与税額控除です。

2 贈与税額控除額の計算

　相続税額から控除する贈与税額は、その年分の贈与税額に、その年分の取得財産の合計額のうちに相続税の課税価格に加算された財産の価額の占める割合を乗じて計算します（相令4）。

【相続税額から控除する贈与税額の計算式】（相基通19-7）

$$\text{その年分の贈与税額}^{※1,3}（\text{暦年課税の贈与税額}） \times \frac{\text{その年分の贈与財産の価額の合計額のうち法第19条の規定により相続税の課税価格に加算された部分の全額}}{\text{その年分の贈与税の課税価格}^{※2}}$$

※1　相続時精算課税により計算される贈与税額がある場合には、当該贈与税額を除きます。
※2　贈与税の配偶者控除を受けた額（特定贈与財産）及び相続時精算課税の適用財産がある場合には、その価額を控除した後の課税価格
※3　贈与財産（直系尊属から贈与された財産）の特例（措法70の2の5）により贈与税額を算出した場合には、次の①又は②に掲げる財産の別に上記の算式により算出した金額を合計して計算します。
　①　特例贈与財産（直系尊属からの贈与により財産を取得した者（18歳以上の者）の贈与財産）
　②　一般贈与財産（特例贈与財産に該当しないもの）

図表10-2-1　贈与税額控除額の計算方法

相続開始年の前年分の贈与税額控除額（A）	＝	その年分の暦年課税の贈与税額	× 相続税の課税価格に加算された贈与財産の価額 ÷ その年分の贈与税の課税価格※
相続開始年の前々年分の贈与税額控除額（B）	＝	その年分の暦年課税の贈与税額	× 相続税の課税価格に加算された贈与財産の価額 ÷ その年分の贈与税の課税価格※
相続開始年の前々々年分の贈与税額控除額（C）	＝	その年分の暦年課税の贈与税額	× 相続税の課税価格に加算された贈与財産の価額 ÷ その年分の贈与税の課税価格※

※　贈与税の配偶者控除後の金額
（A）＋（B）＋（C）＝贈与税額控除額

　なお、各人ごとの相続税額（2割加算の適用がある場合には適用後の金額）が贈与税額控除額よりも少ない場合にはその人の相続税納付額はゼロになります（贈与税額がその人の相続税額より大きくても税金が還付されることはありません。）。

≪事例10-2-1≫　相続税額から控除する贈与税額の計算例

令和3年に配偶者から100万円（一般贈与財産）、親から400万円（特例贈与財産）の贈与を受け、その親が令和5年に亡くなった場合の相続税額から控除する贈与税額

① 　令和3年の贈与税額の計算
　　イ　一般贈与財産の贈与税額の計算
　　　　（100万円＋400万円）－110万円＝390万円
　　　　390万円×20％－25万円＝53万円（一般税率）
　　　　53万円×100万円÷（100万円＋400万円）＝10.6万円
　　ロ　特例贈与財産の贈与税額の計算
　　　　（100万円＋400万円）－110万円＝390万円
　　　　390万円×15％－10万円＝48.5万円（特例税率）
　　　　48.5万円×400万円÷（100万円＋400万円）＝38.8万円
　　ハ　納付すべき贈与税額＝10.6万円＋38.8万円＝49.4万円
② 　相続税額から控除する贈与税額の計算
　　イ　相続財産に加算する贈与財産は、400万円（特例贈与財産）
　　ロ　特例贈与財産に係るその年分の贈与税額38.8万円
　　ハ　相続税額から控除する贈与税額は、38.8万円×400万円÷400万円＝38.8万円

贈与税額控除のチェックポイント

【贈与税額控除】

☐ 被相続人から相続の開始前3年以内に贈与により海外財産（法施行地外にある財産）を取得した者の贈与税額において外国税額控除がある場合、その者の相続税額から控除する贈与税額について、外国税額控除前の金額としているか。

☞ 　相続の開始前3年以内に被相続人から贈与により取得した財産を相続税の課税財産に加算する場合、相続税額の計算に当たって、その者の相続税額から控除する贈与税額については、外国税額控除前の金額となります。

☐ 相続の開始前3年以内に被相続人から贈与により取得した財産が相続税の課税財産に加算される場合、課税された贈与税のほか、本来課税されるべき贈与税も贈与税額控除に含めているか。

☞ 　贈与税額控除の計算において「課せられた贈与税」には、課税された贈与税のほか、本来課税されるべき贈与税も含まれます。なお、贈与税の更正又は決定の期間制限（相法36）により課税することができなくなった贈与税は除かれます（相基通19-6）。

☐ 贈与税額控除の額が、各相続人の算出税額の計算税額（相続税申告書第1表（⑨欄＋⑪欄）を超えていないか。

☞ 　相続開始前3年以内に贈与があった場合の相続税額の控除の規定（相法19）の趣旨は、相続開始前に相続人等に財産の贈与をして相続税の負担を軽減しようとすることを防止するためのものであり、相続時精算課税のように納付した贈与税額を相続開始時に精算するという趣旨ではありません。したがって、贈与税額控除の額がその者の算出相続税額を超えることとなる場合においても、その超える部分の金額の還付を受けることはできません。

8　相続財産から差し引かれる債務・葬式費用

9　各相続人の相続税額の計算

10　税額控除

11　相続税の申告と納税

12　修正申告

13　更正の請求

14　相続に関連する税務手続き

相続税申告書　第4表の2

暦年課税分の贈与税額控除額の計算書

被相続人　中央　太朗

第4表の2（平成31年1月分以降用）

　この表は、第14表の「1 純資産価額に加算される暦年課税分の贈与財産価額及び特定贈与財産価額の明細」欄に記入した財産のうち相続税の課税価格に加算されるものについて、贈与税が課税されている場合に記入します。

控除を受ける人の氏名		中央　経	中央　重雄	豊川　祐子
	贈与税の申告書の提出先	税務署	税務署	麹町 税務署

相続開始の年の前年分	被相続人から暦年課税に係る贈与によって租税特別措置法第70条の2の5第1項の規定の適用を受ける財産（特例贈与財産）を取得した場合			
	① 相続開始の年の前年中に暦年課税に係る贈与によって取得した特例贈与財産の価額の合計額	円	円	10,000,000 円
	② ①のうち被相続人から暦年課税に係る贈与によって取得した特例贈与財産の価額の合計額（贈与税額の計算の基礎となった価額）			10,000,000
	③ その年分の暦年課税分の贈与税額（裏面の「2」参照）			1,770,000
	④ 控除を受ける贈与税額（特例贈与財産分）（③×②÷①）			1,770,000

手順1　相続開始3年以内に被相続人から暦年贈与を受けた財産及びその年に受けた贈与財産の明細を特例贈与財産※と一般贈与財産に区分して記載します。
※直系尊属（父母・祖父母など）から18歳以上の直系卑属（子・孫など）へ贈与する財産をいい、一般贈与財産の贈与税率よりも低い贈与税率となっています。

被相続人から暦年課税に係る贈与によって租税特別措置法第70条の2の5第1項の規定の適用を受けない財産（一般贈与財産）を取得した場合

		江東西 税務署	麻布 税務署	税務署
	被相続人から暦年課税に係る贈与によって租税特別措置法第70条の2の5第1項の規定の適用を受ける財産（特例贈与財産）を取得した場合	円	円	円
	⑨		5,000,000	
	⑩		5,000,000	
年の前々年分	⑪ その年分の暦年課税分の贈与税額（裏面の「2」参照）		485,000	
	⑫ 控除を受ける贈与税額（特例贈与財産分）（⑪×⑩÷⑨）		485,000	

（令和3年分）	被相続人から暦年課税に係る贈与によって租税特別措置法第70条の2の5第1項の規定の適用を受けない財産（一般贈与財産）を取得した場合			
	⑬ 相続開始の年の前々年中に暦年課税に係る贈与によって取得した一般贈与財産の価額の合計額（贈与税の配偶者控除後の金額）	10,000,000 円	円	円
	⑭ ⑬のうち被相続人から暦年課税に係る贈与によって取得した一般贈与財産の価額の合計額（贈与税額の計算の基礎となった価額）	10,000,000		
	⑮ その年分の暦年課税分の贈与税額（裏面の「3」参照）	2,310,000		
	⑯ 控除を受ける贈与税額（一般贈与財産分）（⑮×⑭÷⑬）	2,310,000		

	贈与税の申告書の提出先	税務署	税務署	税務署

相続開始の年の前々々年分（令和2年分）	被相続人から暦年課税に係る贈与によって租税特別措置法第70条の2の5第1項の規定の適用を受ける財産（特例贈与財産）を取得した場合			
	⑰ 相続開始の年の前々々年中に暦年課税に係る贈与によって取得した特例贈与財産の価額の合計額	円	円	円
	⑱ ⑰のうち相続開始の日から遡って3年前の日以後に被相続人から暦年課税に係る贈与によって取得した特例贈与財産の価額の合計額（贈与税額の計算の基礎となった価額）			
	⑲ その年分の暦年課税分の贈与税額（裏面の「2」参照）			
	⑳ 控除を受ける贈与税額（特例贈与財産分）（⑲×⑱÷⑰）			
	被相続人から暦年課税に係る贈与によって租税特別措置法第70条の2の5第1項の規定の適用を受けない財産（一般贈与財産）を取得した場合			
	㉑ 相続開始の年の前々々年中に暦年課税に係る贈与によって取得した一般贈与財産の価額の合計額（贈与税の配偶者控除後の金額）	円	円	円
	㉒ ㉑のうち相続開始の日から遡って3年前の日以後に被相続人から暦年課税に係る贈与によって取得した一般贈与財産の価額の合計額（贈与税額の計算の基礎となった価額）			
	㉓ その年分の暦年課税分の贈与税額（裏面の「3」参照）			
	㉔ 控除を受ける贈与税額（一般贈与財産分）（㉓×㉒÷㉑）			

暦年課税分の贈与税額控除額計 ㉕（④+⑧+⑫+⑯+⑳+㉔）	2,310,000 円	485,000 円	1,770,000 円

（注）各人の㉕欄の金額を第1表のその人の「暦年課税分の贈与税額控除額⑫」欄に転記します。

手順2　各相続人の贈与税額控除額第1表の⑫欄に転記します。

第4表の2（令5.7）

（資4-20-5-3-A4 統一）

その年中に「特例贈与財産」と「一般贈与財産」を取得した場合における贈与税の額の計算は、「贈与税（暦年課税）の税額の計算明細」で行います。

相続税申告書　第1表

8 相続財産から差し引かれる債務・葬式費用
9 各相続人の相続税額の計算
10 税額控除
11 相続税の申告と納税
12 修正申告
13 更正の請求
14 相続に関連する税務手続き

相続税の申告書(続)　修正　FD3564

第1表(続)(令和5年1月分以降用)

手順2

(資4−20−2−1−A4統一)第1表(続)(令5.7)

185

10-3 配偶者に対する相続税額の軽減

1 配偶者に対する相続税額の軽減の概要

配偶者については、同一世代間の財産移転であり、遠からず次の相続が起こり、相続税が課税されること、また、被相続人の死亡後における生前配偶者の老後の生活の保障、遺産の維持形成に対する配偶者の貢献などを考慮して、軽減措置が講じられています。

この規定を通称、「配偶者の税額軽減」（以下、すべて同じ。）といいます。

2 配偶者の税額軽減の計算

配偶者の税額軽減の計算は、次の算式によって計算した金額を控除して計算します。

図表10-3-1　配偶者の税額軽減の計算方法

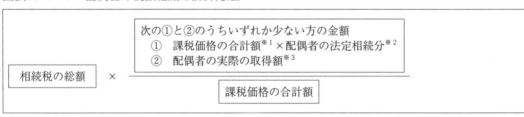

※1　課税価格の合計額、配偶者の実際の取得額には、仮装隠蔽行為に基づく金額は含めないで計算します。
※2　「配偶者の法定相続分」とは、相続の放棄があった場合には、その放棄がなかったものとした場合における相続分をいいます。また、1億6,000万円未満の場合は1億6,000万円とします。
※3　配偶者の実際の取得額とは、次のような財産をいいます。
　　①　申告期限内に遺産分割（遺産の一部分割を含みます。）によって取得した財産
　　②　単独相続（配偶者以外に相続人がいない場合）によって取得した財産
　　③　特定遺贈（☞35頁）によって取得した財産
　　④　相続や遺贈によって取得したものとみなされる財産（☞94頁）
　　⑤　相続開始前3年以内の贈与財産で、相続税の課税価格に加算されるもの

つまり、この規定により、配偶者が法定相続分まで財産を取得しても、また、法定相続分が1億6,000万円に満たない場合には1億6,000万円まで財産を取得しても、配偶者の相続税納付額はゼロになります。なお、この配偶者の税額軽減を受けることによって納付すべき相続税額がない場合においても、この規定を受ける旨の内容を記載した相続税の申告書と遺産分割協議書や遺言書などの配偶者が財産を取得したことがわかる書類の提出が必要です。

図表10- 3 - 2　配偶者の税額軽減額の計算表

課税価格の合計額（第１表のⒶの金額）	1	千円
相続税の総額（第１表の⑦の金額）	2	00円
配偶者の法定相続分	3	
[1]欄×[3]欄と１億６千万円のいずれか多い方の金額	4	円
配偶者の分割財産の価額（配偶者の第11表①の金額）	5	円
配偶者の未分割財産の価額（配偶者の第11表②の金額）	6	円
配偶者の債務及び葬式費用の金額（配偶者の第１表③の金額）	7	円
[7]欄−[6]欄（[7]欄−[6]欄の金額がマイナスの場合は０円）	8	円
純資産価額に加算される金額（配偶者の第１表⑤の金額）	9	円
[5]欄−[8]欄＋[9]欄	10	000円
[2]欄×（[4]欄と[10]欄のいずれか少ない方の金額）÷[1]欄	11	円
税額軽減限度額（配偶者の第１表⑨又は⑩の金額−⑫の金額）	12	円
[11]欄と[12]欄のいずれか少ない方の金額	13	円

3　配偶者の税額軽減の適用要件

⑴　相続開始時において戸籍上の配偶者であること

　この規定は、婚姻期間に関係なく相続発生時の戸籍上の配偶者に適用され、いわゆる内縁関係にある者には適用されません。また、配偶者が制限納税義務者であっても、あるいは相続を放棄している場合であっても、相続又は遺贈により財産を取得している場合には適用を受けることができます。

⑵　実際に配偶者が取得した財産であること

　この規定は、原則として、相続税の申告期限までに遺産分割等により現に配偶者が取得したものに限られます。したがって、相続税の申告期限までに遺産分割が確定していない場合には、配偶者も自分の法定相続分に対応する相続税を納付しなければなりません。

4　申告期限において未分割の場合の配偶者の税額軽減

　相続税の申告期限までに遺産分割が行われなかった場合でも、相続税の申告期限後３年以内に遺産分割が行われた場合、又は相続税の申告期限後３年以内に遺産分割が行われなったことについてその相続又は遺贈に関し訴えの提起がされたことその他一定のやむを得ない事情があるとして納税地の税務署長の承認を受け、その後遺産分割が行われた場合には、下記の書類を提出することを条件として、次の５に記載する更正の請求をすることにより、その遺産分割によって配偶者が取得した財産についてこの規定の適用を受けることができます。

図表10-3-3　申告期限までに遺産分割が行われなかった場合の配偶者の税額軽減手続

遺産分割の時期	税務署へ提出すべき書類
申告期限後3年以内	当初申告時に「申告期限後3年以内の分割見込書」(☞134頁)を提出。
申告期限後3年超	申告期限から3年を経過する日の翌日から2か月を経過する日までに「遺産が未分割であることについてやむ得ない事由がある旨の申請書」(☞135頁)を納税地の税務署長へ提出。

5　更正の請求による配偶者の税額軽減の適用

　配偶者が、申告期限後の遺産分割により、配偶者の税額軽減の適用を受けるには、次のケースに応じてそれぞれの日までに更正の請求を行う必要があります。

図表10-3-4　配偶者の税額軽減の適用を受ける場合の更正の請求期限

区　分	更正の請求期限
相続税の申告期限後3年以内に遺産分割が調い、配偶者の取得する財産が確定した場合	遺産分割成立の日の翌日から4か月以内
相続税の申告期限後3年を経過する日までに分割ができないやむを得ない事情があり、税務署長の承認を受けた場合	その事情がなくなった日(たとえば判決の確定又は訴えの取下げ等その訴訟の完結の日等)の翌日から4か月以内

税理士のアドバイス

　配偶者が遺産分割前に死亡した場合において、第一次相続に係る配偶者以外の共同相続人等及び第二次相続(当該配偶者の相続)の共同相続人等によって、第一次相続に係る遺産分割が行われ、その分割により当該配偶者の取得した財産として確定したものがあるときは、その財産は分割により当該配偶者が取得したものとして取り扱うことができます(相基通19の2-5)。

【参考法令】相基通19の2-5(配偶者が財産の分割前に死亡している場合)

　相続又は遺贈により取得した財産の全部又は一部が共同相続人又は包括受遺者によって分割される前に、当該相続(以下19の2-5において「第一次相続」という。)に係る被相続人の配偶者が死亡した場合において、第一次相続により取得した財産の全部又は一部が、第一次相続に係る配偶者以外の共同相続人又は包括受遺者及び当該配偶者の死亡に基づく相続に係る共同相続人又は包括受遺者によって分割され、その分割により当該配偶者の取得した財産として確定させたものがあるときは、法第19条の2第2項の規定の適用に当たっては、その財産は分割により当該配偶者が取得したものとして取り扱うことができる。

6　配偶者の税額軽減の適用を受けるための手続き

　この特例の適用を受けるためには、相続税の申告書に、その適用を受ける旨及びその計算に関す

る明細を記載し、遺言書の写し又は遺産分割協議書（共同相続人等が自署し実印を押印しているもの。印鑑証明書添付）等を添付して提出しなければなりません。

> ☐　申告書第5表（配偶者の税額軽減額の計算表）の記載
> ☐　遺言書の写し又は遺産分割協議書

【質疑応答】配偶者に対する相続税額の軽減

☐　隠蔽又は仮装に係る財産があった場合の配偶者に対する相続税額の軽減

被相続人から相続又は遺贈によって財産を取得した子（A）は、被相続人の配偶者（乙）の課税価格の計算の基礎となる財産1,000万円を隠蔽し、その隠蔽したところに基づいて、相続税の申告書を提出していましたが、相続税の調査により、当該隠蔽財産が把握され、その後、当該隠蔽財産を含めて遺産分割（乙の課税価格7千万円（隠蔽財産1千万円を含みます。）、Aの課税価格1億4千万円）を行いました。乙及びAは、上記の事実に基づいて更正の請求及び修正申告の提出をしようとしていますが、その場合、配偶者に対する相続税額の軽減の基礎となる相続税法第19条の2第1項第2号イに規定する「課税価格の合計額」及び同号ロに規定する「配偶者に係る相続税の課税価格に相当する金額」は、いくらとなりますか。

⇒　隠蔽財産は、配偶者乙が取得しているため、相続税法第19条の2第1項第2号イに規定する「課税価格の合計額」は2億円、同号ロに規定する「配偶者に係る相続税の課税価格に相当する金額」は、6千万円となります。

☐　配偶者に対する相続税額の軽減の規定を受ける場合の「相続分不存在証明書」の適否

配偶者に対する相続税額の軽減の規定を適用する場合には、相続税の申告書に相続税法施行規則第1条の6第3項に規定する書類を添付する必要がありますが、その添付書類のうち同項第1号に規定する「その他の財産の取得の状況を証する書類」には、特別受益者（民法903）が自ら証明したいわゆる「相続分不存在証明書」が当たりますか。

⇒　「相続分不存在証明書」は、原則として相続税法施行規則第1条の6第3項第1号に規定する書類に該当しません。ただし、「相続分不存在証明書」が真にその交付者（特別受益者）の法定相続分を超える特別受益を受けているという事実に基づいて作成されており、かつ、「相続分不存在証明書」に基づいて各財産が取得されていることが客観的に確認できる書類として、①特別受益財産の明細を記載した書類及び②登記事項証明書など各財産が相続人に名義変更されたことが確認できる書類の提出があった場合には、それらの書類の全てをもって、同号に規定する書類することができます。

⑧ 相続財産から差し引かれる債務・葬式費用
⑨ 各相続人の相続税額の計算
⑩ 税額控除
⑪ 相続税の申告と納税
⑫ 修正申告
⑬ 更正の請求
⑭ 相続に関連する税務手続き

相続税申告書　第５表

配偶者の税額軽減の適用を受ける場合に作成します。なお、修正申告で重加算税を付加算された財産がある場合、第５表の付表で計算した金額を第５表に転記します。

配偶者の税額軽減額の計算書

被相続人　中央　太朗

第５表（平成21年4月分以降用）

私は、相続税法第19条の２第１項の規定による配偶者の税額軽減の適用を受けます。

手順1

1　一般の場合

この表は、①被相続人から相続、遺贈や相続時精算課税に係る贈与によって財産を取得した人のうちに農業相続人がいない場合又は②配偶者が農業相続人である場合に記入します。

課税価格の合計額のうち配偶者の法定相続分相当額	（第１表の④の金額）	配偶者の法定相続分		⑦※
	1,623,175,000円 ×	$\frac{1}{2}$ ＝	811,587,500円	811,587,500 円
	上記の金額が16,000万円に満たない場合には、16,000万円			

配偶者の税額軽減額を計算する場合の課税価格	分割財産の価額（第11表の配偶者の①の金額）	分割財産の価額から控除する債務及び葬式費用の金額			純資産価額に加算される暦年課税分の贈与財産価額（第１表の配偶者の⑤の金額）	（①－④＋⑤）の金額（⑤の金額より小さいときは⑤の金額）（1,000円未満切捨て）
		債務及び葬式費用の金額（第１表の配偶者の③の金額）	未分割財産の価額（第11表の配偶者の②の金額）	（②－③）の金額（②の金額より大きいときは0）		
	① 円 562,330,600	③ 円 21,045,300	円	④ 円 21,045,300	⑤ 円 2,000,000	⑥※ 円 543,285,

手順3

⑦ 相続税の総額（第１表の⑦の金額）	④の金額と⑥の金額のうちいずれか少ない方の金額	課税価格の合計額（第１表の④の金額）	配偶者の税額軽減の基となる金額（⑦×⑧÷⑨）
円 631,587,000	⑧ 円 543,285,000	⑨ 円 1,623,175,000	⑩ 円 211,395,409

配偶者の税額軽減の限度額	（第１表の配偶者の⑨又は⑩の金額）（第１表の配偶者の⑫の金額）	⑪ 円 211,395,409
	211,395,409 円 − 円	

配偶者の税額軽減額	（⑩の金額と⑪の金額のうちいずれか少ない方の金額）	⑫ 円 211,395,409

手順4

（注）⑫の金額を第１表の配偶者の「配偶者の税額軽減額⑬」欄に転記します。

2　配偶者以外の人が農業相続人である場合

この表は、被相続人から相続、遺贈や相続時精算課税に係る贈与によって財産を取得した人のうちに農業相続人がいる場合で、かつ、その農業相続人が配偶者以外の場合に記入します。

課税価格の合計額のうち配偶者の法定相続分相当額	（第３表の④の金額）	配偶者の法定相続分		円
	,000円 ×	＝	円	
	上記の金額が16,000万円に満たない場合には、16,000万円			

配偶者の税額軽減額を計算する場合の課税価格	分割財産の価額（第11表の配偶者の①の金額）	分割財産の価額から控除する債務及び葬式費用の金額			純資産価額に加算される暦年課税分の贈与財産価額（第１表の配偶者の⑤の金額）	（⑬－⑭＋⑮）の金額（⑮の金額より小さいときは⑮の金額）（1,000円未満切捨て）
		債務及び葬式費用の金額（第１表の配偶者の③の金額）	未分割財産の価額（第11表の配偶者の②の金額）	（⑫－⑬）の金額（⑫の金額より大きいときは0）		
	⑬ 円	円	⑭ 円	円	⑮ 円	⑯ 円 ,000

手順5

⑰ 相続税の総額（第３表の⑦の金額）	⑯の金額と⑯の金額のうちちいずれか少ない方の金額	課税価格の合計額（第３表の④の金額）	配偶者の税額軽減の基となる金額（⑰×⑱÷⑲）
円 00	⑱ 円 ,000	⑲ 円	⑳ 円

配偶者の税額軽減の限度額	（第１表の配偶者の⑨の金額）（第１表の配偶者の⑫の金額）	㉑ 円
	（ 円 − 円 ）	

配偶者の税額軽減額	（⑳の金額と㉑の金額のうちいずれか少ない方の金額）	㉒ 円

（注）㉒の金額を第１表の配偶者の「配偶者の税額軽減額⑬」欄に転記します。

※　相続税法第19条の２第５項（隠蔽又は仮装があった場合の配偶者の相続税額の軽減の不適用）の規定の適用があるときには、「課税価格の合計額のうち配偶者の法定相続分相当額」（第１表の④の金額）、⑥、⑦、⑨、「課税価格の合計額のうち配偶者の法定相続分相当額」（第３表の④の金額）、⑯、⑰及び⑲の各欄は、第５表の付表で計算した金額を転記します。

第５表（令5.7）

（資４−20−６−１−Ａ４統一）

相続税がかかる

（相続時精算課税適

○相続時精算課税適用財産の明細については、この表によらず第11の２表に記載します。

この表は、相続や遺贈によって取得した財産及び相続時精算課税の適用を受ける財産のうち、相続税のかかるものについての明細を記入します。

遺産の分割状況

区分	分割

財産の明細

種類	細目	利用区分・銘柄等	
土地	畑	自用地	千葉 各地
	（小計）		
土地	宅地	貸家建付地	横浜
土地	宅地	自用地自宅部分	東京
土地	宅地	自用地同族会社敷地	東京
	（小計）		
〔計〕			
家屋等	家屋	貸家	横浜
家屋等	家屋	自用家屋	
〔計〕			

手順2

配偶者の第11表の①の金額（分割財産）と②の金額（未分割財産）を第５表の①欄と③欄に転記します。

		(3,000,000)	
		(3,000,000)	

有価証券	その他の株式	千葉銀行優先株式	みずほ信託銀行証券代行部	10 株	500,000		中央 花子	5,000,000
						5,000,000		
有価証券	その他の株式	三菱商事	野村證券東京支店	150,000 株	2,800		中央 花子（持分5/10）	210,000,000
						420,000,000		

合計表	財産を取得した人の氏名	（各人の合計）	中央 花子	中央 重雄	中央 経	豊川 祐子	中央 美和子
	分割財産の価額 ①	1,585,220,850 円	562,330,600 円	243,750,000 円	415,140,250 円	290,000,000	58,000,000
	未分割財産の価額 ②						
	各人の取得財産の価額（①＋②）	1,585,220,850	562,330,600	243,750,000	415,140,250	290,000,000	58,000,000

（注）1　「合計表」の各人の③欄の金額を第１表のその人の「取得財産の価額①」欄に転記します。

2　「財産の明細」の「価額」欄は、財産の細目、種類ごとに小計及び計を付し、最後に合計を付けて、それらの金額を第15表の①から㉚までの該当欄に転記します。

第11表（令5.7）

（資４−20−12−１−Ａ４統一）

相続税申告書　第1表

手順2 障害者控除前の相続税額を第6表に転記します。

手順1 第1表Ⓐの金額（課税価格の合計額）を第5表に転記し、その金額に配偶者の法定相続分を乗じた額と1億6千万円の多い金額を①に記載します。

手順3 配偶者の③の金額（債務及び葬式費用）を第5表の②欄に転記します。

手順4 相続税の総額を第5表に転記します。

手順5 配偶者の税額軽減額を第1表⑬欄に転記します。

相 続 税 の 申 告 書　修正　FD3563

相続開始年月日　5年10月15日

各 人 の 合 計

（被相続人）チュウオウ タロウ
中央 太朗

財産を取得した人
チュウオウ ハナコ
中央 花子
斉藤正義

昭和 9 年 2 月 20 日（年齢 89 歳）
東京都千代田区麴町1-2-3

昭和 16 年 3 月 10 日（年齢 82 歳）
〒 102-0083　東京都千代田区麴町1-2-3
東京都千代田区大手町1-1-1
（ 03 － 1111 － 2222 ）

無職

妻　無職

第1表（令和5年1月分以降用）

	各 人 の 合 計	財産を取得した人
取得財産の価額①	1 5 8 5 2 0 8 5 0	5 6 2 3 3 0 6 0 0
②	3 2 0 0 0 0 0	
③	2 1 0 4 5 3 0 0	2 1 0 4 5 3 0 0
④	9 6 1 7 5 5 5 0	5 4 1 2 8 5 3 0 0
⑤	2 7 0 0 0 0 0	2 0 0 0 0 0
課税価格⑥	1 6 2 3 1 7 5 0 0 0 Ⓐ	
法定相続人の数 基礎控除額	4 人　5 4 0 0 0 0 0 0 Ⓑ	
相 続 税 の 総 額⑦	6 3 1 5 8 7 0 0 0	
あん分割合⑧	1 . 0 0	0 . 3 3 4 7 0 5 1 3 0 4
⑨	6 3 1 5 8 7 0 0 0	2 1 1 3 9 5 4 0 9
⑩		
⑪	7 7 6 6 5 5 3	
⑫	4 5 6 5 0 0 0	
配偶者の税額軽減⑬	2 1 1 3 9 5 4 0 9	2 1 1 3 9 5 4 0 9
⑭	2 5 1 5 2 1 6 0	5 2 4 9 5 4 4
計⑮	2 4 1 1 1 2 5 6 9	2 1 6 6 4 4 9 5 3
⑯	4 0 3 4 4 9 0 5 2 8	0 0
⑰		0 0
⑱	4 0 2 0 9 0 3 0 0	0
⑲	0 0	0
⑳	4 0 2 0 9 0 3 0 0	0 0
△		
㉓		
㉔		
㉕		
㉖		
㉗		

税務署のチェックポイント
☑ 配偶者の未分割財産を含めて配偶者の税額軽減額を計算していないか。
☑ 遺産分割の事実がわかる書類（分割協議書、遺言書など）の書類の添付があるか。

（資4-20-1-1-A4統一）第1表（令5.7）

8 相続財産から差し引かれる債務・葬式費用
9 各相続人の相続税額の計算
10 税 額 控 除
11 相続税の申告と納税
12 修 正 申 告
13 更 正 の 請 求
14 相続に関連する税務手続き

191

【配偶者の税額軽減】

☐ 配偶者が居住制限納税義務者（☞49頁）や非居住無制限納税義務者（☞49頁）である場合、配偶者の税額軽減の規定が適用できないと考えていないか。

  ☞ 配偶者の税額軽減の規定は、財産の取得者が無制限納税義務者又は制限納税義務者のいずれに該当する場合であっても適用があります（相基通19の2-1）。

☐ 婚姻の届出をしていないいわゆる内縁関係にある者について、配偶者の税額軽減の規定を適用していないか。

  ☞ 配偶者の税額軽減の規定は、婚姻の届出をした者に限り適用があり、婚姻の届出をしていない内縁関係にある者には適用がありません（相基通19の2-2）。

☐ 配偶者が相続を放棄している場合、配偶者が取得した生命保険金や退職金について配偶者の税額軽減の規定が適用できないと考えていないか。

  ☞ 配偶者の税額軽減の規定は、配偶者が相続を放棄した場合であっても適用があります（相基通19の2-3）。

☐ 被相続人が遺言で配偶者の相続分を指定していることから、この相続分の指定割合をもって配偶者の税額軽減の規定を適用していないか。

  ☞ 配偶者の税額軽減の規定は、配偶者が分割により相続財産を取得した場合に適用があります。遺言等で相続分の「指定」があった場合は、相続財産の相続すべき割合が定まったにすぎず、相続財産が分割されたわけではないので、この規定の適用がありません。

☐ 配偶者の税額軽減により相続税が発生しない場合、相続税の申告書を提出しなくてもこの規定の適用があると考えていないか。

  ☞ 配偶者の税額軽減の規定を受けるためには、この適用を受ける旨の内容を記載した相続税の申告書と遺産分割協議書や遺言書等の配偶者が相続財産を取得したことを証する書類を添付しなければなりません（相法19の2③）。

☐ 遺産が未分割である場合、配偶者の税額軽減の規定が受けられないと考えていないか。

  ☞ 遺産が未分割であっても、配偶者が特定遺贈により取得した財産、相続税法第19条の規定により相続税の課税価格に加算した財産（相続開始前3年以内に被相続人から贈与により取得した財産）、相続税法第3条の規定により相続又は遺贈により取得したものとみなされる財産（生命保険金、退職金等）については、配偶者が取得した財産として配偶者に対する相続税額の軽減の規定を受けることができます（相基通19の2-4）。

☐ 配偶者が、金融機関に対し自己の法定相続分に応ずる預貯金の払戻しを求める訴えを提起し、勝訴判決を受け、その払戻しを受けた預貯金について、配偶者の税額軽減の適用がないと考えていないか。

  ☞ 金融機関から払戻しを受けた預貯金については、配偶者が相続開始と同時にその相続分に応じて権利を承継したものであること、かつ、後の勝訴判決により具体的に自己に帰属させていることから、配偶者の税額軽減を適用して差し支えありません。

☐ 相続税の申告期限まで遺産が未分割のため、配偶者の税額軽減の規定が受けられない場合、「申告期限後3年以内の分割見込書（☞134頁）」を相続税の申告書とともに提出したか。

☞　相続税の申告書の提出期限までに相続又は遺贈により取得した財産の全部又は一部が分割されていない場合において、その分割されていない財産を相続税の申告期限から3年以内に分割し、配偶者の相続税の軽減の適用を受けるためには、「申告期限後3年以内の分割見込書」を提出しなければなりません（相法19の2③）。

☐　申告期限から3年以内に相続財産が分割されなかったことにつき、やむを得ない事情がある場合（当該相続又は遺贈に関し訴えの提起、和解、調停又は審判の申立てがされている場合等）、「遺産が未分割であることについてやむを得ない事由がある旨の承認申請書（☞135頁）」を期限内に提出したか。

☞　「遺産が未分割であることについてやむを得ない事由がある旨の承認申請書」を、申告期限後3年を経過する日の翌日から2か月を経過する日までに税務署長に提出しなかった場合には、その後において遺産が分割されたとしても、配偶者に対する相続税額の軽減の規定を受けられません（相令4の2②）。

10-4　未成年者控除

1　未成年者控除の概要

　相続、遺贈や相続時精算課税に係る贈与によって財産を取得した人[1]が、満18歳未満[2]の相続人[3]である場合には、その人の相続税額から、10万円に相続開始の日からその人が満18歳に達するまでの年数を掛けて計算した金額（未成年者控除額）を控除します。この場合、未成年者控除額がその人の相続税額を超える場合には、その超える金額を、その人の扶養義務者の相続税額から控除することができます（相法19の3）。

　[1]　非居住無制限納税義務者、居住制限納税義務者又は非居住制限納税義務者を除きます。
　[2]　令和4年3月31日以前の相続または遺贈については、「20歳」となります。
　[3]　相続の放棄があった場合には、その放棄がなかったものとした場合の相続人。

2　未成年者控除の適用要件

　未成年者控除を適用するには、次のすべての要件を満たしている必要があります。

---

① 相続、遺贈や相続時精算課税に係る贈与によって財産を取得した人
② 居住無制限納税義務者（図表2-1-1参照）であること
③ 法定相続人（4頁参照）であること
④ 18歳未満であること

3　未成年者控除額の計算

　未成年者控除の額は、その未成年者が満18歳になるまでの年数1年につき10万円で計算した額で、その未成年者の相続税額から控除します。なお、未成年者控除額が、その未成年者本人の相続税額より大きいため控除額の全額が引き切れない場合は、その引き切れない部分の金額をその未成年者の扶養義務者[※]の相続税額から差し引くことができます。

　また、その未成年者が今回の相続以前の相続においても未成年者控除を受けているときは、控除額が制限されることがあります。

　※　扶養義務者とは、配偶者並びに直系血族及び兄弟姉妹並びに家庭裁判所の審判を受けて扶養義務者となった三親等内の親族をいいますが、これらの者のほか三親等内の親族で生計を一にする者については、家庭裁判所の審判がない場合であってもこれに該当するものとして取り扱われます（相基通1の2-1）。

【未成年者控除の計算式（原則）】

　（18歳　－　相続開始時の年齢[※]）　×　10万円
　　※　未成年者の相続開始年齢は、1年未満の端数を切捨てます。

　例えば、未成年者の年齢が13歳11か月の場合は、13歳となりますので、未成年者控除額は、（18歳－13歳）×10万円で50万円となります。また、生まれていない胎児の場合は180万円となります（相基通19の3-3）。

【未成年者控除の計算式（過去に未成年者控除を受けている場合）】

①　（18歳　－　相続開始時の年齢）×　10万円

②　（18歳　－　前回の相続開始時の年齢）×　10万円　－　前回相続時に相続税額から
控除した未成年者控除額

上記の①又は②のいずれか少ない金額が控除額となります。

図表10-4-1　未成年者控除額の計算表

①	（18歳※－相続開始時の年齢）×10万円	万円
②	（18歳※－前回の相続開始時の年齢）×10万円	万円
③	前回の相続の際に相続税額から控除した未成年者控除額	万円
④	前回の相続の際の未成年者控除残額（②－③）	万円
⑤	今回の未成年者控除額（①と④のいずれか少ない金額）	万円

※　令和4年3月31日以前の相続又は遺贈については、「20歳」として計算します。

4　未成年者控除の手続き

未成年者控除の適用をする場合は、次の書類の記載又は添付をします。

☐　申告書第6表の1（未成年者控除）の記載
☐　未成年者の戸籍謄本

【質疑応答】未成年者控除

☐　無制限納税義務者に係る未成年者控除の控除不足額を制限納税義務者である未成年者から控除することの可否
　　被相続人甲の死亡により、その子乙及び丙が甲の遺産を取得しました。乙及び丙は、いずれも未成年者です。乙は制限納税義務者（日本との間で遺産、相続及び贈与に関する租税条約を締結していない外国の居住者です：相法1の3①四）であるため相続税法第19条の3に規定する未成年者控除の適用を受けることはできませんが、丙は無制限納税義務者（相法1の3①一又は二に該当する者）であるため同法第19条の3に規定する未成年者控除の適用を受けることができます。しかし、丙の相続税額が少ないため控除不足額が生じます。このような場合には、その控除不足額は、制限納税義務者である未成年者乙の相続税額の計算上控除することができますか。
⇒　他の相続人に係る未成年者控除の控除不足額は、その者の扶養義務者から控除することができます。この場合、その扶養義務者は、制限納税義務者であるかどうか、また、未成年者であるかどうかは問いません。

【10-4-1計算例】　過去に未成年者控除の適用を受けている場合

　　相続人Aの相続開始時の年齢は14歳4か月でAの相続税額は10万円。
　　また、Aは3年前にも財産を相続しており、その時の年齢は11歳10か月であり、10万円の未成年者控除額の適用を受けている場合の今回のAの未成年者控除額。
　　今回のAの未成年者控除額は、次の①と②の少ない金額である40万円となります。
　　また、控除不足額30万円（40万円－10万円）は、未成年者の扶養親族の相続税額から控除することができます。
　　①　（18歳－14歳）×　10万円　＝　40万円
　　②　（18歳－11歳）×　10万円　－　10万円　＝　60万円

相続税申告書　第6表

未成年者控除額 障害者控除額 の計算書

| 被相続人 | 中央 太朗 | 第6表 |

1　未成年者控除

この表は、相続、遺贈や相続時精算課税に係る贈与によって財産を取得した法定相続人の
うちに、満18歳にならない……

未成年者の氏名		中央 経		
年　齢 （1年未満切捨て）	①	4　歳		
未成年者控除額	②	10万円×(18歳－ 4 歳) ＝　1,200,000円	10万円×(18歳	
未成年者の第1表の （⑨＋⑪-⑫-⑬） 又は（⑩＋⑪-⑫-⑬） の 相 続 税 額	③	163,114,490		163,114,490

> **手順1**　未成年者控除額を計算します。なお、過去に未成年者控除の適用を受けたことがある場合は、過去の控除残額と今回の未成年者控除額のいずれか少ない金額となります。

（注）1　過去に未成年者控除の適用を受けた人は、②欄の控除額に制限がありますので、「相続税の申告のしかた」をご覧ください。
　　　2　②欄の金額と③欄の金額のいずれか少ない方の金額を、第8の8表1のその未成年者の「未成年者控除額①」欄に転記します。
　　　3　②欄の金額が③欄の金額を超える人は、その超える金額（②-③の金額）を次の④欄に記入します。

| 控除しきれない金額
（②-③） | ④ | 円 | 円 | 計 円 Ⓐ |

> **手順2**

（扶養義務者の相続税額から控除する未成年者控除額）
　Ⓐ欄の金額は、未成年者の扶養義務者の相続税額から控除することが……　その金額を扶養義務者間で協議の上、適宜配分し、次の⑥欄に記入します。

扶養義務者の氏名				
扶養義務者の第1表の （⑨＋⑪-⑫-⑬） 又は（⑩＋⑪-⑫-⑬） の 相 続 税 額	⑤	円	円	円
未成年者控除額	⑥			

> **手順3**　②欄、③欄のいずれか少ない金額（又は扶養義務から控除する⑥欄）を第8の8表の①欄に転記します。

（注）各人の⑥欄の金額を未成年者控除を受ける扶養義務者の第8の8表1の「未成年者控除額①」欄に転記します。

> 本事例の場合、中央経は2年前に未成年者控除を40万円適用しているので、今回利用できる未成年者控除の額は、下記の①と②のいずれか少ない金額である120万円になります。
> ①　10万円×(18歳－相続開始時の年齢（4歳))＝140万円
> ②　10万円×(18歳－前回適用時の年齢（2歳))－40万円（前回適用額)＝120万円

| 障害者の第1表の（⑨＋
⑪-⑫-⑬）-第8の8表
1の①又は第1表の
（⑩＋⑪-⑫-⑬）-第8の
8表1の①の相続税額 | ③ | 円
0 | 円 | 円
0 |

（注）1　過去に障害者控除の適用を受けた人の控除額は、②欄により計算した金額とは異なりますので税務署にお尋ねください。
　　　2　②欄の金額と③欄の金額のいずれか少ない方の金額を、第8の8表1のその障害者の「障害者控除額②」欄に転記します。
　　　3　②欄の金額が③欄の金額を超える人は、その超える金額（②-③の金額）を次の④欄に記入します。

| 控除しきれない金額
（②-③） | ④ | 円
300,000 | 円 | 計 円
300,000 Ⓐ |

（扶養義務者の相続税額から控除する障害者控除額）
　Ⓐ欄の金額は、障害者の扶養義務者の相続税額から控除することができますから、その金額を扶養義務者間で協議の上、適宜配分し、次の⑥欄に記入します。

扶養義務者の氏名		中央 重雄		計
扶養義務者の第1表の （⑨＋⑪-⑫-⑬）-第8の 8表1の①又は第1表 の（⑩＋⑪-⑫-⑬）-第8 の8表1の①の相続税額	⑤	円 96,305,098	円	円 96,305,098
障 害 者 控 除 額	⑥	300,000		300,000

（注）各人の⑥欄の金額を障害者控除を受ける扶養義務者の第8の8表1の「障害者控除額②」欄に転記します。

第6表（令5.7） 　　　　　　　　　　　　　　　　　　　　　　　（資4-20-7-A4統一）

> 未成年者控除の額は、その未成年者が満18歳（年数の計算に当たり、1年未満の期間があるときは切り上げて1年として計算します。）になるまでの年数1年につき10万円で計算した額です。なお、未成年者控除額が、その未成年者本人の相続税額より大きいため控除額の全額が引き切れない場合は、その引き切れない部分の金額をその未成年者の扶養義務者の相続税額から差し引きます。

8 相続財産から差し引かれる債務・葬式費用
9 各相続人の相続税額の計算
10 税額控除
11 相続税の申告と納税
12 修正申告
13 更正の請求
14 相続に関連する税務手続き

相続税申告書　第8の8表

税額控除額及び納税猶予税額の内訳書

FD3572

被相続人　中央　太朗

第8の8表（令和5年1月分以降用）

（単位は円）

1　税額控除額

この表は、「未成年者控除」、「障害者控除」、「相次相続控除」又は「外国税額控除」の適用を受ける人が第1表の「⑫・⑬以外の税額控除額⑭」欄に記入する金額の計算のために使用します。

	（氏名）中央　経	（氏名）豊川　祐子
※整理番号		
未成年者控除額（第6表①②、又は⑥）①	1200000	
障害者控除額（第6表②③、又は⑥）②		
相次相続控除額（第7表⑱又は⑱）③	4026152	2812505
外国税額控除額（第8表1⑧）④		9200000
合　計（①+②+③+④）⑤	5226152	12012505

（注）　各人の⑤欄の金額を第1表のその人の「⑫・⑬以外の税額控除額⑭」欄に転記します。

手順3

（単位は円）

2　納税猶予税額

この表は、次の相続税の特例の適用を受け〔…〕

(1) 農地等についての納税猶予及び免除等
(2) 非上場株式等についての納税猶予及び〔…〕
(3) 非上場株式等についての納税猶予及び〔…〕
(4) 山林についての納税猶予及び免除（租〔…〕
(5) 医療法人の持分についての納税猶予及〔…〕
(6) 特定の美術品についての納税猶予及び〔…〕
(7) 個人の事業用資産についての納税猶予〔…〕

手順2　未成年者控除前の相続税額を第6表に転記します。

※整理〔…〕		
農地等納税〔…〕（第8表2⑦）①		
株式等納税猶予税額（第8の2表2A）②		
特例株式等納税猶予税額（第8の2の2表2A）③		
山林納税猶予税額（第8の3表2⑧）④		
医療法人持分納税猶予税額（第8の4表2A）⑤		
美術品納税猶予税額（第8の5表2A）⑥		
事業用資産納税猶予税額（第8の6表2A）⑦		
合　計（①+②+③+④+⑤+⑥+⑦）⑧		

（注）1　上記(1)〜(7)の特例又は医療法人の持分の特例の適用を受ける人がいる場合は、その金額を転記します。
　　　2　各人の⑧欄の金額を第1表のその人の「〔…〕」

手順4　他の税額控除額と合算した⑤欄を第1表⑭欄に転記します。

税務署のチェックポイント

☑　法定相続人（その放棄がなかったものとした場合における相続人）であるか。
☑　法定相続人が居住制限納税義務者や非居住制限納税義務者ではないか。
☑　過去に未成年者控除の適用を受けていないか。

相続税申告書　第1表

相続税の申告書（続）

修正　　FD3564

第1表（続）（令和5年1月分以降用）

○フリガナは、必ず記入してください。

※申告期限延長日　　年　月　日　／　※申告期限延長日　　年　月　日

	財産を取得した人		財産を取得した人	
フリガナ	チュウオウ　シゲオ	参考として記載している場合	チュウオウ　ケイ	参考として記載している場合
氏　名	被相続人　中央　重雄	（参考）	（特別代理人）中央　経　神田　浅子	（参考）

（個人番号の記載に当たっては、左端を空欄としここから記入してください。）

生年月日	昭和35年4月11日（年齢63歳）	平成31年4月4日（年齢4歳）
住所	〒106-0047　東京都港区南麻布2-22-33	〒136-0071　東京都江東区亀戸6-6-6　港区王1-23-45-101
	（090-6666-8888）	（090-1112-3456）
被相続人との続柄　職業	長男　医師	孫
取得原因	相続・遺贈・相続時精算課税に係る贈与	相続・遺贈・相続時精算課税に係る贈与
※整理番号		

課税価格の計算	取得財産の価額（第11表③）①	243750000	415140250
	相続時精算課税適用財産の価額（第11の2表1⑦）②		
	債務及び葬式費用の金額（第13表3⑦）③		
	純資産価額（①+②−③）④	243750000	415140250
	純資産価額に加算される暦年課税分の贈与財産価額（第14表1④）⑤	5000000	10000000
	課税価格（④+⑤）（1,000円未満切捨て）⑥	248750000	425140000

各人の算出税額の計算	法定相続人の数・遺産に係る基礎控除額	相続税の総額⑦		
	一般の場合（⑩の場合を除く）あん分割合（各人の⑥）⑧	0.15324903 35	0.26191877 03
	算出税額（⑦×各⑧⑨）	96790098	165424490
	農地等納税猶予の適用を受ける場合 あん分割合（第3表⑥）		
	算出税額（第3表⑦）⑪		

各人の納付・還付税額の計算	相続税額の2割加算が行われる場合の加算金額（第4表1⑦）⑫	4850000	23100000
税額控除	暦年課税分の贈与税額控除額（第4表の2②）⑬		
	配偶者の税額軽減額（第5表○又は○）⑭		
	未成年者控除、障害者控除の税額控除額（第6表1②③、2②③）⑮	2663959	5226152
	計⑯	3148959	7536152
	差引税額（⑨+⑪+⑫−⑯）又は（⑩+⑪+⑫−⑯）（赤字のときは0）⑰	93641139	157588338
	相続時精算課税分の贈与税額控除額（第11の2表1⑧）⑱	00	00
	医療法人持分納税猶予税額（第8の4表2B）⑲		
	小計（⑰−⑱−⑲）（黒字のときは100円未満切捨て）⑳	93641100	157588300
	納税猶予税額（第8の8表2⑧）㉑	00	00
	申告納税額（⑳−㉑）㉒	93641100	157588300
申告期限までに納付すべき税額㉓	還付される税額㉔		
	小計㉓		
この申告が修正申告である場合	納税猶予税額（修正前の場合は頭に△を記載）㉖	00	00
	申告納税額（修正前の税額㉗（㉒の場合は、頭に△を記載））		
	小計の増加額（㉒−㉗）㉘		

申告区分	年分	グループ番号	補正番号		確定番号	
申告年月日	補正区分	名簿番号		管理補完	確認	検

（資4-20-2-1-A4統一）第1表（続）（令5.7）

197

10-5　障害者控除

1　障害者控除の概要

相続、遺贈や相続時精算課税に係る贈与によって<u>財産を取得した人</u>※1が、障害者で、かつ、<u>法定相続人</u>※2である場合には、その人の相続税額から、10万円（特別障害者である場合には20万円）に相続開始の日からその人が満85歳に達するまでの<u>年数</u>※3を掛けて計算した金額（障害者控除額）を控除します。この場合、障害者控除額がその人の相続税額を超える場合には、その超える金額を、その人の扶養義務者の相続税額から控除することができます（相法19の4）。

> ※1　非居住無制限納税義務者、居住制限納税義務者又は非居住制限納税義務者を除きます。
> ※2　相続の放棄があった場合には、その放棄がなかったものとした場合の相続人。
> ※3　その年数が1年未満であるときはこれを1年とします。

2　障害者控除の適用要件

障害者控除の適用を受けるための要件

> ①　相続、遺贈や相続時精算課税に係る贈与によって財産を取得した人
> ②　<u>居住無制限納税義務者</u>（図表2-1-1参照）であること
> ③　<u>法定相続人</u>（4頁参照）であること
> ④　85歳未満の障害者（図表10-5-1参照）であること

3　障害者控除額の計算

障害者控除の額は、その障害者が満85歳になるまでの年数1年につき10万円（特別障害者の場合は20万円）で計算した額で、その障害者の相続税額から控除します。なお、障害者控除額が、その障害者本人の相続税額より大きいため控除額の全額が引き切れない場合は、その引き切れない部分の金額をその障害者の<u>扶養義務者</u>※の相続税額から差し引くことができます。

また、その障害者が今回の相続以前の相続においても障害者控除を受けているときは、控除額が制限されることがあります。

> ※　扶養義務者とは、配偶者並びに直系血族及び兄弟姉妹並びに家庭裁判所の審判を受けて扶養義務者となった三親等内の親族をいうのであるが、これらの者のほか三親等内の親族で生計を一にする者については、家庭裁判所の審判がない場合であってもこれに該当するものとして取り扱われます（相基通1の2-1）。

【障害者控除の計算式（原則）】

> （85歳　－　相続開始時の年齢※1）　×　10万円※2
> 　※1　障害者の相続開始年齢は、1年未満の端数を切捨てます。
> 　　　例えば、障害者の年齢が35歳9か月の場合は、35歳となりますので、障害者控除額は、（85歳－35歳）
> 　　　×10万円で500万円となります。
> 　※2　特別障害者の場合は、「20万円」として計算します。

【障害者控除の計算式（過去に障害者控除を受けている場合）】

① （85歳－相続開始時の年齢）×10万円※

② ① ＋ {(相続開始時の年齢 － 前回の相続開始時の年齢) × 10万円※} － 前回相続時に相続税額から控除した障害者控除額

上記の①又は②のいずれか少ない金額が控除額となります。

※ 特別障害者の場合は、「20万円」として計算します。

図表10-5-1　障害者控除額の計算表

①	（85歳－相続開始時の年齢）×10万円※	万円
②	①＋（相続開始時の年齢－前回の相続開始時の年齢）×10万円※	万円
③	前回の相続の際に相続税額から控除した障害者控除額	万円
④	前回の相続の際の障害者控除残額（②－③）	万円
⑤	今回の障害者控除額（①と④のいずれか少ない金額）	万円

※ 特別障害者の場合は、「20万円」として計算します。

4　障害者控除の手続き

障害者控除の適用をする場合は、次の書類の記載又は添付をします。

☐ 申告書第6表の2（障害者控除）の記載
☐ 障害者の戸籍謄本
☐ 障害者手帳※の写し

※ 障害者手帳とは、身体障害者手帳、療育手帳、精神障害者保健福祉手帳のを総称した一般的な呼称です。

【10-5-1計算例】　過去に障害者控除の適用を受けている場合

相続人は特別障害者であり、相続開始時の年齢は24歳4か月で相続税額は300万円。
また、3年前にも財産を相続しており、その時は一般障害者で年齢は21歳10か月であり、40万円の障害者控除額の適用を受けている場合の障害者控除額。
今回の障害者控除額は、次の①と②の少ない金額である1,210万円となります。
また、控除不足額910万円（300万円－1,210万円）は、障害者の扶養親族の相続税額から控除することができます。
③ （85歳－24歳）×20万円＝1,220万円
④ （85歳－24歳）×20万円＋（24歳－21歳）×10万円－40万円＝1,210万円

⑧ 相続財産から差し引かれる債務・葬式費用
⑨ 各相続人の相続税額の計算
⑩ 税額控除
⑪ 相続税の申告と納税
⑫ 修正申告
⑬ 更正の請求
⑭ 相続に関連する税務手続き

相続税申告書　第6表

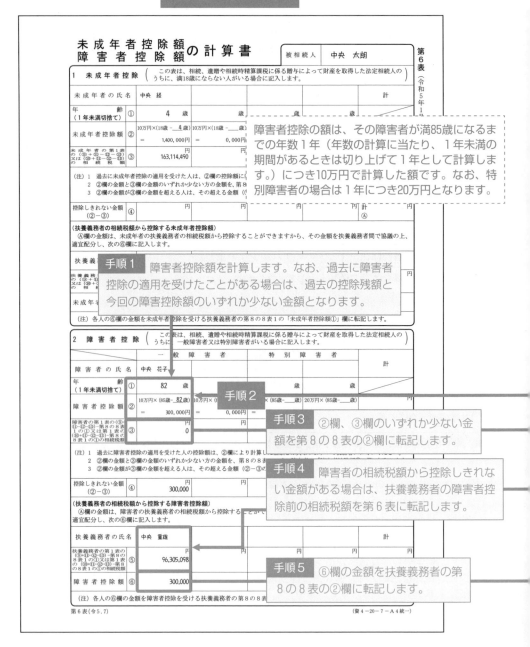

未成年者控除額 障害者控除額の計算書

被相続人　中央　太朗

第6表（令和5年1月分以降用）

1　未成年者控除　この表は、相続、遺贈や相続時精算課税に係る贈与によって財産を取得した法定相続人のうちに、満18歳にならない人がいる場合に記入します。

未成年者の氏名	中央 経			計
年　齢①（1年未満切捨て）	4 歳	歳	歳	
未成年者控除額②	10万円×（18歳－ 4 歳）= 1,400,000円	10万円×（18歳－　歳）= 0,000円	10万円×（18歳－　歳）= 円	円
未成年者の第1表の（⑨＋⑪－⑫－⑱）又は（⑩＋⑪－⑫－⑱）の相続税額③	163,114,490円	円	円	

（注）1　過去に未成年者控除の適用を受けた人は、②欄の控除額に
　　　2　②欄の金額と③欄の金額のいずれか少ない方の金額を、第8
　　　3　②欄の金額が③欄の金額を超える人は、その超える金額（

> 障害者控除の額は、その障害者が満85歳になるまでの年数1年（年数の計算に当たり、1年未満の期間があるときは切り上げて1年として計算します。）につき10万円で計算した額です。なお、特別障害者の場合は1年につき20万円となります。

控除しきれない金額④（②－③）	円	円	計 Ⓐ

（扶養義務者の相続税額から控除する未成年者控除額）
Ⓐ欄の金額は、未成年者の扶養義務者の相続税額から控除することができますから、その金額を扶養義務者間で協議の上、適宜配分し、次の⑥欄に記入します。

扶養

> **手順1**　障害者控除額を計算します。なお、過去に障害者控除の適用を受けたことがある場合は、過去の控除残額と今回の障害控除額のいずれか少ない金額となります。

未成年

（注）各人の⑥欄の金額を未成年者控除を受ける扶養義務者の第8の8表1の「未成年者控除額①」欄に転記します。

2　障害者控除　この表は、相続、遺贈や相続時精算課税に係る贈与によって財産を取得した法定相続人のうちに、一般障害者又は特別障害者がいる場合に記入します。

障害者の氏名	一　般　障　害　者		特　別　障　害　者		計
	中央 花子				
年　齢①（1年未満切捨て）	82 歳	歳	歳	歳	
障害者控除額②	10万円×（85歳－ 82 歳）= 300,000円	10万円×（85歳－　歳）= 0,000円	20万円×（85歳－　歳）= 円	20万円×（85歳－　歳）= 円	円
障害者の第1表の（⑨＋⑪－⑫－⑱）－第8の8表の（⑨＋⑪－⑫－⑱）－第8の8表1の⑥の相続税額③	0円	円			

（注）1　過去に障害者控除の適用を受けた人の控除額は、②欄により計算し
　　　2　②欄の金額と③欄の金額のいずれか少ない方の金額を、第8の8表
　　　3　②欄の金額が③欄の金額を超える人は、その超える金額（②－③の

> **手順3**　②欄、③欄のいずれか少ない金額を第8の8表の②欄に転記します。

控除しきれない金額④（②－③）	300,000円	円		

（扶養義務者の相続税額から控除する障害者控除額）
Ⓐ欄の金額は、障害者の扶養義務者の相続税額から控除することがで適宜配分し、次の⑥欄に記入します。

> **手順4**　障害者の相続税額から控除しきれない金額がある場合は、扶養義務者の障害者控除前の相続税額を第6表に転記します。

扶養義務者の氏名	中央 重雄			計
扶養義務者の第1表の（⑨＋⑪－⑫－⑬）の第8の8表1の又は第1表の（⑩＋⑪－⑫－⑱）－第8の8表1の⑥の相続税額⑤	96,305,098円	円	円	円
障害者控除額⑥	300,000円	円	円	円

> **手順5**　⑥欄の金額を扶養義務者の第8の8表の②欄に転記します。

（注）各人の⑥欄の金額を障害者控除を受ける扶養義務者の第8の8

第6表（令5.7）　　　　　　　　　　　　　　　　　　　　　　（資4－20－7－A4統一）

本事例の場合、中央花子は15年前（67歳）に障害者控除を80万円適用しているので、今回利用できる障害者控除の額は、下記の①と②のいずれか少ない金額である30万円になります。
①　10万円×（85歳－相続開始時の年齢（82歳））＝30万円
②　10万円×（85歳－前回適用時の年齢（67歳））－80万円（前回適用額）＝100万円
また、中央花子は配偶者控除により相続税額がないため、扶養義務者である中央重雄から障害者控除額を控除することになります。

相続税申告書　第1表

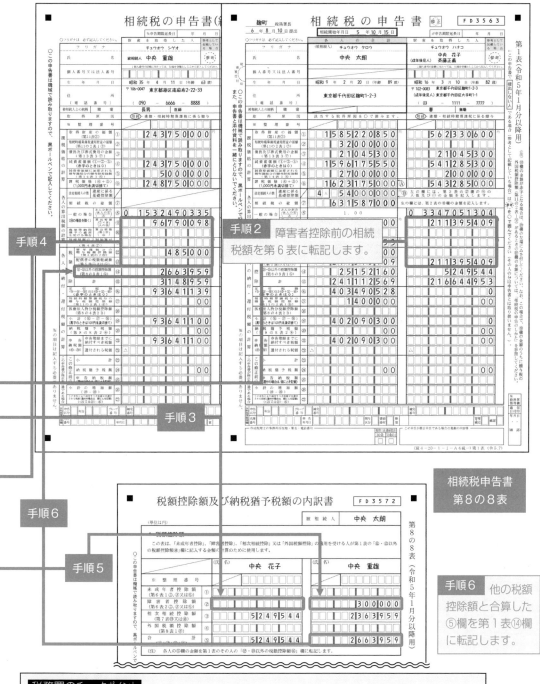

手順2 障害者控除前の相続税額を第6表に転記します。

相続税申告書 第8の8表

税額控除額及び納税猶予税額の内訳書　ＦＤ３５７２

（単位は円）

被相続人　中央　太朗

第8の8表（令和5年1月分以降用）

この表は、「未成年者控除」、「障害者控除」、「相次相続控除」又は「外国税額控除」の適用を受ける人が第1表の「⑫～㉑以外の税額控除額⑫」欄に記入する金額の計算のために使用します。

	氏名 中央　花子	氏名 中央　重雄
整理番号		
未成年者控除額①（第6表1②、②又は⑤）		
障害者控除額②（第6表2②、②又は⑤）		3 0 0 0 0 0
相次相続控除額③（第7表⑱又は⑪）	5 2 4 9 5 4 4	2 3 6 3 9 5 9
外国税額控除額④（第8表1⑧）		
合　計⑤	5 2 4 9 5 4 4	2 6 6 3 9 5 9

（注）　各人の⑤欄の金額を第1表のその人の「⑫～㉑以外の税額控除額⑫」欄に転記します。

手順6 他の税額控除額と合算した⑤欄を第1表⑭欄に転記します。

手順4　手順3　手順6　手順5

⑧ 相続財産から差し引かれる債務・葬式費用
⑨ 各相続人の相続税額の計算
⑩ 税額控除
⑪ 相続税の申告と納税
⑫ 修正申告
⑬ 更正の請求
⑭ 相続に関連する税務手続き

税務署のチェックポイント

☑　障害者は法定相続人（その放棄がなかったものとした場合における相続人）であるか。
☑　障害者が居住無制限納税義務者であるか。
☑　過去に障害控除の適用を受けていないか。
☑　障害者の要件を満たしているか。

10-6 相次相続控除

1 相次相続控除の概要

今回の相続（第二次相続）開始前10年以内に被相続人[1]が相続、遺贈や相続時精算課税に係る贈与によって財産を取得（第一次相続）し相続税が課せられた場合には、その被相続人から相続、遺贈や相続時精算課税に係る贈与によって財産を取得した人で、かつ、相続人[2]である場合には、その人の相続税額から一定の金額を控除します（相法20）。

> ※1　第二次相続の被相続人がその相続開始前10年以内に開始した相続につき課せられた相続税額について適用があるのであって、第二次相続に係る被相続人の被相続人が納付した相続税額には適用がありません（相基通20-4）。
> ※2　相続を放棄した者及び相続権を失った者については、たとえその者について遺贈により取得した財産がある場合においても、相次相続控除の規定は適用できません（相基通20-1）。

2 相次相続控除の適用要件

● 相次相続控除の適用を受けるための要件

> ①　相続、遺贈や相続時精算課税に係る贈与によって財産を取得した人
> ②　民法上の相続人（4頁参照）であること
> ③　被相続人が相続開始前10年以内に開始した相続により財産を取得していること

3 相次相続控除額の計算

相次相続控除は、前回の相続において被相続人が課税された相続税額[1]のうち、その被相続人が取得した純資産価額[2]の割合について、1年につき10パーセントの割合で逓減した後の金額を今回の相続に係る相続税額から控除します。

> ※1　被相続人が（第一次）相続で取得した純資産価額から相続税額を控除した金額に占める今回の相続（第二次相続）の純資産価額の合計額の割合（この割合が1を超える場合は、1）を乗じた相続税額
> ※2　取得財産の価額＋相続時精算課税適用財産の価額－債務及び葬式費用の金額

【相次相続控除の計算式】

$$
\text{第一次相続の相続税額(A)} \times \frac{\text{第二次相続の純資産価額の合計額(B)}^{※1}}{\text{被相続人が第一次相続で取得した純資産価額} - (A)} \times \frac{\text{各相続人が取得した純資産価額}}{(B)} \times \frac{\text{第一次相続からの経過年数}^{※2}}{10年}
$$

> ※1　この割合が1を超える場合は、1として計算します。
> ※2　1年未満の端数は切り捨てます。

図表10-6-1　相次相続控除額の計算表

①	前の相続から今回の相続までの期間（1年未満切り捨て）	年
②	10年－①の年数	年
③	第一次相続で被相続人が相続した純資産価額※1	円
④	第一次相続の被相続人の相続税額※2	円
⑤	被相続人が相続した純資産価額から相続税額を控除した金額（③－④）	円
⑥	純資産価額の合計額（申告書第1表の④の合計金額）	円
⑦	④×⑥÷⑤の金額（⑥＞⑤の場合は④の金額）	円
⑧	相次相続控除額の総額（⑦×②の年数÷10年）	円
⑨	各相続人の純資産価額（申告書第1表の各相続人の④の金額）	円
⑩	各相続人の相次相続控除額（⑧×⑨÷⑥）	円

※1　第一次相続で提出した申告書第1表の被相続人の④の金額
※2　第一次相続で提出した申告書第1表の被相続人の申告納税額

4　相次相続控除の手続き

相次相続控除の適用をする場合は、次の書類の記載又は添付をします。

□　申告書第7表の記載
□　第一次相続時に提出した相続税の申告書（第1表）の写し

⑧ 相続財産から差し引かれる債務・葬式費用
⑨ 各相続人の相続税額の計算
⑩ 税額控除
⑪ 相続税の申告と納税
⑫ 修正申告
⑬ 更正の請求
⑭ 相続に関連する税務手続き

被相続人が今回の相続開始前10年以内に相続により財産を取得し相続税を納税している場合に作成します。

相続税申告書　第7表

相次相続控除額の計算書

被相続人　中央　太朗

第7表（令和5年1月分以降用）

この表は、被相続人が今回の相続の開始前10年以内に開始した前の相続について、相続税を課税されている場合に記入します。

1　相次相続控除額の総額の計算

前の相続に係る被相続人の氏名	前の相続に係る被相続人と今回の相続に係る被相続人との続柄	前の相続に係る相続税の申告書の提出先
中央慶次郎	父	麹町　税務署

① 前の相続の年月日	② 今回の相続の年月日	③ 前の相続から今回の相続までの期間（1年未満切捨て）	④ 10年－③の年数
平成26年12月6日	令和5年10月15日	8年	2年

⑤ 被相続人が前の相続の時に取得した純資産価額（相続時精算課税適用財産の価額を含みます。）	⑥ 前の相続の際の被相続人の相続税額	⑦ （⑤－⑥）の金額	⑧ 今回の相続、遺贈や相続時精算課税に係る贈与によって財産を取得した全ての人の純資産価額の合計額（第1表の④の合計金額）
262,387,914 円	77,400,900 円	184,987,014 円	1,596,175,550 円

手順1

（⑥の相続税額）		相次相続控除額の総額
77,400,900 円 × $\frac{⑧の金額\ 1,596,175,550}{⑦の金額\ 184,987,014}$ 円 〔この割合が1を超えるときは1とします。〕 × $\frac{2年（④の年数）}{10年}$ ＝		Ⓐ 15,480,180 円

2　各相続人の相次相続控除額の計算

手順2

(1) 一般の場合（この表は、被相続人から相続、遺贈や相続時精算課税に係る贈与によって財産を取得した人のうちに農業相続人がいない場合に、財産を取得した相続人の全ての人が記入します。）

今回の相続の被相続人から財産を取得した相続人の氏名	⑨ 相次相続控除額の総額	⑩ 各相続人の純資産価額（第1表の各人の④の金額）	⑪ 相続人以外の人も含めた純資産価額の合計額（第1表の④の各人の合計）Ⓑ	⑫ 各人の⑩／Ⓑ の割合	⑬ 各人の相次相続控除額（⑨×各人の⑫の割合）
中央　花子	（上記Ⓐの金額）15,480,180 円	541,285,300 円	Ⓑ 1,596,175,550	0.33911389	5,249,544 円
中央　重雄		243,750,000		0.1527087669	2,363,959
中央　経		415,140,250		0.2600843309	4,026,152
豊川　祐子		290,000,000		0.1816842765	2,812,505

手順2　相次相続控除の限度額を計算します。

手順3

(2) 相続人のうちに農業相続人がいる場合（この表は、被相続人から相続、遺贈や相続時精算課税に係る贈与によって財産を取得した相続人のうちに農業相続人がいる場合に、財産を取得した相続人の全ての人が記入します。）

今回の相続の被相続人から財産を取得した相続人の氏名	⑭	⑮ 相続人以外の人も含めた純資産価額の合計額（第3表の④の各人の合計）Ⓒ	⑯	⑰ 各人の⑮／Ⓒ の割合	⑱ 各人の相次相続控除額（⑲×各人の⑰の割合）
	（上記Ⓐの金額）円	Ⓒ			円

本事例の場合、中央美和子と中央淳二は相続人ではないため相次相続控除額の計算に含まれません。そのため、相次相続控除の合計額（第7表⑬の合計14,452,160円）が相次相続控除額の総額15,480,180円（第7表のⒶの金額）より少なくなります。
また、配偶者の税額が配偶者の税額軽減により生じないことから、相次相続控除額5,249,544円の控除不足が生じます。

税務署のチェックポイント

☑ 前回の相続税の申告内容に誤りがないか（当初申告後に修正申告や更正処分がないか確認）。

☑ 相続人（相続を放棄した人や相続権を失った人は含まれません。）以外が相次相続控除を適用していないか。

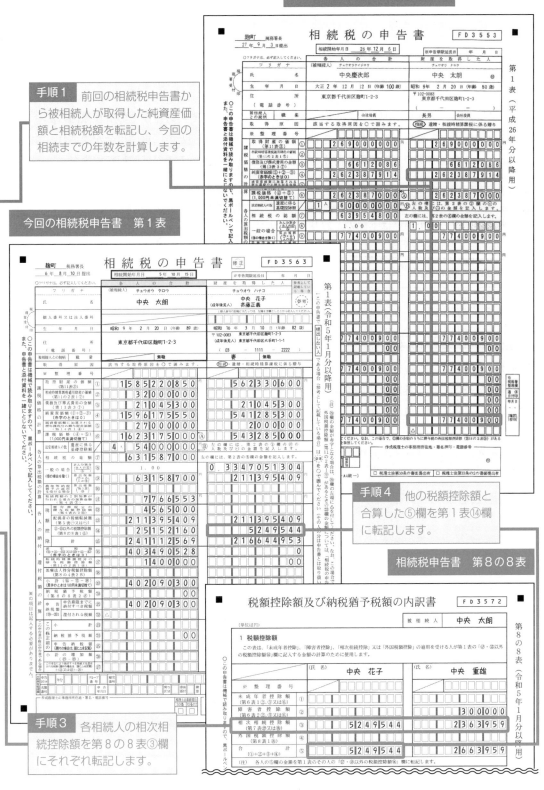

8 相続財産から差し引かれる債務・葬式費用

9 各相続人の相続税額の計算

10 税額控除

11 相続税の申告と納税

12 修正申告

13 更正の請求

14 相続に関連する税務手続き

前回の相続税申告書　第1表

手順1　前回の相続税申告書から被相続人が取得した純資産価額と相続税額を転記し、今回の相続までの年数を計算します。

今回の相続税申告書　第1表

手順4　他の税額控除額と合算した⑤欄を第1表⑭欄に転記します。

相続税申告書　第8の8表

手順3　各相続人の相次相続控除額を第8の8表③欄にそれぞれ転記します。

10-7　外国税額控除

1　外国税額控除の概要

　相続又は遺贈により日本国外にある財産を取得した場合に、その財産がその所在地国の法令により相続税に相当する税金を課されたときは、日本とその所在地国とで二重に税金が課されることになります。この国際間の二重課税を防止するために設けられているのが外国税額控除です。

2　外国税額控除の適用要件

　外国税額控除の適用要件は下記のとおりです（相法20の2）。

> ・相続又は遺贈により日本国外の財産を取得したこと
> ・その財産の所在地国において相続税に相当する税が課税されたこと

3　外国税額控除額の計算

　相続税額から控除する外国税額は、外国で課された相続税に相当する税額ですが、一定の限度額が設けられており、これを超える部分は控除できません。

　外国税額控除額は、外国税額控除額適用者の相続税額（相続税額の2割加算、贈与税額控除、配偶者に対する相続税額の軽減、未成年者控除、障害者控除及び相次相続控除後の相続税額をいいます。）から控除します。

　外国税額控除額の計算は次の算式により計算します。

【外国税額控除額の計算式】

$$\text{贈与税額控除から相次相続控除までの諸控除を控除した後の相続税額} \times \frac{\text{外国に所在する財産の価額（その財産に係る債務を控除した額）}}{\text{相続又は遺贈により取得した財産の価額のうち課税価格計算の基礎に算入された金額（債務控除後の金額）}}$$

　なお、外国税額を邦貨換算する場合には、原則としてその財産の所在地国の法令により納付すべき日とされている日における電信売相場（T.T.S）により計算します。

図表10-7-1 外国税額控除の計算表

外国税額×外国税額の納期限日における邦貨換算率	1	円
邦貨換算在外純財産の価額※1	2	円
取得財産の価額※2	3	円
相次相続控除後の相続税額（第1表の⑨＋⑪－（⑫～⑯））	4	円
④欄×②欄÷③欄の金額	5	円
①欄と⑤欄のいずれか少ない方の金額（外国税額控除額）	6	円

※1 在外財産の価額からその財産に係る債務の金額を控除した額
※2 申告書第1表の④欄の金額と被相続人から相続開始の年に暦年課税に係る贈与によって取得した財産の価額の合計額

4 外国税額控除の手続き

相続税の外国税額控除を適用するためには、相続税申告書の「外国税額控除額・農地等納税猶予税額の計算書」（第8表）に、外国で課された税額を証明する書類として海外の相続税申告書などを添付して申告します。

相次相続控除の適用をする場合は、次の書類の記載又は添付をします。

☐ 第8表「外国税額控除額・農地等納税猶予税額の計算書」の記載
☐ 外国で課された税額を証明する書類

在外財産に対する相続税額の控除のチェックポイント

【外国税額控除の計算】

☐ 相続した国内の財産について、外国の法令により相続税に相当する課税がなされた場合、その税額を相続税額から控除していないか。

☞ 在外財産に対する相続税額の控除は、国外の財産を相続又は遺贈により取得した場合に適用があり、国内の財産を取得した場合には適用がありません（相法20の2）。

☐ 外国の法令により課された相続税に相当する税額がある場合の邦貨基準日について、「納付すべき日」に限られると考えていないか。

☞ 在外財産に対する相続税額の控除額の邦貨基準日については、原則として、その「納付すべき日」によることになっていますが、外国税額納付のための送金が著しく遅延して行われる場合を除き、「国内から送金する日」によることもできます（相基通20の2-1）。

☐ 外国の法令により課された相続税に相当する税額がある場合の邦貨換算レートを、TTB（対顧客直物電信買相場）により計算していないか。

☞ 在外財産に対する相続税額の控除額の邦貨換算レートは、その納付すべき日におけるTTS（対顧客直物電信売相場）により計算します（相基通20の2-1）。

⑧ 相続財産から差し引かれる債務・葬式費用
⑨ 各相続人の相続税額の計算
⑩ 税額控除
⑪ 相続税の申告と納税
⑫ 修正申告
⑬ 更正の請求
⑭ 相続に関連する税務手続き

相続税申告書　第8表

外国税額控除額 農地等納税猶予税額 の 計 算 書

被相続人　中央　太朗

第8表（令和　月分以降用）

1　外国税額控除

この表は、課税される財産のうちに外国にあるものがあり、その財産について外国において日本の相続税に相当する税が課税されている場合に記入します。

外国で相続税に相当する税を課せられた人の氏名	外国の法令により課せられた税			③ ①の日現在における邦貨換算率	④ 邦貨換算税額 （②×③）	⑤ 邦貨換算在外純財産の価額	⑥ ⑤の金額取得財産の価額の割合	⑦ 相次相続控除後の税額×⑥	⑧ 控除額④と⑦のうちいずれか少ない方の金額
	国名及び税の名称	①納期限（年月日）	②税額						
豊川　祐子	英国英国相続税	6・4・30	57,500	160	9,200,000 円	80,000,000 円	0.26666666	29,906,471 円	9,200,000 円
	・・								

手順3

手順1　国外財産について日本の相続税に相当する課税を受けた在外純財産の明細を記載します。なお、在外純財産とは、その財産についての債務の金額を控除した価額をいいます。

手順2　邦貨換算在外純財産を第1表の④の金額と被相続人から相続開始年に暦年課税に係る贈与によって取得した財産⑤の合計額で割った割合を記入します。

手順4

時精算課税適用財産の価額を含みます。）からその財産についての債務の金額を控除した価額を記入します。
2　⑥欄の「取得財産の価額」は、第1表の④の金額と被相続人から相続開始の年に暦年課税に係る贈与によって取得した財産の価額の合計額によります。
3　各人の⑧欄の金額を第8の8表1のその人の「外国税額控除額④」欄に転記します。

2　農地等納税猶予税額　（この表は、農業相続人について該当する金額を記入します。）

農業相続人の氏名				
納税猶予の基となる税額 （第3表の各農業相続人の⑫の金額）	①	円	円	円
相続税額の2割加算が行われる場合の加算金額① （第4表①×　第3表の各農業相続人の⑬の金額）	②			
納付税額の猶予税額控除の計の算額 税額控除額の計（第1表の各農業相続人の（⑮＋⑰）の金額）	③			
第3表⑨の各農業相続人の算出税額	④			
相続税額の2割加算が行われる場合の加算金額④ （第4表⑪×　第3表の各農業相続人の⑬の金額）	⑤			
（③－（④＋⑤））の金額（赤字のときは0）	⑥			
農地等納税猶予税額（①＋②－⑥） （100円未満切捨て、赤字のときは0）	⑦	00	00	00

（注）　1　各人の⑦欄の金額を第8の8表2のその人の「農地等納税猶予税額①」欄に転記します。なお、その人が、他の相続税の納税猶予等の適用を受ける場合は、第8の7表の⑰欄の金額を第8の8表2のその人の「農地等納税猶予税額①」欄に転記します。
　　　2　この申告が修正申告である場合の⑦欄に記入する金額は、⑦欄の「①＋②－⑥」の金額が修正前の「農地等納税猶予税額」の金額を超える場合には、当該修正前の「農地等納税猶予税額」の金額にとどめます。ただし、納税猶予の適用を受ける特例農地等（期限内申告において第12表に記入した特例農地等に限ります。）の評価誤り又は税額の計算誤りがあった場合で、その誤りだけを修正するものであるときの⑦欄の金額は、当該修正前の「農地等納税猶予税額」の金額を超えることができます。

第8表(令5.7)

(資4－20－9－1－A4統一)

本事例の場合、⑦欄の相次相続控除後の相続税額は111,649,991円（＝116,232,496円－1,770,000円－2,812,505円）となり、⑥欄の割合（0.26666…）を乗じた29,773,330円が相次相続控除限度額となりますが、外国税額（④欄の金額）は920万円であるので、920万円が外国税額控除額となります。

相続税申告書　第8の8表

税額控除額及び納税猶予税額の内訳書　FD3572

被相続人　中央　太朗

第8の8表（令和5年1月分以降用）

（単位は円）

1 税額控除額

この表は、「未成年者控除」、「障害者控除」、「相次相続控除」又は「外国税額控除」の適用を受ける人が第1表の「⑫・⑭以外の税額控除額⑭」欄に記入する金額の計算のために使用します。

○この申告書は機械で読み取りますので、黒ボールペンで記入してください。

	（氏名）　中央　経	（氏名）　豊川　祐子
※ 整理番号		
未成年者控除額（第6表1②、③又は⑥）①	1200000	
障害者控除額（第6表2②、③又は⑥）②		
相次相続控除額（第7表⑧又は⑱）③	4026152	2812505
外国税額控除額（第8表1⑧）④		9200000
合計（①＋②＋③＋④）⑤	5226152	12012505

（注）各人の⑤欄の金額を第1表のその人の「⑫・⑭以外の税額控除額⑭」欄に転記します。

手順3 相次相続控除後の相続税額を計算し、第8表の⑥の割合を乗じて⑦の金額を計算します。

手順4 第8表の⑧欄の金額を第8の8表④欄へ転記します。

手順2

手順5

手順5 他の税額控除額と合算した⑤欄を第1表⑭欄に転記します。

相続税申告書　第1表

手順5

相続税の申告書（続）　修正　FD3564

第1表（続）（令和5年1月分以降用）

この申告書は機械で読み取りますので、黒ボールペンで記入してください。

	財産を取得した人	財産を取得した人
フリガナ	トヨカワ ユウコ	チュウオウ ミワコ
氏名	豊川　祐子　豊川　勝男（納税管理人）	中央　美和子
個人番号又は法人番号		
生年月日	昭和 40 年 3 月 3 日（年齢 58 歳）	昭和 60 年 8 月 8 日（年齢 38 歳）
住所	〒 123 Orange Street, New York, NY 12345 US	〒 136-0071 東京都江東区亀戸6-6-6
電話番号	（080 － 6666 － 7777）	（080 － 5555 － 6666）
職業	長女　主婦	二男の妻　主婦
取得原因	相続・遺贈・相続時精算課税に係る贈与	相続・遺贈・相続時精算課税に係る贈与

課税価格の計算		
取得財産の価額（第11表③）①	290000000	58000000
相続時精算課税適用財産の価額（第11の2表1⑦）②		
債務及び葬式費用の金額（第13表3⑦）③		
純資産価額（①＋②－③）④	290000000	58000000
純資産価額に加算される暦年課税分の贈与財産価額（第14表1④）⑤	10000000	
課税価格（④＋⑤）（1,000円未満切捨て）⑥	300000000	58000000
法定相続人の数		
相続税の総額		

各人の算出税額の計算	一般の場合（⑩の場合を除く）	あん分割合 ⑧	0 1848229550	0 035732438 0
		算出税額 ⑨	116731776	22568143
	農地等納税猶予の適用を受ける場合	あん分割合 ⑩		4513628
各人の納付・還付税額の計算	相続税額の2割加算が行われる場合の加算金額（第4表1⑦） ⑪			
	暦年課税分の贈与税額控除額（第4表の2⑤） ⑫		1770000	
	配偶者の税額軽減額（第5表⑥又は⑩） ⑬			
	⑫・⑭以外の税額控除額（第8の8表⑤） ⑭		12012505	
	計（⑫＋⑬＋⑭） ⑮		13782505	
	差引税額（⑨＋⑪－⑮）又は（⑩＋⑪－⑮） ⑯		102949271	27081771
	相続時精算課税分の贈与税額控除額（第11の2表⑧） ⑰		00	00
	医療法人持分税額控除額（第8の4表2B） ⑱			
	小計（⑯－⑰－⑱） ⑲		102949271	27081771
	納税猶予税額（第8の8表⑧） ⑳		00	00
	申告納税額（⑲－⑳）		102949271	27081771
	申告期限までに納付すべき税額			
	還付される税額			

（資4-20-2-1-A4統一）第1表（続）（令5.7）

税務署のチェックポイント

☑ 邦貨換算率をTTS（対顧客直物電信売相場）により計算しているか。

☑ 第8表の②欄の外国税額の中に日本の相続税に相当しないものが含まれていないか。

☑ 第8表の⑤欄の金額は、在外財産の債務の金額を控除した後の金額か。

209

⑧ 相続財産から差し引かれる債務・葬式費用
⑨ 各相続人の相続税額の計算
⑩ 税額控除
⑪ 相続税の申告と納税
⑫ 修正申告
⑬ 更正の請求
⑭ 相続に関連する税務手続き

11-1　相続税の申告

1　相続税の申告書の提出義務者

　課税価格の合計額※1が遺産に係る基礎控除額（3,000万円＋600万円×法定相続人数※2）を超える場合において、納付すべき税額が算出される相続人※3又は受遺者は相続税の申告書を提出しなければなりません。

　※1　小規模宅地等の特例等を適用しない場合における課税価格の合計額をいいます。
　※2　法定相続人とは、相続税法上の相続人（☞57頁）をいいます（相法15②）。
　※3　配偶者の税額軽減（☞186頁）の適用前に税額が算出される相続人を含みます。

2　相続税の申告書の提出期限

　相続税の申告書は、その相続の開始があったことを知った日の翌日から10か月以内に提出しなければなりません（相法27）。なお、「相続の開始があったことを知った日」とは、自己のために相続の開始があったことを知った日をいいます（相基通27-4）。

　たとえば、相続の開始を知った日が令和4年2月3日であれば相続税の申告書の提出期限は令和4年12月3日、また、相続の開始を知った日が令和4年4月30日であれば、相続税の申告書の提出期限は令和5年2月末日となります。なお、申告期限の日が土曜日・日曜日・祝日等の休日にあたるときは、休日の翌日が申告期限となります。

　また、相続税の申告書を提出すべき者が、納税管理人の届出をしないで提出期限内に日本に住所を有しないこととなる場合には、その出国の日までに申告書を提出しなければなりません。ただし、出国の日までに「相続税・贈与税の納税管理人届出書」を提出すれば、他の相続人と同様の提出期限となります。

図表11-2-1　「相続開始があったことを知った日」とは（相基通27-4、相法29）

項　　目	相続開始があったことを知った日
失踪宣告（民法30、31）を受け死亡したものとみなされた者の相続人又は受遺者	失踪宣告に関する審判の確定のあったことを知った日
相続開始後、相続人となるべき者が失踪の宣告により当該相続開始前に死亡したものとみなされ、相続人となった者	失踪の宣告に関する審判の確定のあったことを知った日
失踪宣告の取消しがあったことにより相続開始後において相続人となった者	失踪の宣告の取消しに関する審判の確定のあったことを知った日
認知に関する裁判又は相続人の廃除及び廃除の取消しに関する裁判の確定により相続開始後において相続人となった者	その裁判の確定を知った日

申告期限までに出生していない胎児	法定代理人がその胎児が生まれたことを知った日
相続開始の事実を知ることのできる弁識能力がない幼児等	法定代理人※1がその相続の開始のあったことを知った日
相続人以外の者が遺贈によって財産を取得した場合	自己のために当該遺贈のあったことを知った日
停止条件付の遺贈によって財産を取得した者	当該条件が成就した日
家庭裁判所から遺産の分与を受けた者（相法29）	分与を受けることを知った日※2
先順位者の放棄により相続人となった者	先順位の相続人が相続を放棄したことを知った日

※1　相続開始の時に法定代理人がないときは、後見人の選任された日
※2　特別縁故者の請求に基づく家庭裁判所による相続財産の分与に係る審判があったことを知った日

【質疑応答】申告書の提出期限

□　民法第255条の規定※により共有持分を取得した場合の相続税の課税関係

　　共有に属する財産の共有者の一人が死亡した場合において、その者の相続人がいないときは、その者に係る持分は、他の共有者がその持分に応じて遺贈により取得したものとして相続税を課税することとされています。この場合において、相続財産の評価時点及び相続税の申告期限は、それぞれいつになりますか。

　　※　「共有者の一人が、その持分を放棄したとき、又は死亡して相続人がないときは、その持分は、他の共有者に帰属する。」（民法255）

⇒　1　相続財産の評価時点

　　　共有持分を遺贈により取得したものとされることから、相続開始の時となります。

　　2　相続税の申告期限

　　①　特別縁故者による財産分与の請求がない場合

　　　特別縁故者の財産分与の請求期限の満了の日の翌日から10月以内。

　　②　特別縁故者の財産分与の請求がある場合

　　　分与額又は分与しないことの決定が確定したことを知った日の翌日から10月以内。

□　認定死亡と相続開始があったことを知った日

　　被相続人甲はいわゆる認定死亡により戸籍上除籍されましたが、甲の相続人が相続開始があったことを知った日はいつになりますか。

（事実経過）

　　令和〇年3月31日　甲はボートから転落し海中に沈んだ。

　　令和〇年4月1日　海上保安庁の巡視艇が捜索したが発見できなかった。

　　令和〇年6月7日　海上保安庁は甲の死亡の報告を死亡地の市町村長に行った。

　　　　令和〇年6月12日　甲の相続人から甲の死亡届けが市町村長に提出された。

　　⇒甲の相続人が、戸籍法第89条の規定に基づき、海上保安庁が甲の死亡の報告を死亡地の市町村長に行ったことを知った日をもって、相続開始があったことを知った日となります。

⑧　相続財産から差し引かれる債務・葬式費用

⑨　各相続人の相続税額の計算

⑩　税額控除

⑪　相続税の申告と納税

⑫　修正申告

⑬　更正の請求

⑭　相続に関連する税務手続き

この書類は、国内に住所を有していない又は有しないこととなる場合に、申告書の提出その他国税に関する事項を処理する必要のため納税管理人を選任する場合に提出します。

納 税 管 理 人 届 出 書

税務署受付印

令和＿＿年＿＿月＿＿日提出

＿＿＿＿＿＿ 税 務 署 長

納 税 地	（フリガナ）	（〒102 - 0083 ） 東京都千代田区麹町1-2-3 （電話　－　－　）
氏名又は名称	（フリガナ） トヨカワ ユウコ	豊 川 祐 子
（法人等の場合） 代表者等氏名	（フリガナ）	
個人番号又は法人番号		1 2 3 4 5 6 7 8 9 0 1 2
生 年 月 日		大正・昭和 平成・令和　40 年 3 月 3 日生

日本に住所がない場合は、出国前の住所を記載します。

相 続 税
贈 与 税 の納税管理人として次の者を定めたので届出します。

納税管理人	（フリガナ） 住所又は居所	（〒161 - 0033 ） 東京都新宿区下落合1-2-3 （電話　－　－　）
	（フリガナ） トヨカワ カツオ 氏 名 又 は 名 称	豊 川 勝 男
	届 出 者 と の 続 柄 （ 関 係 ）	子
	職 業 又 は 事 業 内 容	会社員
法の施行地外における住所 又は居所となる場所		123 Orange Street, New York, NY12345 US
納税管理人を定めた理由		相続税の申告及び納税のため
そ の 他 参 考 事 項		(1) 出国（予定）年月日　平成・令和　1 年 6 月 30 日 帰国（予定）年月日　平成・令和　6 年 12 月 20 日 (2) その他 被相続人氏名：中央太朗 　　　　　相続開始日：令和5年10月15日

海外の住所を記載します。

被相続人の氏名、相続開始日などを記載します。

関 与 税 理 士		（電話　－　－　）

税務署整理欄	番号確認	身元確認	確認書類		整理番号	名簿番号
		□ 済 □ 未済	個人番号カード ／ 通知カード・運転免許証 その他（　　　　　　）			

（資 3 － 21 － A 4 統一）（令 3.3）

3　相続税の申告書の提出期限までに遺産が未分割の場合

　遺産分割が成立していない（これを「未分割」といいます。）という理由により相続税の申告書の提出期限を延長することは、課税の公平の観点から問題となります。したがって、相続税の申告書は、遺産分割の成立の有無にかかわらず、前述の2に記載した提出期限までに提出しなければなりません。

　この場合、各人の取得割合が確定していないので、民法に規定する相続分（民法904条の2の寄与分（☞19頁）を除きます。なお、被相続人が外国籍の場合は、原則として本国法に定められた相続分によります。）又は包括遺贈の割合により、取得した相続財産の価額及び承継債務の金額を計算して申告し、納税します（以下、「未分割の申告」といいます。）。

　なお、「配偶者に対する相続税額の軽減の特例（☞186頁）」（相法19の2）や「小規模宅地等についての相続税の課税価格の計算の特例（☞108頁）」（措法69の4）は、遺産分割が成立していないと適用を受けることができません。したがって、たとえ被相続人の配偶者であっても配偶者の相続分に応ずる相続税の納税をすることになります。

　この場合、申告書の提出期限から3年以内に分割しこれらの特例の適用を受けようとするときは、「申告期限後3年以内の分割見込書」（☞134頁）を相続税の申告書と一緒に提出します。

　そして、申告期限後3年以内に遺産が分割された場合には、これらの特例を適用して、各人の取得割合に応ずる相続税額を計算して申告しますが、当初の未分割の申告時の相続税額よりも減少した場合には更正の請求（☞297頁）、また、増加した場合には修正申告（☞284頁）をすることになります。なお、更正の請求をする場合には、分割された日の翌日から4か月以内に行います（相法32）。

【質疑応答】遺産が未分割の場合

　□　被相続人が外国人である場合の未分割遺産に対する課税
　　外国人が死亡した場合における相続税の総額の計算は、日本の民法の規定による相続人及び相続分を基として計算することとしていますが、各人の課税価格を計算する場合において、遺産が未分割のときは、日本の民法の規定による相続人及び相続分を基として計算するのか又は本国法の規定による相続人及び相続分を基として計算するのかいずれによりますか。
　⇒法の適用に関する通則法第36条により相続は被相続人の本国法によることとされていますから、被相続人の本国法の規定による相続人及び相続分を基として計算することとなります。

　□　未分割の場合の課税価格（相続時精算課税適用財産がある場合）
　　甲の死亡に伴い、その相続人である子A、B、C、Dがその財産を相続することとなりましたが、遺産分割協議が整っていません。甲の財産は10億円ですが、相続人A及びBについては、生前、甲からそれぞれ生計の資本として1億円の贈与（特別受益）を受け、いずれも相続時精算課税の適用を受けています。この場合の各人の相続税の課税価格はどうなりますか。
　⇒共同相続人又は包括受遺者間において相続又は遺贈により取得した財産の分割が確定していないときには、その分割されていない財産については、各共同相続人又は包括受遺者が民法（第904条の2（寄与分）を除きます。）の規定による相続分又は包括遺贈の割合に従って取得したものとして各共同相続人又は包括受遺者の課税価格を計算することとされています（相法55）。したがって、相続人A及びBが贈与を受けた相続時精算課税適用財産は、民法第903条（特別受益者の相続分）第1項に規定する「婚姻若しくは

養子縁組のため若しくは生計の資本として」の贈与であることから、以下のとおり、各共同相続人の課税価格を計算することとなります。

A：(10億円＋1億円×2人)×1/4－1億円（特別受益）＝2億円

2億円＋1億円（相続時精算課税適用財産）＝3億円

B：(10億円＋1億円×2人)×1/4－1億円（特別受益）＝2億円

2億円＋1億円（相続時精算課税適用財産）＝3億円

C：(10億円＋1億円×2人)×1/4－0（特別受益なし）＝3億円

D：(10億円＋1億円×2人)×1/4－0（特別受益なし）＝3億円

4　相続税の申告義務の承継

　相続税の申告書を提出しなければならない者が、その申告書の提出期限前にその申告書を提出しないで死亡した場合には、その死亡した者の相続人及び包括受遺者は、その死亡した者の相続の開始があったことを知った日の翌日から10か月以内に、その死亡した者に代わって申告書を提出しなければなりません。なお、この場合には、申告書に「納税義務等の承継に係る明細書（兼相続人の

≪記載例11-1-2≫　納税義務等の承継に係る明細書（兼相続人の代表者指定届出書）の記載例

代表者指定届出書）」を添付します。

5　相続税の申告書の提出先（納税地）

(1)　被相続人の死亡の時における住所地が日本国内にある場合

　相続税の申告書は、被相続人の死亡の時における住所地を所轄する税務署に提出します（相法附則3、相基通27-3）。同一の被相続人から相続や遺贈によって財産を取得した者のうち相続税の申告書を提出しなければならない者が2名以上いる場合、これらの者は同一の税務署に申告書を提出することになりますので、相続税の申告書を共同で提出することができます（もちろん各人別々に申告書を提出することも可能です。）。

　なお、前述の4で記載した納税義務等を承継した相続人が提出する相続税の申告書の提出先は、提出期限前に死亡した相続人の住所地を所轄する税務署ではなく、死亡した相続人が当初提出する予定であった被相続人の死亡時の住所地を所轄する税務署になります。

(2)　被相続人の死亡の時における住所地が日本国外にある場合

　相続や遺贈によって財産を取得した者の住所地が日本国内にある場合には、財産を取得した者の住所地を所轄する税務署に提出し、財産を取得した者の住所地が日本国内にない場合には、その者が納税地を定めて申告した場合はそれにより、また、その申告がない場合には国税庁長官が納税地を指定して通知する、とされています（相法62②）。

図表11-5-1　相続税の申告書の提出先

区　分		申告書の提出先
被相続人の住所地が国内		被相続人の死亡時の住所地の所轄税務署
被相続人の住所地が国外	財産取得者の住所が国内 ・居住無制限納税義務者 ・特定納税義務者	相続人の住所地の所轄税務署
	財産取得者の住所が国外 ・非居住無制限納税義務者 ・制限納税義務者 ・特定納税義務者	財産を取得した者が定めた納税地又は国税庁長官が指定した納税地の所轄税務署

　（参考）　被相続人の住所地（納税地）に関する裁決例

原処分庁の管轄外に所在する介護付有料老人ホーム（本件施設）に入居した後も、住民登録地や金融機関等に対する届出住所地を以前に被相続人が居住していた原処分庁の管轄内にある家屋（本件家屋）の所在地から本件施設の所在地に異動させていないことや、被相続人の所得税の確定申告書が原処分庁に提出されていたことなどから、被相続人の死亡時の住所地、すなわち、相続税法附則第3項に規定する相続税の納税地は、本件家屋の所在地である旨主張する。しかしながら、本件施設は、生活全般にわたる介護サービスを受けることができる介護付有料老人ホームであり、入居者は、利用権に基づき、専用個室及び共用設備を終身的に利用することができる。加えて、被相続人は、本件家屋で起居することはもとより不可能な状態にあり、本件施設に入居した日から死亡の時までの間、本件家屋に帰宅したことは一度もなく、本件施設において日常生活を送っていた。これらの事情に照らすと、被相続人の死亡の時における生活の本拠たる実体を有していたのは、本件施設であると認められるから、被相続人の死亡の時における住所地は、本件施設の所在地であり、同所が相続税の納税地となる（平28.5.17大裁（諸）平27-59）。

215

6　相続税の申告書の添付書類

【質疑応答】申告書の添付書類

> □　米国籍を有する納税義務者が相続税の申告書に添付する印鑑証明書
>
> 　日本に住所を有する被相続人甲は、本年３月に死亡しました。共同相続人のうち、Aは、米国籍を有し、米国に居住していますが、現在葬式のため日本に帰郷しているので、この際共同相続人間で遺産の分割の協議を行い、相続税の申告書を提出したいと考えています。配偶者の税額軽減の適用を受けるためには遺産分割協議書に印鑑証明書を添付しなければならないということですが、Aの場合、印鑑証明書はとれないので、パスポートで身分を証明し、アメリカ領事館又は公証人役場で遺産分割協議書の同人の署名について認証を受けようと考えていますが、この認証で差し支えありませんか。
>
> ⇒米国領事は、公証人の資格をもち、私署証書の認証事務を行うことになっていますので、その認証は日本の印鑑証明書に代わる役割をもっていますから上記の認証で差し支えありません。

図表11-6-1　相続税申告のために用意すべき書類等

区　分	用意すべき書類等
共　通	□　被相続人の出生から死亡までの連続した戸籍謄本[1、2] □　相続人全員の戸籍謄本[1、2] 　　※１　相続開始の日から10日を経過した日以後に作成されたもの 　　※２　戸籍謄本に代えて「法定相続情報一覧図の写し」を提出することができます。 □　マイナンバーの写し □　過去３年分の確定申告書（控）及び準確定申告 □　被相続人の経歴書 【遺産分割協議による場合】 □　遺産分割協議書の写し □　相続人全員の印鑑証明書（海外居住者はサイン証明など） 【遺言書による場合】 □　遺言書 【未分割の場合】 □　申告期限後３年以内の分割見込書 【相続開始前３年以内に贈与がある場合】 □　贈与税の申告書（控） □　基礎控除以下の贈与の場合は、振込を受けた通帳など 【相続時精算課税適用者がいる場合】 □　被相続人及び相続時精算課税適用者の戸籍の附票の写し □　相続時精算課税制度選択届出書（控） □　贈与税申告書（控） 【相続人に未成年者や被後見人がいる場合】 □　特別代理人の審判書謄本や後見人・後見監督人の登記事項証明書の写し 【相続人に障害者がいる場合】 □　障害者手帳の写し
不動産	□　固定資産税名寄帳又は納税通知書の課税明細書 □　固定資産税評価明細書 □　登記事項証明書 □　不動産賃貸借契約書（賃貸不動産の場合）

区　分	用意すべき書類等
	【税務署に届出書等を提出している場合】 ☐　借地権の使用貸借に関する確認書 ☐　借地権者の地位に変更がない旨の届出書 ☐　土地の無償返還に関する届出書 ☐　相当地代の改定方法に関する届出書 【農地を賃貸借している場合】 ☐　農業委員会の耕作証明書
上場株式	☐　証券会社の残高証明書 ☐　端株等の登録株式の残高証明書（信託銀行証券代行部） ☐　配当金の支払通知書（相続開始から３か月前後に届いたもの）
非上場株式	☐　相続開始前３期分の法人税の申告書（勘定科目内訳書を含みます。）、事業税の申告書、消費税の申告書 ☐　法人所有不動産の登記事項証明書、固定資産税の通知書 ☐　法人が保有する有価証券の明細書 ☐　株主名簿（役職と被相続人との続柄が必要）
投資信託	☐　評価額証明書
預貯金	☐　残高証明書 ☐　過去５年分の通帳等 ☐　手元現金の残高がわかる書類
生命保険金	☐　生命保険金の支払通知書 ☐　生命保険証書 ☐　火災保険等の保険証書等 ☐　解約返戻金のわかる書類
死亡退職金	☐　死亡退職金の支払通知書
その他財産	☐　ゴルフ会員権やリゾート会員権 ☐　金地金・貴金属・書画・骨董等の明細書※ 　　※　名称・種類・購入年月日・購入金額・購入先が確認できるもの ☐　贈与税の申告書 ☐　所得税・消費税の申告書 ☐　金銭消費貸借契約書（貸付金がある場合）
債　務	☐　金融機関の借入残高証明書 ☐　金銭消費貸借書 ☐　相続開始後に支払われた被相続人の債務の領収書※ 　　※　病院・介護施設への支払い、水道光熱費等の公共料金など ☐　被相続人の未払金の領収書※ 　　※　所得税、消費税、住民税、事業税、国民健康保険料など
葬式費用	☐　葬儀関係の領収書※ 　　※　通夜、葬儀に関する費用、食事代、お布施、心づけ等の領収書やメモ
小規模宅地等の特例	【居住用宅地等に該当する場合】 ☐　住民票の写し（相続開始の日以後に作成されたもの）※ 　　※　配偶者は居住要件がないので、住民票は不要 【家なき子の場合】 ☐　相続開始前３年以内における住所又は居所を明らかにする書類（特例の適用を受ける人がマイナンバー（個人番号）を有する者である場合には提出不要です。） ☐　相続開始前３年以内に居住していた家屋が、自己、自己の配偶者、三親等内の親族又は特別の関係がある一定の法人の所有する家屋以外の家屋である旨を証する書類

8　相続財産から差し引かれる債務・葬式費用

9　各相続人の相続税額の計算

10　税額控除

11　相続税の申告と納税

12　修正申告

13　更正の請求

14　相続に関連する税務手続き

区　分	用意すべき書類等
	☐　相続開始の時において自己の居住している家屋を相続開始前のいずれの時においても所有していたことがないことを証する書類
	【被相続人が老人ホームに入所していた場合】
	☐　被相続人の戸籍の附票の写し（相続開始の日後に作成されたもの）
	☐　介護保険の被保険者証や障害者福祉サービス受給者証の写しなどの書類
	☐　施設への入所における契約書の写しなど
	【特定同族会社事業用宅地等に該当する宅地等】
	☐　法人の定款（相続開始時に効力を有するものに限ります。）
	☐　法人の相続開始の直前における発行済株式総数及び被相続人の親族その他被相続人と特別の関係があるその法人の株式の総数を記載した書類
	【郵便局舎の敷地で特定事業用宅地等に該当する場合】
	☐　総務大臣が交付した証明書
農地等の納税猶予の特例	☐　相続税の納税猶予に関する適格者証明書
	☐　登記事項証明書（不動産番号の記載のある書類の添付に代えることが可能）
	☐　固定資産税評価証明書など特例農地等の評価の明細
	☐　抵当権設定に必要な書類
非上場株式等の納税猶予の特例	☐　中小企業における経営の承継の円滑化に関する法律施行規則第7条第14項の都道府県知事の認定書の写し及び同条7項の申請書の写し
	☐　会社の定款の写し
	☐　会社の貸借対照表及び損益計算書
	☐　会社の登記事項証明書
	☐　その他特例の適用要件を確認する書類
	☐　担保提供関係書類
その他	【先代が亡くなった時に相続税の申告書を提出している場合】
	☐　先代の相続税申告書
	☐　先代の遺言書又は遺産分割協議書

図表11-6-2　相続税申告作成のためのチェックシート

区　分	検討すべき事項
相続財産の分割等	□　被相続人の全ての相続人を明らかにするもの☞相続開始の日から10日を経過した日以後に作成された「戸籍の謄本」又は「法定相続情報一覧図の写し」の入手 □　遺言書はないか。☞自筆証書遺言書又は公正証書遺言書の確認、公証人役場への照会、法務局へ遺言書保管事実証明書の有無の照会 □　遺言書の内容が遺留分を侵害している場合☞遺留分侵害額請求の調停手続きの検討 □　遺産分割協議書がないか。☞遺産分割協議書の写し、各相続人の印鑑証明書の入手 □　相続人に未成年者はいないか。☞特別代理人選任の要否の検討 □　相続人に障害者はいないか。☞障害者手帳の確認 □　相続人に認知症など意思能力のない者はいないか。☞成年後見人選任の要否の検討 □　相続人に非居住者はいないか。☞署名証明（サイン証明）の入手 □　相続を放棄した者はいないか。☞相続放棄申述受理証明書の入手 □　分割協議が調わない場合☞遺産分割調停の検討
不動産	□　土地の所有権を明らかにするもの☞土地の権利証、登記事項証明書の入手 □　土地の評価資料（路線価地域）☞路線価図の写し、住宅地図、土地図面の入手 □　土地の評価資料（倍率地域）☞固定資産税評価証明書、固定資産税の通知書の入手 □　土地の面積を明らかにするもの☞土地の測量図の入手 □　未登記不動産はないか。☞固定資産税の通知書、土地の権利証の確認 □　共有不動産はないか。☞登記事項証明書の確認 □　先代名義の不動産はないか。☞固定資産税の通知書、先代の相続税申告書の確認 □　他の市区町村に所在する不動産はないか。☞固定資産税の通知書の確認 □　日本国外に所在する不動産はないか。☞国外財産調書の確認 □　他人の土地の上に存する建物はないか。☞借地権耕作権の有無の検討 □　他人の農地を小作しているものはないか。☞耕作権の有無の検討 □　貸付地、借地について、☞「土地の無償返還に関する届出書」「借地権者の地位に変更のない旨の申出書」などが税務署に提出されていないか。 □　土地に縄延びはないか☞土地の測量図
事業・農業用資産	□　棚卸資産、仕掛品、事業用の固定資産はないか。☞青色決算書、収支内訳書の確認 □　未収穫の農産物等はないか。☞天然果実の評価の検討 □　事業用の売掛金、貸付金などの債権はないか。☞青色決算書、収支内訳書の確認 □　超過収益（暖簾）が見込まれる個人事業がある場合☞営業権の評価明細書により検討 □　セーフティ共済に加入していないか。☞共済証書、通知書等の確認
有価証券	□　株式・出資☞配当金の通知、株主総会通知等、預貯金の入金の確認 □　公社債・貸付信託・証券投資信託の受益証券等☞証券会社等の通知の確認 □　名義は異なるが、被相続人に帰属するものはないか。☞相続財産帰属の検討 □　無記名の有価証券で被相続人に帰属するものはないか。☞相続財産帰属の検討 □　増資等による株式の増加分や端株はないか。☞発行会社、証券代行に端株、登録株の照会 □　株式の割当を受ける権利、配当期待権はないか。☞発行会社に照会 □　日本国外の有価証券はないか。☞海外からの配当通知や通帳の入金の確認
取引相場のない株式	□　貸借対照表に計上されていない借地権はないか。☞土地の賃貸借契約書 □　機械等に係る割増償却額を修正しているか。☞法人税の申告書の確認 □　生命保険金及び生命保険の権利の評価を資産計上しているか。☞法人税の申告書、保険証券 □　財産的価値のない繰延資産を計上していないか。☞株式の評価明細書の確認 □　準備金、引当金を負債計上していないか。☞株式の評価明細書の確認 □　死亡退職金を負債計上しているか。☞株式の評価明細書の確認 □　生命保険金の保険差益に係る法人税額等を計上しているか。☞株式の評価明細書の確認

⑧　相続財産から差し引かれる債務・葬式費用

⑨　各相続人の相続税額の計算

⑩　税額控除

⑪　相続税の申告と納税

⑫　修正申告

⑬　更正の請求

⑭　相続に関連する税務手続き

区　分	検討すべき事項
	☐ 未納公租公課を負債計上しているか。☞決算期後の元帳、納税通知書の確認 ☐ ３年以内取得土地建物等は、通常の取引価額で計上しているか。☞不動産売買契約書で確認
現金・ 預貯金	☐ 相続開始時の現金の残高☞現金の所在場所別の残高表の作成 ☐ 郵便貯金も計上しているか。☞ゆうちょ銀行口座の残高証明書、通帳の確認 ☐ 名義は異なるが、被相続人に帰属するものはないか。☞過去の資金異動の検討 ☐ 外貨や記念通貨はないか。☞外貨や記念通貨の所在場所別の残高表の作成 ☐ 日本国外の預貯金はないか。☞海外からの配当通知や通帳の入金の確認
生命保険 金・退職手 当金等	☐ 生命保険金の計上漏れはないか。☞保険証券、支払保険料計算書、確定申告書の確認、生命保険協会への生命保険契約照会制度の検討 ☐ 生命保険契約に関する権利の計上漏れはないか。☞保険証券、確定申告書の確認 ☐ 被相続人が保険料を負担していた生命保険契約はないか。☞保険証券、通帳等の確認 ☐ 退職手当金の計上漏れはないか。☞退職金の支払調書、取締役会議事録等 ☐ 小規模共済に加入していないか。☞共済証書、通知書等の確認
立木	☐ 立木の評価を検討したか。☞確定申告書、立木証明書、森林経営計画書、森林簿の検討
その他の財産	☐ 貸付金、前払金等はないか。☞法人税の確定申告書、借用証等の確認 ☐ 庭園設備はないか。☞毎年の庭園設備の費用などから検討 ☐ 自動車、ヨット等はないか。☞最近取得している場合は、取得価額のわかる書類 ☐ 貴金属（金地金等）はないか。☞預り証券、貸金庫などの確認 ☐ 書画、骨とう等はないか。☞評価額の検討 ☐ 著作権、特許権、実用新案等はないか。☞毎年の使用料などの入金額の確認 ☐ ゴルフ会員権やレジャークラブ会員権等はないか。☞会員証、通帳の年会費の確認 ☐ 未収給与はないか。☞被相続人の通帳 ☐ 未収地代・家賃等はないか。☞賃貸借契約書、通帳、不動産収支内訳書の確認 ☐ 未収配当金の計上漏れはないか。☞相続開始後の通帳の入金、配当金計算書の確認 ☐ 電話加入権の計上漏れはないか。☞電話加入権の名義の確認 ☐ 所得税等の還付金はないか。☞準確定申告書の確認 ☐ 損害保険契約に関する権利の計上漏れはないか。☞保険証券、支払保険料計算書の確認
債　務	☐ 借入金はないか☞法人税の確定申告書、借用証等の確認 ☐ 未払金公共料金の検討☞相続開始までの電気、ガス、水道、NHKなどの支払確認 ☐ 未払税金の検討☞所得税、消費税などの申告書、納付書、固定資産税、住民税、事業税などの通知書、納付書の確認 ☐ 預り敷金はないか☞賃貸借契約書、不動産収支内訳書の確認 ☐ 買掛金、未払費用などの事業上の債務はないか☞青色決算書、収支内訳書の確認 ☐ 保証債務を債務としていないか☞債務保証先の財産状況の確認
葬式費用	☐ 初七日の法要や香典返しに要した費用が含まれていないか。☞領収証、請求書等 ☐ 墓石や仏壇の購入費用が含まれていないか。☞領収証、請求書等 ☐ 親族の宿泊代や交通費が含まれていないか。☞領収証、請求書等
贈与財産	☐ 相続開始前３年以内に贈与を受けた財産は加算しているか。☞贈与税の申告書の確認、贈与税の申告内容の開示請求手続きの検討 ☐ 「教育資金」又は「結婚・子育て資金」の一括贈与に係る非課税の特例贈与をしているか。☞贈与税の申告書の確認、管理残額の信託銀行への確認 ☐ 相続時精算課税に係る贈与をしているか。☞贈与税の申告書の確認、贈与税の申告内容の開示請求手続きの検討

相続税の申告のチェックポイント

【申告書の提出義務者】

□　「配偶者の税額軽減」を適用した後の相続税の課税価格の合計額が遺産に係る基礎控除額以下であれば申告しなくていいと考えていないか。

☞　配偶者の税額軽減は、相続税の申告をしなければ適用がありません。

□　「小規模宅地等の特例」を適用した後の相続税の課税価格の合計額が遺産に係る基礎控除額以下であれば申告しなくていいと考えていないか。

☞　小規模宅地等の特例を適用するためには、相続税の申告が必要です。

【申告書の提出期限】

□　相続税の申告書を提出しなければならない者が、その申告書の提出期限前にその申告書を提出しないで死亡した場合の相続税の申告期限を、被相続人の死亡した日から10か月以内と考えていないか。

☞　申告書を提出すべき者が提出期限前に申告書を提出しないで死亡した場合には、その者の相続人は、その申告書を提出しないで死亡した者の相続の開始があったことを知った日の翌日から10か月以内に申告すればよいことになっています（相法27②）。ただし、死亡した者以外の相続人等が提出する相続税の申告期限は、あくまで被相続人の死亡した日から10か月以内です。

□　相続開始日が2月29日である場合の申告期限を、その年12月29日と勘違いしていないか。

☞　相続税の申告期限を計算する場合、相続開始日の翌日（その年3月1日）から起算し、10か月の応答日の末日（その年12月31日）となりますが、通則法施行令2条により12月29日から31日は通則法第10条に規定する休日にあたり、1月1日から3日までは休日にあたることから、申告期限はその年の翌年1月4日となります。

□　7年間の失踪宣告満了により死亡したものとみなされた者の相続税の申告期限を、裁判所の失踪宣告の審判のあった日から10か月以内と考えていないか。

☞　失踪宣告を受けて死亡したものとみなされた場合の「相続があったことを知った日」とは、失踪宣告の審判があって即時抗告期間が経過した日（失踪宣告の審判の確定日）から10か月以内となります。

□　3月12日に船から転落し行方不明となり、5月3日に海上保安庁より死亡地の市区町村に認定死亡（☞2頁）の届け出が行われた場合には、「相続があったことを知った日」を、3月12日（認定死亡日）として申告期限を計算していないか。

☞　認定死亡があった場合の「相続があったことを知った日」とは、海上保安庁が死亡の報告を市区町村にしたことを知った日となります。

□　遺留分侵害額の請求（☞43頁）により新たに納税義務者となった場合の申告期限は、遺留分侵害額の請求をした日や遺留分により財産を取得した日から10か月以内と考えていないか。

☞　遺留分侵害額請求により新たに納税義務者となった場合には、相続税法第35条により決定があるまでは、いつでも申告書を提出することができるので、特に申告期限はありません（相法30）。ただし、税務署長が決定通知書を発した日と遺留分侵害額の請求により新たに納税義務者となった日の翌日から起算して4か月を経過する日とのいずれか早い日までに相続税を申告し納税しないと延滞税がかかります。

8　相続財産から差し引かれる債務・葬式費用

9　各相続人の相続税額の計算

10　税額控除

11　相続税の申告と納税

12　修正申告

13　更正の請求

14　相続に関連する税務手続き

□　特別縁故者が相続財産を取得した場合には相続税の申告は不要と考えていないか。

☞　特別縁故者が相続財産を取得した場合には、財産分与の審判が確定した日の翌日から10か月以内に、相続税の申告書を提出しなければなりません。なお、特別縁故者が相続財産を取得できるのは、被相続人に相続人がなく、かつ遺言もない場合で、被相続人と同居していた者や被相続人の療養看護に努めていた者が、財産分与の請求をして、家庭裁判所が認めた場合です。

【申告書の提出先】

□　財産を取得した者の住所地を所轄する税務署に申告書を提出していないか。

☞　被相続人の死亡の時における住所地が国内にある場合には、財産を取得した者の住所地が国内にあったとしても、その相続税の納税義務者が提出する申告書は、相続税法第27条の規定によらず、相続税法附則第3項により被相続人の死亡の時における住所地を所轄する税務署に提出することになっています（相法附則③、相基通27−3）。

11-2　相続税の納付

1　相続税の納付期限

　相続税の納付期限は相続の開始があったことを知った日の翌日から10か月以内、つまり、相続税の申告期限と同じです。また、期限後申告又は修正申告の納付期限は、その申告書を提出した日になります。なお、更正又は決定を受けた場合には、更正又は決定の通知が発せられた日の翌日から起算して1か月を経過する日が納付期限となります。

図表11-2-1　相続税の納付期限

区　分	納付期限
期限内申告書	相続の開始があったことを知った日の翌日から10か月以内
期限後申告又は修正申告	その申告書を提出した日
更正又は決定	更正又は決定の通知が発せられた日の翌日から起算して1か月を経過する日

2　相続税の納付方法

　相続税は納付期限までに金銭で一括納付するのが原則ですが、金銭一括納付が困難な場合に限り、一括納付が困難な金額を限度として、相続税を分割払いにする「延納」が認められます。

　さらに、延納によっても納付が困難な場合には、金銭納付が困難な金額を限度として、相続財産そのもので納める「物納」が認められています。金銭一括納付によるか、延納によるか、物納によるかは、相続人ごとに判定し、延納又は物納による場合には、申告期限までに申請書及びその関係書類を提出しなければなりません。

　なお、1人の被相続人から財産を相続した者が2人以上いる場合には、他の相続人の納付すべき相続税額について、相続・遺贈、相続時精算課税に係る贈与により受けた利益の価額を限度として、相互に連帯して納付しなければならない義務があります（相法34）。

図表11-2-2　相続税の納税の概要

金銭一括納付 （原　則）	相続開始があったことを知った日の翌日から10か月以内に納付 最寄りの金融機関（銀行、郵便局等）又は所轄税務署で納付
	期限内に金銭で全額を納付することが困難な場合
延　納 （特　例）	相続税の分割払い 取得した相続財産の種類に応じて延納期間が定められている 分納税額と併せて利子税を納付する
	延納によっても金銭で納付することが困難な場合
物　納 （例　外）	相続税だけに認められている納付方法であり、金銭納付に代えて、相続、遺贈により取得した財産（日本国内にあるもの）で納付する 物納できる財産、物納順位が決められている

⑧ 相続財産から差し引かれる債務・葬式費用
⑨ 各相続人の相続税額の計算
⑩ 税額控除
⑪ 相続税の申告と納税
⑫ 修正申告
⑬ 更正の請求
⑭ 相続に関連する税務手続き

3　納付書の記載方法

　相続税の納付書の記載方法については、特に法令や通達などによる定めがなく、納付した相続税が誰のものか特定できればよいとのことで、各税務署により記載方法の指導に違いがあります。一般的な記載方法としては、下記の事項を次のように記載します。

①	年度	相続税の納付日の会計年度を記入します。 例えば、令和5年4月1日～令和6年3月31日の場合は、「05」と記入。
②	税目番号	相続税の税目番号は「050」を記入します。
③	税務署名	被相続人の最後の住所地を管轄している税務署名を記入します。
④	税務署番号	税務署番号を記入します。
⑤	整理番号	記載する必要はありません。
⑥	税目	「相続」税と記入します。
⑦	納期等の区分	相続開始日（被相続人の死亡日）を記入します。
⑧	申告区分	相続税申告期限内に申告する場合、確定申告「4」に○をつけます。
⑨	住所	「被相続人の住所」と「相続人の住所・電話番号」を記入します。
⑩	氏名	「被相続人の氏名」と「相続人の氏名、フリガナ」を記入します。
⑪	本税	納付する相続税の金額を記入します。
⑫	合計額	本税と同じ金額を記入し、金額の頭に「¥」記号を入れます。

(1)　一般的な場合

　相続税に特有の納付書の記載方法は、「納期等の区分欄」（上記の⑦）に被相続人の相続開始日（被相続人の死亡日）と「住所、氏名欄」（上記の⑨⑩）に被相続人と相続人の住所、氏名を次のように記載することです。

【住所欄】	被相続人：東京都千代田区麹町1-2-3
	相　続　人：東京都江東区亀戸6-6-6
【氏名欄】	被相続人：中　央　太　朗
	相　続　人：中　央　美和子

≪記載例11-2-1≫　一般的な納付書の記載例

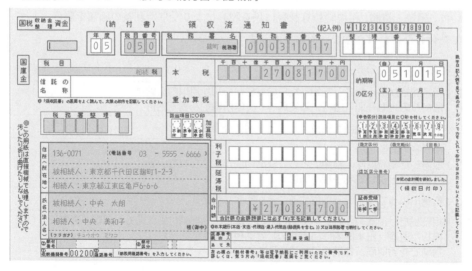

(2)　未成年者、成年後見人がいる場合

　相続人が未成年者の場合は、「住所、氏名欄」（上記の⑨⑩）に被相続人と相続人の住所、氏名を記載するほかにその未成年者相続人の親権者や特別代理人の住所、氏名、電話番号を次のように記載します。なお、記載例のように簡略化してもかまいません。

　また、相続人が成年被後見人の場合は、成年後見人の住所、氏名、電話番号を記載します。

【住所欄】	被相続人：東京都千代田区麹町1-2-3
	相続人：東京都江東区亀戸6-6-6
	相続人の特別代理人：東京都港区芝1-23-45-101
【氏名欄】	被相続人：中央太朗
	相続人：中央経
	相続人の特別代理人：神田浅子

≪記載例11-2-2≫　未成年者、成年後見人がある場合の納付書の記載例

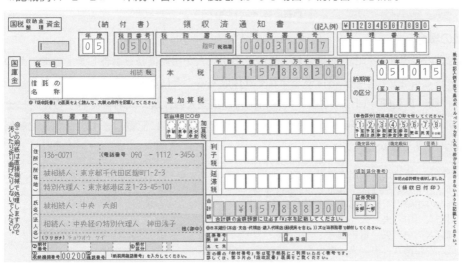

(3)　非居住納税義務者の納税管理人がいる場合

　相続人が非居住納税義務者の場合は、「住所、氏名欄」（上記の⑨⑩）に被相続人と相続人の住所、氏名を記載するほかにその非居住納税義務者の納税管理人の住所、氏名、電話番号を次のように記載します。なお、記載例のように簡略化してもかまいません。

【住所欄】	被相続人：東京都千代田区麹町1-2-3
	相続人：123 Orange Street, New York, NY 12345 US
	納税管理人：東京都新宿区下落合1-2-3
【氏名欄】	被相続人：中央太朗
	相続人：豊川祐子
	納税管理人：豊川勝男

≪記載例11-2-3≫　納税管理人がある場合の納付書の記載例

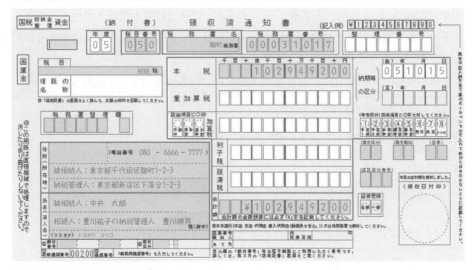

(4) 再転相続の場合

　相続人が申告書の提出前に死亡した場合は、その者の相続人が相続債務を承継しますので、その者の各相続人が法定相続分について納付書をそれぞれ作成することになります。

　そのため、「住所、氏名欄」（上記の⑨⑩）に被相続人と相続人の住所、氏名を記載するほかにその亡くなった相続人の相続人（再転相続人）の住所、氏名を次のように記載します。なお、記載例のように簡略化してもかまいません。

【住所欄】	被相続人：東京都千代田区麹町1-2-3
	相　続　人：東京都港区南麻布2-22-33
	相続人の相続人：東京都港区南麻布2-22-33
【氏名欄】	被相続人：中　央　太　朗
	相　続　人：中　央　重　雄
	相続人の相続人：中　央　恵　子

≪記載例11-2-4≫　再転相続、数次相続がある場合の納付書の記載例

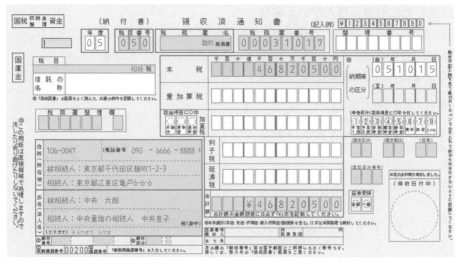

　※　申告書第1表の付表1の金額

　この場合の納期限は、相続人が亡くなった日（相続開始日）から10か月になります（相法27②）。なお、亡くなった相続人以外の相続人の納期限は延長されません。

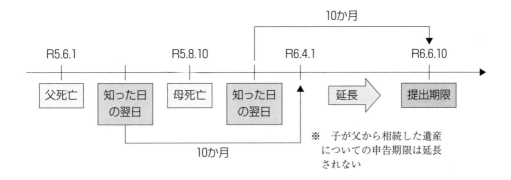

11-3 延納

1 延納制度の概要

　国税は、金銭で一時に納付することが原則ですが、申告又は更正・決定により納付することになった相続税額が10万円を超え、納期限（納付すべき日）までに金銭で納付することを困難とする事由がある場合には、その納付を困難とする金額を限度として、申請書を提出の上、担保を提供することにより、年賦で納めることができます。これを「延納」といいます。この延納期間中は利子税がかかります。

　なお、その相続税（贈与税）に附帯する加算税、延滞税及び連帯納付責任額については、延納の対象にはなりません。

> ※　国税庁の「相続税・贈与税の延納の手引」（右QRコード）を参照してください。

2 延納の要件

　相続税の延納申請は、次の要件のすべてを満たす場合に、延納の許可が受けられます。
① 相続税額が10万円を超えること
② 金銭納付を困難とする金額の範囲内であること
③ 納付期限又は納付すべき日までに延納申請書及び担保提供関係書類を提出すること
④ 延納税額及び利子税の額に相当する担保を提供すること（ただし、延納税額が100万円以下で、かつ、延納期間が3年以下のものは担保が必要ありません。）

図表11-3-1　延納申請時に提出する書類

㈦ 『相続税延納申請書』
㈨ 『各種確約書』
㈻ 『金銭納付を困難とする理由書』
㈥ 『延納申請書別紙（担保目録及び担保提供書）』
㈭ 『不動産等の財産の明細書』
㈱ 『担保提供関係書類』
㈣ 担保提供関係書類が提出できない場合は『担保提供関係書類提出期限延長届出書』※
※ 一度の届出によって延長できる期間は3か月が限度となります。再延長の届出は何回でも提出できますが、延長できる期間は、延納申請期限の翌日から起算して6か月を超えることはできません。

3 延納期間と利子税

　相続税を延納する場合、分割払いにできる最長期間（延納期間）及び利子税率は、延納申請者が取得した相続財産のうちに占める「不動産等」の割合により、図表11-3-2のとおり定められています。

　なお、「不動産等」とは、不動産、不動産の上に存する権利、立木、事業用の減価償却資産並びに特定同族会社（相続等により財産を取得した人及びその関係者の有する株式の数又は出資の金額が、その会社の発行済株式の総数又は出資の総額の50％超を占めている非上場会社）の株式及び出資をいいます。

$$\text{不動産等の割合（小数点 3 位未満切上げ）} = \frac{\text{不動産等の財産の価額合計額}}{\text{課税相続財産の価額（債務・葬式費用を差し引く前の価額）}}$$

図表11-3-2　延納期間及び利子税

区　分		延納期間（最長）	延納利子税割合（年割合）	特例割合※
不動産等の割合が75％以上	①　動産等に係る延納相続税額	10年	5.4％	0.6％
	②　不動産等に係る延納相続税額（③を除きます。）	20年	3.6％	0.4％
	③　森林計画立木の割合が20％以上の森林計画立木に係る延納相続税額	20年	1.2％	0.1％
不動産等の割合が50％以上75％未満	④　動産等に係る延納相続税額	10年	5.4％	0.6％
	⑤　不動産等に係る延納相続税額（⑥を除きます。）	15年	3.6％	0.4％
	⑥　森林計画立木の割合が20％以上の森林計画立木に係る延納相続税額	20年	1.2％	0.1％
不動産等の割合が50％未満	⑦　一般の延納相続税額（⑧、⑨及び⑩を除きます。）	5 年	6.0％	0.7％
	⑧　立木の割合が30％を超える場合の立木に係る延納相続税額（⑩を除きます。）	5 年	4.8％	0.5％
	⑨　特別緑地保全地区等内の土地に係る延納相続税額	5 年	4.2％	0.5％
	⑩　森林計画立木の割合が20％以上の森林計画立木に係る延納相続税額	5 年	1.2％	0.1％

※　延納特例基準割合が0.9％の場合
（注1）　延納税額が150万円未満（②、③及び⑥に該当する場合は200万円未満）の場合には、上記にかかわらず、延納期間は延納税額を10万円で除して得た数（1年未満の端数は切り上げ）に相当する年数が限度となります。
（注2）　特例割合は、延納特例基準割合が年7.3％に満たない場合、次の算式により計算します。

$$\text{延納利子税割合（年割合）} \times \frac{\text{延納特例基準割合}}{7.3\%} = \text{特例割合（0.1％未満の端数切り捨て）}$$

⑧ 相続財産から差し引かれる債務・葬式費用
⑨ 各相続人の相続税額の計算
⑩ 税額控除
⑪ 相続税の申告と納税
⑫ 修正申告
⑬ 更正の請求
⑭ 相続に関連する税務手続き

4 延納許可限度額

　延納は、納付が困難な金額を限度として認められます。この延納の許可限度額は、①申告等により納付すべき相続税額から、②納期限又は納付すべき日において有する現金、預貯金その他換金の容易な財産の額から、その者と生計を一にする配偶者その他の親族の生活のために通常必要とされる費用の３か月分に相当する金額並びにその者の事業の継続のために当面必要な運転資金の額を控除した金額（金銭納付可能額）を差し引いた金額になります。

図表11-3-3　延納許可限度額の計算表

① 納付すべき相続税額		円
現金納付	② 現金、預貯金その他の換価が容易な財産の価額	円
	③ ３か月分の生活費	円
	④ 事業の継続に必要な運転資金（経費等）の額	円
	⑤ 金銭納付可能額（現金納付額）（②－③－④）	円
⑥ 延納許可限度額（①－⑤）		円

5 延納の担保

　延納の担保は、相続によって得た財産や納税者の固有財産に限らず、他の相続人や第三者が所有する財産であっても構いません。担保として提供できる財産は、国債、地方債、社債、これら以外の有価証券、土地、建物、登記された船舶・飛行機、保証人の保証等がありますが、担保物の耐用年数が延納期間より短いものや譲渡制限等があるもの又は処分にあたり支障があるもの、担保に係る国税の附帯税等を含む全額を担保していないもの、火災保険に加入していない建物等は担保としては不適格とされます。

6 延納の許可と却下

　延納申請書が提出された場合、税務署長は、その延納申請に係る要件の調査結果に基づいて、延納申請期限から原則として３か月以内に許可又は却下を行います。

　延納が許可されると『相続税延納許可通知書』が送付されますが、延納申請が却下されると「延納申請却下通知書」が送付されます。却下された相続税は速やかに納付する必要があります。この納付すべき相続税には、①（法定）納期限の翌日から却下の日までの期間については利子税が、②却下の日の翌日から本税の完納の日までの期間については延滞税がかかります。

7 延納から物納への変更

　延納の許可を受けた相続税について、その後、延納を履行することが困難となった場合には、申告期限から10年以内に限り、分納期限が未到来の税額部分について、延納から物納への変更を行うことができます。これを特定物納といいます。

　特定物納申請をした場合、物納財産を納付するまでの期間に対しては当初の延納条件による利子税を納付することとなります。

　なお、特定物納に係る財産の収納価額は、特定物納申請の時の価額となります。

≪事例11-3-1≫　分納税額と利子税額の計算例

課税相続財産の価額　60,252,775円（相続税の申告書第15表㉚欄）
うち不動産等の価額　58,352,668円（相続税の申告書第15表㉜欄）
納付すべき相続税額　20,585,300円（うち延納申請税額18,250,000円、現金納付2,335,300円）
① 不動産等の割合が50％又は75％以上かどうかの判定
　58,352,668円÷60,252,775円＝0.96846・・＞0.75
② 不動産等の割合（それぞれの価額千円未満の端数切捨て後に計算）
　58,352,000円÷60,252,000円＝0.9684→0.969（小数点以下第3位未満切上げ）
③ 不動産等に係る延納相続税額
　20,585,300円×0.969＝19,947,155円＞18,250,000円
　∴　延納税額はすべて不動産等に対応する税額となるので、延納期間は20年を選択
④ 分納税額の計算
　18,250,000円÷20年＝912,500円
　（千円未満の端数がでる場合には端数金額は第1回目に含める）
　∴　1回目922,000円、2回目〜20回目まで912,000円
⑤ 第1回目の利子税額（特例割合0.4％を適用）
　第1回目（申告期限から1年経過日を分納期限とします）
　18,250,000円×0.4％＝73,000円→73,000円（百円未満切捨て）
⑥ 第1回目の納付額
　分納税額922,000円＋利子税73,000円＝995,000円
⑦ 第2回目の利子税額（特例割合は0.4％で変わらないものとします）
　18,250,000円－922,000円＝17,328,000円→17,320,000円（万円未満切捨て）
　17,320,000円×0.4％＝69,280円→69,200円（百円未満切捨て）
⑧ 第2回目の納付額
　分納税額912,000円＋利子税69,200円＝981,200円

【質疑応答】延納

　□　15年以内の年賦延納をすることができる場合の不動産の占める割合の計算
　　　相続税の延納が15年間認められる場合は、不動産等の価額の合計額が遺産の価額の10分の5以上でなければならないとされていますが、不動産等の価額の合計額が遺産の価額10分の5以上であるかどうかの判定は、債務控除後の遺産の価額によるのでしょうか、それとも債務控除前の遺産の価額によるのでしょうか。
　⇒ 相続税法第38条に規定する「相続税額の計算の基礎となったものの価額の合計額」とは非課税財産以外の積極財産の価額の合計額をいいますから、債務控除前の遺産の価額によることになります。

⑧ 相続財産から差し引かれる債務・葬式費用
⑨ 各相続人の相続税額の計算
⑩ 税額控除
⑪ 相続税の申告と納税
⑫ 修正申告
⑬ 更正の請求
⑭ 相続に関連する税務手続き

11-4 物　納

1　物納制度の概要

　国税は、金銭で納付することが原則ですが、相続税に限っては、延納によっても金銭で納付することを困難とする事由がある場合には、納税者の申請により、その納付を困難とする金額を限度として一定の相続財産による物納が認められています。なお、財産の生前贈与を受けて相続時精算課税又は非上場株式の納税猶予を適用している場合には、それらの適用対象となっている財産は、物納の対象とすることはできません。

> ※　国税庁の「相続税の物納の手引」（右QRコード）を参照してください。

2　物納の要件

　相続税の物納申請は、次の要件のすべてを満たす場合に、物納の許可が受けられます。

① 　延納によっても金銭で納付することを困難とする事由があり、かつ、その納付を困難とする金額を限度としていること。

② 　物納申請財産は、納付すべき相続税の課税価格計算の基礎となった相続財産（相続時精算課税により贈与された財産を除きます。）のうち日本国内にあるもので、物納順位に従っていること。

③ 　物納に充てることができる財産は、管理処分不適格財産に該当しないものであること及び物納劣後財産に該当する場合には、他に物納に充てるべき適当な財産がないこと。

④ 　物納しようとする相続税の納期限又は納付すべき日（物納申請期限）までに、物納申請書に物納手続関係書類を添付して税務署長に提出すること。

図表11-4-1　物納申請時に提出する書類

㈠　『物納申請書』
㈡　『物納財産目録』
㈢　『金銭納付を困難とする理由書』
㈣　物納申請財産が物納劣後財産の場合『物納劣後財産等を物納に充てる理由書』
㈤　物納手続関係書類
【土地の場合】
登記事項証明書、公図の写し及び物納申請土地の所在を明らかにする住宅地図の写し等、地積測量図、境界線に関する確認書、物納申請土地の維持及び管理に要する費用の明細書、物納財産収納手続書類提出等確約書、電柱の設置に係る契約書等の写し、土地上の工作物等の図面、建物・工作物等の配置図その他その土地の状況に応じて必要となる書類
【上場株式の場合】
上場株式の所有者の振替口座簿の写し
㈥　物納手続関係書類が提出できない場合『物納手続関係書類提出期限延長届出書』※
※　1回につき3か月を限度として、最長で1年まで物納手続関係書類の提出期限を延長することができます。

3 物納順位

物納順位は次のとおりに決められています。

図表11-4-2 物納財産の順位

順 位	物納に充てることができる財産の種類
第1順位	① 不動産、船舶、国債、地方債、上場株式等（社債、株式等の有価証券のうち、金融商品取引所に上場されているもの）
	② 不動産及び上場株式のうち物納劣後財産に該当するもの
第2順位	③ 非上場株式等
	④ 非上場株式のうち物納劣後財産に該当するもの
第3順位	⑤ 動産

（注） 後順位の財産は、税務署長が特別の事情があると認める場合及び先順位の財産に適当な価額のものがない場合に限って物納に充てることができます。

4 管理処分不適格財産及び物納劣後財産

(1) 管理処分不適格財産

次に掲げる財産は、物納不適格財産となり物納することはできません。

① 不動産

イ 担保権が設定されていることその他これに準ずる事情がある不動産
ロ 権利の帰属について争いがある不動産
ハ 境界が明らかでない土地
ニ 隣接する不動産の所有者その他の者との争訟によらなければ通常の使用ができないと見込まれる不動産
ホ 他の土地に囲まれて公道に通じない土地で民法第210条の規定による通行権の内容が明確でないもの
ヘ 借地権の目的となっている土地で、その借地権を有する者が不明であることその他これに類する事情があるもの
ト 他の不動産（他の不動産の上に存する権利を含みます。）と社会通念上一体として利用されている、もしくは利用されるべき不動産又は二以上の者の共有に属する不動産
チ 耐用年数（所得税法の規定に基づいて定められている耐用年数をいいます。）を経過している建物（通常の使用ができるものを除きます。）
リ 敷金の返還に係る債務その他の債務を国が負担することとなる不動産（申請者において清算することを確認できる場合を除きます。）
ヌ 管理又は処分を行うために要する費用の額がその収納価額と比較して過大となると見込まれる不動産など
ル 公の秩序又は善良の風俗を害するおそれのある目的に使用されている不動産、その他社会通念上適切でないと認められる目的に使用されている不動産
ヲ 引渡しに際して通常必要とされる行為がされていない不動産
ワ 地上権、永小作権、賃借権その他の使用及び収益を目的とする権利が設定されている不動産で暴力団等の一定者がその権利を有しているもの

② 株式

> イ 譲渡に関して金融商品取引法その他の法令の規定により一定の手続が定められている株式で、その手続がとられていない株式
> ロ 譲渡制限株式
> ハ 質権その他の担保権の目的となっている株式
> ニ 権利の帰属について争いがある株式
> ホ 共有に属する株式（共有者全員がその株式について物納の許可を申請する場合を除きます。）
> ヘ 暴力団員等によりその事業活動を支配されている株式会社又は暴力団員等を役員とする株式会社が発行した株式（取引相場のない株式に限ります。）

③ 上記以外の財産

> その財産の性質が上記の財産に準ずるものとして税務署長が認めるもの

　なお、納期限に相続財産の分割協議が未了である場合や遺留分侵害額の請求が行われている場合などについては、相続財産の所有権の帰属が確定していない状況にあるとして、管理処分不適格財産に該当することとなり、物納が認められません。

(2) 物納劣後財産

　次に掲げる財産は、他に物納に充てるべき適当な財産がない場合に限り物納に充てることができます。

> イ 地上権、永小作権若しくは耕作を目的とする賃借権、地役権又は入会権が設定されている土地
> ロ 法令の規定に違反して建築された建物及びその敷地
> ハ 土地区画整理法による土地区画整理事業等の施行に係る土地につき仮換地又は一時利用地の指定がされていない土地（その指定後において使用又は収益をすることができない土地を含みます。）
> ニ 現に納税義務者の居住の用又は事業の用に供されている建物及びその敷地（納税義務者がその建物及び敷地について物納の許可を申請する場合を除きます。）
> ホ 配偶者居住権の目的となっている建物及びその敷地
> ヘ 劇場、工場、浴場その他の維持または管理に特殊技能を要する建物およびこれらの敷地
> ト 建築基準法第43条第1項に規定する道路に2メートル以上接していない土地
> チ 都市計画法の規定による都道府県知事の許可を受けなければならない開発行為をする場合において、その開発行為が開発許可の基準に適合しないときにおけるその開発行為に係る土地
> リ 都市計画法に規定する市街化区域以外の区域にある土地（宅地として造成することができるものを除きます。）
> ヌ 農業振興地域の整備に関する法律の農業振興地域整備計画において農用地区域として定められた区域内の土地
> ル 森林法の規定により保安林として指定された区域内の土地
> ヲ 法令の規定により建物の建築ができない土地（建物の建築をすることができる面積が著しく狭くなる土地を含みます。）
> ワ 過去に生じた事件又は事故その他の事情により、正常な取引が行われないおそれがある不動産及びこれに隣接する不動産
> カ 事業の休止（一時的な休止を除きます。）をしている法人に係る株式　など

5　物納財産の収納価額

　物納財産を国が収納するときの価額は、原則として相続税の課税価格計算の基礎となったその財産の価額になります。この場合、小規模宅地等についての相続税の課税価格の計算の特例の適用を受けた相続財産を物納する場合の収納価額は、特例適用後の価額となります。ただし、収納の時までに物納財産の状況に相続時と比べて著しい変化があった場合、たとえば、引き続き居住の用に供する土地又は家屋を物納する場合や所有権以外の物権又は借地権・賃借権の設定、変更又は消滅があった場合などには、収納の時の現況により評価した価額になります。

　物納に充てる財産は、物納申請税額を超えないような財産を選定する必要があります。しかし、他に適当な価額の財産がなく、その財産の性質・形状等により分割することが困難な場合など、やむを得ない事情があると税務署長が判断した場合には、物納申請税額を超える財産による物納が認められます。

　なお、物納財産の収納価額が取得費（被相続人の取得費を引き継ぎます。）を上回り、譲渡所得計算上の売却利益が生じたとしても、所得税・住民税は非課税です。ただし、納付すべき相続税額を上回る相続財産を物納した場合、その相続税額を超える部分について金銭で還付を受けるときは、その還付金の額が譲渡所得の課税対象になります。

6　物納許可限度額

　物納許可限度額は次の計算方法により算出します。物納は、延納によっても納付が困難な場合に、金銭納付が困難な金額を限度として認められるので、納付すべき相続税額から、現金納付額や延納によって納付できる金額を差し引いた残りの金額が物納許可限度額になります。

図表11-4-3　物納許可限度額の計算表

①	納付すべき相続税額		円
②	現金納付額（「延納許可限度額の計算方法」の⑤）		円
延納できる金額	③	年間の収入見込額	円
	④	申請者及び生計を一にする配偶者その他の親族の年間の生活費	円
	⑤	申請者の事業の継続のために必要な運転資金（経費等）の額	円
	⑥	年間の納付資力（③－④－⑤）	円
	⑦	おおむね1年以内に見込まれる臨時的な収入	円
	⑧	おおむね1年以内に見込まれる臨時的な支出	円
	⑨	「延納許可限度額の計算方法」の③及び④	円
	⑩	延納によって納付することができる金額 ｛⑥×最長延納年数＋（⑦－⑧＋⑨）｝	円
⑪	物納許可限度額（①－②－⑩）		円

7　物納の許可又は却下

　物納申請書が提出された場合、税務署長は、その物納申請に係る要件の調査結果に基づいて、物納申請期限から３か月（特別な事情によるときは最長で９か月）以内に許可又は却下を行います。

　物納申請した財産が管理処分不適格と判断された場合には、物納申請が却下されますが、却下された財産に代えて１回に限り、他の財産による物納の再申請を行うことができます。

　なお、延納により金銭で納付することを困難とする事由がないことを理由として物納申請の却下があった場合には、物納から延納へ変更することができます。

　物納が許可された場合は、譲渡所得の課税はありません（措法40の３）が、物納許可額を超える部分（超過物納となる部分）として金銭還付がある場合は、譲渡所得の課税があり、適用される税率は国への譲渡として軽減税率の適用があります（措法31の２、32）。

8　利子税の納付

　物納申請をした場合には、物納財産を納付するまでの期間に応じ、利子税の納付が必要となります。ただし、税務署の手続きに要する期間は利子税が免除されます。

9　物納申請を取り下げたものとみなされる場合

　物納申請期限までに提出された物納申請書の記載に不備があった場合及び物納手続関係書類に記載内容の不備や不足書類があった場合には、税務署長から、書類の訂正や追加提出を求める補完通知書が送付されます。その書類の提出期限は、補完通知書を受けた日の翌日から起算して20日以内です。この期間内に書類が提出されず、かつ、『物納手続関係書類補完期限延長届出書』も提出されない場合には、その物納申請は取り下げたとみなされます。物納申請が取り下げたとみなされた場合には、その相続税額を直ちに納付しなければなりません※。

　　※　この場合、①納期限の翌日から取り下げたものとみなされる日までの期間について利子税が、②取り下げたものとみなされる日の翌日から本税の完納の日までの期間については、延滞税がかかります。

　なお、物納申請を自ら取り下げた場合には、物納から延納へ変更することはできません（物納申請から延納申請へ変更できるのは、金銭納付困難事由がないことにより物納申請が却下された場合に限られます。）。

11-5 農地等の相続税の納税猶予の特例

1 農地等の相続税の納税猶予の特例の概要

　農業を営んでいた被相続人又は特定貸付け等[1]を行っていた被相続人から一定の相続人（農業相続人）が一定の農地等を相続や遺贈によって取得し、農業を営む場合又は特定貸付け等を行う場合には、一定の要件の下にその取得した農地等の価額のうち農業投資価格[2]による価額を超える部分に対応する相続税額は、その取得した農地等について農業相続人が農業の継続又は特定貸付け等を行っている場合に限り、その納税（農地等納税猶予税額）が猶予されます（措法70の6）。

> ※1　特定貸付け等とは、農業経営基盤強化促進法、都市農地の貸借の円滑化に関する法律又は特定農地貸付けに関する農地法等の特例に関する法律などの規定による一定の貸付けをいいます。
> ※2　農業投資価格とは、農地等が恒久的に農業の用に供されるとした場合に通常成立すると認められる価格をいい、毎年、国税局長が決定します（この価格は、国税庁ホームページの「財産評価基準書　路線価図・評価倍率表」にて確認できます。）。

図表11-5-1　農地等の納税猶予の特例の概要

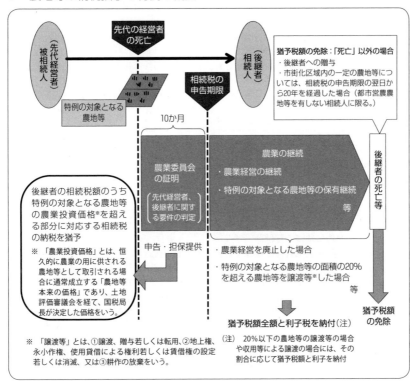

2 農地等の相続税の納税猶予の特例の適用要件

(1) 被相続人の要件

被相続人は、次の①から④までのいずれかに該当する人であること。

① 死亡の日まで農業を営んでいた人
② 農地等の生前一括贈与をした人※1
③ 死亡の日まで特定貸付け等※2を行っていた人
④ 死亡の日まで相続税の納税猶予の適用を受けていた農業相続人又は農地等の生前一括贈与の適用を受けていた受贈者で、営農困難時貸付け※3をし、税務署長に届出をした人

※1 死亡の日まで受贈者が贈与税の納税猶予又は納期限の延長の特例の適用を受けていた場合に限ります。
※2 「特定貸付け等」とは、次の特定貸付け又は認定都市農地貸付け若しくは農園用地貸付けをいいます。
※3 「営農困難時貸付け」とは、納税猶予の特例の適用を受けている人が、障害や疾病などの事由で特例の適用を受けている農地等での営農が困難な状態となったために、その農地等について賃借権等の設定による貸付けを行った場合のその貸付けをいいます。

特定貸付け	市街化区域内農地等以外の農地又は採草放牧地について行う地上権、永小作権、使用貸借による権利又は賃借権（以下「賃借権等」といいます。）の設定（民法第269条の2第1項の地上権の設定を除きます。）による、次のイ及びロに掲げる貸付け*をいいます。 イ 農地中間管理事業の推進に関する法律第2条第3項に規定する農地中間管理事業のために行われた貸付け ロ 農業経営基盤強化促進法第20条に規定する農用地利用集積計画の定めるところにより行われた貸付け
認定都市農地貸付け	都市計画法第8条第1項第14号に掲げる生産緑地地区内にある農地（生産緑地法第10条（同法第10条の5の規定により読み替えて適用する場合を含みます。）又は第15条第1項の規定による買取りの申出がされたもの及び同法第10条の6第1項の規定による指定の解除がされたものを除きます。次の「農園用地貸付け」において同じです。）について、賃借権又は使用貸借による権利の設定による都市農地の貸借の円滑化に関する法律（以下「都市農地貸借法」といいます。）第7条第1項第1号に規定する認定事業計画の定めるところにより行う貸付けをいいます。
農園用地貸付け	都市計画法第8条第1項第14号に掲げる生産緑地地区内にある農地について行う賃借権等の設定による次のイからハまでに掲げる貸付けをいいます。 イ 特定農地貸付けに関する農地法等の特例に関する法律（以下「特定農地貸付法」といいます。）第3条第3項の承認（市民農園整備促進法第11条第1項の規定により承認を受けたものとみなされる場合における当該承認を含みます。以下同じです。）を受けた地方公共団体又は農業協同組合が当該承認に係る特定農地貸付法第2条第2項に規定する特定農地貸付けの用に供するために特例の適用を受ける農業相続人との間で締結する契約に基づく貸付け ロ 特定農地貸付法第3条第3項の承認（当該承認の申請書に一定の事項が記載された特定農地貸付法第2条第2項第5号イに規定する貸付協定が添付されたものに限ります。）を受けた地方公共団体及び農業協同組合以外の者が行う当該承認に係る特定農地貸付法第2条第2項に規定する特定農地貸付けのうち、特例の適用を受ける農業相続人が当該承認に係る特定農地貸付法第3条第1項の貸付規程に基づき行う貸付け ハ 都市農地貸借法第11条において準用する特定農地貸付法第3条第3項の承認を受けた地方公共団体及び農業協同組合以外の者が当該承認に係る都市農地貸借法第10条に規定する特定都市農地貸付けの用に供するために特例の適用を受ける農業相続人との間で締結する契約に基づく貸付け

* 上記の「イ及びロに掲げる貸付け」には、被相続人が行っていた次の貸付けが含まれます。
・農地法等の一部を改正する法律（平成21年法律第57号）による改正前の農業経営基盤強化促進法の規定に基づく一定の貸付け
・農業の構造改革を推進するための農業経営基盤強化促進法等の一部を改正する等の法律（平成25年法律第102号）による改正前の農業経営基盤強化促進法第4条第2項に規定する農地保有合理化事業のうち

同項第1号に掲げる農地売買等事業のために行われた貸付け
・農地中間管理事業の推進に関する法律等の一部を改正する法律（令和元年法律第12号）による改正前の農業経営基盤強化促進法第4条第3項に規定する農地利用集積円滑化事業のうち同項第1号イ又は同項第2号に掲げる農地所有者代理事業若しくは同項第1号ロに掲げる農地売買等事業のために行われた貸付け

(2) 農地を相続した相続人（農業相続人）の要件

農業相続人は、被相続人の相続人で、次の①から④までのいずれかに該当する人であること。

---

① 相続税の申告期限までに農業経営を開始し、その後も引き続き農業経営を行うと認められる人

② 農地等の生前一括贈与の特例の適用を受けた受贈者で、特例付加年金又は経営移譲年金の支給を受けるためその推定相続人の1人に対し農地等について使用貸借による権利を設定して、農業経営を移譲し、税務署長に届出をした人※1

③ 農地等の生前一括贈与の特例の適用を受けた受贈者で、営農困難時貸付けをし、税務署長に届出をした人※2

④ 相続税の申告期限までに特定貸付け等を行った人（農地等の生前一括贈与の特例の適用を受けた受贈者である場合には、相続税の申告期限において特定貸付け等を行っている人）

※1　贈与者の死亡の日後も引き続いてその推定相続人が農業経営を行うものに限ります。
※2　贈与者の死亡の日後も引き続いて営農困難時貸付けを行うものに限ります。
(注)　①、②については農業委員会の証明が必要となります。

(3) 特例農地等の要件

特例の対象となる農地等は、次の①から⑤までのいずれかに該当するものであり、相続税の期限内申告書にこの特例の適用を受ける旨を記載したものであること。

---

① 被相続人が農業の用に供していた農地等で相続税の申告期限までに遺産分割された農地等

② 被相続人が特定貸付け等を行っていた農地又は採草放牧地で相続税の申告期限までに遺産分割された農地又は採草放牧地

③ 被相続人が営農困難時貸付けを行っていた農地等で相続税の申告期限までに遺産分割された農地等

④ 被相続人から生前一括贈与により取得した農地等で、被相続人の死亡の時まで贈与税の納税猶予又は納期限の延長の特例の適用を受けていた農地等

⑤ 相続や遺贈によって財産を取得した人が相続開始の年に被相続人から生前一括贈与を受けていた農地等

※1　「農地等」とは、農地（特定市街化区域農地等に該当するもの及び農地法第32条第1項又は第33条第1項の規定による利用意向調査に係るもので、同法第36条第1項各号（次の(1)から(5)の場合をいいます。）に該当するとき（次の(1)から(5)の場合に該当することについて正当の事由があるときを除きます。）におけるその農地を除きます。）及び採草放牧地（特定市街化区域農地等に該当するものを除きます。）、準農地又は一時的道路用地等をいいます。
(1)　農地の所有者等から農業委員会に対し、その農地を耕作する意思がある旨の表明があった場合において、その表明があった日から起算して6か月を経過した日においても、その農地の農業上の利用の増進が図られていないとき
(2)　農地の所有者等から農業委員会に対し、その農地の所有権の移転又は賃借権その他の使用及び収益を目的とする権利の設定若しくは移転を行う意思がある旨の表明（農地法第35条第1項の農地中間管理事業を利用する意思がある旨の表明又は同条第3項の農地所有者代理事業を利用する意思がある旨の表明を含みます。）があった場合において、その表明があった日から起算して6か月を経過した日においても、これらの権利の設定又は移転が行われないとき
(3)　農地の所有者等にその農地の農業上の利用を行う意思がないとき

⑧ 相続財産から差し引かれる債務・葬式費用
⑨ 各相続人の相続税額の計算
⑩ 税額控除
⑪ 相続税の申告と納税
⑫ 修正申告
⑬ 更正の請求
⑭ 相続に関連する税務手続き

(4) 利用意向調査を行った日から起算して 6 か月を経過した日においても、農地の所有者等から農業委員会に対し、その農地の農業上の利用の意向についての意思の表明がないとき

(5) 上記(1)から(4)のほか、農業委員会が、農地について農業上の利用の増進が図られないことが確実であると認めたとき

※ 2 「特定市街化区域農地等」とは、都市計画法第 7 条第 1 項に規定する市街化区域内に所在する農地又は採草放牧地で、平成 3 年 1 月 1 日において三大都市圏の特定市の区域内に所在し、都市営農農地等に該当しないものをいいます。

※ 3 「都市営農農地等」とは、都市計画法第 7 条第 1 項に規定する市街化区域内に所在する次のイからハまでに掲げる農地又は採草放牧地で、平成 3 年 1 月 1 日において三大都市圏の特定市の区域内に所在するものをいいます。

　イ　都市計画法第 8 条第 1 項第14号に掲げる生産緑地地区内にある農地又は採草放牧地（次に掲げるものを除きます。以下「生産緑地等」といいます。）

　　(イ)　生産緑地法第10条又は第15条第 1 項の規定による買取りの申出がされたもの

　　(ロ)　生産緑地法第10条第 1 項に規定する申出基準日までに同法第10条の 2 第 1 項の特定生産緑地の指定がされなかったもの

　　(ハ)　生産緑地法第10条の 3 第 2 項に規定する指定期限日までに特定生産緑地の指定の期限の延長がされなかったもの

　　(ニ)　生産緑地法第10条の 6 第 1 項の規定による特定生産緑地の指定の解除がされたもの

　ロ　都市計画法第 8 条第 1 項第 1 号に掲げる田園住居地域内にある農地（イに掲げる農地を除きます。）

　ハ　都市計画法第58条の 3 第 2 項に規定する地区計画農地保全条例による制限を受ける同条第 1 項に規定する区域内にある農地（イ及びロに掲げる農地を除きます。以下「地区計画農地保全条例制限区域内農地といいます。」

※ 4 「準農地」とは、農用地区域内にある土地で農業振興地域整備計画において用途区分が農地や採草放牧地とされているもののうち、10年以内に農地や採草放牧地に開発して、農業の用に供するものをいいます。

※ 5 「一時的道路用地等」とは、一定の公共の事業の用に供するために特例農地等をその公共事業のために一時的に転用しているものをいいます。

3　農地等の相続税の納税猶予の特例の手続き要件

(1)　申告時の手続き

　この特例の適用を受けるためには、相続税の申告書を期限内に提出するとともに農地等納税猶予税額及び利子税の額に見合う担保を提供する必要があります。

　なお、相続税の申告期限までに特定貸付け等を行った農地又は採草放牧地につき、この特例の適用を受けるためには、原則として相続税の申告書に特定貸付け又は認定都市農地貸付け若しくは農園用地貸付けに関する届出書を添付して提出する必要があります。

┌─────────────────────────────────────┐
│　□　相続税の納税猶予に関する適格者証明書（農業委員会）
│　□　特例適用農地の明細書（農業委員会）
│　□　納税猶予の特例農地の農地等該当証明書（市区町村役場）
│　□　担保提供書（農地等についての納税猶予用）
└─────────────────────────────────────┘

(2)　納税猶予期間中の手続き

　この特例の適用を受けている農業相続人は、農地等納税猶予税額の全部について免除されるまで又は農地等納税猶予税額の全部について納税の猶予が打ち切られるまでの間、相続税の申告期限から 3 年目ごとに、下記の必要書類を提出しなければなりません。

┌─────────────────────────────────────┐
│　□　相続税の納税猶予の継続届出書
│　□　農業を引き続き行っている旨の農業委員会の証明書
└─────────────────────────────────────┘

4　農地等納税猶予税額の納付と免除

(1)　納税猶予税額の納付

　納税猶予を受けている相続税額は、次の表に掲げる場合に該当することとなったときは、その相続税額の全部又は一部を納付しなければなりません。

　また、納付する相続税額については、相続税の申告期限の翌日から納税猶予の期限までの期間（日数）に応じ、利子税がかかります。

①　特例農地等について、譲渡等[※1]があった場合
②　特例農地等に係る農業経営を廃止した場合
③　継続届出書の提出がなかった場合
④　増担保又は担保の変更の求めに応じなかった場合
⑤　都市営農農地等について生産緑地法の規定による買取りの申出があった場合[※2]
⑥　特例農地等が都市計画の変更等[※3]により特定市街化区域農地等に該当することとなった場合[※3]
⑦　申告期限後10年を経過する日までに、農業の用に供されていない準農地がある場合

※1　譲渡等には、譲渡、贈与若しくは転用のほか、地上権、永小作権、使用貸借による権利若しくは賃借権の設定（農地等に民法第269条の2第1項の地上権の設定があった場合でその農地等において農業相続人が引き続き耕作等を行うものや、農用地利用集積計画に基づくもの等で一定の要件を満たすものを除きます。）若しくはこれらの権利の消滅又は耕作の放棄（農地について農地法第36条第1項の規定による勧告があったことをいいます。）も含まれます。
※2　生産緑地法の規定による特定生産緑地の指定の解除があった場合を含みます。
※3　田園住居地域内農地又は地区計画農地保全条例制限区域内農地でなくなり、特定市街化区域農地等に該当することとなった場合を除きます。

(2)　納税猶予税額の免除

　農地等納税猶予税額は、次のいずれかに該当することとなったときに免除されます。

①　特例の適用を受けた農業相続人が死亡した場合
②　特例の適用を受けた農業相続人が特例農地等の全部を租税特別措置法第70条の4の規定に基づき農業の後継者に生前一括贈与した場合[※1]
③　特例農地等のうちに平成3年1月1日において三大都市圏の特定市[※2]以外の区域内に所在する市街化区域内農地等（生産緑地等を除きます。）について特例の適用を受けた場合において、農業相続人[※3]が相続税の申告書の提出期限の翌日から農業を20年間継続したとき

※1　特定貸付け等を行っていない農業相続人に限ります。
※2　首都圏、近畿圏及び中部圏の特定市（東京都の特別区を含みます。）をいいます。
※3　特例農地等のうちに都市営農農地等を有しない農業相続人に限ります。

⑧ 相続財産から差し引かれる債務・葬式費用
⑨ 各相続人の相続税額の計算
⑩ 税額控除
⑪ 相続税の申告と納税
⑫ 修正申告
⑬ 更正の請求
⑭ 相続に関連する税務手続き

5　農地等の納税猶予の特例の計算

農地等の納税猶予の特例を適用した際の相続税額は、次の手順で計算します。

---

(1)　**相続税の総額の計算**
　①　通常の相続税の総額（特例農地等の価額について通常の評価額によって計算）
　②　特例相続税の総額（特例農地等の価額について農業投資価格によって計算）

(2)　**農業相続人の算出相続税額**
　農業相続人の算出相続税額は、次の①の金額と②の金額の合計額となります。
　①　特例相続税の総額×農業相続人の特例課税価格÷特例課税価格の合計額
　②　通常の相続税の総額－特例相続税の総額

(3)　**農業相続人以外の者の算出相続税額**
　①　特例相続税の総額×各人の課税価格÷特例課税価格の合計額

図表11‐5‐2　納税猶予税額の計算のイメージ

通常の相続税の総額 上記の(1)①		
特例相続税の総額 上記の(1)②		納税猶予税額
農業相続人以外の算出相続税額 上記の(3)①	農業相続人の算出相続税額 上記の(2)①	上記の(2)②

11- 6　非上場株式等の納税猶予の特例

1　非上場株式等についての納税猶予及び免除の特例の概要

　後継者である相続人又は受遺者（以下「相続人等」といいます。）が「中小企業における経営の承継の円滑化に関する法律（以下「円滑化法」といいます。）第12条１項の認定（以下「円滑化法認定」といいます。）」を、都道府県の知事から受けている非上場会社の株式又は出資を被相続人から相続又は遺贈（以下「相続等」といいます。）により取得し、その会社を経営していく場合には、一定の要件のもと、その相続人等が納付すべき相続税額のうち、相続等により取得した議決権に制限のない株式又は出資（以下「株式等」といいます。）に係る一定の相続税の納税を猶予し、後継者の死亡等一定の事由により、納税が猶予されている相続税の納税が免除される制度です（措法70の７の２等）。

　なお、この特例制度には、次の図のとおり①特例措置（措法70の７の６から70の７の８）と②一般措置（措法70の７の２から70の７の４）の２つの制度が設けられています。

図表11- 6 - 1　特例措置と一般措置の比較

	①　特例措置	②　一般措置
事前の計画策定等	特例承継計画の提出期間 （平成30年４月１日から 令和６年３月31日まで）	不要
適用期限	10年以内の相続等・贈与 （平成30年１月１日から 令和９年12月31日まで）	なし
対象株数 （議決権に制限の ないものに限る）	承継する全株式	総株式数の 最大３分の２まで
納税猶予される割合	100%	相続等　80% 贈与　100%
後継者の承継パターン	複数の株主から 最大３人の後継者	複数の株主から １人の後継者
雇用確保要件	弾力化 （満たすことができない場合は 理由等を記載した書類を提出）	承継後５年間 平均８割の雇用維持が必要
事業の継続が困難な事由が生じた場合の免除	譲渡対価の額等に基づき再計算した猶予税額を納付し、従前の猶予税額との差額を免除	なし （猶予税額を納付）

243

図表11-6-2　用語の比較

	①特例措置		②一般措置	
	相続税	贈与者が死亡した場合の相続税	相続税	贈与者が死亡した場合の相続税
承継会社	特例認定承継会社	特例認定相続承継会社	認定承継会社	認定相続承継会社
非上場株式等	特例対象非上場株式等	特例対象相続非上場株式等	対象非上場株式等	対象相続非上場株式等
経営承継する後継者	特例経営承継相続人等	特例経営相続承継受贈者	経営承継相続人等	経営相続承継受贈者
経営承継期間	特例経営承継期間	特例経営相続承継期間	経営承継期間	経営相続承継期間

2　納税猶予（特例措置）を受けるための適用要件

　平成30年4月1日から令和6年3月31日までに「特例承継計画※1」を都道府県知事に提出し、確認を受けた特例経営承継相続人等（後継者）が、この特例措置の適用を受けるためには、次に掲げる要件の全てを満たす必要があります。

(1)　特例被相続人（先代経営者）の主な要件

　特例被相続人は、次のいずれにも該当する者となります（措令40の8の6①）。

①	相続開始前において、特例認定承継会社の代表権（制限が加えられた代表権を除きます。）を有していたこと
②	相続開始の直前において、被相続人及び被相続人と特別の関係がある者※2の有する特例認定承継会社の非上場株式等※3に係る議決権の数の合計が、総株主等議決権数の50%を超える数であること
③	相続開始の直前において、被相続人が有する特例認定承継会社の非上場株式等に係る議決権の数が、被相続人と特別の関係がある者（特例経営承継相続人等となる後継者を除きます。）のうちいずれの者が有する非上場株式等に係る議決権の数をも下回らないこと

　※1　特例承継計画とは、認定経営革新等支援機関（税理士・商工会・商工会議所、金融機関等）の指導及び助言を受けた中小企業者の経営を確実に承継するための具体的な計画であって、後継者（最大3人まで）が相続等により非上場株式等を取得するまでの計画及び取得してから5年間の経営計画をいいます。なお、特例措置は、円滑化法認定（その申請は相続開始の翌日から8か月以内）を受けていることが要件とされているため、平成30年4月1日から令和6年3月31日までに、会社の主たる事務所が所在する都道府県知事に提出し、その確認を受ける必要があります（円滑化省令16一、17②）。

　※2　特別の関係がある者とは、親族・婚姻の届出をしていないが事実上婚姻関係と同様の事情にある者・使用人・個人から受ける金銭その他の資産によって生計を維持している者（使用人を除きます。）・親族等と生計を一にするこれらの者の親族・個人の有する会社の株式等に係る議決権の数の合計が、総株主等議決権数の50%を超える等一定の会社までの範囲をいいます（措令40の8の6⑭）。

　※3　非上場株式等とは、株式の全てが金融商品取引法第2条16項に規定する金融商品取引所に上場されていないことその他株式の全てが上場の申請がされていない等一定の要件を満たす株式及び合名会社、合資会社又は合同会社の出資のうち一定の要件を満たす株式等をいいます（措法70の7の6②五）。

(2)　特例経営承継相続人等（後継者）の要件

特例経営承継相続人等は、被相続人から相続等により特例認定承継会社の非上場株式等を取得した後継者で、次のいずれにも該当する者（その者が2人又は3人以上である場合には、特例認定承継会社が定めた2人又は3人までに限ります。）となります（措法70の7の6②七）。

①	相続開始の日の翌日から5か月を経過する日において、特例認定承継会社の代表権を有していること
②	相続開始の時において、後継者及び後継者と特別の関係がある者の有する特例認定承継会社の非上場株式等に係る議決権の数の合計が、特例認定承継会社に係る総株主等議決権数の50%を超える数であること
③	次に掲げる場合の区分に応じ、それぞれ次に定める要件を満たしていること イ　後継者が1人の場合 　　相続開始の時において、後継者が有する特例認定承継会社の非上場株式等に係る議決権の数が、後継者と特別の関係がある者のうちいずれの者（その後継者以外の非上場株式等についての贈与税の納税猶予及び免除の特例（措法70の7の5①）、非上場株式等についての相続税の納税猶予及び免除の特例（措法70の7の6①）又は非上場株式等の特例贈与者が死亡した場合の相続税の納税猶予及び免除の特例（措法70の7の8①）の適用を受ける者を除きます。）が有する特例認定承継会社の非上場株式等に係る議決権の数をも下回らないこと ロ　後継者が2人又は3人の場合 　　相続開始の時において、後継者が有する特例認定承継会社の非上場株式等に係る議決権の数が、特例認定承継会社の総株主等議決権数の10%以上であること、かつ、その後継者と特別の関係がある者のうちいずれの者が有する特例認定承継会社の非上場株式等に係る議決権の数をも下回らないこと
④	相続開始の時から相続に係る相続税の申告書の提出期限（提出期限前に後継者が死亡した場合には、その死亡の日）まで引き続き相続等により取得をした特例認定承継会社の特例対象非上場株式等の全てを有していること
⑤	特例認定承継会社の非上場株式等について特例措置の適用を受ける場合には、非上場株式等についての贈与税の納税猶予及び免除（措法70の7①）、非上場株式等についての相続税の納税猶予及び免除（措法70の7の2①）又は非上場株式等の贈与者が死亡した場合の相続税の納税猶予及び免除（措法70の7の4①）の適用を、それぞれ受けていないこと
⑥	後継者が、特例認定承継会社の経営を確実に承継すると認められるものとして、次に定める要件を満たしていること イ　都道府県知事の確認を受けた特例認定承継会社の特例承継計画に係る後継者（後継者が2人又は3人以上である場合には、特例認定承継会社が定めた2人又は3人までに限ります。）であること ロ　相続開始の直前において特例認定承継会社の役員であったこと（被相続人が70歳未満で死亡した場合を除きます。）

(3)　特例認定承継会社の主な要件

特例認定承継会社は、上記(2)の後継者が承継する非上場会社で、その相続開始の時において、次のいずれにも該当する会社となります（措法70の7の6②一、措令40の8の6⑥⑨、措規23の12の3⑤）。

8　相続財産から差し引かれる債務・葬式費用

9　各相続人の相続税額の計算

10　税額控除

11　相続税の申告と納税

12　修正申告

13　更正の請求

14　相続に関連する税務手続き

①	円滑化法第2条に規定する中小企業者※1のうち円滑化法認定を受けた会社であること
②	常時使用従業員※2の数が1人以上（会社の特別関係会社が外国会社に該当する場合には、5人以上）であること
③	資産保有型会社※3又は資産運用型会社※4（以下「資産保有型会社等」といいます。）のうち、相続開始の時において、次に掲げる要件の全てに該当する資産管理会社に該当しないこと 1　資産保有型会社等の特定資産※5から資産保有型会社等が有する当該資産保有型会社等の特別関係会社で、次に掲げる要件の全てを満たすものの株式等を除いた場合であっても、資産保有型会社等が資産保有型会社又は資産運用型会社に該当すること 　(1)　特別関係会社が、相続開始の日まで引き続き3年以上にわたり、商品の販売その他の業務で、次に掲げるいずれかの業務を行っていること 　　イ　商品販売等（商品の販売、資産の貸付け（特例経営承継相続人等及び特例経営承継相続人等と特別の関係がある者に対する貸付けを除きます。）又は役務の提供により継続して対価を得て行われるものをいい、その商品の開発若しくは生産又は役務の開発を含みます。）の行為をしていること 　　ロ　商品販売等を行うために必要となる資産（下記(3)の事務所、店舗、工場その他これらに類するものを除きます。）の所有又は賃借していること 　(2)　(1)の相続開始の時において、特別関係会社の常時使用従業員（特例経営承継相続人等及び特例経営承継相続人等と生計を一にする親族（以下「親族外従業員」といいます。）を除きます。）の数が5人以上であること 　(3)　(1)の相続開始の時において、特別関係会社が(2)の親族外従業員が勤務している事務所、店舗、工場その他これらに類するものを所有し、又は賃借していること 2　資産保有型会社等が、次に掲げる要件の全てを満たす資産保有型会社又は資産運用型会社でないこと 　(1)　資産保有型会社等が、相続開始の日まで引き続き3年以上にわたり、商品の販売その他の業務で、上記1(1)イ又はロのいずれかの業務を行っていること 　(2)　(1)の相続開始の時において、資産保有型会社等の親族外従業員の数が5人以上であること 　(3)　(1)の相続開始の時において、資産保有型会社等が(2)の親族外従業員が勤務している事務所、店舗、工場その他これらに類するものを所有し、又は賃借していること
④	特定会社の株式等及び特定会社と特別関係会社※6のうち特定会社と密接な関係を有する特定特別関係会社※7の株式等が、非上場株式等に該当すること
⑤	会社及び特定特別関係会社が、風俗営業会社※8に該当しないこと
⑥	特別関係会社が外国会社に該当する場合（会社又は会社との間に支配関係がある法人が特別関係会社の株式等を有する場合に限ります。）にあっては、常時使用従業員の数が5人以上であること
⑦	上記に掲げるもののほか、会社の円滑な事業の運営を確保するために必要とされる要件として、次に定めるものを備えているものであること 　(1)　円滑化法認定を受けた会社の相続開始の日の属する事業年度の直前の事業年度（相続開始の日がその相続開始の日の属する事業年度の末日である場合には、相続開始の日の属する事業年度及びその事業年度の直前の事業年度）における総収入金額（主たる事業活動から生ずる収入の額とされるべきものとして、特例認定承継会社の総収入金額のうち会社計算規則第88条1項に掲げる営業外収益及び特別利益以外のものに限ります。）が、「零」を超えること 　(2)　円滑化法認定を受けた会社が発行する会社法第108条1項8号に掲げる事項についての定めがある種類株式（黄金株）を、円滑化法認定を受けた会社に係る特例経営承継相続人等以外の者が有していないこと 　(3)　円滑化法認定を受けた会社の特定特別関係会社（外国会社に該当するものを除きます。）が、円滑化法第2条に規定する中小企業者に該当すること

※1　中小企業者とは、次のいずれかに該当する者をいいます（円滑化法2等）。

業　種		資本金	従業員数
製造業 その他	ゴム製品製造業（自動車又は航空機用タイヤ及びチューブ製造業並びに工業用ベルト製造業を除きます。）	3億円以下	900人以下
	上記以外		300人以下
卸　売　業		1億円以下	100人以下
小　売　業		5千万円以下	50人以下
サービス業	ソフトウェア業又は情報処理サービス業	3億円以下	300人以下
	旅館業	5千万円以下	200人以下
	上記以外		100人以下

※2　常時使用従業員とは、会社の従業員であって、厚生年金保険法第9条に規定する被保険者（通常の労働者の1週間の所定労働時間又は1か月間の所定労働日数の4分の3未満である短時間労働者は除きます。）等一定の者をいいます（措規23の12の3④）。

※3　資産保有型会社とは、特例認定承継会社の資産状況を確認する期間として、相続開始の日の属する事業年度の直前の事業年度の開始の日から特例認定承継会社に係る特例経営承継相続人等の納税猶予を受けている相続税額（以下「猶予中相続税額」といいます。）に相当する相続税の全部につき納税猶予に係る期限が確定する日までの期間内のいずれかの日において、次の①及び③に掲げる金額の合計額に対する②及び③に掲げる金額の合計額の割合が70％以上となる会社をいいます（措法70の7の6②三）。

　　ただし、その事由が生じた日から同日以後6か月を経過する日までの期間は除かれます（措令40の8の6⑪）。

$$\frac{②+③}{①+③} \geqq 70\%$$

①　その日における会社の総資産の貸借対照表に計上されている帳簿価額の総額
②　その日における会社の特定資産の貸借対照表に計上されている帳簿価額の合計額
③　その日以前5年以内において、特例経営承継相続人等及び特例経営承継相続人等と特別の関係がある者が会社から受けた剰余金の配当等（会社の株式等に係る剰余金の配当又は利益の配当をいいます。）の額その他当該会社から受けた金額として、次のイとロの金額の合計額
　　イ　会社から受けた当該会社の株式等に係る剰余金の配当又は利益の配当（最初の相続開始の時（特例対象非上場株式等に係る特例認定承継会社の非上場株式等について、相続開始の時前に非上場株式等についての贈与税の納税猶予及び免除の特例（措法70の7の5①）の適用に係る贈与により非上場株式等の取得をしている場合には、最初の贈与の時）前に受けたものを除きます。）の額
　　ロ　会社から支給された給与（債務の免除による利益その他の経済的な利益を含み、最初の相続開始の時前に支給されたものを除きます。）の額のうち、役員給与の損金不算入（法法34）又は過大な使用人給与の損金不算入（法法36）の規定により当該会社の各事業年度の所得の金額の計算上損金の額に算入されないこととなる金額

※4　資産運用型会社とは、特例認定承継会社の資産の運用状況を確認する期間として、猶予中相続税額に相当する相続税の全部につき納税猶予に係る期限が確定する日の属する事業年度の直前の事業年度終了の日までの期間内のいずれかの事業年度における総収入金額に占める特定資産の運用収入の合計額の割合が75％以上となる会社をいいます（措法70の7の6②四）。

　　ただし、その事由が生じた日から同日以後6か月を経過する日までの期間は除かれます（措令40の8の6⑬）。

$$\frac{特定資産の運用収入の合計額}{総収入金額} \geqq 75\%$$

※5　特定資産とは、次に掲げる資産をいいます（円滑化省令1⑰二）。

①　金融商品取引法第2条1項に規定する有価証券及び同条2項の規定により有価証券とみなされる権利（以下「有価証券」といいます。）であって、会社の特別子会社（資産の帳簿価額の総額に対する有価証券（特別子会社の特別子会社の株式又は持分を除きます。）及び②から⑤までに掲げる資産（①において「特別特定資産」といいます。）の帳簿価額の合計額の割合が70％以上である資産保有型子会社又は当該一の日の属する事業年度の直前の事業年度における総収入金額に占める特別特定資産の運用収入の合計額の割合が75％以上である資産運用型子会社以外の会社に限ります。）の株式又は持分以外のもの
②　会社が現に自ら使用していない不動産（不動産の一部分につき現に自ら使用していない場合は、その一部分に限ります。）
③　ゴルフ場その他の施設の利用に関する権利（会社の事業の用に供することを目的として有するものを除き

⑧　相続財産から差し引かれる債務・葬式費用
⑨　各相続人の相続税額の計算
⑩　税額控除
⑪　相続税の申告と納税
⑫　修正申告
⑬　更正の請求
⑭　相続に関連する税務手続き

ます。）
④ 絵画、彫刻、工芸品その他の有形の文化的所産である動産、貴金属及び宝石（会社の事業の用に供することを目的として有するものを除きます。）
⑤ 現金、預貯金その他これらに類する資産（特例経営承継相続人等に掲げる者に対する貸付金、未収金その他これらに類する資産を含みます。）
※6 特別関係会社とは、円滑化法認定を受けた会社、円滑化法認定を受けた会社の代表権を有する者及び代表権を有する者と代表権を有する者の親族等の特別関係がある者（次に掲げる③の会社を除きます。）が有する他の会社（外国会社を含みます。）の株式等に係る議決権の数の合計が、当該他の会社に係る総株主等議決権数の50％を超える数である場合における当該他の会社をいいます（措令40の8の6⑦）。
① 代表権を有する者（円滑化法認定を受けた会社及び代表権を有する親族等を含みます。）が有する会社の株式等に係る議決権の数の合計が、総株主等議決権数の50％を超える数である場合における当該会社
② 代表権を有する者及び①に掲げる会社が有する他の会社の株式等に係る議決権の数の合計が、当該他の会社に係る総株主等議決権数の50％を超える数である場合における当該他の会社
③ 代表権を有する者及び①又は②に掲げる会社が有する他の会社の株式等に係る議決権の数の合計が、当該他の会社に係る総株主等議決権数の50％を超える数である場合における当該他の会社
※7 特定特別関係会社とは、特定会社と密接な関係を有する会社として、その代表権を有する者と生計を一にする親族等の特別関係がある者における特別関係会社をいいます（措令40の8の6⑧）。
※8 風俗営業会社とは、風俗営業等の規制及び業務の適正化等に関する法律第2条5項に規定する性風俗関連特殊営業に該当する事業を営む会社をいいます（措法70の7②一二）。

3　納税猶予税額の納付

　特例認定承継会社が、次の表に掲げる場合のいずれかに該当することとなった場合には、その該当日から2か月を経過する日の期限の到来をもって、納付する税額が確定し、その納税猶予額の全部又は一部を納付しなければなりません。なお、相続開始の日の翌日から相続税の申告書の提出期限までの間に、イの確定事由が生じた場合には、そもそも特例措置の適用を受けることができません（措通70の7の2-7、70の7の6-42）。

イ　特例経営承継期間内における主な確定事由
(1)　全部確定する場合

　次の表に掲げる場合のいずれかに該当することとなった場合には、その定める日から2か月を経過する日（その定める日から2か月を経過する日までの間に特例経営承継相続人等が死亡した場合には、その相続人（包括受遺者を含みます。）がその特例経営承継相続人等の死亡による相続の開始があったことを知った日の翌日から6か月を経過する日「以下「6か月を経過する日」といいます。）をもって、納税猶予額の全部について納税の猶予に係る期限が到来（確定）し、納付しなければならないこととなります（措法70の7の6③）。

	主な確定事由	定める日
①	特例経営承継相続人等が特例認定承継会社の代表権（制限が加えられた代表権を除きます。）を有しないこととなった場合（その代表権を有しないこととなったことについて、精神障害者保健福祉手帳の交付を受けたこと等一定のやむを得ない理由がある場合を除きます。）	その有しないこととなった日
②	特例経営承継相続人等及び特別関係者の有する特例認定承継会社の議決権の数の合計が、総株主等議決権数の50％以下となった場合（特例経営承継相続人等が特例認定承継会社の代表権を有しないこととなった場合（上記①一定のやむを得ない理由がある場合に限ります。）において、特	50％以下となった日

	例経営承継相続人等が贈与税の納税猶予及び免除（措法70の7①）又は贈与税の納税猶予及び免除の特例（措法70の7の5①）の適用に係る贈与（以下「特例対象贈与」といいます。）をしたときを除きます。）	
③	納税猶予の適用を受ける特例対象非上場株式等の一部の譲渡又は贈与（以下「譲渡等」といいます。）をした場合	その譲渡等をした日
④	納税猶予の適用を受ける特例対象非上場株式等の全部の譲渡等をした場合（特例認定承継会社が株式交換等により他の会社の株式交換完全子会社等となった場合を除きます。）	その譲渡等をした日
⑤	特例認定承継会社が解散をした場合（合併により消滅する場合を除きます。）又は会社法その他の法律の規定により解散をしたとみなされた場合	その解散をした日又はそのみなされた解散の日
⑥	特例認定承継会社が資産保有型会社又は資産運用型会社のうち、資産保有型会社等の該当日において、一定の要件の全てに該当することとなった場合	その該当することとなった日
⑦	特例認定承継会社の事業年度における総収入金額（主たる事業活動から生ずる収入の額とされるべきものとして、会社計算規則第88条1項に掲げる営業外収益及び特別利益以外のものに限ります。）が零となった場合	その事業年度終了の日
⑧	特例認定承継会社が会社法の規定により資本金の額の減少をした場合又は準備金の額の減少をした場合（減少をする資本金の額の全部を準備金とする場合又は減少をする準備金の額の全部を資本金とする等一定の場合を除きます。）	その効力を生じた日
⑨	特例経営承継相続人等が納税猶予の適用を受けることをやめる旨を記載した届出書を納税地の所轄税務署長に提出した場合	その届出書の提出があった日
⑩	特例認定承継会社の株式等が非上場株式等に該当しないこととなった場合	その該当しないこととなった日
⑪	特例認定承継会社又は特定特別関係会社が風俗営業会社に該当することとなった場合	その該当することとなった日
⑫	特例経営承継相続人等による特例対象非上場株式等に係る特例認定承継会社の円滑な事業の運営に支障を及ぼすおそれがある場合として次に定める場合 イ　特例認定承継会社が発行する会社法第108条1項8号に掲げる事項についての定めがある種類株式（黄金株）を特例経営承継相続人等以外の者が有することとなったとき ロ　特例認定承継会社が納税猶予の適用を受ける株式等の全部又は一部の種類を株主総会で議決権を行使することができる事項につき制限のある株式に変更した場合 ハ　特例認定承継会社（持分会社であるものに限ります。）が定款の変更により特例経営承継相続人等の有する議決権の制限をした場合	それぞれに定める日

特例経営承継期間とは、相続に係る相続税の申告書の提出期限の翌日から次に掲げる日のいずれか早い日又は特例経営承継相続人等の死亡の日の前日のいずれか早い日までの期間をいいます（措法70の7の6②六）。

・特例経営承継相続人等の最初の相続に係る相続税の申告書の提出期限の翌日以後5年を経過する日
・特例経営承継相続人等の最初の非上場株式等についての特例対象贈与の日の属する年分の贈与税申告書の提出期限の翌日以後5年を経過する日

8　相続財産から差し引かれる債務・葬式費用
9　各相続人の相続税額の計算
10　税額控除
11　相続税の申告と納税
12　修正申告
13　更正の請求
14　相続に関連する税務手続き

(2) 一部確定する場合

次の表に掲げる場合に該当することとなった場合には、その定める日から2か月を経過する日（その定める日から2か月を経過する日までの間に特例経営承継相続人等が死亡した場合には、6か月を経過する日）をもって、猶予中相続税額のうち一部について納税の猶予に係る期限が到来（確定）し、納付しなければならないこととなります（措法70の7の6③）。

	確定事由	確定税額	定める日
①	特例経営承継相続人等がその有する特例対象非上場株式等に係る特例認定承継会社の代表権を有しないこととなった場合において、その特例経営承継相続人等が特例対象非上場株式等の一部につき特例対象贈与をしたとき	猶予中相続税額のうち、免除対象贈与をした特例対象非上場株式等の数又は金額に対応する部分の額として計算した金額※	その贈与をした日
②	特例認定承継会社が適格合併をした場合又は適格交換等をした場合において、特例対象非上場株式等に係る特例経営承継相続人等が、適格合併又は適格株式交換等をした場合に際して、吸収合併存続会社等及び他の会社の株式等以外の金銭その他の資産の交付を受けたとき	猶予中相続税額のうち、その金銭その他の資産の額に対応する部分の額として計算した金額※	その合併又は株式交換等がその効力を生じた日

※　計算した金額に100円未満の端数があるとき、又はその金額が100円未満であるときは、その端数金額又はその全額を切り捨てます。

ロ　特例経営承継期間経過後の主な確定事由

特例経営承継期間の末日の翌日から猶予中相続税額に相当する相続税の全部につき納税猶予に係る期限が確定する日までの間において、特例経営承継相続人等又は特例認定承継会社について、次の表に掲げる場合に該当することとなった場合には、その定める日から2か月を経過する日（その定める日から2か月を経過する日までの間に特例経営承継相続人等が死亡した場合には、6か月を経過する日）をもって、猶予中相続税額のうち全部又は一部について納税の猶予に係る期限が到来（確定）し、納付しなければならないこととなります（措法70の7の6③）。

	主な確定事由	確定税額	定める日
①	上記3イ(1)④から⑨までに掲げる場合	猶予中相続税額	上記3イ(1)④から⑨までに定める日
②	特例経営承継相続人等が特例対象非上場株式等の一部の譲渡等をした場合	猶予中相続税額のうち、その譲渡等をした特例対象非上場株式等の数又は金額に対応する部分の金額※	その譲渡等をした日
③	特例認定承継会社が合併により消滅した場合	猶予中相続税額（吸収合併存続会社等の株式等の交付があった場合には、その株式等の価額に対応する部分の額として計算した金額※を除きます。）	その合併が効力を生じた日
④	特例認定承継会社が組織変更をした場合（特例認定承継会社の株式等以外の財産の交付があった場合に限ります。）	猶予中相続税額のうち、特例認定承継会社から交付された特例認定承継会社の株式等以外の財産の価額に対応する部分の額として計算した金額※	その組織変更がその効力を生じた日

※　計算した金額に100円未満の端数があるとき、又はその金額が100円未満であるときは、その端数金額又はその全額を切り捨てます。

八　その他の確定事由

　次の表のうち①に掲げる届出書が不提出の場合には、その届出期限の翌日から2か月を経過する日（その届出期限の翌日から2か月を経過する日までの間に特例経営承継相続人等が死亡した場合には、6か月を経過する日）をもって、猶予中相続税額のうち全部について納税の猶予に係る期限が到来（確定）し、納付しなければならないこととなります（措法70の7の6⑨⑩㉒、措令40の8の6㊷）。

	確定事由	定める日
①	特例経営承継相続人等は、相続に係る相続税の申告書の提出期限の翌日から猶予中相続税額に相当する相続税の全部につき納税の猶予に係る期限が確定する日までの間に経営報告基準日※1が存在する場合には、特例対象非上場株式等に係る特例認定承継会社の経営に関する事項を記載した届出書を届出期限※2までに納税地の所轄税務署長に提出しなければならないものを、その届出期限までに提出されなかった場合 　なお、税務署長がこれらの期限内にその提出がなかったことについてやむを得ない事情があると認める場合において、その届出期限までに提出することができなかった事情の詳細を記載した届出書・添付書類が当該税務署長に提出されたときを除きます。	その届出期限の翌日
②	税務署長が、次に掲げる場合に、猶予中相続税額に相当する相続税にかかわる納税猶予に係る期限を繰り上げる場合 　イ　特例経営承継相続人等が担保について、担保の変更等（通則法51①）による命令に応じない場合 　ロ　特例経営承継相続人等から提出された上記①の届出書に記載された事項と相違する事実が判明した場合	その定める日
③	特例経営承継相続人等若しくは特例経営承継相続人等に係る被相続人又はこれらの者と特別の関係がある者の相続税又は贈与税の負担が不当に減少する結果となると認められる場合	その認める日

　※1　経営報告基準日とは、次の①又は②に掲げる期間の区分に応じ①又は②に定める日をいいます（措法70の7の6②九）。
　　①　特例経営承継期間の場合には、相続に係る相続税の申告書の提出期限（特例経営承継相続人等が特例の適用を受ける前に特例対象非上場株式等に係る特例認定承継会社の非上場株式等について、その非上場株式等についての贈与税の納税猶予及び免除の特例（措法70の7の5）の適用を受けている場合には、贈与税の申告書の提出期限）の翌日から1年を経過するごとの日（第一種基準日）
　　②　特例経営承継期間の末日の翌日から納税猶予分の相続税額（既に上記3イ(2)又はロのそれぞれの確定事由の適用があった場合には、これらの適用があった特例対象非上場株式等の価額に対応する部分の額として計算した金額を除きます。）に相当する相続税の全部につき、納税猶予に係る期限が確定する日までの期間の場合には、その末日の翌日から3年を経過するごとの日（第二種基準日）
　　　なお、納税猶予分の相続税額とは、特例対象非上場株式等の価額を特例経営承継相続人等に係る相続税の課税価格とみなして債務控除（相法13）から相続開始前3年以内に贈与があった場合の相続税額（相法19）までの規定を適用して計算した場合の特例経営承継相続人等の相続税額（100円未満の端数があるとき、又はその金額が100円未満であるときは、その端数金額又はその全額を切り捨てます。）をいいます（措法70の7の6②八、措令40の8の6⑱）。
　※2　届出期限とは、第一種基準日の翌日から5か月を経過する日及び第二種基準日の翌日から3か月を経過する日をいいます（措法70の7の6⑦）。

8　相続財産から差し引かれる債務・葬式費用

9　各相続人の相続税額の計算

10　税額控除

11　相続税の申告と納税

12　修正申告

13　更正の請求

14　相続に関連する税務手続き

二 確定税額に係る利子税

特例経営承継相続人等は、上記に掲げる確定事由により期限が到来（確定）した納税猶予額の全部又は一部を納付する場合、届出書の不提出、又は特例認定承継会社の事業の継続が困難な事由により納税猶予額の一部を納付（残額は免除）する場合には、その納税猶予の期限が到来する確定税額を基礎とし、特例経営承継相続人等が特例の適用を受けるために提出する相続税の申告書の提出期限の翌日から確定事由の定める日から2か月を経過する日（その定める日以前2か月以内に特例経営承継相続人等が死亡した場合には、6か月を経過する日）までの期間に応じ、年3.6パーセントの割合を乗じて計算した金額に相当する利子税を併せて納付しなければなりません（措法70の7の6㉓）。

ただし、各年の利子税特例基準割合※が年7.3％の割合に満たない場合には、その年中においては、利子税の割合に利子税特例基準割合が年7.3％の割合のうちに占める割合を乗じて計算した割合（0.1％未満の端数があるときはこれを切り捨てるものとし、その割合が年0.1％未満の割合であるときは年0.1％の割合）となります（措法93⑤、96①）。

$$\text{特例による利子税の割合} \;=\; 3.6\% \;\times\; \frac{\text{利子税特例基準割合}}{7.3\%}$$

※ 利子税特例基準割合とは、平均貸付割合に年0.5％の割合を加算した割合をいいます（措法93②）。
　その平均貸付割合は、各年の前々年の9月から前年の8月までの各月における短期貸付けの平均利率（各月において銀行が新たに行った貸付け（貸付期間が1年未満のものに限ります。）に係る利率の平均をいいます。）の合計を12で除して計算した割合として各年の前年の11月30日までに財務大臣が告示する割合をいいます。
　例えば、令和5年の場合は、財務大臣告示金利（令和4年11月30日）の年0.4％により計算した特例による利子税の割合が0.4％（＝3.6％×(0.4％＋0.5％)/7.3％）に軽減されます。なお、特例経営承継相続人等が特例経営承継期間の末日の翌日以後に上記に掲げる確定事由に該当（一定の事由に限ります。）する場合、年3.6％の利子税のうち、特例経営承継期間における利子税の割合は「零」％に軽減されます（措法70の7の6㉔）。

4 納税猶予税額の免除

特例経営承継相続人等が、次の表に掲げる場合のいずれかに該当することとなった場合（その該当することとなった日前に、上記3の確定事由に該当することとなった場合を除きます。）には、相続税が免除されます（措法70の7の6⑫、措令40の8の6㉘）。

イ 届出による免除

特例経営承継相続人等又は特例経営承継相続人等の相続人が相続税の免除を受けるには、その該当することとなった日から同日（次の②に該当することとなった場合には、特例対象贈与の贈与税の申告書を提出した日）以後6か月を経過する日（以下「免除届出期間」といいます。）までに、届出書を提出する者の氏名及び住所等一定の事項を記載した届出書を納税地の所轄税務署長に提出しなければなりません（措規23の12の3㉒）。

なお、届出書が免除届出期限までに提出されなかった場合においても、税務署長がこれらの期限内にその提出がなかったことについてやむを得ない事情があると認める場合において、その提出することができなかった事情の詳細を記載した届出書・添付書類が当該税務署長に提出されたときは、その届出書がこれらの期限内に提出されたものとみなされます（措法70の7の6㉒、措令40の8の6㊷）。

免除事由	免除額
①	特例経営承継相続人等が死亡した場合	猶予中相続税額に相当する相続税
②	特例経営承継期間の末日の翌日（特例経営承継期間内に特例経営承継相続人等がその有する特例対象非上場株式等に係る特例認定承継会社の代表権を有しないこととなった場合には、その有しないこととなった日）以後に、その特例経営承継相続人等が特例対象非上場株式等につき特例対象贈与をした場合	猶予中相続税額のうち、贈与に係る特例対象非上場株式等に対応する部分の額として計算した金額に相当する相続税

□　申請による法的な破産等に係る差額免除

特例経営承継相続人等又は特例認定承継会社が、次の表に掲げる場合のいずれかに該当することとなった場合（その該当することとなった日前に、上記3ハの確定事由に該当することとなった場合を除きます。）において、相続税の免除を受けようとするときは、その該当することとなった日から2か月を経過する日（その該当することとなった日から2か月を経過する日までの間に特例経営承継相続人等が死亡した場合には、6か月を経過する日（以下「申請期限」といいます。））までに、その免除を受けたい旨、免除を受けようとする相続税に相当する金額（以下「免除申請額」といいます。）及びその計算の明細その他の一定事項を記載した申請書（免除の手続きに必要な書類として一定の書類を添付したものに限ります。）を納税地の所轄税務署長に提出しなければなりません（措法70の7の6⑫）。

主な免除事由	免除額
①	特例経営承継期間の末日の翌日以後に、特例経営承継相続人等が特例認定承継会社の特例対象非上場株式等の全部の譲渡等をした場合において、次に掲げる金額の合計額が、その譲渡等の直前における猶予中相続税額に満たないとき なお、特例経営承継相続人等と特別の関係がある者以外の者のうちの一人の者（持分の定めのある法人（医療法人を除きます。）又は個人で、譲渡等があった後の特例認定承継会社の経営を実質的に支配する一定の者）に対して行う場合等に限ります。 イ　譲渡等があった時における当該譲渡等をした特例対象非上場株式等の時価に相当する金額として計算した金額（その計算した金額が、譲渡等をした特例対象非上場株式等の譲渡等の対価の額より小さい金額である場合には、譲渡等の対価の額） ロ　譲渡等があった日以前5年以内において、特例経営承継相続人等及び特例経営承継相続人等と生計を一にする者が、特例認定承継会社から受けた剰余金の配当等の額その他当該特例認定承継会社から受けた金額として上記2(3)※3③の合計額	その猶予中相続税額からイとロの合計額を控除した残額に相当する相続税
②	特例経営承継期間の末日の翌日以後に、特例対象非上場株式等に係る特例認定承継会社について破産手続開始の決定又は特別清算開始の命令があった場合 イ　特例認定承継会社の解散（会社法その他の法律の規定により解散をしたものとみなされる場合の解散を含みます。）の直前における猶予中相続税額 ロ　特例認定承継会社の解散前5年以内において、特例経営承継相続人等及び特例経営承継相続人等と生計を一にする者が特例認定承継会社から受けた剰余金の配当等の額その他当該認定承継会社から受けた金額として上記2(3)※3③の合計額	イに掲げる金額からロに掲げる金額を控除した残額に相当する相続税

③	特例経営承継期間の末日の翌日以後に、特例対象非上場株式等に係る特例認定承継会社が合併により消滅した場合において、次に掲げる金額の合計額が、当該合併がその効力を生ずる直前における猶予中相続税額に満たないとき なお、吸収合併存続会社等が特例経営承継相続人等と特別の関係がある者以外のものであり、かつ、その合併に際して吸収合併存続会社等の株式等の交付がない場合に限ります。 イ　合併がその効力を生ずる直前における特例対象非上場株式等の時価に相当する金額として計算した金額（その計算した金額が、合併対価（吸収合併存続会社等が合併に際して消滅する特例認定承継会社の株主等に対して交付する財産をいいます。）の額より小さい金額である場合には、合併対価の額） ロ　合併がその効力を生ずる日以前5年以内において、特例経営承継相続人等及び特例経営承継相続人等と生計を一にする者が特例認定承継会社から受けた剰余金の配当等の額その他当該認定承継会社から受けた金額として上記2(3)※3③の合計額	その猶予中相続税額からイとロの合計額を控除した残額に相当する相続税

八　申請による経営環境の変化に係る差額免除

(1)　時価に相当する金額の2分の1までの部分に対応する猶予税額の免除

　特例経営承継相続人等又は特例認定承継会社（事業の継続が困難な事由(注)が生じた場合）が、次の表に掲げる場合のいずれかに該当することとなった場合において、特例経営承継相続人等が猶予税額の差額免除を受けようとするときは、その該当日から申請期限までに、免除を受けたい旨、免除を受けようとする相続税に相当する金額及びその計算の明細その他一定の事項を記載した申請書（免除の手続きに必要な書類その他の一定の書類を添付したものに限ります。）を納税地の所轄税務署長に提出しなければなりません（措法70の7の6⑬）。

　(注)　特例認定承継会社の事業の継続が困難な事由とは、次の表で定める事由が生じた場合に限るものとし、その該当することとなった日前に上記3八の確定事由に該当することとなった場合を除きます（措令40の8の6㉙、措規23の12の3㉓～㉖）。

　　　なお、事業の継続が困難な事由が生じた場合に該当するかどうかの判定は、その事由が生じたごとに行うこととなります（措通70の7の6-25）。

主な免除事由		免除額
①	特例経営承継期間の末日の翌日以後に、特例経営承継相続人等が特例対象非上場株式等の全部又は一部の譲渡等をした場合において、次に掲げる金額の合計額がその譲渡等の直前における猶予中相続税額（譲渡等をした特例対象非上場株式等の数又は金額に対応する部分の額として計算した金額に限ります。）に満たないとき なお、特例経営承継相続人等と特別の関係がある者以外の者に対して行う場合に限ります。 イ　譲渡等の対価の額（その額が譲渡等をした時における当該譲渡等をした数又は金額に対応する特例対象非上場株式等の時価に相当する金額の2分の1以下である場合には、その2分の1に相当する金額）を、相続により取得をした特例対象非上場株式等の相続開始の時における価額とみなして再計算した金額 ロ　譲渡等があった日以前5年以内において、特例経営承継相続人等及び特例経営承継相続人等と特別の関係がある者が、特例認定承継会社から受けた剰余金の配当等の額その他当該特例認定承継会社から受けた金額として上記2(3)※3③の合計額	その猶予中相続税額からイとロの合計額を控除した残額に相当する相続税
②	特例経営承継期間の末日の翌日以後に、特例認定承継会社が合併により消滅した場合において、次に掲げる金額の合計額がその合併がその効力を生ずる直前における猶予中相続税額に満たないとき なお、吸収合併存続会社等が、特例経営承継相続人等と特別の関係がある者以外の	

	ものである場合に限ります。 イ　合併対価の額（その額が合併の効力を生ずる直前における特例対象非上場株式等の時価に相当する金額の2分の1以下である場合には、その2分の1に相当する金額）を相続により取得をした特例対象非上場株式等の相続開始の時における価額とみなして再計算した金額 ロ　合併がその効力を生ずる日以前5年以内において、特例経営承継相続人等及び特例経営承継相続人等と特別の関係がある者が、特例認定承継会社から受けた剰余金の配当等の額その他当該特例認定承継会社から受けた金額として上記2(3)※3③の合計額	その猶予中相続税額からイとロの合計額を控除した残額に相当する相続税
③	特例経営承継期間の末日の翌日以後に、特例認定承継会社が解散をした場合において、次に掲げる金額の合計額がその解散の直前における猶予中相続税額に満たないとき イ　解散の直前における特例対象非上場株式等の時価に相当する金額を相続により取得をした特例対象非上場株式等の相続開始の時における価額とみなして再計算した金額 ロ　解散の日以前5年以内において、特例経営承継相続人等及び特例経営承継相続人等と特別の関係がある者が、特例認定承継会社から受けた剰余金の配当等の額その他当該特例認定承継会社から受けた金額として上記2(3)※3③の合計額	その猶予中相続税額からイとロの合計額を控除した残額に相当する相続税

	事業の継続が困難な事由
①	直前事業年度※1及びその直前の3事業年度（直前事業年度の終了の日の翌日以後6か月を経過する日後に上記4ハに掲げる場合のいずれかに該当することとなった場合には、2事業年度）のうち2以上の事業年度において、特例認定承継会社の収益の額が費用の額を下回る場合として、特例認定承継会社の経常損益金額が「零」未満である場合に該当すること。
②	直前事業年度及びその直前の3事業年度のうち2以上の事業年度において、各事業年度の平均総収入金額（総収入金額を当該総収入金額に係る事業年度の月数で除して計算した金額をいいます。）が、その各事業年度の前事業年度の平均総収入金額を下回ること。 なお、総収入金額は、主たる事業活動から生ずる収入の額とされるべきものとして、特例認定承継会社の総収入金額のうち会社計算規則第88条1項に掲げる営業外収益及び特別利益以外のものに限ります。
③	次に掲げる事由のいずれか（直前事業年度の終了の日の翌日以後6か月を経過する日後に上記4ハに掲げる場合のいずれかに該当することとなった場合には、イに掲げる事由）に該当すること。 イ　特例認定承継会社の直前事業年度の終了の日における負債（利子の支払の基因となるものに限ります。）の帳簿価額が、直前事業年度の平均総収入金額に6を乗じて計算した金額以上であること。なお、利子は、特例経営承継相続人等と特別の関係がある者に対して支払うものを除きます。 ロ　特例認定承継会社の直前事業年度の前事業年度の終了の日における負債の帳簿価額が、その事業年度の平均総収入金額に6を乗じて計算した金額以上であること。
④	次に掲げる事由のいずれかに該当すること。 イ　判定期間※2における業種平均株価※3が、前判定期間（判定期間の開始前1年間をいいます。）における業種平均株価を下回ること。 ロ　前判定期間における業種平均株価が、前々判定期間（前判定期間の開始前1年間をいいます。）における業種平均株価を下回ること。
⑤	特例経営承継相続人等（上記4ハ(1)（③の特例認定承継会社が解散をした場合を除きます。）に掲げる場合のいずれかに該当することとなった時において、特例認定承継会社の役員又は業務を執行する社員であった者に限ります。）が心身の故障その他の事由により当該特例認定承継会社の業務に従事することができなくなったこと。

※1　直前事業年度とは、特例経営承継相続人等又は特例認定承継会社が上記の表に掲げる場合のいずれかに該当することとなった日の属する事業年度の前事業年度をいいます。

※2　判定期間とは、直前事業年度の終了の日の1年前の日の属する月から同月以後1年を経過する月までの期間をいいます。

※3　業種平均株価とは、特例認定承継会社の事業が該当する業種に属する事業を営む上場会社（金融商品取引所に上場されている株式を発行している会社をいいます。）の株式の価格の平均値として、その判定期間若しくは前判定期間又は前々判定期間に属する各月における上場株式平均株価を合計した数を12で除して計算した価格をいいます。なお、上場株式平均株価は、公表された上場会社の株式の毎日の最終の価格を利用して算出した価格の平均値になります。

例えば、特例経営承継期間の末日の翌日から5年以降に特例認定承継会社の事業の継続が困難な事由が生じた場合において、特例対象非上場株式等の譲渡等をしたときは、その対価の額（譲渡等の時の時価に相当する金額の2分の1が下限になります。）を基に猶予税額を再計算し、再計算した税額と一定の配当等の金額との合計額が直前の特例株式等納税猶予税額に満たない場合には、その差額は免除されます。

（参考） 事業の継続が困難な事由が生じた場合の税猶予税額の免除

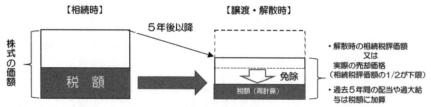

（出所） 国税庁ホームページ 法人版事業承継税制 パンフレットより

(2) 譲渡等の対価の額が時価に相当する金額の2分の1以下である場合の納税猶予及び免除

上記4ハ(1)（同③の特例認定承継会社が解散をした場合を除きます。）に該当する場合で、かつ、次の表に該当する場合において、特例経営承継相続人等が次の(3)の適用を受けようとするときは、申請期限までに上記4ハ(1)の各イとロの合計額（以下「合計額」といいます。）に相当する担保を提供した場合で、かつ、その申請期限までに適用を受けようとする旨、金額の計算の明細その他一定の事項を記載した申請書を納税地の所轄税務署長に提出した場合に限り、再計算対象猶予税額※からその合計額を控除した残額が免除されます（措法70の7の6⑭）。

なお、その合計額（上記4ハ(1)①の特例対象非上場株式等の全部又は一部の譲渡等をした場合に該当する場合には、その合計額に猶予中相続税額から再計算対象猶予税額を控除した残額を加算した金額）を猶予中相続税額とすることができます。すなわち、免除される金額以外の金額については、納税猶予の期限が到来しないことから、納税猶予が継続されることになります（措通70の7の6-30）。

※ 再計算対象猶予税額とは、上記4ハ(1)①に該当する場合には、猶予中相続税額のうち譲渡等をした特例対象非上場株式等の数又は金額に対応する部分の額として再計算した金額をいい、同②又は③に該当する場合には猶予中相続税額に相当する金額になります。

	免 除 事 由
①	上記4ハ(1)①イの譲渡等の対価の額が、その譲渡等をした時における特例対象非上場株式等の時価に相当する金額の2分の1以下である場合
②	同②イの合併対価の額が、合併がその効力を生ずる直前における特例対象非上場株式等の時価に相当する金額の2分の1以下である場合
③	交換等対価の額が、株式交換等がその効力を生ずる直前における特例対象非上場株式等の時価に相当する金額の2分の1以下である場合

(3) (2)の場合の猶予税額の追加免除

上記4ハ(1)（同③の特例認定承継会社が解散をした場合を除きます。）に該当することとなった日か

ら２年を経過する日（その２年を経過する日前に特例経営承継相続人等が死亡した場合には、その死亡の日の前日）において、上記(2)により猶予中相続税額とされた金額に相当する相続税の納税の猶予に係る期限及び免除については、次の表のとおりになります（措法70の７の６⑮、措通70の７の６-33）。

２年を経過する日の免除事由		免除額
①	次に掲げる会社が２年を経過する日において、その事業を継続している場合※１ イ　上記(2)①の譲渡等をした特例対象非上場株式等に係る会社 ロ　同②の合併に係る吸収合併存続会社等 ハ　同③の株式交換等に係る株式交換完全子会社等 なお、特例再計算相続税額※２（上記(2)②又は③に該当する場合には、合併又は株式交換等に際して交付された株式等以外の財産の価額に対応する部分の額として再計算した金額に限ります。）に相当する相続税については、２年を経過する日から２か月を経過する日（その２年を経過する日から２か月を経過する日までの間に特例経営承継相続人等が死亡した場合には、６か月を経過する日。以下「再申請期限」といいます。）をもって、納税の猶予に係る期限が到来（確定）し、納付しなければならないこととなります。	上記(2)の猶予中相続税額とされた金額から特例再計算相続税額※２を控除した残額に相当する相続税

※１　その事業を継続している場合とは、上記①イからハまでに掲げる会社が、２年を経過する日において、次に掲げる要件の全てを満たす場合をいいます（措令40の８の６㊳、措規23の12の３㉚）。
① 商品の販売その他の業務で、次に定めるものを行っていること。
　イ　商品販売等（商品の販売、資産の貸付け（特例経営承継相続人等及び特例経営承継相続人等と特別の関係がある者に対する貸付けを除きます。）又は役務の提供で、継続して対価を得て行われるものをいい、その商品の開発若しくは生産又は役務の開発を含みます。）の行為をしていること
　ロ　商品販売等を行うために必要となる資産（相続開始の時において、特別関係会社が親族外従業員の勤務している事務所、店舗、工場その他これらに類するものを除きます。）の所有又は賃借していること
② 上記４ハ(1)（同③の特例認定承継会社が解散をした場合を除きます。）に該当することとなった時の直前における特例認定承継会社の常時使用従業員のうちその総数の２分の１に相当する数（その数に１人未満の端数があるときはこれを切り捨てた数とし、該当することとなった時の直前における常時使用従業員の数が１人のときは１人とします。）以上の者が、該当することとなった時から２年を経過する日まで引き続き上記①イからハまでに掲げる会社の常時使用従業員であること。
③ 上記②の常時使用従業員が勤務している事務所、店舗、工場その他これらに類するものを所有し、又は賃借していること。
※２　特例再計算相続税額とは、譲渡等の対価の額、合併対価の額又は交換等対価の額に相当する金額を相続により取得をした特例対象非上場株式等の相続開始の時における価額とみなして計算した金額に、上記４ハ(1)①ロ、②ロ等に掲げる金額を加算した金額をいいます（措法70の７の６⑯）。

二　再計算による差額免除

　経営承継期間の末日の翌日以後に、特例認定承継会社（円滑化法に規定する中小企業者であること及び特例認定承継会社の株式等が非上場株式等に該当することの要件の全てを満たすものに限ります。）について、次頁の表に該当する場合において、表のロに掲げる金額に相当する相続税については、税務署長の通知が発せられた日（以下「通知日」といいます。）から２か月を経過する日（その通知日から２か月を経過する日までの間に特例経営承継相続人等が死亡した場合には、６か月を経過する日）をもって、納税の猶予に係る期限が到来（確定）したものは、納付しなければならないこととなります（措法70の７の６㉑）。

　なお、経営承継相続人等（特例認定承継会社の代表権を有する者その他これに準ずる者として一定の者に限ります。）が猶予税額の再計算による差額免除を受けようとするときは、認可決定日から申請期限までに、免除の適用を受けたい旨、再計算猶予中相続税額及びその計算の明細その他一定の事

257

⑧ 相続財産から差し引かれる債務・葬式費用
⑨ 各相続人の相続税額の計算
⑩ 税額控除
⑪ 相続税の申告と納税
⑫ 修正申告
⑬ 更正の請求
⑭ 相続に関連する税務手続き

項を記載した申請書（認可の決定があつた再生計画又は更生計画（債務処理計画を含みます。）に関する書類として、特例認定承継会社の定款の写し等を添付したものに限ります。）を納税地の所轄税務署長に提出しなければなりません。

再計算の免除事由	免除額
民事再生法の規定による再生計画又は会社更生法の規定による更生計画の認可の決定があった場合（再生計画の認可の決定に準ずる一定の事実が生じた場合を含みます。）において、特例認定承継会社の有する資産につき、その再生計画又は更生計画の認可の決定があった時の価額等により行う評定が行われたとき（その認可の決定があった日（一定の事実が生じた場合にあっては、債務処理計画が成立した日。以下「認可決定日」といいます。）以後その特例認定承継会社に係る特例経営承継相続人等が、通知日前に上記3ロ及びハに該当することとなった場合を除き、再生計画を履行している特例認定承継会社にあっては、監督委員又は管財人が選任されている場合に限ります。）は、その再計算猶予中相続税額をもって猶予中相続税額となります。 イ　再計算猶予中相続税額※ ロ　認可決定日前5年以内において、特例経営承継相続人等及び特例経営承継相続人等と生計を一にする者が、特例認定承継会社から受けた剰余金の配当等の額その他当該特例認定承継会社から受けた金額として上記2(3)※3③の合計額	その猶予中相続税額からイとロの合計額を控除した残額に相当する相続税

※　再計算猶予中相続税額とは、特例対象非上場株式等（猶予中相続税額に対応する部分に限り、合併により特例認定承継会社が消滅した場合の合併承継会社の株式等の場合には、特例対象非上場株式等に相当するものとして議決権に制限のないものに限ります。）の認可決定日における価額として、特例認定承継会社の発行済株式又は出資の総数又は総額の全てを相続により取得したものとした場合の当該相続の時における特例認定承継会社の株式等の1単位当たりの価額に、認可決定日の直前において特例経営承継相続人等が有していた特例対象非上場株式等の数又は金額を乗じて得た金額を相続により取得をした特例対象非上場株式等の当該相続の時における価額とみなして再計算した金額をいいます。

5 災害等によって被害を受けた場合の特例措置

　特例認定承継会社が、次の表に該当することとなった場合における特例認定承継会社に係る納税猶予の適用を受ける経営承継相続人等に対する上記3の確定事由があっても、猶予中相続税額に相当する相続税は免除されることとなります（措法70の7の6㉖）。

　特例経営承継相続人等が猶予税額の免除を受けようとするときは、その適用を受けたい旨を記載した届出書を、次に定める期限までに納税地の所轄税務署長（やむを得ない事情があると認める場合には、その届出書を期限後に提出した場合を含みます。）に提出しなければなりません。

・災害等の発生した日前に相続等により非上場株式等の取得をしていた者は、同日から10か月を経過する日

・災害等の発生した日から同日以後1年を経過する日までの間に相続等により非上場株式等の取得をした者は、その相続等に係る相続税の申告書の提出期限

(1) 特例認定承継会社の事由

	会社の事由
①	特例認定承継会社の事業の用に供する資産が、その災害によって甚大な被害を受けた場合として、災害が発生した日の属する事業年度の直前の事業年度終了の時における特例認定承継会社の総資産の貸借対照表に計上されている帳簿価額の総額に対する特例認定承継会社の当該災害により滅失（通常の修繕によっては原状回復が困難な損壊を含みます。）をした資産（特定資産を除きます。）の貸借対照表に計上されている帳簿価額の合計額の割合が30%以上である場合
②	特例認定承継会社の事業所（常時使用従業員が勤務している事務所、店舗、工場その他これらに類するものに限ります。）が、その災害によって被害を受けたことにより特例認定承継会社における雇用の確保が困難となった場合として、特例認定承継会社の災害が発生した日の前日における常時使用従業員の総数に対する当該特例認定承継会社の被災常時使用従業員（当該事業所（災害により滅失し、又はその全部若しくは一部が損壊したものに限ります。）のうち災害が発生した日から同日以後6か月を経過する日までの間継続して常時使用従業員が特例認定承継会社の本来の業務に従事することができないと認められるものにおいて、その災害が発生した日の前日に使用していた常時使用従業員をいいます。）の数の割合が20%以上である場合（①に該当する場合を除きます。）
③	破産手続開始、再生手続開始、更生手続開始又は特別清算開始の申立てその他経済産業大臣が定める事由が生じた事業者など中小企業信用保険法第2条5項1号又は2号のいずれかに該当することにより特例認定承継会社の売上金額が大幅に減少した場合として、特例認定承継会社のイに掲げる金額に対するロに掲げる金額の割合が70%以下である場合（特例認定承継会社が中小企業信用保険法第2条5項1号又は2号に該当することにつき、都道府県知事が交付した確認書の写し及び申請書の写し等の書類を納税猶予の適用を受けたい旨を記載した届出書に添付することにより証明がされた場合に限り、①②に該当する場合を除きます。） 　イ　特定日（中小企業信用保険法第2条5項1号の事由が発生した日又は同項2号の事業者が経済産業大臣の指定した事業活動の制限を実施した日をいいます。）の1年前の日から同日以後6か月を経過する日までの間における売上金額 　ロ　特定日から特定日以後6か月を経過する日までの間における売上金額

8 相続財産から差し引かれる債務・葬式費用
9 各相続人の相続税額の計算
10 税額控除
11 相続税の申告と納税
12 修正申告
13 更正の請求
14 相続に関連する税務手続き

④	災害その他の突発的に生じた事由であって、その発生に起因して特定の業種に属する事業を行う相当数の中小企業者の事業活動に著しい支障を生じており、かつ、その事業活動が特定の地域内に限られていると認められるものとして経済産業大臣が指定するものに起因して、その業種に属する事業をその地域において行う中小企業者の相当部分の事業活動に著しい支障を生じていると認められる業種として経済産業大臣が地域を限って指定するものに属する事業を行う中小企業者など中小企業信用保険法第2条5項3号又は4号のいずれかに該当することにより特例認定承継会社の売上金額が大幅に減少した場合として、特例認定承継会社のイに掲げる金額に対するロに掲げる金額の割合が70％以下である場合（特例認定承継会社が中小企業信用保険法2条5項3号又は4号に該当することにつき、都道府県知事が交付した確認書の写し及び申請書の写し等の書類を免除の適用を受けたい旨を記載した届出書に添付することにより証明がされた場合に限ります。）（①から③に該当する場合を除きます。） イ　特定日（中小企業信用保険法第2条5項3号又は4号の経済産業大臣の指定する事由が発生した日をいいます。）の1年前の日から同日以後6か月を経過する日までの間における売上金額 ロ　特定日から特定日以後6か月を経過する日までの間における売上金額

(2) 差額免除の事由

特例経営承継相続人等又は特例認定承継会社が、特例経営承継期間内に次のいずれかに該当することとなったときは、特例経営承継相続人等又は特例認定承継会社は、それぞれ上記4ロ①又は②に該当するものとみなして、申請による差額免除の適用が受けられます。

	免除事由
①	特例経営承継相続人等が、特例認定承継会社の非上場株式等の全部の譲渡等をしたとき（次のイ又はロのいずれかに該当するときに限るものとし、特例認定承継会社が株式交換等により他の会社の株式交換完全子会社等となったときを除きます。）。 イ　その譲渡等が特例経営承継相続人等と特別の関係がある者以外の者のうちの一人の者（持分の定めのある法人（医療法人を除きます。）又は個人で、譲渡等があった後の特例認定承継会社の経営を実質的に支配する一定の者）に対して行う場合等一定の定めるものに対して行うものであるとき ロ　その譲渡等が、民事再生法の規定による再生計画又は会社更生法の規定による更生計画の認可の決定があった場合において、その再生計画又は更生計画に基づき非上場株式等を消却するために行うものであるとき
②	特例対象非上場株式等に係る特例認定承継会社について破産手続開始の決定又は特別清算開始の命令があったとき

6　後継者の納税猶予分の相続税の計算方法

特例経営承継相続人等（後継者）につき納税が猶予される相続税は、次のステップにより計算した金額になります（措法70の7の6②ハ）。

図表11-6-3　非上場株式等に係る相続税の納税猶予制度の計算方法図

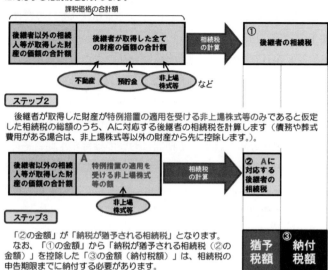

ステップ1

課税価格の合計額に基づいて計算した相続税の総額のうち、後継者の課税価格に対応する相続税を計算します。

ステップ2

後継者が取得した財産が特例措置の適用を受ける非上場株式等のみであると仮定した相続税の総額のうち、Aに対応する後継者の相続税を計算します（債務や葬式費用がある場合は、非上場株式等以外の財産から先に控除します。）。

ステップ3

「②の金額」が「納税が猶予される相続税」となります。
なお、「①の金額」から「納税が猶予される相続税（②の金額）」を控除した「③の金額（納付税額）」は、相続税の申告期限までに納付する必要があります。

（出所）　国税庁ホームページ　法人版事業承継税制　パンフレットより

（計算例）　相続人が子2人で、特例経営承継相続人等が1人（子A）の場合

	後継者　子A	子B	合　計
課税価格	50,000万円	50,000万円	100,000万円
相続税額（各人の算出税額）	19,750万円	19,750万円	39,500万円
猶予税額	11,062.5万円	－	11,062.5万円
申告期限までに納付すべき税額	8,687.5万円	19,750万円	28,437.5万円

※1　特例経営承継相続人等の子Aが取得した相続財産50,000万円の内訳は以下のとおりです。
　　　特例措置の適用を受ける特例対象非上場株式等30,000万円、その他財産20,000万円
※2　基礎控除額4,200万円（＝3,000万円＋法定相続人の数2人×600万円）
※3　法定相続分1/2に応ずる取得財産における税率50％、控除額4,200万円

ステップ1　通常の方法により課税価格の合計額に基づいて計算した相続税額
　　子A　100,000万円－4,200万円＝95,800万円‥‥‥‥‥‥‥‥‥①
　　　　　①　　×1/2＝47,900万円‥‥‥‥‥‥‥‥‥‥‥‥‥‥②
　　　　　②　　×50％－4,200万円＝19,750万円‥‥‥‥‥‥‥‥③
　　　　　③　　×2＝39,500万円（相続税の総額）‥‥‥‥‥‥‥‥④
　　子A　④　　×50,000万円/100,000万円＝19,750万円（相続税額）
　　子B　④　　×50,000万円/100,000万円＝19,750万円（相続税額）

ステップ2　子Aに係る納税猶予分の相続税額（特例対象非上場株式等のみとして計算）
　　子A　30,000万円＋50,000万円＝80,000万円（課税価格の合計額と仮定）
　　　　　80,000万円－4,200万円＝75,800万円‥‥‥‥‥‥‥‥‥①
　　　　　①　　×1/2＝37,900万円‥‥‥‥‥‥‥‥‥‥‥‥‥‥②
　　　　　②　　×50％－4,200万円＝14,750万円‥‥‥‥‥‥‥‥③
　　　　　③　　×2＝29,500万円（相続税の総額と仮定）
　　子A　29,500万円×30,000万円/80,000万円＝11,062.5万円（相続税額と仮定）

ステップ3　子Aに係る相続税の猶予税額と納付税額
　　子A　11,062.5万円（猶予税額）
　　　　　19,750万円－11,062.5万円＝8,687.5万円（納付税額）

8　相続財産から差し引かれる債務・葬式費用
9　各相続人の相続税額の計算
10　税額控除
11　相続税の申告と納税
12　修正申告
13　更正の請求
14　相続に関連する税務手続き

7　非上場株式等の納税猶予の特例の手続きの流れ

　相続が開始した場合、相続開始後10か月以内に、この円滑化法に基づき特例認定承継会社の要件、先代経営者（特例被相続人）の要件及び後継者（特例経営承継相続人等）の要件を満たしていることについて、道府県知事の認定（円滑化法認定）を受ける必要があります。その円滑化法認定を受けるには、その相続開始後8か月以内に、特例認定承継会社の主たる事務所が所在する都道府県知事に申請書（特例承継計画を添付）を提出しなければなりません。

　また、この特例を受ける旨を記載した相続税の申告書及び一定の書類を税務署長へ提出するとともに、納税が猶予される相続税額及び利子税の額に見合う担保を提供する必要があります。

　そして、相続税の申告期限後5年を経過する期間においては毎年1回、その期間経過後は3年ごとに、引き続いてこの特例の適用を受ける旨及び特例対象非上場株式等に係る会社の状況等に関する事項を記載した届出書（継続届出書）に一定の書類を添付して、納税地の所轄税務署長に提出しなければなりませんし、円滑化法認定を受けた特例認定承継会社も、5年間の事業継続期間においては、毎年1回、都道府県知事に対し年次報告書を提出し、その確認を受ける必要があります（措法70の7の6②六・九、⑦、円滑化省令12③）。

図表11-6-4　非上場株式等に係る相続税の納税猶予制度の概要図

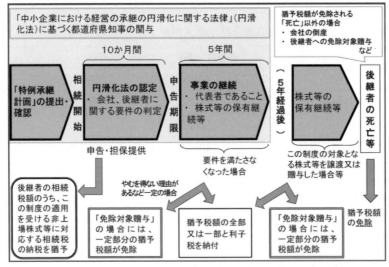

（出所）　国税庁ホームページ　法人版事業承継税制　パンフレットより

（参考1）　特例の適用を受けるための手続等

提出先	手続	期限
都道府県	特例承継計画の提出	平成30年4月1日から令和6年3月31日まで
	円滑化法認定の申請	相続開始の日の翌日から8か月以内
税務署	相続税の申告書の提出	相続開始の日の翌日から10か月以内

（参考２）　確認申請書（特例承継計画）に添付すべき書類の一覧表

①　経営革新等支援機関の指導及び助言を受けた確認申請書（原本１部、写し１部）
②　履歴事項全部証明書の原本（確認申請日の前３か月以内に取得したものに限ります。）
③　返信用の定形外封筒（切手を貼付）

（参考３）　認定申請書に添付すべき書類の一覧表

①　認定申請基準日（相続開始後５か月を経過する日）時点で有効な申請会社の定款の写し
②　被相続人が代表者であった期間のうちいずれかの時、相続開始の直前・開始時、認定申請基準日の各時点における株主の名簿の写し
③　履歴事項全部証明書の原本（認定申請基準日以降に取得したものに限ります。先代経営者が代表者であった旨の記載がないときは「閉鎖事項証明書」の添付が必要です。）
④　遺言書又は遺産分割協議書の写し及び中小企業の株式等に係る相続税の見込み額を記載した書類
⑤　相続開始の日における従業員数証明書
⑥　認定申請基準事業年度の決算関係書類等（３年前を含む事業年度以後の各事業年度分の貸借対照表、損益計算書、事業報告書及び商品販売などの業務を３年以上継続して行っていることがわかる書類等）
⑦　相続開始の時以後、上場会社等又は風俗営業会社のいずれにも該当しない旨の誓約書
⑧　相続開始の時において、特別子会社・特定特別子会社が上場会社等又は風俗営業会社のいずれにも該当しない旨の誓約書
⑨　相続開始の時における被相続人・相続人・その他一定の親族の戸籍謄本等又はその被相続人の法定相続情報一覧図
⑩　特例承継計画又はその確認書の写し
⑪　返信用の定形外封筒（切手を貼付）のほか、認定の参考となる書類

（参考４）　認定に係る事業継続報告（年次報告）すべき事項の一覧表

①　相続認定申請基準日の翌日から相続税の申告期限の翌日から１年を経過するごとの日（相続報告基準日）における代表者の氏名
②　相続報告基準日における常時使用する従業員の数
③　相続報告基準期間におけるその特例相続認定中小企業者の株主又は社員の氏名及びこれらの者が有する株式等に係る議決権の数
④　相続報告基準期間において、その特例相続認定中小企業者が上場会社等又は風俗営業会社のいずれにも該当しないこと
⑤　相続報告基準期間において、その特例相続認定中小企業者が資産保有型会社に該当しないこと
⑥　相続報告基準事業年度においていずれもその特例相続認定中小企業者が資産運用型会社に該当しないこと
⑦　相続報告基準事業年度におけるその特例相続認定中小企業者の総収入金額
⑧　相続報告基準期間において、その特例相続認定中小企業者の特定特別子会社が風俗営業会社に該当しないこと

8 相続財産から差し引かれる債務・葬式費用
9 各相続人の相続税額の計算
10 税額控除
11 相続税の申告と納税
12 修正申告
13 更正の請求
14 相続に関連する税務手続き

図表11- 6 - 5　非上場株式等に係る相続税の納税猶予制度適用のフローチャート

1　都道府県の知事に対して「確認申請書」及び添付書類（参考２）を提出

記載事項
① 会社・特例代表者・特例後継者（最大３人まで）を予定する者の氏名等
② 特例代表者が有する株式等を特例後継者が取得するまでの期間における経営の計画（株式承継予定の時期、承継時期までの経営上の課題、その課題への対処方針）
③ 特例後継者が株式等を承継した後「５年間」の経営計画（具体的な取組内容）
④ 認定経営革新等支援機関による所見等（指導・助言を行った年月日、内容）

2　都道府県の知事の確認　⇒　確認書の交付　⇒　確認書の受領

確認後の変更
① 特例後継者を２人又は３人記載していた場合で、まだ特例を受けていない者
② 会社が合併等により消滅又は完全子会社となった場合の合併存続会社等
※変更申請書等は令和６年４月１日以後でも提出することができます。

3　相続の開始

被相続人の要件
① 相続開始前のいずれかの日において会社の代表権を有していたことがあること
② 相続開始の直前において、被相続人及び被相続人と特別の関係がある者がその会社の総議決権数の50%超の議決権数を保有していたこと
③ 被相続人が同族関係者（後継者である相続人を除きます）内で筆頭株主であったこと

経営承継相続人等の要件
① 相続開始の直前において会社の役員であったこと
② 相続開始の日の翌日から５か月を経過する日において会社の代表権を有していること
③ 相続開始の時において、経営承継相続人等及び経営承継相続人等と特別の関係がある者がその会社の総議決権数の50%超の議決権数を保有し、かつ、筆頭株主であること
④ 都道府県の知事の確認を受けた会社に係る特定後継者であること
⑤ 相続開始の時から申告期限（申告期限までに経営承継相続人等が死亡した場合は、その死亡の日）まで引き続き特例非上場株式等のすべてを保有していること

4　都道府県の知事に対して「認定申請書」及び添付書類（参考３）の提出

会社要件
以下の会社に該当しないこと
① 上場会社
② 経営承継円滑化法の中小企業に該当しない会社
③ 風俗営業会社のうち性風俗関連特殊営業
④ 資産保有型会社
⑤ 資産運用型会社
⑥ 直近の事業年度末における総収入金額がゼロである会社
⑦ 常時使用する従業員がゼロである会社（「使用人兼務役員」は従業員とします。）
⑧ その中小企業者の特別子会社が上場会社等、大法人又は風俗営業会社に該当する会社

5　都道府県の知事の認定　⇒　認定書の交付　⇒　認定書の受領

認定を受けた日から年に１回の報告義務（参考４）

6　税務署長へ納税猶予の申告

⑧ 相続財産から差し引かれる債務・葬式費用

⑨ 各相続人の相続税額の計算

⑩ 税額控除

⑪ 相続税の申告と納税

⑫ 修正申告

⑬ 更正の請求

⑭ 相続に関連する税務手続き

11 - 7　山林の納税猶予の特例

1　山林の納税猶予の特例の概要

　一定面積以上の森林を自ら経営する森林所有者を対象に、森林経営計画が定められている区域内にある山林（林地・立木）を、その相続人が相続又は遺贈により一括して取得し、引き続き計画に基づいて経営を継続する場合は、相続税額のうち対象となる山林に係る部分の課税価格の80％に対応する相続税の納税猶予の適用を受けることができます。また、相続人が死亡するまで計画に基づく経営を継続した場合、猶予された相続税の支払いは免除されます（措法70の6の6①）。

　なお、この特例と特定計画山林の特例（6 - 2参照）との重複適用はできませんのでご注意ください。

　この特例は、被相続人が行っている森林施業の集約化や路網整備等による林業経営の効率化（採算性の向上）を通じた効率的・安定的な林業経営の確立の取組みについて、相続人が引き続いて規模拡大（維持）、路網整備（維持）を図りつつ、計画に従った森林経営を継続することの支援を目的としていますから、対象山林、被相続人及び相続人について、下記2、3の要件が必要となります。

図表11 - 7 - 1　山林についての相続税の納税猶予及び免除の特例の概要

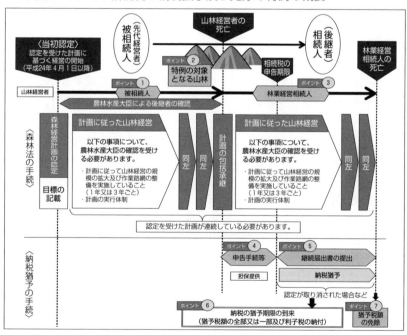

※　国税庁の「山林についての相続税の納税猶予及び免除の特例のあらまし」（右QRコード）を参照してください。

265

2 山林の納税猶予の特例を受けるための適用要件

(1) 対象となる山林の要件

① 林 地

イ 被相続人が所有山林の全てについて単独の森林経営計画の認定を受けているもの

ロ 施業及び路網整備を行う山林であること

ハ 上記イ、ロを満たす所有山林の面積が100ha以上であること（林班内の面積が5ha未満で周囲の計画対象森林と一体的な施業を行うことができない山林、市街化区域内の山林等は対象外）等

② 立 木

上記の林地にある立木のうち、相続人が相続後、一定期間※のうちに市町村森林整備計画に定める主伐可能な林齢に達しないもの

※ 一定期間とは、相続人の相続時の年齢の平均余命年数（ただし、30年が上限）

(2) 被相続人及び相続人の要件

① 被相続人

・所有山林の全てについて、森林経営計画の認定を連続して受け、計画に従って経営を行ってきたこと

・相続までに後継者に係る農林水産大臣の確認を受けること

② 相続人（林業経営相続人）

・被相続人の後継者として農林水産大臣の確認を受けた後継者であること

・被相続人が森林経営計画に従って経営してきた所有山林の全てを相続すること

・被相続人の森林経営計画を包括承継※し、その後も計画認定を連続して受け、計画に従って経営を行うこと（相続以前に相続人の所有山林を対象として計画を樹立していた場合は、被相続人の所有山林を含めた計画として、計画の変更を行う。）

※ 包括承継とは、被相続人に属していた権利義務が一括して相続人に承継されることをいいます。

3 山林の納税猶予の特例の申告手続等

この特例の適用を受けるためには、相続税の申告書を期限内に提出するとともに特例山林に係る課税価格の80％に対応する相続税の猶予税額（以下「山林納税猶予税額」といいます。）及び利子税の額に見合う担保を提供しなければなりません。

また、林業経営相続人は、山林納税猶予税額が免除されるまで又は山林納税猶予税額の全部について納税の猶予が打ち切られるまでの間は、次に掲げる期間ごとに、引き続きこの特例を受ける旨及び特例山林の経営に関する事項を記載した届出書（以下「継続届出書」といいます。）を納税地の所轄税務署長に提出しなければなりません。

・施業整備期間※1は、当初認定起算日※2から1年ごと

・施業整備期間の末日の翌日から猶予中相続税額※3に相当する相続税の全部につき納税の猶予に係る期限が確定するまでの期間は、その末日の翌日から3年を経過するごと

なお、継続届出書の提出がない場合には、原則として、この特例の適用が打ち切られ、山林納税猶予税額と利子税を納付することとなります。

※1　施業整備期間とは、当初認定起算日からその当初認定起算日以後10年を経過する日までの間にこの特例の適用に係る被相続人について相続が開始した場合における、その相続の開始の日の翌日からその10年を経過する日又はその相続に係る林業経営相続人の死亡の日のいずれか早い日までの期間をいいます。

※2　当初認定起算日とは、特定森林経営計画に係る被相続人（特定森林経営計画につき過去に森林法17条1項の規定の適用があった場合にあっては、最初の適用に係る認定森林所有者等）が市町村長等の認定を受けた特定森林経営計画（森林法11条3項に規定する事項が記載された最初のものに限ります。）の始期をいいます。

※3　猶予中相続税額とは、山林納税猶予税額から、既に確定した税額を除いた残額をいいます。

（参考）　納税猶予分の相続税額（④猶予税額）の計算方法

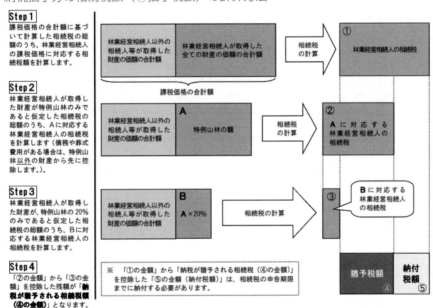

（出所）　国税庁ホームページ　山林の納税猶予及び免除の特例　パンフレットより

11-8 医療法人の持分の納税猶予の特例

1 医療法人の持分の納税猶予の特例の概要

　個人が、医療法人の持分を有していた他の個人（以下「被相続人」といいます。）から相続又は遺贈（以下「相続等」といいます。）によりその医療法人の持分を取得した場合において、その医療法人が相続税の申告期限において認定医療法人[※1]であるときは、その持分を取得した個人（以下「相続人等」といいます。）が相続税の申告書の提出により納付すべき相続税のうち、この特例の適用を受ける持分の価額に対応する相続税については、一定の要件を満たすことにより、認定移行計画[※2]に記載された移行期限[※3]まで、相続税の納税が猶予されます（以下猶予される相続税額を「医療法人持分納税猶予税額」といいます。）（措法70の7の12①）。

　この医療法人持分納税猶予税額は、次に掲げる場合に該当したときには、その全部又は一部が免除されます。

> ※1　認定医療法人とは、平成18年医療法等改正法附則第10条の4第1項に規定する認定医療法人であって、地域における医療及び介護の総合的な確保を推進するための関係法律の整備等に関する法律（平成26年法律第83号）附則第1条2号に掲げる規定の施行の日（平成26年10月1日）から令和8年12月31日までの間に、持分なし医療法人に移行する計画を作成し、その計画について厚生労働大臣の認定を受けた医療法人をいいます。
>
> ※2　認定移行計画とは、持分なし医療法人に移行するための取組みの内容などが記載された計画で厚生労働大臣の認定を受けたものをいいます。
>
> ※3　移行期限とは、認定移行計画に記載された持分なし医療法人に移行する期限をいい、その認定移行計画の認定の日から5年以内とされます。
>
> 　なお、認定移行計画に記載する平成18年医療法等改正法附則第10条の2に規定する新医療法人（社団たる医療法人であって、その定款に残余財産の帰属すべき者として医療法44条5項に規定する国若しくは地方公共団体又は厚生労働省令で定める一定の者を規定しているものをいいます。）への移行期限は、厚生労働大臣の認定の日から起算して5年以内であることが認定の要件となります。

2 医療法人持分納税猶予税額が免除される場合

　認定医療法人の認定移行計画に記載された移行期限までに、次に掲げる場合に該当することとなったとき（一定の場合を除きます。）には、次に掲げる場合の区分に応じ、それぞれに掲げる金額に相当する相続税額は、届出書を提出することにより、免除されます。

区　分		届出により免除される額
(1)	認定医療法人の持分のすべてを放棄[※1]した場合	医療法人持分納税猶予税額
(2)	認定医療法人が基金拠出型医療法人[※2]への移行をする場合において、持分の一部を放棄[※1]し、その残余の部分をその基金拠出型医療法人の基金として拠出[※3]したとき	医療法人持分納税猶予税額から基金として拠出した額に対応する部分の金額を控除した残額

> ※1　厚生労働大臣が定める「出資持分の放棄申出書」（医療法施行規則附則様式7）を認定医療法人に提出することにより放棄しなければなりません。
>
> ※2　基金拠出型医療法人とは、平成18年医療法等改正法附則第10条の3第2項1号ハに規定する基金拠出型医療法人をいいます。
>
> ※3　基金として拠出した額に対応する部分の医療法人持分納税猶予税額と利子税は免除されません。

図表11-8-1　医療法人の持分の納税猶予の特例の概要

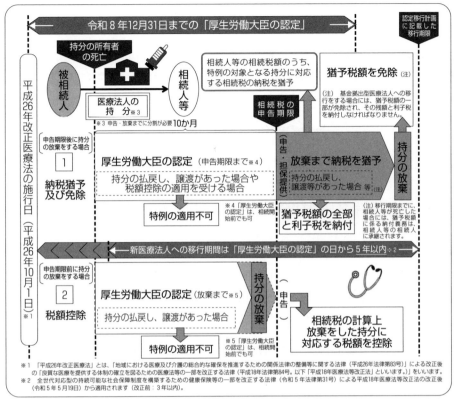

（出所）　国税庁ホームページ　医療法人の持分の納税猶予及び免除の特例　パンフレットより

　また、次の(1)から(3)までのいずれかに該当する場合には、この特例の適用を受けることはできません。

(1)	相続開始の時から相続税の申告期限までの間に、医療法人の持分に基づき出資額に応じた払戻しを受けた場合
(2)	相続開始の時から相続税の申告期限までの間に、医療法人の持分を譲渡した場合
(3)	相続開始の時から相続税の申告期限までの間に、認定医療法人の持分の全部又は一部を放棄し、医療法人の持分についての相続税の税額控除の適用を受ける場合

3　特例の適用を受けるための要件

　この特例の適用を受けるためには、次の要件などを満たす必要があります。

(1)　被相続人の要件

　医療法人の持分を有していた人であること。

(2) 相続人等の要件

被相続人から相続等により医療法人の持分を取得した人であること。

(3) 医療法人の持分の要件

相続税の申告期限において認定医療法人の持分（遺産分割されているものに限ります。）であって、相続税の期限内申告書にこの特例の適用を受ける旨を記載したものであること。

4　医療法人持分納税猶予額の納付

(1) 医療法人持分納税猶予税額を納付しなければならない場合

納税猶予を受けている相続税額は、次の表に掲げる場合に該当することとなったときは、その相続税額の全部又は一部を納付しなければなりません。

＜医療法人持分納税猶予税額の全部確定＞

a	相続税の申告期限から認定医療法人の認定移行計画に記載された移行期限までの間に、認定医療法人の持分に基づき出資額に応じた払戻しを受けた場合
b	相続税の申告期限から認定医療法人の認定移行計画に記載された移行期限までの間に、認定医療法人の持分の譲渡をした場合
c	認定医療法人の認定移行計画に記載された移行期限までに、新医療法人への移行をしなかった場合
d	認定医療法人の認定移行計画について、厚生労働大臣の認定が取り消された場合
e	認定医療法人が解散をした場合（合併により消滅をする場合を除きます。）
f	認定医療法人が合併により消滅をした場合（合併により医療法人を設立する場合において相続人等が持分に代わる金銭その他の財産の交付を受けないときなど一定の場合を除きます。）

＜医療法人持分納税猶予税額の一部確定＞

認定医療法人が認定移行計画に記載された移行期限までに、基金拠出型医療法人への移行をする場合において、相続人等が認定医療法人の持分の一部を放棄し、その残余の部分を基金拠出型医療法人の基金として拠出したとき

(2) 利子税

上記(1)により納付する相続税額については、相続税の申告期限の翌日から納税猶予の期限までの期間（日数）に応じ、年6.6％の割合で利子税がかかります。

ただし、各年の利子税特例基準割合が7.3％に満たない場合には、その年中においては次の算式により計算した割合（0.1％未満の端数は切捨て、その割合が0.1％未満の割合である場合は年0.1％）が適用されます。

> （算式）　6.6%　×　利子税特例基準割合※　÷　7.3%

※　利子税特例基準割合とは、平均貸付割合（各年の前々年の9月から前年の8月までの各月における銀行の新規の短期貸出約定平均金利の合計を12で除して得た割合として各年の前年の11月30日までに財務大臣が告示する割合をいいます。）に、年0.5%の割合を加算した割合をいいます。

⑶　納付義務の承継

認定医療法人の認定移行計画に記載された移行期限までに、この特例の適用を受ける相続人等が死亡した場合には、その相続人等に係る医療法人持分納税猶予税額の納付義務は、その相続人等の相続人が承継することになります（死亡した相続人等に係る医療法人持分納税猶予税額は、免除されません。）。

⑷　申告等の方法

この特例の適用を受けるためには、相続税の申告書を期限内に提出するとともに医療法人持分納税猶予税額及び利子税の額に見合う担保（この特例の適用を受ける認定医療法人の持分でなくても差し支えありません。）を提供する必要があります。

5　認定医療法人の持分を放棄した場合の相続税の税額控除

相続人等が、被相続人から相続等により医療法人の持分を取得した場合において、その医療法人が相続開始の時において認定医療法人（相続税の申告書の提出期限又は令和8年12月31日のいずれか早い日までに厚生労働大臣の認定を受けた医療法人を含みます。）であり、かつ、その持分を取得した相続人等が相続開始の時から相続税の申告書の提出期限までの間に、その認定医療法人の持分の全部又は一部を放棄したときは、その相続人等については、通常の計算による相続税額から納税猶予分の相続税額に相当する「放棄相当相続税額」を控除した残額が、相続税の申告までに納付すべき相続税額となります（措法70の7の13①）。

ただし、相続開始の時から相続税の申告書の提出期限までの間に、医療法人の持分に基づき出資額に応じた払戻しを受けた場合又はその持分の譲渡をした場合のいずれかに該当する場合には、この特例の適用を受けることはできません。

なお、放棄相当相続税額は、認定医療法人の持分の価額を相続人等に係る相続税の課税価格とみなして計算した金額のうち、その相続人等により放棄がされた部分に相当するものとして、次に掲げる場合に応じて計算した金額になります。

	区　分	税額控除額
⑴	認定医療法人の持分の全てを放棄した場合	放棄相当相続税額に相当する金額
⑵	認定医療法人が基金拠出型医療法人への移行をする場合において、持分の一部を放棄し、その残余の部分をその基金拠出型医療法人の基金として拠出したとき	放棄相当相続税額に相当する金額から基金として拠出した額に対応する部分の金額を控除した残額

8　相続財産から差し引かれる債務・葬式費用
9　各相続人の相続税額の計算
10　税額控除
11　相続税の申告と納税
12　修正申告
13　更正の請求
14　相続に関連する税務手続き

1　特定の美術品の納税猶予の特例の概要

　個人が、寄託先美術館※1の設置者と特定美術品※2の寄託契約を締結し、文化財保護法に規定する保存活用計画の文化庁長官の認定を受け、その特定美術品をその寄託先美術館の設置者に寄託していた者（以下「被相続人」といいます。）から相続又は遺贈によりその特定美術品を取得した一定の者（以下「寄託相続人」といいます。）が、その寄託契約及び認定保存活用計画に基づき特定美術品の寄託先美術館の設置者への寄託を継続したときは、担保の提供を条件に、その寄託相続人が納付すべき相続税額のうち、その特定美術品に係る課税価格の80％に対応する相続税の納税が猶予され、寄託相続人の死亡等により、納税が猶予されている相続税（以下「美術品納税猶予税額」といいます。）が免除されます（措法70の6の7①）。

> ※1　博物館法に規定する博物館又は博物館相当施設のうち、特定美術品の公開及び保管を行うもの
> ※2　国宝・重要文化財の美術工芸品及び、登録有形文化財の美術工芸品のうち世界文化の見地から歴史上、芸術上又は学術上特に優れた価値を有するもの

図表11-9-1　特定の美術品の納税猶予の特例の概要

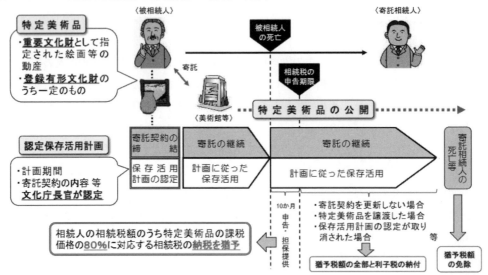

> ※　国税庁の「特定の美術品についての相続税の納税猶予及び免除のあらまし」（右QRコード）を参照してください。

2　納税猶予の特例を受けるための適用要件

　この特例の適用を受けるためには、次の要件などを満たす必要があります（措法70の6の7①）。

(1)　被相続人の要件

　被相続人は、相続開始の日において次の①から③までの要件に該当する者であること。

①　寄託先美術館の設置者と特定美術品の寄託契約※1を締結していたこと

②　文化財保護法に規定する重要文化財保存活用計画※2又は登録有形文化財保存活用計画※3につき文化庁長官の認定を受けていること

③　上記②の認定保存活用計画（認定重要文化財保存活用計画又は認定登録有形文化財保存活用計画）に基づき特定美術品を①の寄託先美術館の設置者に寄託していたこと

　※1　寄託契約とは、特定美術品の所有者と寄託先美術館の設置者との間で締結された特定美術品の寄託に関する契約で、契約期間その他一定の事項の記載があるものをいいます（措法70の7の6②二）。
　※2　重要文化財保存活用計画は、重要文化財の所有者（管理団体がある場合は、その者）が文部科学省令で定めるところにより、重要文化財の保存及び活用に関する計画を作成し、文化庁長官の認定を申請することができます（文化財保護法53の2①）。
　※3　登録有形文化財保存活用計画は、登録有形文化財の所有者（管理団体がある場合は、その者）が文部科学省令で定めるところにより、登録有形文化財の保存及び活用に関する計画を作成し、文化庁長官の認定を申請することができます（文化財保護法67の2①）。

(2)　寄託相続人の要件

　寄託相続人は、相続税の申告書の提出期限において次の①及び②の要件に該当する者であること。

①　相続又は遺贈により特定美術品を取得したこと

②　特定美術品の寄託先美術館の設置者への寄託を継続すること

(3)　特定美術品の要件

　この特例の対象となる特定美術品は、認定保存活用計画に記載された次の①又は②のいずれかに該当するものであること。

①　文化財保護法第27条1項の規定により重要文化財として指定された絵画、彫刻、工芸品その他の有形の文化的所産である動産であること

②　文化財保護法第58条1項に規定する登録有形文化財（建造物であるものを除きます。）のうち世界文化の見地から歴史上、芸術上又は学術上特に優れた価値を有するものであること

3　納税猶予分の相続税額の計算

　納税が猶予される美術品納税猶予税額は、次の①に掲げる金額から②に掲げる金額を控除した金額となります（措法70の6の7②六、措令40の7の7④⑥）。

①　特定美術品の価額（相続税法13条の規定により控除すべき債務がある場合において、控除未済債務額があるときは、その特定美術品の価額から控除未済債務額※を控除した残額（以下「特定価額」とい

⑧ 相続財産から差し引かれる債務・葬式費用

⑨ 各相続人の相続税額の計算

⑩ 税額控除

⑪ 相続税の申告と納税

⑫ 修正申告

⑬ 更正の請求

⑭ 相続に関連する税務手続き

います。））を寄託相続人に係る相続税の課税価格とみなして、相続税法第13条（債務控除）から第19条（相続開始前3年以内に贈与があった場合の相続税額）までの規定等を適用して計算した寄託相続人の相続税の額

② 特定価額に20％を乗じて計算した金額を同項の寄託相続人に係る相続税の課税価格とみなして、相続税法第13条（債務控除）から第19条（相続開始前3年以内に贈与があった場合の相続税額）までの規定等を適用して計算した寄託相続人の相続税の額

※ 控除未済債務額とは、次のイに掲げる金額からロに掲げる金額を控除した金額（マイナスになる場合は、零）をいいます（措令40の7の7⑤）。
イ 相続税法第13条の規定により控除すべき寄託相続人の負担に属する部分の金額
ロ 寄託相続人が相続又は遺贈により取得した財産の価額から特定美術品の価額を控除した残額

（参考） 納税猶予分の相続税額（④猶予税額）の計算方法

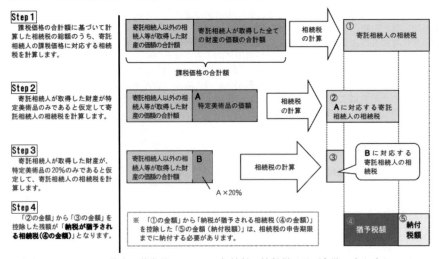

（出所） 国税庁ホームページ　特定の美術品についての相続税の納税猶予及び免除のあらまし　パンフレットより

4 猶予税額の免除

次に掲げる場合には、納税が猶予されている相続税が免除されます。
・寄託相続人が死亡した場合
・寄託先美術館に対しその特定美術品を寄贈した場合
・自然災害によるその特定美術品の滅失があった場合

5 猶予税額の納付

例えば以下の場合には、美術品納税猶予税額及び法定申告期限からの期間に係る利子税を納付しなければなりません。
・特定美術品の譲渡等をした場合
・特定美術品が滅失、紛失等をした場合
・長期寄託契約の終了、保存活用計画の期間満了後、新たに認定を受けなかった場合

・重要文化財の指定解除、登録有形文化財の登録抹消、保存活用計画の認定取消しの場合

・寄託先美術館が廃止された場合（新たな寄託先美術館に寄託した場合を除きます。）

6　猶予税額の申告手続等

この特例の適用を受けるためには、相続税の申告書の提出期限までに美術品納税猶予税額に相当する担保を提供する必要があります。そして、特定美術品を担保として提供する場合には、その特定美術品に保険を付さなければなりません。

寄託相続人は、相続税の申告書の提出期限の翌日から起算して3年ごとに、継続届出書に寄託先美術館の発行する証明書を添付して、寄託相続人の納税地の所轄税務署長に提出する必要があります。

> ※　提出の際には、国税庁の「「特定の美術品についての相続税の納税猶予及び免除」の適用要件・提出書類チェックシート」（右QRコード）を活用してください。

11-10　個人の事業用資産の納税猶予の特例

1　個人の事業用資産の納税猶予の特例の概要

　個人の事業用資産についての相続税の納税猶予及び免除の特例等は、平成31年１月１日から令和10年12月31日までの10年間の特例とされています。

　この特例は、中小企業における経営の承継の円滑化に関する法律第12条１項の都道府県知事の認定（以下「円滑化法認定」といいます。）を受けた後継者※である相続人又は受遺者（「特例事業相続人等」といいます。）が、青色申告（正規の簿記の原則によるものに限ります。）に係る事業（不動産貸付業等を除きます。）を行っていた被相続人から、その事業に係る特定事業用資産のすべてを平成31年１月１日から令和10年12月31日までの相続又は遺贈（「相続等」といいます。）により取得をした場合には、その青色申告に係る事業の継続等、一定の要件の下、特例事業相続人等が納付すべき相続税のうち、特例事業用資産に係る課税価格に対応する相続税の全額の納税が猶予され（以下「事業用資産納税猶予税額」といいます。）、特例事業相続人等が死亡した等一定の事由により、納税が猶予されている相続税の全部又は一部が免除されます（措法70の６の10①）。

　ただし、免除されるまでに、特例事業用資産を特例事業相続人等の事業の用に供さなくなった場合など一定の場合には、その事業用資産納税猶予税額の全部又は一部について納税の猶予が打ち切られ、その税額と利子税を納付しなければなりません。

　※　平成31年４月１日から令和６年３月31日までに「個人事業承継計画」を都道府県知事に提出し、確認を受けた者に限ります。

（参考）　納税猶予の適用を受けるための手続等

提出先	手　続　き	期　限
都道府県	個人事業承継計画の提出	平成31年４月１日から令和６年３月31日まで
	円滑化法認定の申請	相続開始の日の翌日から８か月以内
税　務　署	所得税の青色申告承認申請書の提出	事業を開始した日から２か月以内※
	開業届出書の提出	事業を開始した日から１か月以内

　※　後継者が、相続前から他の業務を行っている場合には、青色申告をしようとする年分のその年３月15日までに申請を行う必要があります（所法144）。ただし、後継者が当該他の業務について既に青色申告の承認を受けている場合には、新たに申請を行う必要はありません。

図表11-10-1 個人の事業用資産の納税猶予の特例の概要

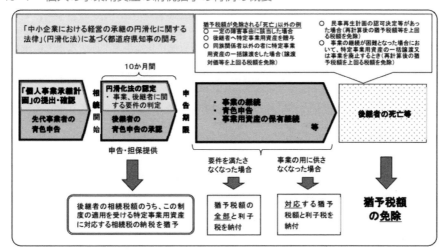

※ 国税庁の「個人の事業用資産についての贈与税・相続税の納税猶予・免除（個人版事業承継税制）のあらまし」（右QRコード）を参照してください。

2　納税猶予を受けるための適用要件

　平成31年4月1日から令和6年3月31日までに「個人事業承継計画※」を都道府県知事に提出し、確認を受けた特例事業相続人等（後継者）が、この特例の適用を受けるためには、次に掲げる要件を満たす必要があります。

　　※　個人事業承継計画とは、先代事業者の事業を確実に承継するための具体的な計画について、認定経営革新等支援機関（税理士、商工会、商工会議所、金融機関等）の指導及び助言を受けた個人である中小企業者（事業を営んでいない個人を含みます。）であって、次に掲げる要件のいずれにも該当するものをいいます（円滑化省令17①三）。
　　　　なお、確認を受けようとする者は、令和6年3月31日までに申請書に当該申請書の写し、確認を受ける日の属する年の前年における先代事業者の青色申告書、当該青色申告書に添附する貸借対照表及び損益計算書その他の明細書の写し等一定の書類を添付して、都道府県知事に提出しなければなりません（円滑化省令17④）。
　　　①　先代事業者が死亡等した場合に当該先代事業者が営んでいた事業を承継する候補者（以下「個人事業承継者」といいます。）であって、先代事業者から相続等又は贈与により当該先代事業者が有する特定事業用資産を取得することが見込まれる者
　　　②　先代事業者が自己の事業を個人事業承継者が承継するまでの期間における経営に関する具体的な計画を有していること。
　　　③　先代事業者の経営を個人事業承継者が承継した後の経営に関する具体的な計画を有していること。

(1)　被相続人（先代事業者）の要件

　被相続人は、次の区分に応じ、それぞれ次の要件に該当する者となります（措法70の6の10①、措令40の7の10①）。

①	特定事業用資産を有していた者が、相続開始の直前において特定事業用資産に係る事業を行っていた者である場合 ・その特定事業用資産に係る事業について、相続開始の日の属する年、その前年及びその前々年の確定申告書を青色申告書により所得税の納税地の所轄税務署長に提出していること

②	上記①以外の場合に、次に掲げる要件の全てを満たす者 イ　相続開始の直前において特定事業用資産に係る事業を行っていた者と生計を一にする親族（この特例の適用を受けようとする者が、相続開始の前に贈与（贈与をした者の死亡により効力を生ずる贈与を除きます。）により取得した特定事業用資産に係る事業と同一の事業に係る他の資産について、個人の事業用資産についての贈与税の納税猶予及び免除（措法70の6の8①）の適用を受けようとする場合又は受けている場合には、その適用に係る贈与者でその者からの贈与の直前において、その者と生計を一にしていた親族）であること ロ　イの相続開始の時又は贈与の時後に開始した相続に係る被相続人であること

(2) 特例事業相続人等（後継者）の主な要件

　被相続人からこの特例の適用に係る相続等により特定事業用資産を取得した者で、次に掲げる要件（被相続人が60歳未満で死亡した場合には、②に掲げる要件を除きます。）の全てを満たす者となります（措法70の6の10②二、措規23の8の9①③④㉙）。

①	中小企業における経営の承継の円滑化に関する法律第2条に規定する中小企業者であって円滑化法認定を受けていること
②	相続開始の直前において特定事業用資産に係る事業（その事業に準ずるものとして、特定事業用資産に係る事業と同種又は類似の事業に係る業務（その特定事業用資産に係る事業に必要な知識及び技能を習得するための高等学校、大学、高等専門学校その他の教育機関における修学を含みます。）を含みます。）に従事していたこと
③	相続開始の時から当該相続に係る相続税の申告書の提出期限（その提出期限前に当該個人が死亡した場合には、その死亡の日）までの間に特定事業用資産に係る事業を引き継ぎ、提出期限まで引き続き当該特定事業用資産の全てを有し、かつ、自己の事業の用に供していること
④	相続に係る相続税の申告書の提出期限において、特定事業用資産に係る事業について開業の届出書を提出していること及び青色申告の承認※（青色申告の承認があったものとみなされる場合の承認を含みます。）を受けていること又はその承認を受ける見込みであること
⑤	特定事業用資産に係る事業が、相続開始の時において、資産保有型事業、資産運用型事業及び風俗営業等の規制及び業務の適正化等に関する法律第2条5項に規定する性風俗関連特殊営業のいずれにも該当しないこと
⑥	被相続人から相続等により財産を取得した者が、小規模宅地等についての相続税の課税価格の計算の特例（措法69の4③一）に規定する特定事業用宅地等について同条1項の適用を受けていないこと
⑦	被相続人の事業を確実に承継すると認められる要件として、上記(1)の個人事業承継計画の確認（変更の確認を受けたときは、その変更後のものとします。）を受けた者であるものを満たしていること なお、確認を受けた個人事業承継者を変更しようとするときは、新たに個人事業承継者となる個人である中小企業者が認定経営革新等支援機関の指導及び助言を受け、かつ、都道府県知事の確認を受ける必要があります。

　※　青色申告の承認を受けていた被相続人の事業を相続により承継した場合は、相続開始があったことを知った日の時期に応じて、それぞれ次の期限までに所得税の納税地の所轄税務署長に対し、「所得税の青色申告承認申請書」を提出する必要があります（所基通144-1）。
　　ただし、被相続人の事業を承継した者が、相続等の前から他の業務を行っている場合には、青色申告をしようとする年分のその年3月15日までに、申請を行う必要があります（所法144）。
　①　相続開始があったことを知った日がその年の1月1日から8月31日までの場合は、その相続開始の日から4か月以内
　②　相続開始があったことを知った日がその年の9月1日から10月31日までの場合は、その年の12月31日まで
　③　相続開始があったことを知った日がその年の11月1日から12月31日までの場合は、その年の翌年の2月15日まで

　なお、納税猶予の特例の適用を受ける特例事業相続人等が納税猶予の特例の適用を受けようとするときは、相続に係る相続税の申告書の提出期限の翌日から猶予中相続税額に相当する相続税の全部につき納税の猶予に係る期限が確定する日までの間に、特例相続報告基準日（特定申告期限の翌日から３年を経過するごとの日をいいます。）が存する場合には、その届出期限（特例相続報告基準日の翌日から３か月を経過する日をいいます。）までに、引き続いて納税猶予の適用を受けたい旨及び特例事業用資産に係る事業に関する事項を記載した届出書（以下「継続届出書」といいます。）を納税地の所轄税務署長に提出しなければなりません（措法70の６の10⑩）。

3　特定事業用資産とは

　この制度の対象となる「特定事業用資産」とは、先代事業者（被相続人）の事業の用に供されていた次の資産で、相続等の日の属する年の前年分の事業所得に係る青色申告書の貸借対照表に計上されていたものをいいます。

- イ　宅地等（400㎡まで）
- ロ　建物（床面積800㎡まで）
- ハ　ロ以外の減価償却資産で次のもの
  - ・固定資産税の課税対象とされているもの
  - ・自動車税・軽自動車税の営業用の標準税率が適用されるもの
  - ・その他一定のもの（一定の貨物運送用及び乗用自動車、乳牛・果樹等の生物、特許権等の無形固定資産）

（注１）　先代事業者が、配偶者の所有する土地の上に建物を建て、事業を行っている場合における土地など、先代事業者と生計を一にする親族が所有する上記イからハまでの資産も、特定事業用資産に該当します。
（注２）　後継者が複数人の場合には、上記イ及びロの面積は各後継者が取得した面積の合計で判定します。
（注３）　先代事業者等からの相続等により取得した宅地等につき小規模宅地等の特例の適用を受ける者がいる場合には、一定の制限があります。

4　小規模宅地等の特例の適用を受ける者がある場合の宅地等の限度面積

　この特例の対象となる宅地等には400㎡の限度面積が設けられていますが、被相続人から相続等により取得をした宅地等について、小規模宅地等の特例の適用を受ける者がいる場合には、この限度面積は、次の表のとおりとなります。

図表11-10-2　小規模宅地等の特例の適用を受ける場合の宅地等の限度面積

	適用を受ける小規模宅地等の区分	限度面積[*1]
1	特定同族会社事業用宅地等[*2]	$400㎡ - A$
2	貸付事業用宅地等	$400㎡ - (A \times \dfrac{200}{400} + B \times \dfrac{200}{330} + C) \times 2$
3	特定居住用宅地等[*2]	$400㎡$

※1 特定事業用宅地等について小規模宅地等の特例の適用を受ける者がある場合には、この特例の適用を受けることはできません。
※2 他に貸付事業用宅地等について小規模宅地等の特例の適用を受ける場合には、2によります。
※3 上記の表中の符号は次のとおりです。
　　A　特定同族会社事業用宅地等の面積
　　B　特定居住用宅地等の面積
　　C　貸付事業用宅地等の面積

図表11-10-3　小規模宅地等の特例（特定事業用宅地等）の主な違い

区　分	事業用資産に係る納税猶予	小規模宅地等の特例
事前の計画策定等	個人事業承継計画の提出 （平成31年4月1日～令和6年3月31日）	不要
適　用　期　限	平成31年1月1日～令和10年12月31日の期間の贈与・相続等	なし
承継パターン	贈与・相続等	相続等のみ
対　象　資　産	・宅地等（400㎡まで） ・建物（床面積800㎡まで） ・一定の減価償却資産	宅地等（400㎡まで）のみ
減　額　割　合	100％（納税猶予）	80％（課税価格の減額）
事　業　の　継　続	終身	申告期限まで

※　提出の際には、国税庁の「個人の事業用資産についての相続税の納税猶予及び免除の
　　適用要件チェックシート」（右QRコード）を活用してください。

5　事業用資産納税猶予税額の納付

　特例事業相続人等、特例事業用資産又は当該特例事業用資産に係る事業について、次の表に掲げる場合のいずれかに該当することとなった場合には、該当日から2か月を経過する日の期限の到来をもって納付する税額が確定し、その納税猶予額の全部又は一部を納付しなければなりません（措法70の6の10③）。そして、納税猶予の期限が到来した税額を納付する場合には、その納税猶予額と併せて利子税を納付することになります。

(1)　全部確定する場合

　次の表に掲げる場合のいずれかに該当することとなった場合には、その定める日から2か月を経過する日（その定める日から2か月を経過する日までの間に特例事業相続人等が死亡した場合の納税の猶予に係る期限は、特例事業相続人等の相続人が特例事業相続人等の死亡による相続の開始があったことを知った日の翌日から6か月を経過する日（以下「6か月を経過する日」といいます。））をもって、納税猶予額の全部について納税の猶予に係る期限が到来（確定）し、納付しなければならないこととなります（措法70の6の10③㉗）。

	確定事由	定める日
①	特例事業相続人等がその事業を廃止した場合又は特例事業相続人等について破産手続開始の決定があった場合	その事業を廃止した日又はその決定があった日
②	事業が資産保有型事業、資産運用型事業又は性風俗関連特殊営業のいずれかに該当することとなった場合	その該当することとなった日
③	特例事業相続人等のその年の当該事業に係る事業所得の総収入金額が「零」となった場合	その年の12月31日
④	特例事業用資産の全てが特例事業相続人等のその年の事業所得に係る青色申告書の貸借対照表に計上されなくなった場合	その年の12月31日
⑤	特例事業相続人等が青色申告の承認を取り消された場合又は青色申告書の提出をやめる旨の届出書を提出した場合	その承認が取り消された日又はその届出書の提出があった日
⑥	特例事業相続人等が、納税猶予の特例の適用を受けることをやめる旨を記載した届出書を納税地の所轄税務署長に提出した場合	その届出書の提出があった日
⑦	特例事業相続人等が、上記2(2)④の青色申告の承認を受ける見込みであることにより納税猶予の特例の適用を受けた場合において、青色申告の承認申請が却下されたとき（相続税の納税猶予のみが対象）	その申請が却下された日

　また、継続届出書がその届出期限までに納税地の所轄税務署長に提出されない場合には、その届出期限における猶予中相続税額に相当する相続税については、届出期限の翌日から2か月を経過する日をもって、納税猶予額の全部について納税の猶予に係る期限が到来（確定）し、納付しなければならないこととなります（措法70の6の10⑫）。

(2)　一部確定する場合

　次の表に掲げる場合に該当することとなった場合には、その定める日から2か月を経過する日（その定める日から2か月を経過する日までの間に特例経営承継相続人等が死亡した場合には、6か月を経過する日）をもって、猶予中相続税額のうち一部について納税の猶予に係る期限が到来（確定）し、納付しなければならないこととなります（措法70の6の10④）。

確定事由	確定税額	定める日
特例事業用資産の全部又は一部が特例事業相続人等の事業の用に供されなくなった場合（上記(1)に掲げる場合及び当該事業の用に供することが困難になった場合を除きます。）	猶予中相続税額のうち、事業の用に供されなくなった部分に対応する部分の額として計算した金額※	事業の用に供されなくなった日から2か月を経過する日

※　計算した金額に100円未満の端数があるとき、又はその金額が100円未満であるときは、その端数金額又はその全額を切り捨てます（措令40の7の10⑯⑰）。
　なお、特例事業用資産を陳腐化等の事由により廃棄をした場合において、その廃棄をした日から2か月以内に所轄税務署長にその旨の届出をしたとき、特例事業用資産を譲渡した場合において、その譲渡があった日から1年以内にその対価により新たな事業用資産を取得する見込みであることにつきその譲渡があった日から1か月以内に所轄税務署長に申請をし、その承認を受けたとき（取得に充てられた対価に相当する部分に限ります。）等に該当するときは、納税猶予は継続されることとなります（措法70の6の10④⑤）。

8　相続財産から差し引かれる債務・葬式費用

9　各相続人の相続税額の計算

10　税額控除

11　相続税の申告と納税

12　修正申告

13　更正の請求

14　相続に関連する税務手続き

6 事業用資産納税猶予税額の免除

特例事業相続人等が、次の表に掲げる場合のいずれかに該当することとなった場合（その該当することとなった日前に、上記5の確定事由に該当することとなった場合を除きます。）には、猶予中相続税額に相当する相続税が免除されます（措法70の6の10⑮）。

イ　届出による免除

特例事業相続人等又は特例事業相続人等の相続人（包括受遺者を含みます。）は、その該当することとなった日から同日（次の□に掲げる場合に該当することとなった場合にあっては、特例事業用資産の贈与を受けた者が当該特例事業用資産について個人の事業用資産についての贈与税の納税猶予及び免除（措法70の6の8①）の適用に係る贈与税の申告書を提出した日）以後6か月を経過する日（以下「免除届出期限」といいます。）までに、一定の事項を記載した届出書を納税地の所轄税務署長に提出しなければなりません（措法70の6の10⑮）。

なお、届出書が免除届出期限までに提出されなかった場合においても、税務署長がこれらの期限内にその提出がなかったことについてやむを得ない事情があると認める場合において、その提出することができなかった事情の詳細を記載した届出書・添付書類が当該税務署長に提出されたときは、その届出書がこれらの期限内に提出されたものとみなされます（措法70の6の10⑯）。

	免除事由	免除額
①	特例事業相続人等が死亡した場合	猶予中相続税額に相当する相続税
②	特定申告期限の翌日から5年を経過する日後に、特例事業相続人等が特例事業用資産の全てにつき個人の事業用資産についての贈与税の納税猶予及び免除（措法70の6の8①）の適用に係る贈与をした場合	猶予中相続税額に相当する相続税
③	特例事業相続人等がその有する特例事業用資産に係る事業を継続することができなくなった場合（その事業を継続することができなくなったことについて、精神保健及び精神障害者福祉に関する法律第45条2項の規定により精神障害者保健福祉手帳（障害等級が一級である者として記載されているものに限ります。）の交付を受けたこと等一定のやむを得ない理由がある場合に限ります。）	猶予中相続税額に相当する相続税

ロ　申請による免除

特例事業相続人等が、次の表に掲げる場合のいずれかに該当することとなった場合（その該当することとなった日前に猶予中相続税額に相当する相続税の全部につき上記5の確定事由による納税の猶予に係る期限が確定した場合を除きます。）において、特例事業相続人等は、次に定める相続税の免除を受けようとするときは、その該当することとなった日から2か月を経過する日までに、その免除を受けたい旨、免除を受けようとする相続税に相当する金額（以下「免除申請相続税額」といいます。）及びその計算の明細その他一定の事項を記載した申請書（免除の手続きに必要な書類として一定の書類を添付したものに限ります。）を納税地の所轄税務署長に提出しなければなりません（措法70の6の10⑰）。

主な免除事由	免除額
①　特例事業相続人等が特例事業用資産の全てについて、特例事業相続人等の特別関係者以外の者のうちの一人の者として定めるものに対して譲渡若しくは贈与（以下「譲渡等」といいます。）をした場合又は民事再生法の規定による再生計画の認可の決定に基づき当該再生計画を遂行するために譲渡等をした場合において、次に掲げる金額の合計額が当該譲渡等の直前における猶予中相続税額に満たないとき 　イ　譲渡等があった時における当該譲渡等をした特例事業用資産の時価に相当する金額（その金額が譲渡等をした特例事業用資産の譲渡等の対価の額より低い金額である場合には、その譲渡等の対価の額） 　ロ　譲渡等があった日以前5年以内において、特例事業相続人等の特別関係者が当該特例事業相続人等から受けた必要経費不算入対価等※の合計額	猶予中相続税額からその合計額を控除した残額に相当する相続税
②　特例事業相続人等について破産手続開始の決定があった場合 　イ　破産手続開始の決定の直前における猶予中相続税額 　ロ　破産手続開始の決定があった日以前5年以内において、特例事業相続人等の特別関係者が当該特例事業相続人等から受けた必要経費不算入対価等※の合計額	イに掲げる金額からロに掲げる金額を控除した残額に相当する相続税

※　必要経費不算入対価等とは、特例事業受贈者の特別関係者が特定事業用資産に係る事業に従事したことその他の事由により、その特例事業受贈者から支払を受けた対価又は給与の金額であって、所得税法第56条（事業から対価を受ける親族がある場合の必要経費の特例）又は第57条（事業に従事する親族がある場合の必要経費の特例等）の規定により、その事業に係る事業所得の金額の計算上、必要経費に算入されるもの以外のもの、すなわち、特例事業受贈者の特別関係者が当該特例事業受贈者から支払を受けた対価又は給与の金額は、同法第56条又は第57条の規定により必要経費に算入されるものを除き、全て必要経費不算入対価等に該当することになります（措令40の7の8⑯）。

　これ以外にも、税務署長の通知により猶予中相続税額から当該合計額を控除した残額に相当する相続税が免除されるものとして、所得金額が零未満など特例事業用資産に係る事業の継続が困難な事由がある場合において特例事業用資産の全てを譲渡等したとき又はその事業を廃止したとき等があります（措法70の6の10⑱）。

7　申告手続等

　この特例の適用を受けるためには、相続税の申告書に一定の書類を添付して期限内に提出するとともに事業用資産納税猶予税額及び利子税の額に見合う担保を提供しなければなりません。

　そして、この特例の対象となり得る宅地等又は小規模宅地等の特例若しくは特定計画山林の特例の対象となり得る財産を取得した相続人等が2人以上いる場合又はこの特例の対象となり得る建物について取得した相続人等が2人以上いる場合には、この特例の適用を受けようとする財産の選択についてその全員が同意していることが必要となります。

　また、この特例の適用を受けている特例事業相続人等は、事業用資産納税猶予税額が免除されるまで又は事業用資産納税猶予税額の全部について納税の猶予が打ち切られ納税の猶予に係る期限が確定するまでの間、3年ごとに、継続届出書に一定の書類を添付して納税地の所轄税務署長に提出しなければなりません（措法70の6の10⑩）。

　その一方で、継続届出書の提出がない場合には、原則として、この特例の適用が打ち切られ、事業用資産納税猶予税額と利子税を納付することとなります。

12-1　相続税の修正申告

1　相続税の修正申告の概要

　修正申告とは、申告書を提出した者及び更正決定を受けた者が、後日その申告又更正決定に係る税額が過少であることに気付いた場合や税務調査等により既に申告した税額に不足があると指摘された場合などに、課税価格や税額等を修正する申告です。

　この修正申告に係る納税申告書を修正申告書といい、税務署長の更正があるまでいつでも提出することができます（通則法19）。

　なお、既に提出した申告書に係る申告税額が過大である場合に、その税額等を修正する申告は「更正の請求（☞297頁）」といい、修正申告とは区分されています。

2　相続税法の規定に基づく修正申告

　相続税の申告書、相続財産法人に係る財産を与えられた者に係る相続税の申告書、これらの申告書に係る期限後申告書を提出した者は、次の事由が生じたため、既に確定した相続税額に不足が生じた場合には、修正申告書を提出することができます（相法31）。

①　未分割財産について、その後分割が行われ、共同相続人又は包括受遺者が当該分割により取得した財産に係る課税価格が当該相続分又は包括遺贈の割合に従って計算された課税価格と異なることとなったこと
②　認知（民法787）、相続人の廃除（民法892）又はその取消しに関する裁判の確定、相続の回復、相続放棄の取消しその他の事由により相続人に異動を生じたこと
③　遺留分侵害額の請求（民法1046）に基づき支払うべき金銭の額が確定したこと
④　遺贈に係る遺言書が発見され、又は遺贈の放棄があったこと
⑤　条件付物納の許可がされた財産（当該許可が取り消され、又は取り消されることとなる場合に限ります。）において、当該条件に係る物納に充てた財産の性質その他の事情に関し相続税法施行令8条1項で定めるものが生じたこと
⑥　相続若しくは遺贈により取得した財産についての権利の帰属に関する訴えについての判決があったこと
⑦　相続の開始後に認知された者の価額の支払請求権（民法910）による請求があったことにより弁済すべき額が確定したこと
⑧　条件付の遺贈について、条件が成就したこと

　この修正申告書は、所轄税務署長の更正があるまでは提出することができます。

　ただし、特別縁故者に対する相続財産の分与（民法958の2）により相続財産の全部又は一部を与えられた場合には、その与えられた者が上記に該当するときは、その事由が生じたことを知った日の翌日から10か月以内に修正申告書を所轄税務署長に提出しなければなりません（相法31）。この場合、この期限内に提出された申告書は期限内申告書とみなされます（相法50）。

3　措置法に基づく相続税の修正申告

⑴　在外財産等の価額が算定可能となった場合の相続税の修正申告（措法69の３）

　当初申告において相続税の課税価格に算入されなかった在外財産等について、その価額が算定できることとなった場合には、その算定できることとなった日の翌日から４か月以内に修正申告書を提出しなければなりません。

⑵　相続財産を贈与して相続税の非課税の適用を受けた場合の相続税の修正申告（措法70⑥）

　相続又は遺贈により財産を取得した者が、その取得した財産を相続税の申告書の提出期限までに特定の公益法人に贈与した場合、原則としてその相続に係る相続税の課税価格に算入されず非課税となりますが、この非課税の適用を受けた財産を受け入れた日から２年を経過しても公益事業の用に供されない等の場合には、この規定の適用を受けることはできません。この場合には、２年を経過した日の翌日から４か月以内に、修正申告書を提出しなければなりません。なお、⑴及び⑵に記載する期限内に提出された修正申告書は期限内申告書とみなされます。

図表12-1-1　相続税の修正申告と修正期限

区　分	修正申告期限
未分割財産の分割確定など相続税法第31条に掲げる事由が生じた場合	修正事由が発生した日から所轄税務署長の更正があるまで（相法31）
特別縁故者に対する相続財産の分与があった場合	その事由が生じたことを知った日の翌日から10か月以内
在外財産等について、その価額が算定できることとなった場合	算定できることとなった日の翌日から４か月以内（措法69の３）
特定の公益法人に贈与した場合で公益事業の用に供されない等の場合	財産を受け入れた日から２年を経過した日の翌日から４か月以内（措法70⑥）

【質疑応答】修正申告

　□　当初申告後に退職金が確定した場合の修正申告等
　　当初申告後に退職金が確定した場合の修正申告及び延滞税等の取扱いについて

　⇒相続税について当初申告をした後に、退職金が確定した場合で、相続開始後３年以内に確定したものについては、速やかに相続税の修正申告を行います。この修正申告については、法定納期限から延滞税が賦課されることはありませんが、修正申告の提出日が具体的納期限となりますから、それより納付が遅れるとその期間に応じて延滞税が賦課されますのでご注意ください。なお、退職金の確定が相続開始日から３年経過後に支給が確定した場合は支給を受けた日の属する年分の一時所得として確定申告を行います。

相続税の申告書（修正）　第1表

税務調査により配偶者が8,500万円の金塊を隠蔽したと認定されて修正申告書を提出する場合の記載例です。

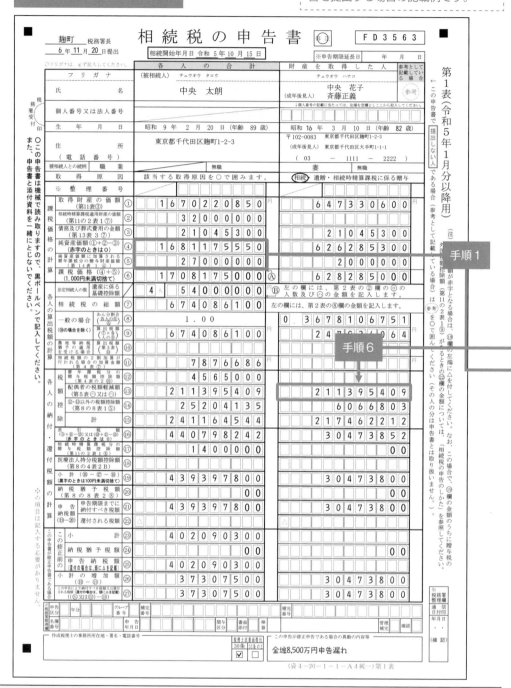

（資4-20-1-1-A4統一）第1表

税務署のチェックポイント

☑　配偶者の隠蔽又は仮装した財産について「第5表の付表」を使用して、適正に計算がされているか。

☑　修正財産の取得者について、遺産分割協議書等の内容に相違がないか。

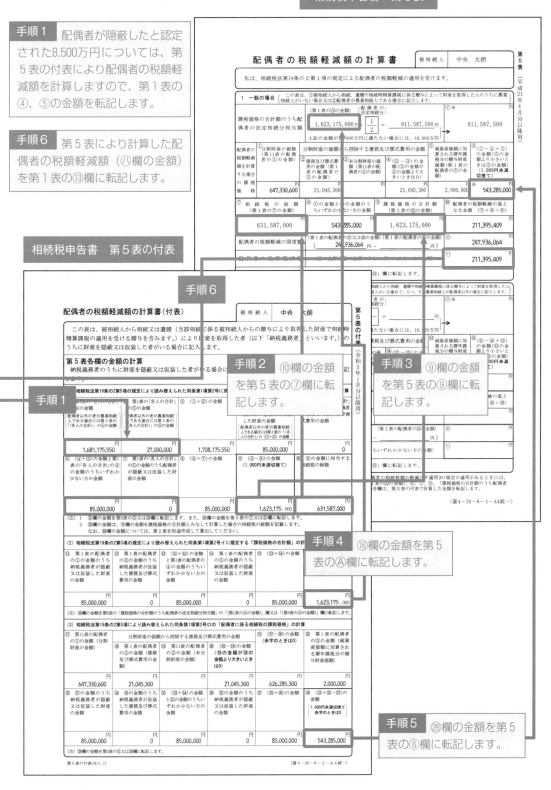

⑧ 相続財産から差し引かれる債務・葬式費用

⑨ 各相続人の相続税額の計算

⑩ 税額控除

⑪ 相続税の申告と納税

⑫ 修正申告

⑬ 更正の請求

⑭ 相続に関連する税務手続き

相続税申告書　第5表

手順1　配偶者が隠蔽したと認定された8,500万円については、第5表の付表により配偶者の税額軽減額を計算しますので、第1表の④、⑤の金額を転記します。

手順6　第5表により計算した配偶者の税額軽減額（⑪欄の金額）を第1表の⑬欄に転記します。

相続税申告書　第5表の付表

手順6

手順2　⑩欄の金額を第5表の⑦欄に転記します。

手順3　⑨欄の金額を第5表の⑨欄に転記します。

手順4　⑯欄の金額を第5表の④欄に転記します。

手順5　㉘欄の金額を第5表の⑥欄に転記します。

手順1

12-2　加算税

1　加算税の概要

相続税に関係する加算税には、過少申告加算税、無申告加算税、重加算税の3種類があります。

図表12-2-1　加算税の概要

区　分	加算税の概要
過少申告加算税	期限内申告書を提出した者が、税務署の調査を受けた後に修正申告を提出した場合や税務署から更正処分を受けたりした場合に課される税額。
無申告加算税	期限後申告書を提出した者、税務署から決定処分を受けた場合に課される税額。
重加算税	課税価格又は税額等の基礎となるべき事実の全部もしくは一部を隠蔽し又は仮装していた場合に課される税額。

2　過少申告加算税

過少申告加算税は、税務調査等により申告期限内に提出された申告書に記載された税額が過少であるとして修正申告書を提出した場合や更正があった場合に課される税です。

税務調査等によらず、自主的に修正申告を行った場合や修正申告となったことについて正当な理由がある場合には、この過少申告加算税は課されません。

図表12-2-2　過少申告加算税を課さない「正当理由」とは

(1)　税法の解釈に関し申告書提出後新たに法令解釈が明確化されたため、その法令解釈と納税者（相続人（受遺者を含む。）から遺産（債務及び葬式費用を含む。）の調査、申告等を任せられた者又は受贈者から受贈財産（受贈財産に係る債務を含む。）の調査、申告等を任せられた者を含む。以下同じ。）の解釈とが異なることとなった場合において、その納税者の解釈について相当の理由があると認められること。
　　(注)　税法の不知若しくは誤解又は事実誤認に基づくものはこれに当たらない。
(2)　災害又は盗難等により、申告当時課税価格の計算の基礎に算入しないことを相当としていたものについて、その後、予期しなかった損害賠償金等の支払を受け、又は盗難品の返還等を受けたこと。
(3)　相続税の申告書の提出期限後において、次に掲げる事由が生じたこと。
　　イ　相続税法第51条第2項各号に掲げる事由
　　ロ　保険業法（平成7年法律第105号）第270条の6の10第3項に規定する「買取額」の支払いを受けた場合
　　(出所)　「相続税、贈与税の過少申告加算税及び無申告加算税の取扱いについて」の事務運営指針の「通則法第65条第5項第1号の正当な理由があると認められる事実」部分抜粋

288

図表12-2-3　「更正があるべきことを予知してされたもの」とは

> 　通則法第65条第1項又は第6項の規定を適用する場合において、その納税者に対する臨場調査、その納税者の取引先に対する反面調査又はその納税者の申告書の内容を検討した上での非違事項の指摘等により、当該納税者が調査があったことを了知したと認められた後に修正申告書が提出された場合の当該修正申告書の提出は、原則として、これらの規定に規定する「更正があるべきことを予知してされたもの」に該当する。
> 　（注）　臨場のための日時の連絡を行った段階で修正申告書が提出された場合には、原則として、「更正があるべきことを予知してされたもの」に該当しない。
> 　（出所）　「相続税、贈与税の過少申告加算税及び無申告加算税の取扱いについて」の事務運営指針の「通則法第65条第1項又は第6項の更正予知」部分抜粋

　過少申告加算税は、原則として修正又は更正により納付すべきこととなった税額（増差本税）の10％ですが、その金額が期限内申告税額又は50万円のいずれか多い金額を超える場合には、その超える部分については15％になります（通則法65）。

　なお、調査通知以後、更正・決定予知前になされた期限後申告等に基づく無申告加算税の割合は5％（その金額が期限内申告税額又は50万円のいずれか多い金額を超える場合には、その超える部分については10％）になります。

【通常の場合】

> 　　　増差本税
> 　（1万円未満端数切捨て）　　×10％　＝　納付すべき加算税の額※
> 　※　100円未満切捨て、算出額が5,000円未満の場合ゼロ。

【期限内申告税額又は50万円のいずれか多い金額よりも増差本税が多い場合】

> ①　増差本税（A）－　控除税額（B）＝　（C）
> 　　　　　　　　　　　　（（B）は期限内申告税額又は50万円のいずれか多い金額）
> ②　B※1　×　10％　＋　C※1　×　15％　＝　納付すべき加算税の額※2
> 　※1　1万円未満端数切捨て
> 　※2　100円未満切捨て、算出額が5,000円未満の場合ゼロ。

図表12-2-4　過少申告加算税の計算の概要

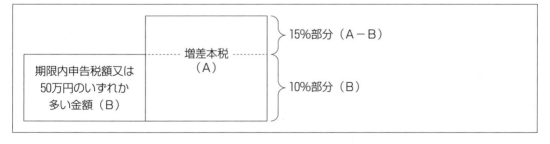

3　無申告加算税

　無申告加算税は、申告期限までに申告書を提出することなく期限後申告書を提出した場合又は決定があった場合、あるいは、期限後申告書の提出又は決定があった後に修正申告書の提出又は更正があった場合に課されます。

　無申告加算税は、原則として申告、決定等に基づき納付する税額の15％ですが、納付すべき税額が50万円を超える場合には、その超える部分については20％になります。

　なお、期限後申告書又は修正申告書（期限後申告又は決定があった後に提出された修正申告書をいいます。）の提出が、その申告に係る調査があることを予知してされたものでないときは、その申告に基づき納付する税額の5％に軽減されます。

　また、期限内申告書の提出がなかったことについて正当な理由がある場合には、無申告加算税は課されません（通則法66）。

図表12-2-5　無申告加算税率の割合

法定申告期限	調査税額に対する無申告加算税の割合		
	50万円以下	50万円超300万円以下	300万円超
令和5年以前	15％（10％）	20％（15％）	
令和6年以降	15％（10％）	20％（15％）	30％（25％）

（注1）　調査通知以後、更正・決定予知前になされた期限後申告等に基づく無申告加算税の割合はカッコ内の割合になります。また、調査を受ける前に自主的に期限後申告をした場合には、この無申告加算税が5％の割合を乗じて計算した金額に軽減されます。

（注2）　期限後申告であっても、次の要件をすべて満たす場合には無申告加算税は課されません。
　　　1　その期限後申告が、法定申告期限から1か月以内に自主的に行われていること。
　　　2　期限内申告をする意思があったと認められる一定の場合※に該当すること。
　　　　※　「一定の場合」とは、次の①および②のいずれにも該当する場合をいいます。
　　　　　①　その期限後申告に係る納付すべき税額の全額を法定納期限（口座振替納付の手続をした場合は期限後申告書を提出した日）までに納付していること。
　　　　　②　その期限後申告書を提出した日の前日から起算して5年前までの間に、無申告加算税または重加算税を課されたことがなく、かつ、期限内申告をする意思があったと認められる場合の無申告加算税の不適用を受けていないこと。

（注3）　財産債務調書を提出期限内に提出した場合には、財産債務調書に記載がある財産または債務に関して相続税の申告漏れが生じたときであっても、その財産または債務に係る無申告加算税が5％軽減されます。また、財産債務調書の提出が提出期限内にない場合または提出期限内に提出された財産債務調書に記載すべき財産または債務の記載がない場合に、その財産または債務に関して申告漏れが生じたときは、その財産または債務に係る過少申告加算税等が5％加重されます。

> **税理士のアドバイス**　期限内申告書の提出がなかったことについての「正当な理由」とは
>
> 　通則法第66条の規定を適用する場合において、災害、交通・通信の途絶その他期限内に申告書を提出しなかったことについて真にやむを得ない事由があると認められるときは、期限内申告書の提出がなかったことについて正当な理由があるものとして取り扱う。
> 　（注）　相続人間に争いがある等の理由により、相続財産の全容を知り得なかったこと又は遺産分割協議が行えなかったことは、正当な理由に当たらない。
> 　（出所）　「相続税、贈与税の過少申告加算税及び無申告加算税の取扱いについて」（事務運営指針）の「第66条第1項の正当な理由があると認められる事実」部分抜粋

4　重加算税

　過少申告加算税が課される場合において、納税者が課税価格又は税額等の基礎となるべき事実の全部もしくは一部を隠蔽し又は仮装して申告したときは、過少申告加算税に代えて、重加算税が課されます。この場合の重加算税は、重加算税対象税額の35％になります。

　また、無申告加算税が課される場合に、納税者が課税価格又は税額等の基礎となるべき事実の全部もしくは一部を隠蔽し又は仮装して法定申告期限までに申告書を提出せず又は法定期限後に申告書を提出したときは、無申告加算税に代えて、重加算税が課されます。この場合の重加算税は、重加算税対象税額の40％になります（通則法68）。

図表12- 2 - 6　重加算税率の概要

申　告　区　分	加算税率
期限内申告書を提出していた者	35％
法定期限後に申告書を提出した者又は税務署長から決定を受けた者	40％

図表12- 2 - 7　重加算税が課される「仮装隠蔽」とは

(1)　相続人（受遺者を含む。）又は相続人から遺産（債務及び葬式費用を含む。）の調査、申告等を任せられた者（以下「相続人等」という。）が、帳簿、決算書類、契約書、請求書、領収書その他財産に関する書類（以下「帳簿書類」という。）について改ざん、偽造、変造、虚偽の表示、破棄又は隠匿をしていること。
(2)　相続人等が、課税財産を隠匿し、架空の債務をつくり、又は事実をねつ造して課税財産の価額を圧縮していること。
(3)　相続人等が、取引先その他の関係者と通謀してそれらの者の帳簿書類について改ざん、偽造、変造、虚偽の表示、破棄又は隠匿を行わせていること。
(4)　相続人等が、自ら虚偽の答弁を行い又は取引先その他の関係者をして虚偽の答弁を行わせていること及びその他の事実関係を総合的に判断して、相続人等が課税財産の存在を知りながらそれを申告していないことなどが合理的に推認し得ること。
(5)　相続人等が、その取得した課税財産について、例えば、被相続人の名義以外の名義、架空名義、無記名等であったこと若しくは遠隔地にあったこと又は架空の債務がつくられてあったこと等を認識し、その状態を利用して、これを課税財産として申告していないこと又は債務として申告していること。

　（出所）「相続税及び贈与税の重加算税の取扱いについて」（事務運営指針）の「賦課基準」部分抜粋

⑧相続財産から差し引かれる債務・葬式費用

⑨各相続人の相続税額の計算

⑩税額控除

⑪相続税の申告と納税

⑫修正申告

⑬更正の請求

⑭相続に関連する税務手続き

加算税のチェックポイント

【無申告加算税】

☐ 相続人間で争いがあり、相続財産の全容を把握できる立場から除かれており、申告期限を経過した後に相続税の申告書を提出した場合に、国税通則法第66条1項の「正当な理由がある」として無申告加算税が課されないこととなるか。

☞ 相続争いのため、相続財産の全容を把握できなかったことは、国税通則法第66条1項の「正当な理由」に当たりません。

☐ 遺留分侵害額の請求により、財産を取得した者が期限後申告書を提出した場合に無申告加算税が賦課されると考えていないか。

☞ 遺留分侵害額の請求を行ったことにより新たに納税義務を生じた者については、期限後申告になったことに「正当な理由」（通則法66①）があると認められるので無申告加算税は課せられません。

☐ 当初の遺産分割において遺産を取得しなかった相続人が、税務調査後に発見された財産を全部取得し期限後申告書を提出した場合、当該相続人が取得した財産全額に無申告加算税が賦課されると考えていないか。

☞ 税務調査後に発見された財産は「申告書の申告期限において取得者が確定していない財産」に該当します。したがって、当初の遺産分割において遺産を取得しなかった相続人であっても、この財産については、相続税法第55条（未分割遺産に対する課税）の規定により、法定相続分相当額を申告すべきだったことになり、この部分については無申告加算税の対象となります。しかし、法定相続分を超過する部分については、期限後申告になったことについて正当な理由があるものとされますので、無申告加算税は課せられません。

【過少申告加算税】

☐ 期限後申告書を提出した者が、後日の税務調査により財産の申告漏れを指摘されて修正申告書を提出した場合、修正申告により増加した税額について過少申告加算税が課税されると考えていないか。

☞ 期限後申告書の提出又は決定があった後に修正申告書の提出又は更正があった場合には、無申告加算税が課されます。

☐ 遺留分侵害額の請求により財産を取得した者が期限後申告書を提出した後に、税務調査により財産の申告漏れを指摘されて修正申告書を提出した場合に無申告加算税が課されると考えていないか。

☞ 遺贈において財産を取得せず、遺留分侵害額の請求により財産を取得して期限後申告書を提出した場合には、国税通則法第66条（無申告加算税）1項ただし書きの「正当な理由」があると認められ、その期限後申告書は、同法65条（過少申告加算税）の適用上、期限内申告書に含むものとされています。したがって、その期限後申告の後に修正申告書を提出した場合には、過少申告加算税が課されます（通則法65①）。

12-3　延滞税

1　延滞税の概要

　納税者が納付すべき税額を法定納期限（相続の開始があったことを知った日の翌日から10か月目の日）までに納付しない場合は、期限内に納付した者との公平を図る必要があること、また、国税の期限内納付を促進する観点から、納付遅延に対して遅延利息に相当する延滞税が課されます（通則法60）。

　この延滞税が課されるのは次のような場合です。

> ①　期限内申告書を提出した場合に、その納付すべき税額を法定納期限までに完納しないとき
> ②　期限後申告書、修正申告書を提出し、又は更正、決定により納付すべき税額があるとき

　つまり、税務調査等によらず、自主的に修正申告書を提出し、過少申告加算税が課税されない場合においても、延滞税は課されることになります。また、過少申告加算税や無申告加算税、重加算税が課される場合にもあわせて延滞税が課されます。

　ただし、延滞税は、本税に対してのみ課されますので、各種の加算税に対して延滞税が課されることはありません。

2　延滞税の計算

　延滞税は、納付すべき本税の額に、納期限までの期間※1及び納期限の翌日から2か月を経過する日までの期間については、年「7.3％」と「延滞税特例基準割合（各年の前々年の9月から前年の8月までの各月における銀行の新規の短期貸出約定平均金利の合計を12で除して計算した割合として各年の前年の11月30日までに財務大臣が告示する割合＋1％）※2＋1％」のいずれか低い割合、2か月を経過する日の翌日以後完納する日までの期間については年「14.6％」と「延滞税特例基準割合＋7.3％」のいずれか低い割合になります。

※1　納期限までの期間とは、期限内申告の場合には法定納期限、修正申告又は期限後申告をした場合には申告書を提出した日、更正・決定の場合には通知書を発した日から1か月後の日をいいます。
※2　（参考）納期限から2か月間の延滞税の割合の推移

期　　間	割　合	期　　間	割　合
平成11年12月31日以前	7.3％	平成26年1月1日～平成26年12月31日	2.9％
平成12年1月1日～平成13年12月31日	4.5％	平成27年1月1日～平成28年12月31日	2.8％
平成14年1月1日～平成18年12月31日	4.1％	平成29年1月1日～平成29年12月31日	2.7％
平成19年1月1日～平成19年12月31日	4.4％	平成30年1月1日～令和2年12月31日	2.6％
平成20年1月1日～平成20年12月31日	4.7％	令和3年1月1日～令和3年12月31日	2.5％
平成21年1月1日～平成21年12月31日	4.5％	令和4年1月1日～令和5年12月31日	2.4％
平成22年1月1日～平成25年12月31日	4.3％		

　なお、期限内申告書又は期限後申告書の提出後1年以上経過して修正申告又は更正があった場合には、申告書の提出後1年を経過する日の翌日から修正申告書を提出した日又は更正通知書を発した日までの間は、延滞税の計算期間から控除されます。つまり、1年以上経過して修正申告又は更正があった場合でも、その

申告に基づく税額を納期限までに納付すれば、延滞税の計算期間は1年間だけとなります。ただし、無申告の場合や重加算税が課される場合には、期限後申告書が提出されるまでの間及び重加算税の対象となった本税分についてはこの計算期間の控除は適用されません。

＜計算方法＞

イ　期限内申告したが、納付が期限後となったケース

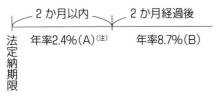

（注）　特例基準割合適用。以下すべて同じ。

【法定納期限から2か月以内に完納した場合】

$$\substack{\text{納付すべき本税の額}\\ \text{（1万円未満の端数切捨て）}} \times 2.4\% \times \frac{\text{法定納期限の翌日から完納の日までの日数}}{\text{365日}} = \text{延滞税}^{※}$$

※100円未満の端数切捨て

【法定納期限から2か月を経過した場合】

① 納付すべき本税の額$^{※}$ × 2.4% × $\dfrac{\text{法定納期限の翌日から2か月を経過する日までの日数}}{\text{365日}}$

② 納付すべき本税の額$^{※}$ × 8.7% × $\dfrac{\text{2か月を経過する日の翌日から完納の日までの日数}}{\text{365日}}$

①＋②＝延滞税（100円未満の端数切捨て）

※1万円未満の端数切捨て

ロ　期限内申告に係る税額は期限内納付をし、その後1年以上経過して修正申告するケース（重加算税対象税額がない場合）

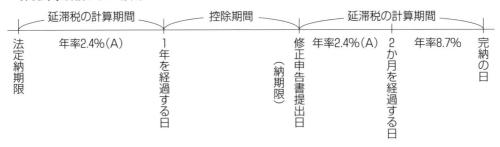

【法定申告期限から1年以上経過して修正申告し、納期限に完納した場合】

$$\substack{\text{納付すべき増差本税の額}\\ \text{（1万円未満の端数切捨て）}} \times 2.4\% \times 1\text{（年間）} = \text{延滞税（100円未満の端数切捨て）}$$

【上記において、納期限の翌日以後 2 か月以内に完納した場合】

$$\text{納付すべき増差本税の額}\text{（1 万円未満の端数切捨て）} \times 2.4\% \times \frac{365\text{日}＋\text{納期限の翌日以後完納の日までの日数}}{365\text{日}} = \text{延滞税}^※$$

※100円未満の端数切捨て

【上記において、納期限の翌日以後 2 か月経過後に完納した場合】

① $\text{納付すべき増差本税の額}^※ \times 2.4\% \times \dfrac{365\text{日}＋\text{納期限の翌日以後完納の日までの日数}}{365\text{日}}$

② $\text{納付すべき増差本税の額}^※ \times 8.7\% \times \dfrac{2\text{か月経過後の翌日から完納の日までの日数}}{365\text{日}}$

①＋②＝延滞税（100円未満の端数切捨て）

※ 1 万円未満の端数切捨て

3　相続税法における延滞税の特則

　国税通則法では上記のとおりに定められていますが、相続税法において、次の 4 つに該当する場合には、特則として延滞税の計算の基礎となる期間に算入しないとされています（相法51②）。

① 相続又は遺贈により財産を取得した者が、次に掲げる事由により納付すべき期限後申告又は修正申告書を提出したことにより納付すべき相続税額については、納期限の翌日からこれらの申告書の提出があった日までの期間

　イ　期限内申告書の提出期限後に、その被相続人から相続又は遺贈（当該被相続人から贈与により取得した財産で相続時精算課税の適用を受けたものを含みます。以下、同じ。）により財産を取得した他の者がその被相続人から贈与により取得した財産で相続税額の計算の基礎とされていなかったものがあることを知った場合

　ロ　期限内申告書の提出期限後に支給が確定した退職手当金等の支給を受けた場合

　ハ　相続税法第32条 1 号から 6 号（前記12- 1 相続税の修正申告 2 相続税法の規定に基づく修正申告①～⑥）に基づく修正申告に掲げる事由が生じたこと

② 相続又は遺贈により財産を取得した者について、次に該当する事由により更正又は決定があった場合におけるその更正又は決定により納付すべき相続税額については、納期限の翌日からその更正又は決定に係る更正通知書又は決定通知書を発した日（ハに該当する場合の更正又は決定にあっては、これらの通知書を発した日とその事由の生じた日の翌日から起算して 4 か月を経過する日とのいずれか早い日）までの期間

　イ　その被相続人から相続又は遺贈により財産を取得した者がその被相続人から贈与により取得した財産で相続税額の計算の基礎とされていないものがあったこと

　ロ　期限内申告書の提出期限後に支給が確定した退職手当金等の支給を受けたこと

　ハ　相続税法第32条 1 号から 6 号（前記12- 1 相続税の修正申告 2 相続税法の規定に基づく修正申告①～⑥）に基づく修正申告に掲げる事由が生じたこと

③　相続税法第39条第22項の規定の適用を受けた同条第1項の延納の許可の申請をした者が当該申請を取り下げた場合におけるその取り下げられた申請に係る相続税額…同条第22項第1号の規定により読み替えて適用する同条第8項ただし書に規定する災害等延長期間又は同条第22項第2号に規定する政令で定める期間

④　相続税法第42条第28項の規定の適用を受けた同条第1項の物納の許可の申請をした者が当該申請を取り下げた場合におけるその取り下げられた申請に係る相続税額…同条第28項第1号の規定により読み替えて適用する同条第6項ただし書に規定する災害等延長期間又は同条第28項第2号に規定する政令で定める期間

13-1　相続税の更正の請求

1　相続税の更正の請求

(1)　相続税の更正の請求の概要

「更正の請求」とは、申告書を提出した人が、法定申告期限後にその申告税額が過大であることに気付いた場合などに、課税価格や税額等について減額の更正を求める手続きをいいます。

相続税における更正の請求には、国税通則法に基づくものと相続税法に基づくものがあります。

更正の請求をしようとする者は、その請求に係る更正前と更正後の課税価格や税額、更正の請求をする理由、請求をするに至った事情の詳細、その他参考となる事項を記載した更正の請求書を所轄税務署長に提出しなければなりません。

更正の請求をした場合、所轄税務署長はその請求に係る内容を調査し、減額更正をするか、又は減額更正をすべき理由がない旨を請求者に通知します。この場合、請求の一部だけが正当であると認められるときは、更正の請求額の一部について減額更正されますが、残りの請求額については減額更正をすべき理由がない旨の通知が含まれています。なお、減額更正をすべき理由がない旨の通知書が送付された場合などには、請求者は不服申立てをすることができます。

(2)　国税通則法に基づく相続税の更正の請求

納税申告書を提出した者（その相続人を含みます。）が、次のいずれかに該当する場合には、法定申告期限から5年以内（平成23年12月1日以前に法定申告期限が到来する国税については法定申告期限から1年以内）に限り、所轄税務署長に対して、更正の請求をすることができます（通則法23①）。

> ①　申告書に記載した課税標準等若しくは税額等の計算が国税に関する法律の規定に従っていなかったこと又は当該計算に誤りがあったことにより、当該申告書の提出により納付すべき税額（当該税額に関し更正があった場合には、当該更正後の税額）が過大であるとき。
> ②　①の理由により、当該申告書に記載した還付金の額に相当する税額（当該税額に関し更正があった場合には、当該更正後の税額）が過少であるとき、又は当該申告書（当該申告書に関し更正があった場合には、更正通知書）に還付金の額に相当する税額の記載がなかったとき。

更正の請求ができる期間は、通常の場合は、上記のとおり法定申告期限から5年以内ですが、その後においても、判決や和解により申告に係る税額等の計算の基礎となった事実に変動を生じたこと、申告等の際にその者に帰属するものとされていた所得その他課税物件についてその後他の者に帰属するものとする当該他の者に対する更正決定があったこと等により、申告に係る税額等が過大となった場合においては、当該事由が生じた日の翌日から2か月以内に限り、更正の請求が認められています（通則法23②）。

⑧　相続財産から差し引かれる債務・葬式費用
⑨　各相続人の相続税額の計算
⑩　税額控除
⑪　相続税の申告と納税
⑫　修正申告
⑬　更正の請求
⑭　相続に関連する税務手続き

(3) 相続税法に基づく更正の請求

　相続税について申告書を提出した者又は決定を受けた者は、次のいずれかに該当する事由により、その申告又は決定に係る課税価格及び相続税額（その申告書を提出した後又はその決定を受けた後修正申告書の提出又は更正があった場合には、その修正申告又は更正に係る課税価格及び相続税額）が過大となったときは、その事由が生じたことを知った日の翌日から4か月以内に限り、所轄税務署長に対して、その課税価格及び相続税額について更正の請求をすることができます（相法32）。

---

① 未分割遺産について、その後分割が行われ、共同相続人又は包括受遺者が当該分割により取得した財産に係る課税価格が当該相続分又は包括遺贈の割合に従って計算された課税価格と異なることとなったこと

② 認知、相続人の廃除又はその取消しに関する裁判の確定、相続の回復、相続放棄の取消しその他の事由により相続人に異動を生じたこと

③ 遺留分侵害額の請求に基づき返還すべき、又は弁償すべき額が確定したこと

④ 遺贈に係る遺言書が発見され、又は遺贈の放棄があったこと

⑤ 物納に充てた財産が土地である場合において、その土地の土壌が土壌汚染対策法に規定する特定有害物質その他これに類する有害物質により汚染されていることが判明したこと

⑥ 相続若しくは遺贈により取得した財産についての権利の帰属に関する訴えについての判決があったこと

⑦ 相続の開始後に認知された者による請求があったことにより弁済すべき額が確定したこと

⑧ 条件付の遺贈について、条件が成就したこと

⑨ 特別縁故者に対する財産の分与があった場合又は特別寄与料の額が確定したこと

⑩ 国外転出時課税に係る納税猶予分の所得税額に係る納付の義務を承継した相続人が納税猶予分の所得税額に相当する所得税を納付することとなったこと

図表13-1-1　更正の請求と請求期限

区　　分		更正の請求期限
国税通則法	第23条1項	法定申告期限から5年以内（平成23年12月1日以前に法定申告期限が到来する国税については1年以内）
	第23条2項	その原因となった事由が生じた日の翌日から2か月以内
相続税法第32条		その原因となった事由が生じたことを知った日の翌日から4か月以内

【質疑応答】更正の請求

　□ 共同相続人の1人が遺産分割の調停において相続財産を取得しないことが確定した場合の相続税法第32条第1項の規定に基づく更正の請求

　相続税の申告期限までに遺産分割協議が整わなかったことから、相続税法第55条の規定に基づき、法定相続分の割合で相続財産を取得したものとして相続税を計算し申告しました。その後、家庭裁判所の遺産分割の調停において、共同相続人（4人）のうちの1人である甲が相続を事実上放棄し、同年12月、その旨が調停調書に記載されました。甲は、この調停から4月以内に相続税法第32条第1項の規定に基づく更正の請求をすることができますか。なお、遺産分割の調停は継続しています。

⇒ 遺産分割は、甲は調停により相続財産を取得しないことが確定していることから、相続税法第32条第1項第1号の規定に該当しますので、更正の請求が認められます。なお、この場合、他の3人の相続人は修正申告をする必要があります。

2　還付加算金

(1) 還付加算金の意義

税金の納付が所定の期限内に行われない場合には延滞税が課されることを考慮して、還付金が還付される場合には、原則として還付加算金が加算されます。つまり、還付加算金は一種の利息といえます（通則法58）。

(2) 還付加算金の計算

還付金等には、起算日から還付の支払決定日又は充当日までの期間に年7.3％と特例基準割合のいずれか低い割合の還付加算金が加算されます（通則法58、措法95）。

【還付加算金の計算式】

$$\text{還付金額}^{※1} \times 7.3\%\text{（又は特例基準割合）} \times \frac{\text{税法で定められた日}^{※2}\text{から支払決定日までの日数}}{365\text{日}} = \text{還付加算金の額}^{※3}$$

※1　1万円未満の端数切り捨て（通則法120）
※2　税法で定められた還付加算金の起算日は次表のとおりです。

還付金等の区分	還付加算金の起算日
更正・決定により確定した税額が減額されたことにより生じた過納金	納付の日（法定納期限前である場合は法定納期限）の翌日（通則法58①一）
更正の請求に基づく更正により税額が減額されたことにより生じた過納金（還付金）	更正の請求があった日の翌日から起算して3か月を経過する日とその更正があった日の翌日から起算して1か月を経過する日とのいずれか早い日の翌日（通則法58①二）
申告により確定した税額が更正の請求によることなく更正により減額されたことにより生じる過納金	更正通知書を発した日の翌日から起算して1か月を経過する日の翌日（通則法58①三）

※3　100円未満の端数切り捨て。全額が1,000円未満の場合ゼロ
（参考）還付加算金特例基準割合の推移

期　間	割　合	期　間	割　合
平成11年12月31日以前	7.3%	平成26年1月1日～平成26年12月31日	1.9%
平成12年1月1日～平成13年12月31日	4.5%	平成27年1月1日～平成28年12月31日	1.8%
平成14年1月1日～平成18年12月31日	4.1%	平成29年1月1日～平成29年12月31日	1.7%
平成19年1月1日～平成19年12月31日	4.4%	平成30年1月1日～令和2年12月31日	1.6%
平成20年1月1日～平成20年12月31日	4.7%	令和3年1月1日～令和3年12月31日	1.0%
平成21年1月1日～平成21年12月31日	4.5%	令和4年1月1日～令和5年12月31日	0.9%
平成22年1月1日～平成25年12月31日	4.3%		

⑧相続財産から差し引かれる債務・葬式費用　⑨各相続人の相続税額の計算　⑩税額控除　⑪相続税の申告と納税　⑫修正申告　⑬更正の請求　⑭相続に関連する税務手続き

≪事例13-1-1≫　還付加算金の計算例

【前提条件】

更正の請求をした日　　　令和 4 年 7 月10日

更正通知書を発した日　　令和 4 年10月15日（還付金200万円）

支払決定日（還付された日）令和 4 年10月30日

（計算例 1 ）「更正の請求」に基づく場合

$$200万円 \times 0.9\% \times \frac{20日（10/11～10/30）}{365日} = 986円 = 900円（100円未満の端数を切り捨て）$$

（計算例 2 ）「更正の請求」に基づかない場合

　　更正通知書を発した日の翌日（10月16日）から起算して 1 か月以内に支払決定がされているため還付加算金は発生しない。

更正の請求のチェックポイント

【更正の請求】

☐　更正の請求ができる期間を法定申告期限から 1 年以内と考えていないか。

☞　平成23年12月 2 日以降に法定申告期限が到来する国税については法定申告期限から 5 年以内であれば更正の請求ができるように国税通則法が改正されました。

☐　判決や和解により申告に係る税額等の計算の基礎となった事実に変動が生じて、その申告税額が過大となった場合には、当該事由が生じた日の翌日から 4 か月以内に更正の請求書を提出すればいいと考えていないか（法定申告期限から 5 年を経過しているものとします）。

☞　判決や和解により申告に係る税額等の計算の基礎となった事実に変動を生じた場合（通則法23②）において、更正の請求ができる期間は、当該事由が生じた日の翌日から 2 か月以内であり、相続税法第32条の事由による更正の請求期限（ 4 か月以内）と相違しているので注意が必要です。

【還付加算金】

☐　相続税の還付加算金を所得として確定申告しているか。

☞　還付加算金は雑所得として確定申告が必要です。

申告書等の記載手順（相続税の更正の請求書）

⑧ 相続財産から差し引かれる債務・葬式費用
⑨ 各相続人の相続税額の計算
⑩ 税額控除
⑪ 相続税の申告と納税
⑫ 修正申告
⑬ 更正の請求
⑭ 相続に関連する税務手続き

相続税の更正の請求書

この記載例は、相続税の申告期限後に債権者からの請求により、被相続人に1億円の債務があることが判明し、中央経が債務を相続し更正の請求書を提出した場合のものです。

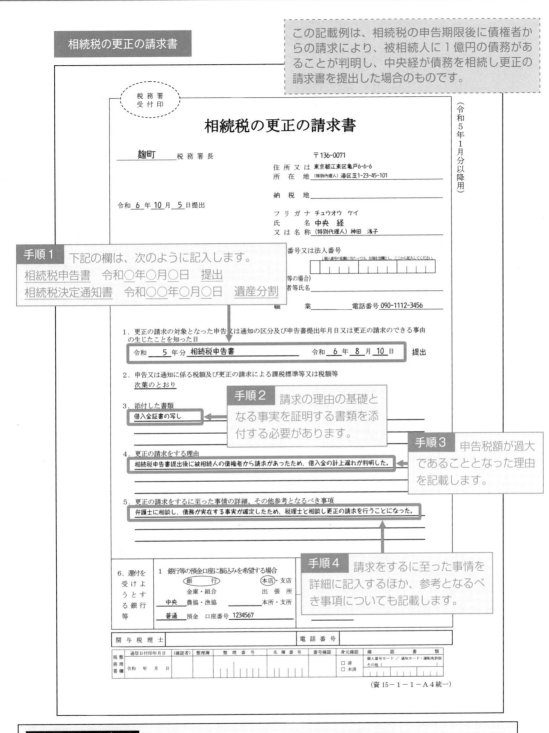

（令和5年1月分以降用）

税務署受付印

相続税の更正の請求書

麹町 税務署長

住所又は所在地 〒136-0071
東京都江東区亀戸6-6-6
(特別代理人) 港区芝1-23-45-101

令和 6 年 10 月 5 日提出

納 税 地

フリガナ チュウオウ ケイ
氏 名 中央 経
又は名称 (特別代理人) 神田 浅子

番号又は法人番号
（個人番号の記載に当たっては、左端を空欄とし、ここから記入してください）

等の場合）
者等氏名

職 業 電話番号 090-1112-3456

手順1 下記の欄は、次のように記入します。
相続税申告書　令和○年○月○日　提出
相続税決定通知書　令和○○年○月○日　遺産分割

1．更正の請求の対象となった申告又は通知の区分及び申告書提出年月日又は更正の請求のできる事由の生じたことを知った日

令和 5 年分 相続税申告書　　令和 6 年 8 月 10 日 提出

2．申告又は通知に係る税額及び更正の請求による課税標準等又は税額等
次葉のとおり

3．添付した書類
借入金証書の写し

手順2 請求の理由の基礎となる事実を証明する書類を添付する必要があります。

4．更正の請求をする理由
相続税申告書提出後に被相続人の債権者から請求があったため、借入金の計上漏れが判明した。

手順3 申告税額が過大であることとなった理由を記載します。

5．更正の請求をするに至った事情の詳細、その他参考となるべき事項
弁護士に相談し、債務が実在する事実が確定したため、税理士と相談し更正の請求を行うことになった。

手順4 請求をするに至った事情を詳細に記入するほか、参考となるべき事項についても記載します。

6．還付を受けようとする銀行等
1　銀行等の預金口座に振込みを希望する場合
銀行　金庫・組合　中央　農協・漁協
本店・支店　出張所　本所・支店
普通　預金　口座番号 1234567

関与税理士　　電話番号

税務署整理欄	通信日付印年月日	(確認者)	整理簿	整理番号	名簿番号	番号確認	身元確認	確認書類
	令和 年 月 日						□済 □未済	個人番号カード／通知カード・運転免許証 その他（ ）

(資15-1-1-A4統一)

税務署のチェックポイント

☑ 更正の請求理由が、国税通則法に基づくものか、相続税法に基づくものか。

☑ 更正の請求書の提出日が、請求期限を徒過していないか。

☑ 申告税額が過大であることとなった理由を証明する書類の添付があるか。

☑ この更正の請求により税額が増加する相続人がいる場合、その修正申告が提出されているか。

相続税の申告書　第1表

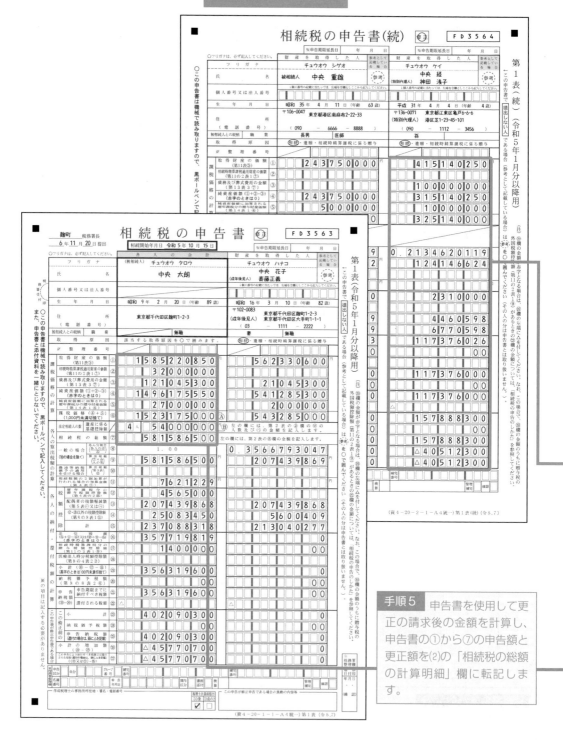

手順5　申告書を使用して更正の請求後の金額を計算し、申告書の①から⑦の申告額と更正額を(2)の「相続税の総額の計算明細」欄に転記します。

302

⑧ 相続財産から差し引かれる債務・葬式費用

⑨ 各相続人の相続税額の計算

⑩ 税額控除

⑪ 相続税の申告と納税

⑫ 修正申告

⑬ 更正の請求

⑭ 相続に関連する税務手続き

相続税の更正の請求書　次葉

被相続人	住　所	〒 102 － 0083 東京都千代田区麹町1-2-3	相続の年月日	5 年 10 月 15 日	（令和5年1月分以降用）
	フリガナ 氏　名	チュウオウ タロウ 中央　太朗	職　業	無職	

次　葉

申告又は通知に係る税額及び更正の請求による課税標準等又は税額等

（　相　続　税　）

(1)　税額等の計算明細

区　　　分		請　求　額
①	取得財産の価額	415,140,250 円
②	相続時精算課税適用財産の価額	0
③	債務及び葬式費用の金額	100,000,000
④	純資産価額（①+②－③）	315,140,250
⑤	純資産価額に加算される暦年課税分の贈与財産価額	10,000,000
⑥	課税価格（④+⑤）	325,140,000
⑦	相続税の総額（(2)の⑨の金額）	581,586,500
一　般　の　場　合	⑧　同上のあん分割合	21.34620119 %
	⑨　算出税額（⑦×⑧）	124,146,624 円
租税特別措置法第70条の6第2項の規定の適用を受ける場合	⑩　算出税額（付表1(1)の⑬）	
⑪	相続税法第18条の規定による加算額	
税額控除額	⑫　暦年課税分の贈与税額控除額	2,310,000
	⑬　配偶者の税額軽減額	
	⑭　⑫・⑬以外の税額控除額（付表7 1⑤）	4,460,598
	⑮　計	6,770,598
⑯	差引税額（⑨+⑪－⑮）又は（⑩+⑪－⑮）	117,376,026
⑰	相続時精算課税分の贈与税額控除額	00
⑱	医療法人持分税額控除額	
⑲	小　　計（⑯－⑰－⑱）	117,376,000
⑳	納税猶予額（付表7 2⑧）	00
（⑲－⑳）	㉑　申告期限までに納付すべき税額	117,376,000
	㉒　還付される税額	
更正前のの請求	㉓　小計	157,888,300
	㉔　納税猶予額	00
	㉕　申告納税額（還付の場合は、頭に△を記載）	157,888,300
㉖	小計の減少額（⑲－㉓）	△ 40,512,300
㉗	この請求により還付される税額又は納付すべき税額（還付の場合は、頭に△を記載）（（㉑又は㉒）－㉕）	△ 40,512,300

(2)　相続税の総額の計算明細

区　　　分		請　求　額
①	取得財産価額の合計額	1,585,220,850 円
②	相続時精算課税適用財産価額の合計額	32,000,000
③	債務及び葬式費用の合計額	121,045,300
④	純資産価額に加算される暦年課税分の贈与財産価額の合計額	27,000,000
⑤	課税価格の合計額	1,523,175,000
⑥	法定相続人の数	4 人
⑦	遺産に係る基礎控除額	54,000,000 円
⑧	計算の基礎となる金額（⑤－⑦）	1,469,175,000
⑨	相続税の総額	581,586,500

（資15－1－2－A4統一）

手順6　更正の請求書を提出する者の申告書の①から㉗の申告額と更正額を(1)の「税額等の計算明細」欄に転記します。
なお、還付請求額は更正の請求書次葉の㉕欄の申告額と請求額の差額（申告書の㉗欄の金額）になります。

1 所得税の準確定申告の概要

⑴ 被相続人が確定申告をしなければならない場合

　確定申告をしなければならない被相続人（居住者）が年の途中で死亡した場合、その相続人が、その年の1月1日から死亡した日までに確定した被相続人の所得金額及び税額を計算して、相続の開始があったことを知った日の翌日から4か月以内に、一般の確定申告に準じた確定申告（「準確定申告」といいます。）をしなければなりません（所法125①）。

　なお、確定申告をしなければならない被相続人が翌年の1月1日から確定申告書の提出期限までに前年分の確定申告書を提出しないで死亡した場合、前年分と本年分の準確定申告を相続の開始があったことを知った日の翌日から4か月以内にしなければなりません（所法124①）。

⑵ 被相続人が損失申告書を提出することができる場合

　損失申告書を提出することができる被相続人が年の途中で死亡した場合、その相続人が、相続の開始があったことを知った日の翌日から4か月以内に損失申告書を提出することができます（所法125③）。

　なお、損失申告書を提出することができる被相続人が翌年の1月1日から損失申告書の提出期限までにその申告書を提出しないで死亡した場合、当該申告書を相続の開始があったことを知った日の翌日から4か月以内に提出することができます（所法124②）。

⑶ 被相続人に確定申告義務がない場合

　被相続人に確定申告義務がない場合でも、予定納税額や源泉徴収税額の還付が受けられる場合には、その相続人は、その還付を受けるための準確定申告書を相続の開始があったことを知った日の翌日から5年以内に提出することができます（所法125②）。

　ただし、被相続人がその年の翌年1月1日以降に死亡した場合は、その年分の還付を受けるための準確定申告書は翌年1月1日以降から5年以内に提出することができます（所基通124・125-1）。

> **税理士のアドバイス**　居住者が年の中途で死亡し、民法上の相続人が不存在である場合の準確定申告
>
> 　居住者が、年の中途で死亡した場合において、民法上の相続人も包括受遺者もいない場合（相続人不存在）、相続財産は相続財産法人になるとされています（民法951）。
> 　この相続財産法人の申告手続きについては、所得税法第125条の規定《年の途中で死亡した場合の確定申告》を類推解釈して相続財産法人に対して適用します。
> 　次に、同条に規定する「相続のあったことを知った日」とは、相続財産法人が成立した日と考えることもできますが、相続財産法人が確定申告書の提出等を行うためには管理人が選定されなければ不可能ですので、相続財産法人が準確定申告書を提出する場合の申告期限は、管理人が確定した日（裁判所から管理人に通知された日）の翌日から4か月を経過した日の前日となります。

　なお、具体的な確定申告手続きについては、国税庁ホームページの「民法上の相続人が不存在の場合の準確定申告の手続（質疑応答）」（右QRコード）を参照してください。

2　準確定申告及び相続人の相続開始年における所得金額の計算

(1)　不動産所得

　被相続人の準確定申告における不動産所得の金額は、相続の開始までに生じた不動産の所得金額により計算します。また、不動産所得を生ずる財産を承継した相続人は、相続開始日以後に生じた不動産の所得金額により計算します。この場合、確定申告期限までに不動産所得を生ずる遺産の分割が確定していないときは、たとえ共同相続人のうちの特定の人が所得を管理している場合であっても、その特定の人だけにその所得が帰属するとして申告するのではなく、未分割の状態にある相続財産から生ずる不動産所得は、各共同相続人が、その法定相続分に応じて帰属するものとして申告します。

　そして、民法上、遺産分割は相続開始時にさかのぼって効力を生ずるとされますが、未分割の期間中に各共同相続人がその法定相続分に応じて取得した法定果実は、その時の遺産の所有状況どおりに帰属すべきであり、遺産分割により遺産を取得した者にその法定果実が相続開始の時まで遡及して帰属することはないとされています。したがって、遺産分割が確定した後に、その未分割遺産に係る所得税の申告について、更正の請求や修正申告をすることはできないとされています。

【重要判例】未分割の不動産から生ずる賃料債権の帰属と後にされた遺産分割の効力

> 　被相続人所有の賃貸物件につき、相続人間で遺産分割協議が纏り一人の相続人が取得したとき、相続開始時から遺産分割協議の時までに生じた賃料の帰属について、民法第909条の規定では、「遺産の分割は相続開始の時にさかのぼってその効力を生じる。」とされていますが、最高裁は、相続開始から遺産分割までの間に共同相続に係る不動産から生ずる金銭債権たる賃料債権は、各共同相続人がその相続分に応じて分割単独債権として確定的に取得し、その帰属は、後にされた遺産分割の影響を受けないと判示しています（最判平成17年9月8日）。

(2)　事業所得

　被相続人の準確定申告における事業所得の金額は、相続の開始までに生じた事業の所得金額により計算します。また、被相続人の事業を承継した相続人は、相続開始日以後に生じた事業の所得金額により計算します。

(3)　配当所得

　被相続人の準確定申告に計上する配当所得は、配当金の支払いを受けたものだけでなく、配当基準日が相続開始日以前の未払配当や配当期待権も含まれます。

8　相続財産から差し引かれる債務・葬式費用

9　各相続人の相続税額の計算

10　税額控除

11　相続税の申告と納税

12　修正申告

13　更正の請求

14　相続に関連する税務手続き

図表14-1-1　配当所得の帰属

区　分		所得の帰属
相続開始日以前に支払い済みの配当金等		被相続人の配当所得として申告
相続開始日に未払いの配当金等	配当基準日が相続開始日以前の場合	
	配当基準日が相続開始日の翌日以降の場合	財産を承継した相続人の配当所得として申告

（注）　申告不要が選択できるものについて、申告不要を選択することは可能です。

⑷　給与所得、公的年金等の雑所得、退職所得

　死亡した者に係る給与等及び退職手当金等で、死亡後に支給期の到来するものは、本来の相続財産となるため、所得税は非課税扱いとなります（所法9①、所基通9-17）。

　ただし、被相続人に係る給与等、公的年金等及び退職手当金等で相続税の対象とならないもの（被相続人に係る未支給年金、被相続人の死亡後3年経過後に支給の確定した退職手当金等）については、その支給を受けた相続人の一時所得として所得税が課されます（所基通34-2）。

⑸　譲渡所得

①　収入すべき時期

　譲渡所得の収入すべき時期は、原則として、譲渡所得の基因となる資産の引渡しがあった日ですが、当該資産の譲渡に関する契約の効力発生の日を選択することもできます（所基通36-12）。そのため、被相続人が譲渡の契約をした後、譲渡資産の引渡し前に死亡した場合（売買契約中の資産）は、契約日基準により相続人が被相続人の準確定申告で譲渡所得を申告するか、引渡し基準により譲渡資産を承継した相続人の確定申告で譲渡所得を申告するかを選択することができます。

　なお、契約基準、引渡し基準のいずれを選択したとしても、相続税は売買契約中の資産はその資産の譲渡代金である売買代金請求権で評価します。

図表14-1-2　売買契約中の資産の収入時期選択の効果

収入時期	選択した場合の効果
契約基準を選択して被相続人の準確定申告で譲渡所得を申告した場合	①被相続人の譲渡所得に係る納付税額は、相続税上の債務控除の対象となります。なお、②住民税は亡くなっているため課税されません。 また、③被相続人の居住の用に供していた不動産であった場合は、その譲渡所得金額から最大3,000万円を控除できる居住用財産の特例の適用があります（措法35①）。
引渡し基準を選択して相続人の確定申告で譲渡所得を申告した場合	①相続により取得した資産を、相続開始のあった日の翌日から相続税の申告期限の翌日以後3年を経過する日までに譲渡した場合には、相続税額のうち一定金額を譲渡資産の取得費に加算することができるという相続税の取得費加算の特例（措法39）の適用があります。また、②相続又は遺贈により取得した被相続人居住用不動産を売って、一定の要件に当てはまるときは、譲渡所得の金額から最高3,000万円まで控除することができるという空き家特例の適用があります（措法35③）。

②　国外転出（相続）時課税

　1億円以上の対象資産（有価証券（株式、投資信託等）未決済のデリバティブ取引、未決済信用取引等）を所有等している一定の居住者から、国外に居住する親族等（非居住者）へ相続又は遺贈によりそ

の対象資産の一部又は全部の移転があった場合にも、相続又は遺贈の対象となった対象資産の含み益（譲渡所得）に所得税が課税されます。

そのため、準確定申告期限までに遺産分割協議が調わない場合その親族等（非居住者）の法定相続分に応じた有価証券には国外転出（相続）時課税が行われます。

③　遺留分の侵害額請求があった場合

金銭の支払請求があった場合、金銭の支払に代えて、債務の全部又は履行のために資産の移転があったときは、その履行した者は、原則として、その履行時に履行により消滅した債務額相当額によりその資産を譲渡したこととなります（所基通33-1の6）。移転した財産が相続又は遺贈により取得した財産である場合、相続税額の取得費加算の適用があります。

④　相続財産を譲渡した場合の取得費の特例

相続又は遺贈により取得した土地、建物、株式などの財産を相続開始のあった日の翌日から相続税の申告期限の翌日以後3年を経過する日までに譲渡した場合に、下記の算式で計算した金額を譲渡資産の取得費に加算することができます（措法39）。

ただし、その金額がこの特例を適用しないで計算した譲渡益（土地、建物、株式などの資産ごとに譲渡した金額から取得費、譲渡費用を差し引いて計算します。）の金額を超える場合は、その譲渡益相当額となります。

$$
\text{譲渡者の相続税額©} \times \frac{\text{譲渡した相続財産の相続税評価額Ⓐ}}{\text{その者の相続税の課税価格（債務控除前の価格）Ⓑ}} = \frac{\text{取得費に加算}}{\text{する相続税額Ⓓ}}
$$

（注）　代償分割で代償金の支払がある場合は、上記算式のⒶの金額は下記の算式を代入して計算します。

$$
\text{Ⓐの金額} = \left(\begin{array}{c} \text{譲渡した相続財産} \\ \text{の相続税評価額} \end{array} \right) - \text{（支払代償金）} \times \frac{\text{（譲渡した相続財産の相続税評価額）}}{\text{（相続税の課税価格（Ⓑの金額））＋（支払代償金）}}
$$

⑤　被相続人の居住用財産（空き家）を売ったときの特例

相続又は遺贈により取得した被相続人居住用家屋[※1]又はその敷地等[※2]を相続の開始があった日から3年を経過する日の属する年の12月31日までに売って、一定の要件（売却代金が1億円以下であること、売った家屋や敷地等について取得費加算の特例や収用の特例を受けていないことなど）に当てはまるときは、譲渡所得の金額から最高3,000万円[※3]まで控除することができます（措法35）。

[※1]　「被相続人居住用家屋」とは、相続の開始の直前において被相続人の居住の用に供されていた家屋で、次の3つの要件すべてに当てはまるものをいいます。
　　イ　昭和56年5月31日以前に建築されたこと。
　　ロ　区分所有建物登記がされている建物でないこと。
　　ハ　相続の開始の直前において被相続人以外に居住をしていた人がいなかったこと。
[※2]　「被相続人居住用家屋の敷地等」とは、相続の開始の直前（従前居住用家屋の敷地の場合は、被相続人の居住の用に供されなくなる直前）において被相続人居住用家屋の敷地の用に供されていた土地又はその土地の上に存する権利をいいます。
[※3]　被相続人居住用家屋又はその敷地等を取得した相続人が3人以上の場合は2,000万円となります（令和6年1月1日以降）。

8　相続財産から差し引かれる債務・葬式費用
9　各相続人の相続税額の計算
10　税額控除
11　相続税の申告と納税
12　修正申告
13　更正の請求
14　相続に関連する税務手続き

相続人が限定承認をした場合の譲渡所得の申告

> 　限定承認は共同相続人全員で裁判所に申述しますが、上述のとおり、相続財産の中に取引相場のない株式や土地などがある場合は、時価で被相続人が相続人に譲渡したものとして課税（所法59）され、この場合の時価は、通常の取引価額で、相続税評価額ではありません。
>
> 　このため、準確定申告に当たって譲渡所得を計算する場合は、土地については路線価ではなく通常の取引価格が、取引相場のない株式の評価については、所得税基本通達59-6により計算した価額となりますのでご注意ください。
>
> 　一方限定承認に係る共同相続人の相続税の申告に当たっては、土地、取引相場のない株式の価額を財産評価基本通達の定めにより評価することとなり、上記準確定申告に係る所得税等は、被相続人の債務として控除されることとなります。

3　準確定申告及び相続人の相続開始年における主な必要経費の計算

(1)　固定資産税

　業務の用に供される固定資産税の必要経費の算入時期は、原則として、納税通知等によりその納付すべきことが具体的に確定した時です。したがって、相続開始前に固定資産税の納税通知書が送達されていない場合には、その固定資産税相当額を被相続人の準確定申告で必要経費に算入することはできません。この場合には、この資産を承継する相続人の必要経費に算入します。

　また、相続開始前に固定資産税の納税通知書が送達されている場合には、被相続人の準確定申告の必要経費に算入する額は、固定資産税の全額、納期到来分、実際の納付額のいずれでもかまいません（所基通37-6）。この場合、この資産を承継する相続人の必要経費は、被相続人の必要経費に算入していない金額となります。

図表14-1-3　固定資産税の必要経費算入区分

区　分	被相続人		相　続　人
相続開始前に固定資産税の通知があった場合	イ　　全額 ロ　　納期到来分 ハ　　実際の納付額	選択	被相続人の必要経費算入額以外の金額
相続開始後に固定資産税の通知があった場合	必要経費算入不可		イ　　全額 ロ　　納期到来分 ハ　　実際の納付額　　選択

(2)　事業税

　事業税の必要経費の算入時期は、原則として、納税通知等によりその納付すべきことが具体的に確定した時です。したがって、相続開始前に事業税の納税通知書が送達されていない場合には、その事業税の額は事業を承継する相続人の必要経費に算入します。

　なお、相続人が事業を承継しない場合（事業を廃止した場合）は、下記の算式により事業税の見

込額を被相続人の準確定申告の必要経費に算入するか（所基通37-7）、事業税の賦課決定があった日の翌日から2か月以内、又は、準確定申告の申告期限から5年以内に更正の請求をすることができます（所法152、通則法23①）。

$$\dfrac{((A+青色申告特別控除額-事業主控除額（月按分））\ ×\ \ 事業税の税率)}{（1+事業税の税率）}\ =\ \ 事業税の見込額$$

A…事業税の課税見込額を控除する前のその年分の事業に係る所得の金額

≪事例14-1-1≫　事業税の見込額の計算例

被相続人は6月20日に死亡し、青色申告特別控除（65万円）後の所得金額は800万円（事業税見込額控除前）で、事業税の税率は5％である場合の事業税の見込額はいくらか。

$$\dfrac{（800万円+65万円-290万円×\dfrac{6か月}{12か月}）×5％}{1+5％}=342,857円（事業税の見込額）$$

(3) 減価償却費

被相続人の準確定申告の必要経費に算入する減価償却費の額は、1月1日から相続開始日までの月数分を計上します。事業を承継した相続人の必要経費に算入する減価償却費の額は、相続した日の月から年末までの月数分を計上します。

また、事業を承継した相続人は相続した減価償却資産の取得時期、取得価額、耐用年数は引き続き所有していたものとみなして引き継ぎますが、償却方法については引き継がないことになります（所令126、所基通49-1）。したがって、減価償却資産が車両の場合は、被相続人が定率法により減価償却していた場合であっても、相続人は定額法しか適用できません（所令120の2）。

(注)　相続人が定率法を選択する場合は、あらためて所定の「減価償却資産の償却方法の届出書」を提出する必要があります。

≪事例14-1-2≫　減価償却費の計算例

令和5年7月1日に被相続人から相続した車両は、令和4年1月に500万円で取得し、耐用年数は6年、定率法（0.333）適用、令和4年末の未償却残高は3,335,000円でした。被相続人と相続人の減価償却費はいくらでしょうか。なお、耐用年数6年の定額法の償却率は0.167です。

被相続人の減価償却費：$3,335,000円×0.333×\dfrac{6か月}{12か月}=555,278円$

（準確定申告時の未償却残高2,779,722円＝3,335,000円－555,278円）

相続人の減価償却費：$5,000,000円×0.167×\dfrac{6か月}{12か月}=417,500円$

（令和5年末の未償却残高2,362,222円＝2,779,722円－417,500円）

⑧ 相続財産から差し引かれる債務・葬式費用

⑨ 各相続人の相続税額の計算

⑩ 税額控除

⑪ 相続税の申告と納税

⑫ 修正申告

⑬ 更正の請求

⑭ 相続に関連する税務手続き

　取得価額が10万円以上20万円未満の減価償却資産については、一定の要件の下でその減価償却資産の全部又は特定の一部を一括し、その一括した減価償却資産の取得価額の合計額の3分の1に相当する金額を、その業務の用に供した年以後3年間の各年分において必要経費に算入することができます（所令139）。これを一括償却資産といいます。

　この一括償却資産について相続があった場合は、未償却残高全額を被相続人の準確定申告において必要経費に算入します。ただし、被相続人の業務を承継する者がいる場合には、死亡した日の属する年の必要経費に算入すべき金額については、被相続人である居住者の死亡した日の属する年の必要経費に算入し、死亡した日の属する年の翌年以後の年分に必要経費に算入すべき金額については、相続人の必要経費に算入することも認められます（所基通49-40の3）。

図表14-1-4　一括償却資産の必要経費算入

区　分		必要経費算入の取扱い
原　則		未償却残高全額を被相続人の準確定申告において必要経費に算入。
業務を承継する相続人がいる場合	被相続人	死亡した日の属する年の必要経費に3分の1相当額を算入。
	相続人	死亡した日の属する年の翌年以後の年分に必要経費に算入すべき金額を必要経費に算入。

4　準確定申告における主な所得控除の取扱い

(1)　医療費控除

　準確定申告において医療費控除の対象となるのは、死亡の日までに被相続人が支払った医療費であり、死亡後に相続人が支払ったものを被相続人に係る準確定申告の医療費控除に含めることはできません。なお、死亡後に相続人が支払った医療費については、その医療費を支払った相続人が被相続人と生計を一にしていた者であれば、その相続人のその年分の医療費控除の対象とすることができます。

【質疑応答】医療費控除

　□　死亡した父親の医療費
　　父親は入院加療中に死亡し、父親の死亡後に入院加療期間の医療費を請求されました。この医療費は、相続人である長男が支払いましたが、被相続人である父親の医療費控除の対象となりますか、あるいは相続人である長男の医療費控除の対象になりますか。
　⇒父親が治療等を受けた時の現況で父親と長男が生計を一にしている場合は、長男の医療費控除の対象となります。

(2)　社会保険料控除、生命保険料控除、地震保険料控除

　準確定申告においてこれらの控除の対象となるのは、死亡の日までに被相続人が支払った保険料等の額です。

(3)　配偶者控除、扶養控除の適用判定

　被相続人の配偶者控除や扶養控除等の適用の有無の判定は、死亡の日の現況により見積もったその年の1月1日から12月31日までの合計所得金額により行います（所基通85-1）。この場合、死亡時で見積もった1年間の所得金額とは、不動産所得や事業所得などのように継続して生ずる所得や未分割遺産に係る所得についてはその法定相続分により算出される所得金額も含めて考えますが、死亡時点で予期されないような死亡後の譲渡所得等については含めなくて差し支えないと考えられます。

　また、たとえば、準確定申告において扶養控除の対象となった子について、その年分に被相続人の配偶者が所得税の申告をする場合、その子が扶養控除の対象となるかどうかについては、その年の12月31日の現況により判定します。その時点でその子が扶養控除の対象となる場合には、扶養控除の適用を受けることができます。この場合、この配偶者が寡婦（ひとり親）控除の適用要件を満たしている場合には、寡婦（ひとり親）控除の適用を受けることもできます。同様に、被相続人の準確定申告において配偶者控除の対象となった者について、その年分に他の者の扶養親族に該当する場合には、扶養控除の対象とすることもできます。

【質疑応答】扶養控除

> □　死亡した配偶者の父母に係る扶養控除
> 　老人扶養親族が配偶者の直系尊属で、かつ、納税者と同居している場合には、扶養控除額が10万円加算されますが（措法41の16①）、この「配偶者の直系尊属」には死亡した配偶者の父母も含まれますか。
> ⇒姻族関係を終了させる意思表示をしない限り死亡した配偶者の直系尊属も「配偶者の直系尊属」に含まれます。

5　準確定申告における住宅借入金等特別控除の取扱い

　被相続人が生前に住宅ローンで一定の要件を満たす住宅等を取得して、死亡した日まで引き続き居住の用に供していれば準確定申告で住宅借入金等特別控除の適用を受けることができます。ただし、納税者の死亡により団体信用生命保険（契約者及び保険金受取人が銀行等、被保険者が納税者）が銀行等に支払われ、住宅ローンの残債が返済された場合には、その死亡の日において住宅ローンの残高が無くなることからこの控除の適用を受けることができません。また、相続人が相続により当該住宅等を取得し住宅ローンを承継したとしても、当該住宅ローンは住宅等を取得するためのものでないため住宅借入金等特別控除の適用はありません。

　（注）　団体信用生命保険に係る保険金はみなし相続財産とはならず、この保険により返済が免除される住宅ローンは被相続人が支払う債務にならないので相続税の課税価格の計算上、差し引くことはできません。

⑧　相続財産から差し引かれる債務・葬式費用

⑨　各相続人の相続税額の計算

⑩　税額控除

⑪　相続税の申告と納税

⑫　修正申告

⑬　更正の請求

⑭　相続に関連する税務手続き

6　準確定申告における予定納税の取扱い

　予定納税とは、その年の5月15日現在において確定している前年分の所得金額や税額などを基に計算した金額（予定納税基準額）が15万円以上である場合、その年の所得税の一部をあらかじめ納付するという制度をいいます。予定納税額は、予定納税基準額の3分の1の金額を、第1期分として7月1日から7月31日までに、第2期分として11月1日から11月30日までに納めることになっており、所轄の税務署長からその年の6月15日までに、書面で通知されます。ただし、その年の6月30日を経過する日において死亡している者は、たとえ予定納税額等の通知がされている場合であっても、予定納税額を納付する義務はありません（所基通105-2）。

図表14-1-5　所得税の予定納税の納付義務

相続開始日	予定納税の納付義務
6月30日以前	予定納税の通知があっても、納付する必要はありません。また、準確定申告書にも、予定納税額を記載しません。
7月1日以降	予定納税の支払期日前の分についても準確定申告書に予定納税額を記載し、予定納税額を納付しなければなりません。

7　準確定申告書の提出先

　準確定申告書の提出先は、被相続人の死亡時の納税地の所轄税務署長です。

　この準確定申告書を提出する場合において、相続人が2人以上いるときは、各相続人の連署のよる「死亡した者の＿＿＿年分の所得税の確定申告書付表」を添付します。ただし、相続人が別々に申告する場合には、遅滞なく他の相続人に対して、その申告書に記載した内容を通知しなければならないことになっています。

8　準確定申告に係る納税と還付

(1)　納税する場合

　準確定申告により納付する所得税の額は、その準確定申告書の提出期限までに納付します。また、納付する所得税の額は、相続人が2人以上いる場合、その相続分により按分して計算しますが、共同相続人のうち代表者を決めてその代表者が納付しても構いません。また、相続人のうち相続によって得た財産の額がその按分された税額を超える者がいるときは、その相続人は、その超える価額を限度として、他の相続人の税額を連帯して納付する責任を負います（通則法5）。

　なお、この納付する所得税は被相続人の債務として相続財産から差し引くことができます。

(2)　還付される場合

　準確定申告により所得税が還付される場合、相続人が2人以上いるときは、その還付金を相続分により按分して還付金を計算します。ただし、共同相続人のうち代表者を決めてその代表者が還付金を受け取ることもできます。この場合には、準確定申告書に、代表者以外の共同相続人の「委任

状」（記載例14-1-1参照）を添付しなければなりません。なお、この還付金は、被相続人の未収入金として相続財産になります。

9　所得税に関する主な届出書関係

被相続人の事業を引き継ぐ相続人は、「個人事業の開廃業等届出書」（記載例14-1-2参照）や「所得税の青色申告承認申請書」（記載例14-1-2参照）などを必要に応じて提出しなければなりません。

(1)　個人事業の開廃業等届出書

相続人は、被相続人が死亡した日から1か月以内に廃業届（「個人事業の開廃業等届出書」）を被相続人の所轄税務署長に提出し、被相続人の事業を引き継ぐ相続人は、原則として新たに事業を引き継いだ日から1か月以内に開業届（「個人事業の開廃業等届出書」）を相続人の所轄税務署長に提出します（所法229）。

(2)　所得税の青色申告承認申請書

「所得税の青色申告承認申請書」（記載例14-1-2参照）については、原則として、青色申告を選択する年分の3月15日まで、また、1月16日以後に新たに事業を開始する場合には、事業を開始した日から2か月以内に提出しなければなりません（所法144）。

ただし、青色申告の承認を受けていた被相続人の事業を相続により承継した場合は、相続開始を知った日（死亡の日）の時期に応じて、それぞれ次の期間内に提出すれば、その年分から青色申告の適用を受けることができます（所基通144-1）。

① 相続開始日が1月1日から8月31日までの場合…死亡の日から4か月以内
② 相続開始日が9月1日から10月31日までの場合…その年の12月31日まで
③ 相続開始日が11月1日から12月31日までの場合…翌年の2月15日まで

なお、提出期限が土・日曜日・祝日等に当たる場合は、これらの日の翌日が期限となります。

また、これらの提出期限までに遺産が分割できず、被相続人の業務を相続する相続人が確定していない場合には、各相続人が所得税の青色申告の承認申請書を提出します。

図表14-1-6　所得税の青色申告承認申請書の提出期限

申告区分		相続開始日				
被相続人	相続人	1/1～1/15	1/16～3/15	3/16～8/31	9/1～10/31	11/1～12/31
青色申告	白色申告※	3月15日		相続開始年は適用できない		
	新規開業	相続開始日から4か月			12月31日	翌年2月15日
白色申告	白色申告※	3月15日		相続開始年は適用できない		
	新規開業	3月15日	相続開始日から2か月			

※ 既に事業等の業務を営む白色申告者です。

⑧ 相続財産から差し引かれる債務・葬式費用
⑨ 各相続人の相続税額の計算
⑩ 税額控除
⑪ 相続税の申告と納税
⑫ 修正申告
⑬ 更正の請求
⑭ 相続に関連する税務手続き

⑶ 給与支払事務所等の開設・移転・廃止の届出書

　相続人は、被相続人が死亡した日から１か月以内に「給与支払事務所等の開設・移転・廃止の届出書」を被相続人の所轄税務署長に提出し、被相続人の事業を引き継ぎ、給与の支払事務を取り扱う事務所等を開設した相続人は、開設日から１か月以内にその事務所等の所轄税務署長に提出します（所法230）。

⑷ 青色事業専従者給与に関する届出書

　被相続人の事業を引き継ぎ、青色事業専従者給与額を必要経費に算入しようとする相続人は、原則として、相続開始の日や専従者がいることとなった日から２か月以内に「青色事業専従者給与に関する届出書」を相続人の所轄税務署長に提出します（所法57）。

⑸ 源泉所得税の納期の特例の承認に関する申請書

　被相続人の事業を引き継ぎ、給与の支給人員が常時10人未満である源泉徴収義務者で、納期の特例制度の適用を受けようとする相続人は、「源泉所得税の納期の特例の承認に関する申請書」を所轄税務署長に提出し、その提出した日の翌月の末日までに承認又は却下の処分がなかったときは翌月に支払う給与等からこの特例が適用されます（所法217）。

⑹ 所得税のたな卸資産の評価方法・減価償却資産の償却方法の届出書

　被相続人の事業を引き継ぎ、たな卸資産の評価方法及び減価償却資産の償却方法の選択をする相続人は、確定申告期限までに「所得税のたな卸資産の評価方法・減価償却資産の償却方法の届出書」を所轄税務署長に提出することになります（所令100、123）。

　なお、この届出書を提出しない場合は、たな卸資産の評価方法は最終仕入原価法、減価償却資産の償却方法は定額法となります。

図表14-1-7　相続後の所得税の届出書提出期限一覧表

区　分	届出書名	提出期限
被相続人	個人事業の開廃業等届出書	相続開始日から１か月以内
	給与支払事務所等の開設・移転・廃止の届出書	
相続人	個人事業の開廃業等届出書	相続開始日から１か月以内
	給与支払事務所等の開設・移転・廃止の届出書	
	所得税の青色申告承認申請書	図表14-1-6参照
	青色専従者給与に関する届出書	相続開始日や専従者がいることとなった日から２か月以内
	源泉所得税の納期の特例の承認に関する申請書	特例適用前月まで
	所得税のたな卸資産の評価方法・減価償却資産の償却方法の届出書	確定申告期限まで

所得税関係のチェックポイント

【所得金額】

□ 準確定申告において、配当基準日が相続開始日以前の未払配当金（年10万円超の非上場株式の配当又は大口株主に該当する上場株式の配当、申告を選択する配当等）を配当所得に含めているか。

☞ 配当基準日が相続開始日以前の未払配当や配当期待権も準確定申告に含めて申告する必要があります。

□ 相続財産が未分割であるため法定相続分で申告した不動産所得について、遺産分割が確定したので更正の請求や修正申告が必要であると考えていないか。

☞ 遺産分割が確定した後に、その未分割遺産に係る所得税の申告について、更正の請求や修正申告をすることはできないとされています。

□ 死亡後に支給期の到来する給与等、公的年金等及び退職手当金を、準確定申告の所得として計上していないか（所法9①、所基通9-17）。

☞ 死亡した者に係る給与等、公的年金等及び退職手当金等で、死亡後に支給期の到来するものは、本来の相続財産となるため、所得税は非課税扱いとなります（所法9①、所基通9-17）。

□ 被相続人に係る未支給年金の支給を受けた相続人は、一時所得として申告しているか。

☞ 未支給年金は、その支給を受けた相続人の一時所得として所得税が課されます（所基通34-2）。なお、5年を超える未支給年金については課税は生じません。

【必要経費】

□ 相続開始前に固定資産税の納税通知書が送達されていないのに、被相続人の準確定申告で固定資産税を必要経費に算入していないか。

☞ 業務の用に供される固定資産税の必要経費の算入時期は、原則として、納税通知等によりその納付すべきことが具体的に確定した時ですから、準確定申告で必要経費に算入することはできません。なお、相続開始年の固定資産税は相続税の債務控除の対象となります。

□ 相続により引き継いだ減価償却資産について、被相続人が適用していた旧定率法により減価償却をしていないか。

☞ 減価償却資産が建物の場合は、被相続人が旧定率法により減価償却していた場合であっても、相続人は定額法しか適用できません（所令120の2）。

□ 被相続人が7月25日に亡くなった場合の減価償却月数を、被相続人の準確定で7か月分、相続人の確定申告で5か月分として計算していないか。

☞ 減価償却の計算における月数は暦に従って計算し、1か月に満たない端数を生じたときはこれを1か月として計算しますので、準確定申告で7か月分、相続人の確定申告で6か月分の合計13か月分の減価償却をすることができます。

【所得控除】

□ 相続開始後に支払った医療費を準確定申告において医療費控除の対象としていないか。

☞ 準確定申告において医療費控除の対象となるのは、死亡の日までに被相続人が支払った医療費であり、相続開始後に支払ったものを被相続人の準確定申告において医療費控除に含めることはできません。

⑧ 相続財産から差し引かれる債務・葬式費用

⑨ 各相続人の相続税額の計算

⑩ 税額控除

⑪ 相続税の申告と納税

⑫ 修正申告

⑬ 更正の請求

⑭ 相続に関連する税務手続き

記載例14-1-1　所得税の準確定申告書

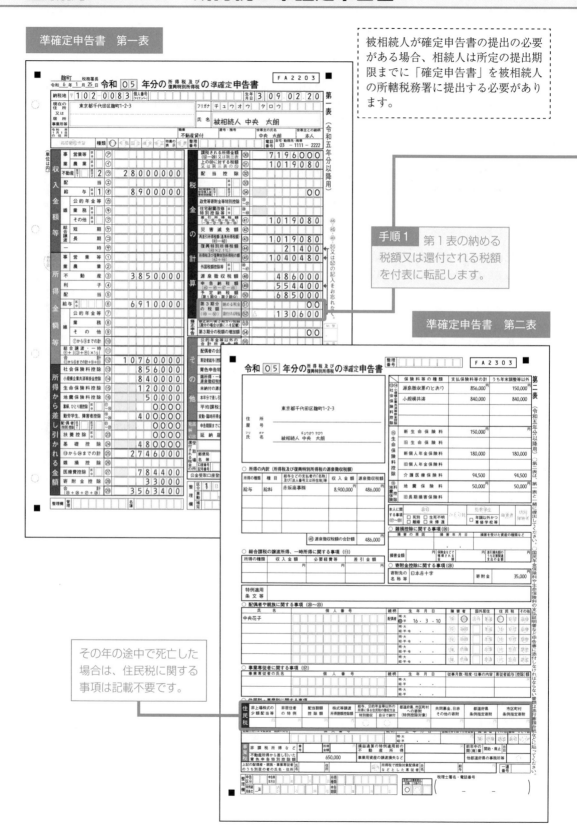

準確定申告書付表

死亡した者の令和 5 年分の所得税及び復興特別所得税の確定申告書付表
（兼相続人の代表者指定届出書）

（受付印）

1 死亡した者の住所・氏名等

| 住所 | （〒 102 － 0083）東京都千代田区麹町1-2-3 | 氏名 | フリガナ チュウオウ タロウ 中央 太朗 | 死亡年月日 | 令和 5 年 10 月 15 日 |

2 死亡した者の納める税金又は還付される税金 第3期分の税額 （還付される税金のときは頭部に△を付けてください。） △130,600 円…A

3 相続人等の代表者の指定 代表者を指定されるときは、右にその代表者の氏名を書いてください。 相続人等の代表者の氏名 中央 花子

4 限定承認の有無 相続人等が限定承認をしているときは、右の「限定承認」の文字を○で囲んでください。 限定承認

5 相続人等に関する事項

(1) 住所	（〒 102 － 0083）東京都千代田区麹町1-2-3	（〒 106 － 0047）東京都港区南麻布2-22-33	（〒 136 － 0071）東京都江東区亀戸6-6-6	（〒 － ）123 Orange Street, New York, NY 12345 US
(2) 氏名（署名）	フリガナ チュウオウ ハナコ 中央 花子	フリガナ チュウオウシゲオ 中央 重雄	フリガナ チュウオウケイ 中央 経	豊川裕子
(3) 個人番号				
(4) 職業及び被相続人との続柄	職業 無職 続柄 妻	職業 医師 続柄 長男	職業 無職 続柄 二男	職業 主婦 続柄 長女
(5) 生年月日	明・大・㊡・平・令 16年 3月 10日	明・大・㊡・平・令 35年 4月 11日	明・大・㊐・平・令 31年 4月 4日	明・大・平・令 40年 3月 3日
(6) 電話番号	03 － 1111 － 2222			
(7) 相続分…B	法定・㊞ 35/100	法定・㊞ 19/100	法定・㊞ 26/100	法定・㊞ 20/100
(8) 相続財産の価額	円	円	円	円

6 納める税金等

| 各人の納付税額 A×B （各人の100円未満の端数切捨て） | 円 | 円 | 円 | 円 |
| 各人の還付金額 （各人の1円未満の端数切捨て） | 130,600 円 | 円 | 円 | 円 |

7 還付される税金の受取場所

銀行等の預金口座に振込みを希望する場合	銀行名等	東京	銀行・金庫・組合 農協・漁協		銀行・金庫・組合 農協・漁協
	支店名等	本店	本店・支店 出張所 本所・支所		本店・支店 出張所 本所・支所
	預金の種類	普通 預金			預金
	口座番号	99999999			
ゆうちょ銀行の貯金口座に振込みを希望する場合	貯金口座の記号番号	－			－
郵便局等窓口受取りを希望する場合	郵便局名等				

（注）「5 相続人等に関する事項」以降については、相続を放棄し…

| 税務署 整理欄 | 整理番号 | 0 | | | 0 | 番号確認 身元確認 | □ 済 □ 未済 | □ 済 □ 未済 |

一緒に申告するかどうかにかかわらず、すべての相続人や包括受遺者（相続を放棄した人を除きます。）について記載します。
なお、一緒に申告できない相続人や包括受遺者については、その人の住所の頭部に「申告せず」と記入するとともに氏名を○で囲みます。

法定相続分により財産を取得している人は「法定」の文字を、遺言による指定相続分により財産を取得している人は「指定」の文字を、それぞれ○で囲み、その割合を記載します。

手順1

○この付表は、申告書と一緒に提出してください。
※還付される税金の受取りを代表者等に委…

委任状（準確定申告用）

委 任 状
（準確定申告用）

令和 6 年 1 月 25 日

【被相続人】
住 所 東京都千代田区麹町 1-2-3
氏 名 中央 太朗

【受任者（相続人代表）】
住 所 東京都千代田区麹町 1-2-3
氏 名 中央 花子 成年後見人 斉藤 正義 (電話番号 03-3333-4444)

【還付金受取場所】
※ 受任者名義の口座を記載してください。

三菱 UFJ
銀行・信用金庫
労働金庫・信用組合 麹町
農協・漁協
本店・支店
本所・支所
出張所

預金種類 [普通] 当座・納税準備

口座（記号）番号 1234567

上記の者に、令和 5 年分所得税及び復興特別所得税準確定申告に係る還付金
（還付加算金を含む。）の受領の権限を委任します。

【委任者】

住 所	氏 名
東京都港区南麻布 2-22-33	中央重雄 相続人 中央恵子
東京都港区南麻布 2-22-33	中央重雄 相続人 中央淳二
東京都江東区亀戸 6-6-6	中央経 特別代理人 神田浅子
東京都新宿区下落合 1-2-3	豊川裕子 納税管理人 豊川勝男

準確定申告書に係る還付金を、相続人の代表者等に一括受領させる場合に準確定申告書と併せて提出する書類です。

書式については右記のQRコードを参照

右側タブ：
⑧ 相続財産から差し引かれる債務・葬式費用
⑨ 各相続人の相続税額の計算
⑩ 税額控除
⑪ 相続税の申告と納税
⑫ 修正申告
⑬ 更正の請求
⑭ 相続に関連する税務手続き

被相続人の事業を承継した相続人は、相続開始から1か月以内に「個人事業の開業・廃業等届出書」を所轄税務署長に提出する必要があります。

書式については右記のQRコードを参照

青色申告制度を受けようとする相続人は、被相続人の相続開始日から所定期間内（313頁参照）に「所得税の青色申告承認申請書」を所轄税務署長に提出する必要があります。

書式については右記のQRコードを参照

□　相続開始までに被相続人が支払った社会保険料、生命保険料、地震保険料等を所得控除として計上しているか。

☞　準確定申告において、社会保険料控除、生命保険料控除、地震保険料控除の対象となるものは、死亡の日までに被相続人が支払った保険料等の額です。

□　準確定申告において配偶者控除や扶養控除等の適用の有無の判定を死亡日時点における配偶者や扶養親族の所得を基に判定していないか。

☞　準確定申告における配偶者控除や扶養控除等の親族関係の判定は死亡の日により行い、その親族が控除対象に該当するかどうかは死亡の日の現況により見積もったその年の1月1日から12月31日までの合計所得金額により行うので、相続した財産から生じる相続開始後の不動産所得や事業所得なども加味する必要があります。

【所得税関係の届出書】

□　青色申告の承認を受けていた被相続人の事業を相続により承継した相続人は、提出期限までに「青色申告の承認申請書」を提出しているか。

☞　青色申告の承認を受けていた被相続人の事業を承継した相続人がその年分から青色申告の適用を受けるには、提出期限（図表14-1-6参照）までに「青色申告の承認申請書」を提出する必要があります。

□　被相続人の事業を承継した相続人が青色事業専従者給与額を支払う場合は、提出期限までに「青色専従者給与に関する届出書」を提出しているか。

☞　原則として、相続開始の日又は青色事業専従者がいることとなった日から2か月以内に「青色専従者給与に関する届出書」を相続人の所轄税務署長に提出する必要があります。

8　相続財産から差し引かれる債務・葬式費用

9　各相続人の相続税額の計算

10　税額控除

11　相続税の申告と納税

12　修正申告

13　更正の請求

14　相続に関連する税務手続き

319

14-2 消費税関係

1 被相続人の消費税の準確定申告

　課税事業者である被相続人がその課税期間の途中で死亡した場合の消費税の申告については、その相続人が相続開始があったことを知った日の翌日から4か月以内に、当該課税期間の消費税の準確定申告（記載例14-2-1参照）の提出、納税を行わなければなりません（消法45③）。

　また、課税事業者である被相続人がその課税期間の末日の翌日からその提出期限までに死亡した場合の消費税の申告については、その相続人が相続開始があったことを知った日の翌日から4か月以内に、その課税期間と翌課税期間の消費税の準確定申告の提出、納税を行わなければなりません（消法45②）。

　準確定申告には、「付表7　死亡した事業者の消費税及び地方消費税の確定申告明細書」（記載例14-2-1参照）を添付します（この明細書を提出した場合は、「個人事業者の死亡届出書」の提出があったものとされます。）。

　なお、相続人は、被相続人が課税事業者である場合は、「個人事業者の死亡届出書」（記載例14-2-2参照）を、適格請求書発行事業者である場合は「適格請求書発行事業者の死亡届出書」（記載例14-2-2参照）を速やかに提出しなければなりません（消法57①四、57の3①）。

2 相続人の消費税の確定申告

(1) 相続があった場合の納税義務の判定

相続により被相続人の事業を承継した相続人が課税事業者に該当するかどうかの判定は、その年の相続人の基準期間における課税売上高が1,000万円以下である場合には、次によります。この場合の相続人には、免税事業者である個人事業者のほか、その基準期間において事業を営んでいなかった個人も含まれます（消法10）。

(注1) 課税事業者を選択している相続人については、相続があった場合の特例規定（消法10）の適用はありません。
(注2) 被相続人が2以上の事業場を有していた場合で、2人以上の相続人が事業場ごとに分割して承継したときは、「各相続人の課税期間の基準期間における課税売上高」は、各相続人が承継した事業場に係る部分の課税売上高になります。
(注3) 相続人が2人以上いる場合には、相続財産の分割が行われるまでの間は、各相続人が共同して被相続人の事業を承継したものとして取り扱われますので、「各相続人の課税期間の基準期間における課税売上高」は、被相続人の課税期間の基準期間における課税売上高に各相続人の民法上の相続分に応じた割合を乗じた金額になります（消基通1-5-5）。

① 相続があった年

相続人が、基準期間における課税売上高が1,000万円を超える被相続人の事業を承継したときは、その相続人は相続のあった日の翌日からその年の12月31日までは課税事業者になります。

また、相続があった年の基準期間における被相続人の課税売上高が1,000万円以下である場合は、相続があった年の納税義務が免除されます。

② 相続があった年の翌年及び翌々年

相続人の基準期間における課税売上高と相続に係る被相続人の基準期間における課税売上高との合計額が1,000万円を超えるときは、その相続人は課税事業者となります。

図表14-2-1 相続人の課税事業者の判定

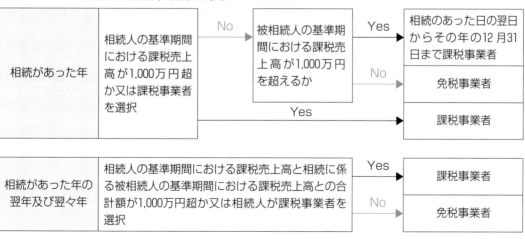

消費税及び地方消費税の確定申告書（簡易課税用） 第一表

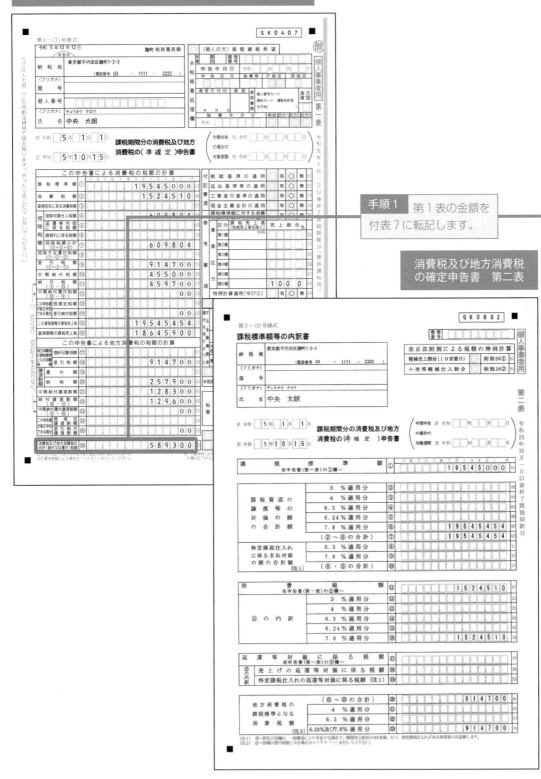

付表7　死亡した事業者の消費税及び地方消費税の確定申告明細書

代表者を指定する場合に
その代表者の氏名を記載
します。

第28-(3)号様式
付表7　死亡した事業者の消費税及び地方消費税の確定申告明細書
（自平成・令和　　年　　月　　日至平成・令和　　年　　月　　日の課税期間分）

整理番号

1　死亡した事業者の納税地・氏名等

納税地	東京都千代田区麹町1-2-3	氏名	フリガナ チュウオウ タロウ 中央 太朗	死亡年月日	平成・令和 5 年 10 月 15 日

2　事業承継の有無等（右のいずれかを〇で囲むとともに、有の場合は以下に事業承継者の情報を記載してください。）　　有　・　無

住所等	東京都江東区亀戸6-6-6 （電話番号 090 - 1112 - 3456）	氏名	フリガナ チュウオウ ケイ 中央 経	その他参考事項	

3　相続人等の代表者の指定（代表者を指定するときは記入してください。）　　相続人等の代表者の氏名　中央 花子

4　限定承認の有無（相続人等が限定承認しているときは、右の「限定承認」の文字を〇で囲んでください。）　　限定承認

5　死亡した事業者の消費税及び地方消費税の額

納める消費税及び地方消費税の合計額	①	円 589,300	還付される消費税及び地方消費税の合計額	④	円
①のうち消費税	②	459,700	④のうち消費税	⑤	
①のうち地方消費税	③	129,600	④のうち地方消費税	⑥	

一緒に申告するかどうかにかかわらず、すべての相続人や包括受遺者（相続を放棄した人を除きます。）について記載します。

6　相続人等の納める消費税及び地方消費税の額又は還付される消費税及び地方消費税の額
（相続を放棄した人は記入の必要はありません。）

相続人等に関する事項	住所又は居所		東京都千代田区麹町1-2-3	東京都港区南麻布2-22-33	東京都江東区亀戸6-6-6	123 Orange Sterrt, New York, NY 12345 US
	フリガナ 氏名		中央花子	中央重雄	中央 経	豊川祐子
	個人番号		××××××××××××	××××××××××××	××××××××××××	
	職業及び続柄		職業 無職 続柄 妻	職業 医師 続柄 長男	職業 無職 続柄 孫	職業 主婦 続柄 長女
	生年月日		明・大・昭・平・令 16 年 3 月 10 日	明・大・昭・平・令 35 年 4 月 11 日	明・大・昭・平・令 31 年 4 月 4 日	明・大・昭・平・令 40 年 3 月 3 日
	電話番号		（　）	（　）	（　）	（　）
	相続分	⑦	法定・指定 35/100	法定・指定 19/100	法定・指定 26/100	法定・指定 20/100
	相続財産の価額	⑧	円	円	円	円
納付（還付）税額の計算	各納付人の税額（注）	消費税 〔②×⑦〕⑨	160,800	87,300	119,500	91,900
		地方消費税 〔③×⑦〕⑩	45,300	24,600	33,600	25,900
		計 〔⑨＋⑩〕⑪	206,100	111,900	153,100	117,800
	各還付人の税額（注）	消費税割額 〔⑤×⑦〕⑫				
		地方消費税割額 〔⑥×⑦〕⑬				
		計 〔⑫＋⑬〕⑭				
還付される税金の受取場所	銀行等の口座へ振込みを希望する場合	銀行名等	銀行・金庫・組合 農協・漁協 本店・支店 本所・支所	銀行・金庫・組合 農協・漁協 本店・支店 本所・支所	銀行・金庫・組合 農協・漁協 本店・支店 本所・支所	銀行・金庫・組合 農協・漁協 本店・支店 本所・支所
		支店名等				
		預金の種類	預金	預金	預金	預金
		口座番号				
	ゆうちょ銀行の口座に振込みを希望する場合	記号番号	－	－	－	－
	郵便局窓口での受取りを希望する場合	郵便局名	郵便局	郵便局	郵便局	郵便局
※税務処理欄	整理番号					
	番号確認　身元確認					

法定相続分により財産を取得している人は「法定」の文字を、遺言による指定相続分により財産を取得している人は「指定」の文字を、それぞれ〇で囲み、その割合を記載します。

詳しい記載方法については国税庁のホームページを参照（下記のQRコード）。

各人が相続や包括遺贈により取得する積極財産の相続時の時価を記載します。なお、相続財産についてまだ分割が行われていないときは、積極財産の総額に各人の相続分を乗じて計算した金額をそれぞれ記載します。

「納める消費税及び地方消費税の合計額①」欄の「①のうち消費税②」欄の金額及び「①のうち地方消費税③」欄の金額に各人の相続分（⑦欄に記載されている各人の割合）を乗じて計算したそれぞれの金額（100円未満の端数は切り捨てます。）を「消費税〔②×⑦〕⑨」欄及び「地方消費税〔③×⑦〕⑩」欄に記載します。

（注）　本記載例は、相続税申告書の記載例と連動していません。

8 相続財産から差し引かれる債務・葬式費用

9 各相続人の相続税額の計算

10 税額控除

11 相続税の申告と納税

12 修正申告

13 更正の請求

14 相続に関連する税務手続き

記載例14-2-2　個人事業者・適格請求書発行事業者の死亡届出書

第7号様式

個人事業者の死亡届出書

収受印

届出者	（フリガナ）	トウキョウトコウトウクカメイド
	住所又は居所	（〒 136 - 0071）東京都江東区亀戸6-6-6
		【電話番号 090 - 1112 - 3456 】
	（フリガナ）	チュウオウ ケイ
	氏　名	中央 経
江東東　税務署長殿	個人番号	X X X X X X X X X X X X

下記のとおり、事業者が死亡したので、消費税法第57条第1項第4号の規定により届出します。

死亡年月日		令和 5 年 10 月 15 日	
死亡した事業者	納　税　地	東京都千代田区麹町1-2-3	
	氏　名	中央 太朗	
届出人と死亡した事業者との関係		孫	
参考事項	事業承継の有無	（有）・無	
	事業承継者 住所又は居所	東京都江東区亀戸6-6-6 【電話番号 090 - 1112 - 3456 】	
	氏　名	中央 経	
	現婚者　中央美和子		
税理士署名			

税務署整理欄	整理番号		部門番号			入力処理	年　月　日		
	届出年月日	年　月　日							
	番号確認	身元確認	□済 □未済	確認書類	個人番号カード／通知カード・運転免許証 その他（　）				

注意　1．税務署処理欄は、記載しないでください。

個人事業者の死亡届出書

被相続人が消費税の課税事業者である場合、相続人は速やかに「個人事業者の死亡届出書」を被相続人の所轄税務署長に提出する必要があります。

書式については右記のQRコードを参照

適格請求書発行事業者の死亡届出書

第4号様式

適格請求書発行事業者の死亡届出書

収受印

届出者	（フリガナ）		（〒 - ）
	住所又は居所		【電話番号 - - 】
	（フリガナ）		
	氏　名		
税務署長殿	個人番号		

下記のとおり、適格請求書発行事業者が死亡したので、消費税法第57条の3第1項の規定により届出します。

死亡年月日		令和　　年　　月　　日	
死亡した適格請求書発行事業者	（フリガナ） 納　税　地	（〒 - ）	
	（フリガナ） 氏　名		
	登録番号 T		
届出者と死亡した適格請求書発行事業者との関係			
相続による届出者の事業承継の有無		適格請求書発行事業者でない場合は、有無のいずれかを〇で囲んでください。 有　・　無	
参考事項			
税理士署名		【電話番号 - - 】	

税務署処理欄	整理番号		部門番号		届出年月日	年　月　日	
	入力処理	年　月　日	番号確認		身元確認	□済 □未済	個人番号カード／通知カード・運転免許証 その他（　）

注意　1．記載要領等に留意の上、記載してください。
　　　2．税務署処理欄は、記載しないでください。

令和5年10月1日以降、被相続人が消費税の適格請求書発行事業者である場合、相続人は速やかに「適格請求書発行事業者の死亡届出書」を被相続人の所轄税務署長に提出する必要があります。

書式については右記のQRコードを参照

≪事例14-2-1≫　被相続人の事業を1人の相続人が承継した場合の納税義務の判定

課税期間	基準期間等における課税売上高	納税義務の判定
A．相続発生年	イ　相続人の基準期間における課税売上高 　　300万円≦1,000万円 ロ　被相続人の基準期間における課税売上高 　　1,200万円>1,000万円	左記「ロ」により、相続のあった日の翌日からその年の年末までの間は納税義務あり A年の課税売上高は750万円
B．相続発生年の翌年	イ　相続人の基準期間における課税売上高 　　300万円≦1,000万円 ロ　特例の基準期間における課税売上高 　　300万円+1,200万円=1,500万円>1,000万円	左記「ロ」により、納税義務あり B年の課税売上高は1,500万円
C．相続発生年の翌々年	イ　相続人の基準期間における課税売上高 　　150万円+750万円=900万円≦1,000万円 ロ　特例の基準期間における課税売上高 　　900万円+600万円=1,500万円>1,000万円	左記「ロ」により、納税義務あり C年の課税売上高は1,500万円
D．相続発生年の翌々々年	イ　相続人の基準期間における課税売上高 　　1,500万円>1,000万円	納税義務あり D年の課税売上高は1,500万円

≪事例14-2-2≫　被相続人の事業を相続人2名（法定相続分は各2分の1）が承継した場合

	課税売上高（上段）と納税義務の判定（下段）				
	前々年	前年	相続開始年	翌年	翌々年
被相続人	1,200万円	1,200万円	600万円		
	課税	課税	課税		
相続人A	200万円	200万円	100万円	400万円※1	800万円	200万円
	免税	免税	免税	課税	免税※2	免税※3
相続人B	なし	なし	なし	300万円※1	600万円	1,200万円
	免税	免税	免税	課税	免税※2	免税※3

※1　相続のあった日の翌日からその年の年末までの自己の試算から生じる課税売上高と被相続人の相続財産から生じる課税売上高に法定相続分を乗じた金額（相続人Aの課税売上高：100万円+600万円×1/2=400万円、相続人Bの課税売上高：0万円+600万円×1/2=300万円）

※2　相続人Aの基準期間の課税売上高は800万円（200万円+1,200万円×1/2）なので免税事業者となる。
　　相続人Bの基準期間の課税売上高は600万円（0万円+1,200万円×1/2）なので免税事業者となる。

※3　相続開始の翌年末に遺産分割が成立し、被相続人の事業を相続人Bが単独で承継することに決まった。
　　相続人Aの基準期間の課税売上高は500万円（100万円+400万円）なので免税事業者となる。
　　相続人Bの基準期間の課税売上高は900万円（300万円+600万円）なので免税事業者となる。

(2) 課税事業者となった相続人の消費税の届出

課税事業者となる相続人は、次の書類を提出しなければなりません。

① 消費税課税事業者届出書

事業者は、基準期間における課税売上高が1,000万円を超えたことにより、その課税期間について納税義務が免除されないこととなる場合に「消費税課税事業者届出書」（記載例14-2-3参照）を提出しますが、相続により納税義務が免除されないこととなった事業者は、自己の基準期間における課税売上高が1,000万円以下であったとしても、この届出書を提出します。この届出書は、提出すべき事由が生じた場合に、速やかに提出することとされています。

② 相続・合併・分割等があったことにより課税事業者となる場合の付表

相続により課税事業者となる場合には、「相続・合併・分割等があったことにより課税事業者となる場合の付表」（記載例14-2-3参照）を「消費税課税事業者届出書」に添付して提出します。

③ 消費税課税事業者選択届出書

被相続人が「消費税課税事業者選択届出書」を提出していても、その事業を相続により承継した相続人にはその効力は及ばないことから、免税事業者となる相続人が課税事業者を選択するときは、新たにこの届出書を提出しなければなりません。

この場合、相続のあった日の属する課税期間から課税事業者となるためには、相続のあった日の属する課税期間の末日までにこの届出書を提出する必要があります。

④ 消費税課税事業者選択届出に係る特例承認申請書

相続のあった日の属する課税期間の末日前おおむね1か月以内（相続のあった年の12月）に相続があったことにより、当該相続に係る相続人が新たに課税事業者を選択しようとする場合において、その課税期間の末日までに「消費税課税事業者選択届出書」が提出できなかったときは、消費税法上のやむを得ない事情に該当しますので、やむを得ない事情がやんだ日、すなわちその課税期間の末日から2か月以内に「消費税課税事業者選択届出に係る特例承認申請書」を提出し、その承認を受けた場合には、相続のあった日の属する課税期間の末日に「消費税課税事業者選択届出書」の提出があったものとして取り扱われます。

⑤ 消費税簡易課税制度選択届出書

相続人が、簡易課税制度を選択している被相続人の事業を相続により承継した場合であっても、「消費税簡易課税制度選択届出書」（記載例14-2-4参照）の効力は相続人には及びません。したがって、相続人が簡易課税制度の適用を受けようとするときは、新たにこの届出書を提出しなければなりません。この場合、相続のあった日の属する課税期間から簡易課税制度の適用を受けるためには、相続のあった日の属する課税期間の末日までにこの届出書を提出する必要があります。

⑥ 消費税簡易課税制度選択届出に係る特例承認申請書

相続のあった日の属する課税期間の末日前おおむね1か月以内（相続のあった年の12月）に相続があったことにより、当該相続に係る相続人が新たに課税事業者となった場合において、その課税期間の末日までに「消費税簡易課税制度選択届出書」が提出できなかったときは、消費税法上のやむを得ない事情に該当しますので、やむを得ない事情がやんだ日、すなわちその課税期間の末日から2か月以内に「消費税簡易課税制度選択届出に係る特例承認申請書」（記載例14-2-4参照）を提

出し、その承認を受けた場合には、相続のあった日の属する課税期間の末日に「消費税簡易課税制度選択届出書」の提出があったものとして取り扱われます（消基通1-4-16、1-4-17）。

⑦　適格請求書発行事業者の死亡届出書

　適格請求書発行事業者が死亡した場合、その相続人は速やかに「適格請求書発行事業者の死亡届出書」（記載例14-2-1参照）を提出する必要があります。この場合において、必要となる手続き及び適格請求書発行事業者の登録の効力は次のとおりです。

イ　令和5年10月1日より前に死亡した場合

　令和5年10月1日から適格請求書発行事業者の登録を受けることとされていた事業者が、同年10月1日より前に死亡した場合は、その適格請求書発行事業者の登録の効力は生じません。したがって、相続人は速やかに「個人事業者の死亡届出書」を提出するとともに、相続人がその登録を受けるためには、同年9月30日までに登録申請書の提出が必要となります（相続人が既に登録申請書を提出していた場合を除きます。）。

ロ　令和5年10月1日以後に死亡した場合

　令和5年10月1日以後に適格請求書発行事業者が死亡した場合は、適格請求書発行事業者の死亡届出書の提出日の翌日又は死亡した日の翌日から4か月を経過した日のいずれか早い日に登録の効力が失われます。また、相続により事業を承継した相続人が、適格請求書発行事業者の登録を受けるためには、相続人は「適格請求書発行事業者の登録申請書及びその次葉」（記載例14-2-5参照）の提出が必要となります（相続人が既に登録を受けていた場合を除きます。）。

　そして、相続により適格請求書発行事業者の事業を承継した相続人の相続のあった日の翌日から、その相続人が適格請求書発行事業者の登録を受けた日の前日又はその相続に係る適格請求書発行事業者が死亡した日の翌日から4か月を経過する日のいずれか早い日までの期間（みなし登録期間）については、相続人が適格請求書発行事業者とみなされるとともに、被相続人の登録番号が相続人の登録番号とみなされます。そのため、みなし登録期間について、相続人は相続があった場合の納税義務の免除の特例による判定で免税事業者となったとしても登録事業者として申告を行う必要があります。

図表14-2-3　相続人が提出すべき消費税の届出書

区　分			提出期限	提出すべき届出書
相続により納税義務が免除されないこととなった事業者			速やかに	・消費税課税事業者届出書
				・相続・合併・分割等があったことにより課税事業者となる場合の付表
免税事業者となる相続人が課税事業者を選択する場合	相続開始日	1月〜11月	相続日の年末	・消費税課税事業者選択届出書
		12月	課税期間の末日から2か月以内	・消費税課税事業者選択届出に係る特例承認申請書 ・消費税課税事業者選択届出書
相続人が簡易課税制度を選択する場合	相続開始日	1月〜11月	相続日の年末	・消費税簡易課税制度選択届出書
		12月	課税期間の末日から2か月以内	・消費税簡易課税制度選択届出に係る特例承認申請書 ・消費税簡易課税制度選択届出書

(3)　相続があった場合の2割特例

　消費税の申告について簡易に計算できる小規模事業者に係る税額控除に関する経過措置（以下「2割特例」といいます。）は、免税事業者が適格請求書発行事業者の登録を受けて課税事業者となった場合の税負担・事務負担の軽減を図る目的として、令和5年10月1日に施行される適格請求書等保存方式の開始から3年間、売上を集計すれば手軽に納付税額が計算できる特例です。

　具体的には、その適格請求書発行事業者の令和5年10月1日から令和8年9月30日までの日の属する各課税期間における納付税額の計算において、その課税期間における課税標準額に対する消費税額から売上に係る対価の返還等の金額に係る消費税額の合計額を控除した残額の100分の80に相当する金額（特別控除税額）を、仕入控除税額とすることにより、納付税額をその課税標準額に対する消費税額の2割とすることができます（平成28年改正法附則51の2①②）。

　なお、この2割特例については、簡易課税制度のように事前の届出や継続して適用しなければならないという制限はなく、申告書に2割特例の適用を受ける旨を付記することにより適用を受けることができます。

《適用可能期間》
　（例）個人事業者（12月決算の法人）の場合
　　（本来免税事業者である事業者が適格請求書発行事業者となる場合）

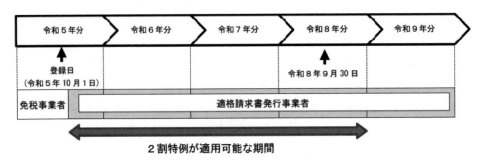

　　（出所）　国税庁ホームページ　特集インボイス制度より

《2割特例により計算した場合の納付税額イメージ》

> 売上・収入×10/110^{※1}×2割＝納付税額（売上・収入の約1.8％相当^{※1}）

※1　飲食料品の場合
　　　売上・収入×8/108×2割＝納付税額（売上・収入の約1.5％相当）

　一方で、相続があった場合の納税義務の免除の特例により事業者免税点制度の適用が制限される課税期間については、2割特例の適用を受けることができません。

　ただし、相続のあった課税期間について、その相続により事業者免税点制度の適用が制限される場合であっても、適格請求書発行事業者の登録が相続日以前であり、他の2割特例の適用が制限される課税期間^{※2}でなければ、2割特例の適用を受けることができます（平成28年改正法附則51の2①三）。

※2　2割特例の適用ができない主な課税期間は以下のとおりです。
① 基準期間の課税売上高が1,000万円を超える課税期間
② 特定期間における課税売上高による納税義務の免除の特例により事業者免税点制度の適用が制限される課税期間
③ 「消費税課税事業者選択届出書」を提出して課税事業者となった後2年以内に本則課税で調整対象固定資産の仕入れ等を行った場合において、「消費税課税事業者選択不適用届出書」の提出ができないことにより事業者免税点制度の適用が制限される課税期間
④ 本則課税で高額特定資産の仕入れ等を行った場合（棚卸資産の調整の適用を受けた場合）において、事業者免税点制度の適用が制限される課税期間
⑤ 「消費税課税期間特例選択届出書」の提出により課税期間を1か月又は3か月に短縮している等、その課税期間の特例の適用を受ける課税期間

（参考）相続があった場合の2割特例の適用可否

【① インボイス発行発行事業者の**登録後**に相続をした場合】 28改正法 附則51の2①本文

【② インボイス発行発行事業者の**登録前**に相続をした場合】 28改正法 附則51の2①三

（出所）　日税連「令和5年税制改正法案の解説（2月3日閣議決定）【インボイス関連】資料」より

(4)　死亡した個人事業者の中間申告義務の承継

　その年の1月1日から6月30日までの期間の消費税及び地方消費税の中間申告（年1回）に係る個人事業者が、その中間申告対象期間において死亡した場合は、その個人事業者の相続人は、その個人事業者（被相続人）に係る6か月の期間の中間申告書を提出する必要はありません。

　また、その年の1月1日から3月31日までの間、その年の4月1日から6月30日までの間、その年の7月1日から9月30日までの間のそれぞれ3か月ごとに区分した各期間の中間申告（年3回）に係る個人事業者がそれぞれの3か月ごとに区分した各期間のいずれかの中間申告対象期間において死亡した場合においても、相続人は、その個人事業者（被相続人）に係るその死亡したいずれかの期間の中間申告書を提出する必要はありません。

なお、「消費税課税期間特例選択・変更届出書」を提出することにより、その課税期間を3か月又は1か月ごとに区分して短縮する課税期間短縮の特例の適用を受けている事業者については、その中間申告書を提出すべき義務がある事業者から除かれていることから、中間申告義務はありません。

その一方で、中間申告書を提出すべき義務がある個人事業者が、その中間申告書を提出しないで死亡した場合には、その相続人は、その被相続人の事業を承継したかどうかを問わず、中間申告書の提出義務を承継することになるため、中間申告を行うとともに、その申告に係る消費税額を納付する必要があります（消法59、消基通17-2-1）。

消費税及び地方消費税の中間申告とは、課税期間が3か月を超える課税事業者において、直前の課税期間の確定消費税額の年税額（以下「前年の確定年税額」といいます。）が、次に掲げる金額であった場合には、それぞれ中間申告を行い、その申告に係る消費税額を納付することとされています（消法42、43、48）。

① 前年の確定年税額が4,800万円を超える場合（中間申告の回数：年11回）

② 前年の確定年税額が400万円を超え4,800万円以下である場合（年3回）

③ 前年の確定年税額が48万円を超え400万円以下である場合（年1回）

また、前年の確定年税額が48万円以下であっても、課税事業者の選択により「任意の中間申告書を提出する旨の届出書」を提出することにより、任意の中間申告（年1回）を行うことができます（消法42⑧）。

なお、中間申告には、前年の確定年税額を基礎とする場合（原則）と、中間申告対象期間を一課税期間とみなして仮決算を行いそれに基づく場合（特例）の2つの方法があり、いずれかの方法によることができます。

《中間申告の具体例》

1　直前の課税期間の確定消費税額が400万円を超え4,800万円以下の課税事業者

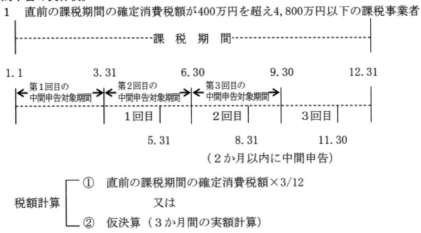

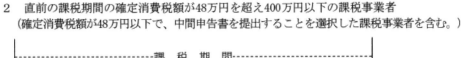

2 直前の課税期間の確定消費税額が48万円を超え400万円以下の課税事業者
　　（確定消費税額が48万円以下で、中間申告書を提出することを選択した課税事業者を含む。）

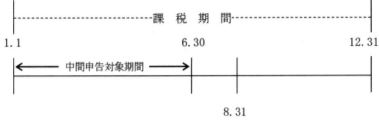

　　　　　　　　　　　　　　8.31
　　　　　　　　　　　（2か月以内に中間申告）

税額計算 ┬─ ① 直前の課税期間の確定消費税額×6/12
　　　　　│　　　　　　　又は
　　　　　└─ ② 仮決算（6か月間の実額計算）

（出所）　国税庁ホームページ「税大講本（令和5年度版)」より

記載例14-2-3　消費税の課税事業者の届出

相続人が消費税の課税事業者となった場合は、速やかに「消費税課税事業者届出書」を相続人の所轄税務署長に提出する必要があります。

詳しい記載方法については国税庁のホームページを参照（下記のQRコード）。

相続・合併・分割等があったことにより課税事業者となる場合の付表

消費税課税事業者届出書

第3-(1)号様式

基準期間用

消費税課税事業者届出書

収受印

令和 6 年 1 月 20 日

	（フリガナ）	トウキョウトコウトウクカメイド
納税地	（〒 136 - 0071） 東京都江東区亀戸6-6-6 （電話番号 090 - 1112 - 3456）
届	（フリガナ）	トウキョウトコウトウクカメイド
出	住所又は居所 （法人の場合） 本店又は主たる事務所の所在地	（〒 136 - 0071） 東京都江東区亀戸6-6-6 （電話番号 090 - 1112 - 3456）
	（フリガナ）	
者	名称（屋号）	
	個人番号又は法人番号	↓ 個人番号の記載に当たっては、左端を空欄とし、ここから記載してください。
	（フリガナ）	チュウオウ ケイ
	氏名 （法人の場合） 代表者氏名	中央 経
	（フリガナ）	
	（法人の場合） 代表者住所	（電話番号 - - ）

江東東 税務署長殿

下記のとおり、基準期間における課税売上高が1,000万円を超えることとなったので、消費税法第57条第1項第1号の規定により届出します。

適用開始課税期間	自 令和 5 年 10 月 16 日	至 令和 5 年 12 月 31 日	
上記期間の	自 令和 3 年 1 月 1 日	左記期間の総売上高	23,500,000 円
基準期間	至 令和 3 年 12 月 31 日	左記期間の課税売上高	23,500,000 円

事業内容等	生年月日（個人）又は設立年月日（法人）	1明治・2大正・3昭和・④平成・5令和 31 年 4 月 4 日	法人のみ記載	事業年度	自 月 日 至 月 日	
				資本金	円	
	事業内容	不動産の賃貸事業		届出区分	㉒相続・合併・分割等・その他

| 参考事項 | 特別代理人 神田冷子 親権者 中央美和子 | 税理士署名 | |

税務署処理欄	整理番号		部門番号			
	届出年月日	年 月 日	入力処理	年 月 日	台帳整理	年 月 日
	番号確認	身元確認 □済 □未済	確認書類 個人番号カード・通知カード・運転免許証 その他（ ）		

注意 1．税務署処理欄は、記載しないでください。

相続により消費税の課税事業者となった場合は、「消費税課税事業者届出書」と併せて「相続・合併・分割等があったことにより課税事業者となる場合の付表」を相続人の所轄税務署長に提出する必要があります。

相続により事業場ごとに分割承継した場合は、自己の相続した事業場に係る部分の被相続人の課税売上高を記入します。

書式については右のQRコードから入手

第4号様式

相続・合併・分割等があったこ　課税事業者となる場合

収受印

| 届出者 | 納税地 | 東京都江東区亀戸6-6-6 |
| | 氏名又は名称 | 中央 経 |

① 相続の場合（分割相続・有・無）

被相続人の	納税地	東京都千代田区麹町1-2-3
	氏名	中央六朗
	事業内容	不動産の賃貸事業

② 合併の場合（設立合併・吸収合併）

i 被合併法人の	納税地		所轄署（ ）
	名称		
	事業内容		
ii 被合併法人の	納税地		所轄署（ ）
	名称		
	事業内容		

③ 分割等の場合（新設分割・現物出資・事後設立・吸収分割）

i 分割継承法人の	納税地		所轄署（ ）
	名称		
	事業内容		
ii 分割親法人の	納税地		所轄署（ ）
	名称		
	事業内容		

基準期間の課税売上高

課税事業者となる課税期間の基準期間	自 令和 3 年 1 月 1 日 至 令和 3 年 12 月 31 日	
上記期間の	①相続人 ②合併子法人 ③分割子法人 の課税売上高	0 円
	①被相続人 ②被合併法人 ③分割親法人 の課税売上高	23,500,000 円
	合計	23,500,000 円

注意 1．相続により営業場ごとに分割承継した場合は、自己の相続した事業場に係る部分の被相続人の課税売上高を記入してください。
2．①、②及び③のかっこ書については該当する項目を○で囲ってください。
3．「分割子法人」とは、分割等を行った法人をいい、「分割親法人」とは、新設分割、現物出資又は事後設立により設立された法人若しくは吸収分割により営業を承継した法人をいいます。

332

記載例14-2-4　消費税の簡易課税制度の届出

その課税期間の末日前おおむね１か月以内に相続等があったことにより、相続人が新たに消費税簡易課税制度選択届出書を提出する場合は、やむを得ない事情がやんだ日から２か月以内に「消費税簡易課税制度選択（不適用）届出に係る特例承認申請書」及び「消費税簡易課税制度選択届出書」を所轄税務署長に提出して承認を受ける必要があります。

詳しい記載方法については国税庁のホームページを参照（右記のQRコード）。

消費税簡易課税制度選択（不適用）届出に係る特例承認申請書

第34号様式

消費税簡易課税制度選択（不適用）届出に係る特例承認申請書

収受印

2通提出

令和 6 年 1 月 20 日

申請者

（フリガナ）	トウキョウトコウトウクカメイド
納税地	（〒 ― ）東京都江東区亀戸6-6-6（電話番号 090 ― 1112 ― 3456 ）
（フリガナ）	チュウオウ ケイ
氏名又は名称及び代表者氏名	中央 経
法人番号	

江東東 税務署長殿

下記のとおり、消費税法施行令第57条の２第１項又は第２項に規定する届出に係る特例の承認を受けたいので申請します。

届出日の特例の承認を受けようとする届出書の種類	☑ ① 消費税簡易課税制度選択届出書 □ ② 消費税簡易課税制度選択不適用届出書
	［届出書提出年月日：令和 6 年 1 月 20 日］
特例規定の適用を受けようとする（受けることをやめようとする）課税期間の初日及び末日	自 令和 5 年 10 月 16 日 至 令和 5 年 12 月 31 日（②の届出の場合は初日のみ記載します。）
上記課税期間の基準期間における課税売上高	23,500,000 円
上記課税期間の初日の前日	

相続開始後、末成年者法定代理人の選任が12月10日であり、提出期限まで行に含まなかったため

| （①の届出の場合の営む事業の種類）不動産の貸付事業 | 税理士署名 | （電話番号 ― ― ） |

消費税法施行令第57条の２第１項又は第２項の規定により、上記の届出書が特例規定を受けることのできる（受けることをやめようとする）課税期間の初日の前日（　年　月　日）に承認します。

税務署長　　　印

| 部門番号 | | みなし届出年月日 | 年 月 日 | 番号確認 | |
| 日 | 入力処理 | 年 月 日 | 台帳整理 | 年 月 日 |

通提出してください。ないでください。

消費税簡易課税制度選択届出書

第9号様式

消費税簡易課税制度選択届出書

収受印

令和 6 年 1 月 20 日

届出者

（フリガナ）	トウキョウトコウトウクカメイド
納税地	（〒 136 ― 0071 ）東京都江東区亀戸6-6-6（電話番号 090 ― 1112 ― 3456 ）
（フリガナ）	チュウオウ ケイ
氏名又は名称及び代表者氏名	中央 経
法人番号	

江東東 税務署長殿

下記のとおり、消費税法第37条第１項に規定する簡易課税制度の適用を受けたいので、届出します。

① 適用開始課税期間	自 令和 5 年 12 月 11 日 至 令和 5 年 12 月 31 日
② ①の基準期間	自 令和 3 年 1 月 1 日 至 令和 3 年 12 月 31 日
③ ②の課税売上高	23,500,000 円

| 事業内容等 | （事業の内容）不動産の貸付事業 | （事業区分）第 6 種事業 |

| 提出要件の確認 | | | |
| この届出書を提出した課税期間が、下記の課税期間である場合、この届出書提出後、届出書を提出した課税期間中に調整対象固定資産の仕入れ等を行うと、原則としてこの届出書の提出はなかったものとみなされます。詳しくは、裏面をご確認ください。 | | |

参考事項

税理士署名　　（電話番号 ― ― ）

整理番号		部門番号	
届出年月日	年 月 日	入力処理	年 月 日	台帳整理	年 月 日
通信日付印	年 月 日	確認	番号確認

注意　1　裏面の記載要領等に留意の上、記載してください。
　　　2　税務署処理欄は、記載しないでください。

相続により、相続人が新たに消費税簡易課税制度選択届出書を提出する場合は、「消費税簡易課税制度選択届出書」を事業を開始した日の属する課税期間中に所轄税務署長に提出する必要があります。

詳しい記載方法については国税庁のホームページを参照（右記のQRコード）。

8 相続財産から差し引かれる債務・葬式費用
9 各相続人の相続税額の計算
10 税額控除
11 相続税の申告と納税
12 修正申告
13 更正の請求
14 相続に関する税務手続き

記載例14-2-5　適格請求書発行事業者の届出

☑ 本申請に係る通知書等について、電子情報処理組織（e-Tax）による通知を希望します。

第1－（1）号様式

適格請求書発行事業者の登録申請書

国内事業者用

【1／2】

収受印

令和 6 年 1 月 20 日	申請者	（フリガナ）	トウキョウトコウトウクカメイド
		住所又は居所 （法人の場合） 本店又は 主たる事務所 の所在地	（〒 136 － 0071 ） 東京都江東区亀戸6-6-6 （電話番号 090 － 1112 － 3456 ）
		（フリガナ）	トウキョウトコウトウクカメイド
		納 税 地	（〒 136 － 0071 ） 東京都江東区亀戸6-6-6 （電話番号 090 － 1112 － 3456 ）
		（フリガナ）	チュウオウ ケイ
		氏名又は名称	中央 経
		（フリガナ）	
		（法人の場合） 代表者氏名	
江東 税務署長殿		法 人 番 号	

この申請書に記載した次の事項（⑲印欄）は、適格請求書発行事業者登録簿に登載されるとともに、国税庁ホームページで公表されます。
1　申請者の氏名又は名称
2　法人（人格のない社団等を除く。）にあっては、本店又は主たる事務所の所在地
　なお、上記1及び2のほか、登録番号及び登録年月日が公表されます。
　また、常用漢字等を使用して公表しますので、申請書に記載した文字と公表される文字とが異なる場合があります。

下記のとおり、適格請求書発行事業者としての登録を受けたいので、所得税法等の一部を改正する法律（平成28年法律第15号）第5条の規定による改正後の消費税法第57条の2第2項の規定により申請します。
※　当該申請書は、所得税法等の一部を改正する法律（平成28年法律第15号）附則第44条第1項の規定により令和5年9月30日以前に提出するものです。

令和5年3月31日（特定期間の判定により課税事業者となる場合は令和5年6月30日）までにこの申請書を提出した場合は、原則として令和5年10月1日に登録されます。

この申請書を提出する時点において、該当する事業者の区分に応じ、☑にレ印を付してください。

事 業 者 区 分	☐ 課税事業者	☑ 免税事業者

※　次葉「登録要件の確認」欄を記載してください。また、免税事業者に該当する場合には、次葉「免税事業者の確認」欄も記載してください（詳しくは記載要領等をご確認ください。）。

令和5年3月31日（特定期間の判定により課税事業者となる場合は令和5年6月30日）までにこの申請書を提出することができなかったことにつき困難な事情がある場合は、その困難な事情	

税 理 士 署 名	

税務署処理欄	整理番号		部門番号		申請年月日	年 月 日	通
	入力処理	年 月 日	番号確認		身元確認	☐ 済 ☐ 未済	
	登録番号	T					

注意　1　記載要領等に留意の上、記載してください。
　　　2　税務署処理欄は、記載しないでください。
　　　3　この申請書を提出するときは、「適格請求書発行事業者の登録申請書（次葉）」を併せて提出してください。

第1－（1）号様式次葉

適格請求書発行事業者の登録申請書（次葉）

国内事業者用

【2／2】

氏名又は名称	中央 経

該当する事業者の区分に応じ、☐にレ印を付し記載してください。

免税事業者の確認	☑ 令和5年10月1日から令和11年9月30日までの日の属する課税期間中に登録を受け、所得税法の一部を改正する法律（平成28年法律第15号）附則第44条第4項の規定の適用を受けようとする事業者 ※　登録開始日から納税義務の免除の規定の適用を受けないこととなります。			
	個 人 番 号			
	事業内容等	生年月日（個 人）又は設立 年月日（法人）	1明治・2大正・3昭和・④平成・5令和 31 年 4 月 4 日	法人 のみ 記載
		事業内容	不動産の賃貸事業	

（事業年度　自 月 日／至 月 日／資本金 円／登録希望日 令和5年10月1日を希望する場合、記載不要　年 月 日）

登録要件の確認	☐ 消費税課税事業者（選択）届出書を提出し、納税義務の免除の規定の適用を受けないこととなる課税期間の初日から登録を受けようとする事業者	課税期間の初日 令和 年 月 日（令和5年10月1日から令和6年3月31日までの間のいずれかの日）	
	課税事業者です。 ※　この申請書を提出する時点において、免税事業者であっても、「免税事業者の確認」欄のいずれかの事業者に該当する場合は、「はい」を選択してください。	☑ はい	☐ いいえ
	納税管理人を定める必要のない事業者です。 （「いいえ」の場合は、次の質問にも答えてください。）	☑ はい	☐ いいえ
	納税管理人を定めなければならない場合（国税通則法第117条第1項） 【個人事業者】　国内に住所及び居所（事務所及び事業所を除く。）を有せず、又は有しないこととなる場合 【法人】　国内に本店又は主たる事務所を有しない法人で、国内にその事務所及び事業所を有せず、又は有しないこととなる場合		
	納税管理人の届出をしています。 （「はい」の場合は、消費税納税管理人届出書の提出日を記載してください。） 消費税納税管理人届出書（提出日 令和 年 月 日）	☐ はい	☐ いいえ
	消費税法に違反して罰金以上の刑に処せられたことはありません。 （「いいえ」の場合は、次の質問にも答えてください。）	☑ はい	☐ いいえ
	その執行を終わり、又は執行を受けることがなくなった日から2年を経過しています。	☐ はい	☐ いいえ

参 考 事 項	

相続人が適格請求書発行事業者の登録申請をする場合は、「適格請求書発行事業者の登録申請書及び次葉」を所轄税務署長に提出して承認を受ける必要があります。

詳しい記載方法については国税庁のホームページを参照（右記のQRコード）。

334

消費税関係のチェックポイント

【消費税の申告】

☐　被相続人の消費税の準確定申告を期限内に提出したか。

☞　相続人は、その相続の開始があったことを知った日の翌日から4か月以内に、消費税の準確定申告を行わなければなりません。また、被相続人が消費税の課税事業者である場合には、相続人は速やかに「個人事業者の死亡届出書」を提出しなければなりません。

☐　被相続人の事業を相続により承継した相続人の基準期間における課税売上高が1,000万円以下で課税事業者を選択していない場合、相続人の課税事業者の判定は適正か。

☞　被相続人の基準期間における課税売上高が1,000万円を超える場合、相続人は相続のあった日の翌日からその年の年末までの間は、課税事業者となります（事例14-2-1参照）。

☐　被相続人の事業を承継した相続人の相続発生年の翌年及び翌々年の課税事業者の判定は適正か。

☞　相続人の基準期間における課税売上高と相続に係る被相続人の基準期間における課税売上高との合計額が1,000万円を超える場合は、課税事業者となります（事例14-2-1参照）。

【消費税関係の届出書】

☐　簡易課税制度を選択している被相続人の事業を相続により承継し、相続人も簡易課税制度を適用しようとする場合、提出期限までに「消費税簡易課税制度選択届出書」を提出しているか。

☞　「消費税簡易課税制度選択届出書」の効力はその事業を相続により承継した相続人には及ばないことから、相続人が簡易課税制度の適用を受けようとするときは、原則として、相続のあった日の属する課税期間の末日までに「消費税簡易課税制度選択届出書」を提出する必要があります（図表14-2-3参照）。

☐　被相続人が「消費税課税事業者選択届出書」を提出して課税事業者となっていて、その事業を相続により承継した相続人が課税事業者を選択しようとする場合、提出期限までに「消費税課税事業者選択届出書」を提出しているか。

☞　「消費税課税事業者選択届出書」の効力はその事業を相続により承継した相続人には及ばないことから、免税事業者となる相続人が課税事業者を選択するときは、原則として、相続のあった日の属する課税期間の末日までに「消費税課税事業者選択届出書」を提出する必要があります（図表14-2-3参照）。

8　相続財産から差し引かれる債務・葬式費用

9　各相続人の相続税額の計算

10　税額控除

11　相続税の申告と納税

12　修正申告

13　更正の請求

14　相続に関連する税務手続き

相続税関連の改正経過の概要

施行日		相続税に関係する改正等の内容
平成23年	4月1日	**非上場株式等に係る納税猶予制度の改正** 特別関係会社の範囲のうち、認定会社の「代表権を有する者の親族が支配」を「代表権を有する者と生計を一にする親族が支配」に限定した「特定特別関係会社」を新たに定義付けする。
平成24年	4月1日	**相続税の連帯納付義務の改正** 次の場合には連帯納付義務を解除する。 ① 申告期限等から5年を経過した場合（ただし、申告期限等から5年を経過した時点で連帯納付義務の履行を求めているものについては、その後も継続して履行を求めることができることとする。） ② 納税義務者が延納又は納税猶予の適用を受けた場合
平成25年	1月1日	**非上場株式等に係る納税猶予制度の改正** 相続等又は贈与前の経済産業大臣による事前確認を不要とする。
平成26年	1月1日	**小規模宅地等の特例の改正** ① 二世帯住宅について、構造上、建物内部でそれぞれの世帯の居住スペースが繋がっていることの要件が廃止される。 ② 被相続人が老人ホームに入居した場合で、その老人ホームの終身利用権を取得した場合であっても、次の要件を満たす場合には、本来の住宅の敷地について、小規模宅地等の特例が適用できることとされる。 イ 被相続人に介護が必要なため入所したものであること。 ロ 当該家屋が貸付け等の用途に供されていないこと。
平成26年	10月1日	**医業継続に係る相続税・贈与税の納税猶予等の創設** 相続人等が、医療法人の持分を被相続人から相続又は遺贈により取得した場合において、その医療法人が相続税の申告期限において認定医療法人であるときは、納付すべき相続税のうち、この特例の適用を受ける持分の価額に対応する相続税については、一定の要件を満たすことにより、認定移行計画に記載された移行期限まで、その納税が猶予されることとなる。
平成27年	1月1日	**相続税の基礎控除の改正** 遺産に係る基礎控除額を引き下げる。 【改正前】5,000万円＋1,000万円×法定相続人の数 【改正後】3,000万円＋600万円×法定相続人の数
平成27年	1月1日	**相続税率の改正** 各相続人の遺産の取得金額が2億円を超えて3億円以下の場合の税率は40％から45％に、6億円を超える場合の税率は50％から55％にそれぞれ引き上げられる。
平成27年	1月1日	**非上場株式等に係る納税猶予制度の改正** ① 相続開始時における従業員数の8割以上を5年間雇用し続ける要件を、5年間平均で8割以上確保しなければならない要件に改める。 ② 先代経営者の親族以外の者を後継者にした場合も、適用を可能にする。 ③ 債務・葬式費用を控除する前の金額を基準に猶予税額を計算することとする。 ④ 民事再生計画等に基づいて事業を再出発させる際には、猶予税額を再評価し、税額の一部が免除されるようにする。 ⑤ 株券を発行しなくても担保提供を可能とし、株券不発行会社にも適用が認められるようにする。

		小規模宅地等の特例の改正 ① 特定居住用宅地等の限度面積が拡大される（240㎡→330㎡）。 ② 居住用と事業用の宅地等を選択する場合の適用面積が拡大される（400㎡→730㎡）。
		未成年者控除・障害者控除の改正 ① 未成年者控除額の１年あたりの控除額が６万円から10万円に引き上げられる。 ② 障害者控除額の１年あたりの控除額が６万円から10万円に引き上げられる。
	4月1日	非上場株式等に係る納税猶予制度の改正 経営承継期間内に、経営承継者が、身体障害等のやむを得ない理由により代表者でなくなったことによって、後継者へ特例非上場株式等を贈与した場合において、その後継者が贈与税の納税猶予制度の適用を受けるときは、経営承継者に係る猶予税額を免除する。
	7月1日	国外転出時課税制度の創設 国外転出をする一定の居住者が１億円以上の対象資産を所有等している場合には、その対象資産の含み益に所得税及び復興特別所得税が課税されることとなる。
平成 29年	1月1日	非上場株式等に係る納税猶予制度改正 ① 相続時精算課税制度に係る贈与を、贈与税の納税猶予制度の適用対象に加える。 ② 非上場株式等の贈与者が死亡した場合の相続税の納税猶予制度における認定相続承継会社の要件について、中小企業者であること及び当該会社の株式等が非上場株式等に該当することとする要件を撤廃する。 ③ 雇用確保要件の80％基準の計算上生じた端数を、切上げから切捨てに改める。
		取引相場のない株式の評価改正 ① 類似業種比準方式改正 　イ 類似業種の上場会社の株価について、課税時期の属する月以前２年間平均を加える。 　ロ 類似業種の上場会社の配当金額、利益金額及び簿価純資産価額について、連結決算を反映させたものとする。 　ハ 配当金額、利益金額及び簿価純資産価額の比重について、１：１：１とする。 ② 評価会社の規模区分の金額等の基準改正 　大会社及び中会社の適用範囲を総じて拡大する。
	4月1日	非上場株式等に係る納税猶予制度の改正 円滑化法による認定手続きを、経済産業局から都道府県へ移管する。
平成 30年	1月1日	広大地の評価の改正 広大地の評価について、面積に比例的に減額する評価方法から、各土地の個性に応じて形状・面積に基づき評価する方法に見直すとともに、適用要件を明確化する。
	4月1日	小規模宅地等の特例の改正 ① 家なき子の範囲から次の場合を除く。 　イ 相続開始前３年以内に、その者の３親等内の親族又はその者と特別の関係のある法人が所有する国内にある家屋に居住したことがある者 　ロ 相続開始時において居住の用に供していた家屋を過去に所有していたことがある者 ② 貸付事業用宅地等の範囲から、相続開始前３年以内に貸付事業の用に供された宅地等を除外する（相続開始前３年を超えて事業的規模で行っている場合を除く。）。 ③ 介護医療院に入所したことにより被相続人の居住の用に供されなくなった家屋の敷地について、相続の開始直前において被相続人の居住の用に供されていたものとする。
		添付書類の改正 戸籍謄本等の写し、法務局の認証を受けた法定相続情報一覧図の写しを添付書類とすることができる。

		非上場株式等に係る納税猶予制度の特例の創設等 平成30年4月1日から令和5年3月31日までの間に特例承継計画を都道府県に提出し確認を受け、一定の要件を満たす場合には、相続等により取得した全ての非上場株式に係る相続税の全額について、納税を猶予する。
		相続税の課税範囲の改正 特定一般社団法人等の役員が死亡した場合には、その純資産額をその死亡時における同族役員数で除して計算した金額に相当する金額を、遺贈により当該被相続人から取得したものとみなして、当該特定一般社団法人等に相続税を課税する。
		特定の美術品に係る相続税の納税猶予制度の創設 寄託先美術館の設置者と特定美術品の寄託契約を締結し、認定保存活用計画に基づきその特定美術品をその寄託先美術館の設置者に寄託していた被相続人から相続又は遺贈によりその特定美術品を取得した一定の相続人が、その特定美術品の寄託先美術館の設置者への寄託を継続する場合には、その寄託相続人が納付すべき相続税の額のうち、その特定美術品に係る課税価格の80％に対応する相続税の納税が猶予されることとなる。
		農地の納税猶予の改正 三大都市圏の特定市以外の地域内の生産緑地について、営農継続要件を終身（改正前20年）とする。
平成31年	1月1日	**個人事業者の事業用資産に係る相続税の納税猶予制度の創設** 認定相続人が、平成31年1月1日から平成40（令和10）年12月31日までの間に、相続等により特定事業用資産を取得し、事業を継続していく場合には、担保の提供を条件に、その認定相続人が納付すべき相続税額のうち、相続等により取得した特定事業用資産の課税価格に対応する相続税の納税を猶予する。
	4月1日	**小規模宅地等の特例の改正** 特定事業用宅地等の範囲から、相続開始前3年以内に事業の用に供された宅地等を除外する（当該宅地等の上で事業の用に供されている減価償却資産の価額が、当該宅地等の相続時の価額の15％以上である場合を除く。）。
		非上場株式等に係る納税猶予制度の改正 一定のやむを得ない事情により資産保有型会社・資産運用型会社に該当した場合においても、その該当した日から6か月以内にこれらの会社に該当しなくなったときは、納税猶予の取消事由に該当しないものとする。
令和元年	7月1日	特別寄与料を受けた者は遺贈によって取得したものとみなし、支払った者は債務控除の対象とする。
		遺留分侵害額の請求制度へ
令和2年	4月1日	**配偶者居住権等の評価方法の制定** 配偶者居住権と配偶者短期居住権が民法で新しく創設されたことに伴い、配偶者居住権等の評価方法が制定された（相法23の2）。
令和3年	4月1日	**個人事業者の事業用資産に係る相続税の納税猶予制度の一部改正** 特定事業用資産の範囲に、被相続人又は贈与者の事業の用に供されていた乗用自動車で青色申告書に添付される貸借対照表に計上されているもの（取得価額500万円以下の部分に対応する部分に限る。）を加える。
		非上場株式等に係る納税猶予制度の改正 後継者が被相続人の相続開始の直前において特例認定承継会社の役員でないときであっても、次のいずれかに該当する場合は、適用を受けることができることとする。 ① 被相続人が70歳未満（改正前：60歳未満）で死亡した場合 ② 後継者が特例承継計画に特例後継者として記載されている場合

		教育資金の一括贈与を受けた場合の贈与税の非課税の改正 ① 信託等があった日から教育資金管理契約の終了の日までの間に贈与者が死亡した場合（その死亡の日において、受贈者が次のいずれかに該当する場合を除く。）には、その死亡の日までの年数にかかわらず、同日における管理残額（非課税拠出額から教育資金支出額を控除した残額）を、受贈者が当該贈与者から相続等により取得したものとみなす。 　イ　23歳未満である場合 　ロ　学校等に在学している場合 　ハ　教育訓練給付金の支給対象となる教育訓練を受講している場合 ② 管理残額について、贈与者の子以外の直系卑属に相続税が課される場合には、当該管理残額に対応する相続税額を、相続税額の2割加算の対象とする。
		結婚・子育て資金の一括贈与を受けた場合の贈与税の非課税の改正 ① 贈与者から相続等により取得したものとみなされる管理残額について、当該贈与者の子以外の直系卑属に相続税が課される場合には、当該管理残額に対応する相続税額を相続税額の2割加算の対象とする。 ② 受贈者の年齢要件の下限を18歳以上（現行：20歳以上）に引き下げる。
令和4年	4月1日	未成年者控除の改正 民法の成年年齢の改正に伴い、未成年者控除の対象となる相続人の年齢を18歳未満に引き下げる。
令和5年	4月1日	教育資金の一括贈与を受けた場合の贈与税の非課税の改正 ① 教育資金管理契約の終了の日までの間に贈与者が死亡した場合において、当該贈与者の死亡に係る相続税の課税価格の合計額が5億円を超えるときは、受贈者が23歳未満である場合等であっても、管理残額を、当該受贈者が当該贈与者から相続等により取得したものとみなす。 ② 受贈者が30歳に達した場合等において、非課税拠出額から教育資金支出額を控除した残額に贈与税が課されるときは、一般税率を適用する。
		結婚・子育て資金の一括贈与を受けた場合の贈与税の非課税の改正 受贈者が50歳に達した場合等において、非課税拠出額から結婚・子育て資金支出額を控除した残額に贈与税が課されるときは、一般税率を適用する。
令和6年	1月1日	相続時精算課税制度の改正 ① 課税価格から基礎控除110万円を控除できることとする。 ② 相続時精算課税で受贈した土地・建物が災害により一定以上の被害を受けた場合、相続時にその課税価格を再計算する。
		3年内贈与加算の改正 暦年課税における相続前贈与の加算期間を7年に延長するほか、延長した期間（4年間）に受けた贈与のうち一定額（100万円）については、相続財産に加算しないこととする。
	4月1日	相続登記の申請義務化 相続（遺贈を含む。）により不動産を取得した相続人は、相続により所有権を取得したことを知った日から3年以内に相続登記の申請をしなければならないこととする。
		相続人申告登記の制定 登記簿上の所有者について相続が開始したことと自らがその相続人であることを申し出る制度で、この申出がされると、申出をした相続人の氏名・住所等が登記される。
	4月27日	相続土地国庫帰属制度の制定 相続（遺贈を含む。）により土地の所有権を取得した相続人が、土地を手放して国庫に帰属させることを可能とする。

索 引

監修者紹介

渡邉 定義（わたなべ　さだよし）

税理士（東京税理士会麹町支部）。立命館大学法学部卒。国税庁資産税課・東京国税局・杉並税務署長、資産税課長等を経て、熊本国税局長を最後に退官。

【主な著作】「三丁版　非上場株式の評価実務ハンドブック」（共著・大蔵財務協会）、「相続税・贈与税体系財産評価」（共著・大蔵財務協会）他多数。

【事務所】〒102-0083　東京都千代田区麹町5-2-1 K-WINGビル6階

著者紹介　　五十音順

天 池 健 治（あまいけ　けんじ）

昭和57年、東京国税局配属。資産税、所得税、法人税調査、土地評価、審理事務に従事。平成19年川崎北税務署を最後に退職。同年に税理士登録（東京税理士会所属）。天池健治税理士事務所開設、証券アナリスト協会検定会員、宅地建物取引士、税務会計研究学会会員、社団法人日本租税研究会会員、政治資金監査人。

【主な著作】税経通信2007年11月号「信託活用事例と税務」（税務経理協会）、税務弘報2008年2月号「「著しく低い価格」の判定」（中央経済社）、税務弘報2008年6月号「営業権評価の改正と問題点」（中央経済社）、『相続税申告書の記載チェックポイント』（共著・中央経済社）、『所得税重要ポイントハンドブック』（技術評論社）

【事務所】〒102-0083　東京都千代田区麹町5-2-1 K-WINGビル6階

衞 藤 正 道（えとう　まさみち）

弁護士（東京弁護士会）。東京大学法学部卒。井上法律事務所勤務。

【主な著作】『医療法務セミナー　よくわかる医療訴訟』（共著・毎日コミュニケーションズ）、『医療法務弁護士が提案する　暴言・暴力・ハラスメントから職員を守る段階的対応』（共著・日本看護協会出版会）

【事務所】〒105-0003　東京都港区西新橋1-12-3　西新橋TMビル4F

中 山 眞 美（なかやま　まみ）

税理士（東京税理士会）、税理士法人なかやまコンサルティング代表社員、筑波大学大学院ビジネス科学研究科（修士課程）修了、横浜国立大学大学院国際社会科学府（博士課程）中退、租税訴訟補佐人、日本相続学会会員、租税訴訟学会会員、事業承継アドバイザー

【主な著作】『今からはじめよう！相続税・贈与税の心構え』（共著・大蔵財務協会）他多数

【事務所】〒170-0013　東京都豊島区東池袋1-31-10　ドミール池袋1211

藤 井 孝 昌（ふじい　たかまさ）

明治大学法学部法律学科卒業。大手司法書士事務所、大手法律事務所勤務を経て、平成15年司法書士登録（東京司法書士会所属）。平成16年10月独立開業。

マンション管理士、宅地建物取引士、管理業務主任者、公益財団法人成年後見センター・リーガルサポート正会員、簡裁訴訟代理等関係業務認定会員。不動産登記、商業登記はもちろん、裁判業務（法に定める代理権の範囲に限る。）、家族信託、後見、相続に関する実務も得意とする。

【事務所】〒150-0002　東京都渋谷区渋谷一丁目8番7号　第27SYビル9階

　　　　　TEL　03-6416-5420

　　　　　URL　https://www.fandpartners.com/

村 上 晴 彦（むらかみ　はるひこ）

税理士（近畿税理士会大淀支部）。関西大学法学部卒業。大阪国税局採用後、伊丹・尼崎税務署資産課税部門統括官、資産課税課課長補佐として相続税、譲渡所得に係る事務に従事、徴収部特官、徴収課長等として滞納整理事務に従事、堺税務署長等を経て退官。

【主な著作】『相続税・贈与税体系財産評価』（共著・大蔵財務協会）、『詳説自社株評価』（共著・清文社）ほか

図解・表解
相続税申告書の記載チェックポイント（第4版）

2012年7月20日	第1版第1刷発行
2012年11月15日	第1版第2刷発行
2015年11月20日	第2版第1刷発行
2019年1月20日	第3版第1刷発行
2024年1月25日	第4版第1刷発行

監修　著者　渡邉　定義
　　　　　　天池　健治
　　　　　　衞藤　正道
　　　　　　中山　眞美
　　　　　　藤井　孝昌
　　　　　　村上　晴彦

発行者　山本　継

発行所　㈱中央経済社

発売元　㈱中央経済グループ
　　　　パブリッシング

〒101-0051　東京都千代田区神田神保町1-35
電話　03（3293）3371（編集代表）
　　　03（3293）3381（営業代表）
https://www.chuokeizai.co.jp
印刷／昭和情報プロセス㈱
製本／誠製本㈱

頁の「欠落」や「順序違い」などがありましたらお取り替えいたしますので発売元までご送付ください。(送料小社負担)

ISBN 978-4-502-47951-9　C3034

●実務・受験に愛用されている読みやすく正確な内容のロングセラー!

定評ある税の法規・通達集 シリーズ

所得税法規集
日本税理士会連合会
中央経済社 編

❶所得税法 ❷同施行令・同施行規則・同関係告示 ❸租税特別措置法(抄) ❹同施行令・同施行規則・同関係告示(抄) ❺震災特例法・同施行令・同施行規則(抄) ❻復興財源確保法(抄) ❼復興特別所得税に関する政令・同省令 ❽災害減免法・同施行令(抄) ❾新型コロナ税特法・同施行令・同施行規則 ❿国外送金等調書提出法・同施行令・同施行規則・同関係告示

所得税取扱通達集
日本税理士会連合会
中央経済社 編

❶所得税取扱通達(基本通達/個別通達) ❷租税特別措置法関係通達 ❸国外送金等調書提出法関係通達 ❹災害減免法関係通達 ❺震災特例法関係通達 ❻新型コロナウイルス感染症関係通達 ❼索引

法人税法規集
日本税理士会連合会
中央経済社 編

❶法人税法 ❷同施行令・同施行規則・法人税申告書一覧表 ❸減価償却耐用年数省令 ❹法人税法関係告示 ❺地方法人税法・同施行令 ❻租税特別措置法(抄) ❼同施行令・同施行規則・同関係告示 ❽震災特例法・同施行令・同施行規則(抄) ❾復興財源確保法(抄) ❿復興特別法人税に関する政令・同省令 ⓫新型コロナ税特法・同施行令 ⓬租特透明化法・同施行令・同施行規則

法人税取扱通達集
日本税理士会連合会
中央経済社 編

❶法人税取扱通達(基本通達/個別通達) ❷租税特別措置法関係通達(法人税編) ❸減価償却耐用年数省令 ❹機械装置の細目と個別年数 ❺耐用年数の適用等に関する取扱通達 ❻震災特例法関係通達 ❼復興特別法人税関係通達 ❽索引

相続税法規通達集
日本税理士会連合会
中央経済社 編

❶相続税法 ❷同施行令・同施行規則・同関係告示 ❸土地評価審議会令・同省令 ❹相続税法基本通達 ❺財産評価基本通達 ❻相続税法関係個別通達 ❼租税特別措置法(抄) ❽同施行令・同施行規則(抄)・同関係告示 ❾租税特別措置法(相続税法の特例)関係通達 ❿震災特例法・同施行令・同施行規則(抄)・同関係告示 ⓫震災特例法関係通達 ⓬災害減免法・同施行令(抄) ⓭国外送金等調書提出法・同施行令・同施行規則・同関係通達 ⓮民法(抄)

国税通則・徴収法規集
日本税理士会連合会
中央経済社 編

❶国税通則法 ❷同施行令・同施行規則・同関係告示 ❸同関係通達 ❹国外送金等調書提出法・同施行令・同施行規則 ❺租税特別措置法・同施行令・同施行規則(抄) ❻新型コロナ税特法・令 ❼国税徴収法 ❽同施行令・同施行規則・同告示 ❾滞調法・同施行令・同施行規則 ❿税理士法・同施行令・同施行規則・同関係告示 ⓫電子帳簿保存法・同施行令・同施行規則・同関係告示・同関係通達 ⓬行政手続オンライン化法・同国税関係法令に関する省令・同関係告示 ⓭行政手続法 ⓮行政不服審査法 ⓯行政事件訴訟法(抄) ⓰組織的犯罪処罰法(抄) ⓱没収保全と滞納処分との調整令 ⓲犯罪収益規則(抄) ⓳麻薬特例法(抄)

消費税法規通達集
日本税理士会連合会
中央経済社 編

❶消費税法 ❷同別表第三等に関する法令 ❸同施行令・同施行規則・同関係告示 ❹消費税法基本通達 ❺消費税申告書様式等 ❻消費税法関係取扱通達等 ❼租税特別措置法(抄) ❽同施行令・同施行規則(抄)・同関係告示・同関係通達 ❾消費税転嫁対策法・同ガイドライン ❿震災特例法・同施行令(抄)・同関係告示 ⓫震災特例法関係通達 ⓬新型コロナ税特法・同施行令・同施行規則・同関係告示・同関係通達 ⓭税制改革法等 ⓮地方税法(抄) ⓯同施行令・同施行規則(抄) ⓰所得税・法人税政省令(抄) ⓱輸徴法令 ⓲関税法令(抄)・同関係告示 ⓳関税定率法令(抄) ⓴国税通則法・同関係告示 ㉑電子帳簿保存法令

登録免許税・印紙税法規集
日本税理士会連合会
中央経済社 編

❶登録免許税法 ❷同施行令・同施行規則 ❸租税特別措置法・同施行令・同施行規則(抄) ❹震災特例法・同施行令・同施行規則(抄) ❺印紙税法 ❻同施行令・同施行規則 ❼印紙税法基本通達 ❽租税特別措置法・同施行令・同施行規則(抄) ❾印紙税額一覧表 ❿震災特例法・同施行令・同施行規則(抄) ⓫震災特例法関係通達等

中央経済社